高等职业教育电子商务专业规划教材

电子商务概论

DIANZI SHANGWU GAILUN

■主 编 翁文娟 龚 丽 ■副主编 陈宝英

重庆大学出版社

内容提要

本书分为3篇,共11章,内容包括:认识电子商务、电子商务技术基础、电子商务模式、电子商务安全、电子支付、网络营销、电子商务网站建设、电子商务物流、电子商务法律、移动电子商务、跨境电子商务等。通过对本书的学习,学生能全面理解电子商务,掌握其基本理论。同时,本书紧跟电子商务的发展步伐,对跨境电子商务进行了详细的介绍,并演示了跨境电商平台的注册流程。

本书适合高等职业教育经济管理类专业的学生学习使用,也可供对电子商务感兴趣的社会人士阅读。

图书在版编目(CIP)数据

电子商务概论 / 翁文娟,龚丽主编.--重庆:重庆大学出版社,2018.8

高等职业教育电子商务专业规划教材

ISBN 978-7-5689-1309-6

Ⅰ.①电… Ⅱ.①翁…②龚… Ⅲ.①电子商务—高等职业教育—教材 Ⅳ.①F713.36

中国版本图书馆CIP数据核字(2018)第183930号

高等职业教育电子商务专业规划教材

电子商务概论

主 编 翁文娟 龚 丽

副主编 陈宝英

策划编辑:尚东亮

责任编辑:谭 敏 刘 刚 版式设计:尚东亮

责任校对:邬小梅 责任印制:张 策

*

重庆大学出版社出版发行

出版人:易树平

社址:重庆市沙坪坝区大学城西路21号

邮编:401331

电话:(023) 88617190 88617185(中小学)

传真:(023) 88617186 88617166

网址:http://www.cqup.com.cn

邮箱:fxk@cqup.com.cn (营销中心)

全国新华书店经销

重庆市正前方彩色印刷有限公司印刷

*

开本:787mm×1092mm 1/16 印张:25.5 字数:515千

2018年9月第1版 2018年9月第1次印刷

印数:1—3 000

ISBN 978-7-5689-1309-6 定价:59.00元

前言

随着计算机网络和现代通信技术的快速发展，电子商务的应用价值与日俱增，已逐渐成为企业在全球范围内从事商务活动最便捷、最有效的工具。电子商务以无可比拟的优势，改变着商务活动的运作模式，改变人们的生活方式，为企业和个人带来了新的机遇和新的挑战，其在全球的发展势不可当。

近年来，国家大力推进电子商务的发展。李克强总理在《2015 年国务院政府工作报告》中首次提出了“互联网+”行动计划，指出要创新政府管理和服务，积极支持电子商务发展，为其清障搭台。这将培育出更多的新兴产业和新兴业态，形成新的经济增长点，促进经济社会各领域的融合创新。2016 年 3 月 23 日，商务部印发《2016 年电子商务和信息化工作要点》(以下简称《要点》)。《要点》从 4 个方面确定了 2016 年电子商务和信息化工作的 18 项重点任务，以全面推进电子商务各项制度的建立，加快其创新发展。与此同时，社会对电子商务应用型人才的需求日益增长，且发展空间巨大。

本书以培养一线岗位所需的高技能服务型人才为目标，以强化学生能力的培养为指导思想，以培养中小企业所需的人才为主线，以体现高等职业教育的应用性、技术性与实用性为特色，激发学生自主学习、勇于实践的兴趣和能力。本书结合电子商务的最新发展动态，理论和案例并重，层次清晰、通俗易懂地展开电子商务基本知识和原理的介绍，同时又引入相关最新的实际案例，突出实用性和操作性。各章设有案例导入，正文穿插大量实际案例，每章后有本章小结、本章学习与思考、技能操作训练，既有基本知识的巩固，又有让学生发挥主观能动性的实际操作练习，强调实用性和可行性，兼顾先进性和前瞻性。

本书分为基础篇、运作篇、发展保障篇 3 个部分，共 11 章，较为详细地介绍了涉及电子商务各个方面的知识。基础篇包括第1、2、3、4章，主要是认识电子商务、电子商务技术基础、电子商务模式、电子商务安全等内容；运作篇包括第5、6、7、8章，主要是电子支付、网络营销操作、电子商务网站建设、电子商务物流等内容；发展保障篇包括第9、10、11章，主要是电子商务法律、移动电子商务、跨境电子商务等内容。通过本书的学习，学生能对电子商务有一个全面的理解，为后续学习打下基础。本书不仅适合电子商务专业的学生学习，也适合经济管理类其他专业的学生认识、了解和应用电子商务。同样，本书不仅适合高等职业院校的学生学习，也适合对电子商务感兴趣的社会人士阅读。

本书由重庆城市管理职业学院翁文娟和龚丽担任主编，翁文娟负责全书的总体设计和最终统稿定稿，重庆城市职业学院陈宝英担任副主编，本书的编写也得到了企业专家的大力支持。具体分工如下：翁文娟编写第1章、第3章，与重庆长安汽车股份有限公司部门经理林双庆共同编写第7章；陈宝英编写第2章；重庆城市管理职业学院周世兵、重庆城市职业学院李真共同编写第4章；龚丽编写第5章、第6章，与重庆城市管理职业学院王艳蓓共同编写第9章；重庆电讯职业学院江莉花编写第8章；重庆城市管理职业学院李昕、重庆登榜进出口贸易有限公司总经理邓皇斌共同编写第10章；重庆城市管理职业学院金莹、李昕共同编写第11章。

在本书编写过程中，作者参考了国内外大量文献，在此，谨向各位文献作者表示由衷的敬意和感谢。由于时间、水平的限制，再加上电子商务发展迅猛，书中难免存在疏漏和不当之处，我们将虚心听取专家和读者的意见和建议，以利于在修订时进一步提高和完善。

编　者

2018年4月

目　录

第1篇　基础篇

第 2 篇　运作篇

第 3 篇 发展保障篇

第 1 篇

基础篇

第1章
认识电子商务

【教学目标】

1.掌握电子商务的概念及特点;

2.理解电子商务的分类模式;

3.了解电子商务的产生及发展阶段,以及对社会的影响。

【教学重点、难点】

1.能够掌握电子商务与传统商务的共性与区别;

2.能够认识电子商务的产生与发展过程;

3.能够理解电子商务对社会发展带来的影响。

【案例导入】

海尔的电商之路

网络时代的到来加速了信息的聚集和传播,信息已经成为现代社会的主要战略资源,信息资源的开发和利用已关系到企业在信息时代的生存和进一步的发展。海尔集团创立于1984年,是全球大型家电第一品牌(数据来源:欧睿国际 Euromonitor),目前已从制造家电产品的传统企业转型为面向全社会孵化创客的平台。在互联网时代,海尔致力于成为互联网企业,颠覆传统企业自成体系的封闭系统,变成网络互联中的节点,互联互通各种资源,打造后电商时代基于用户价值交互的共创共赢生态圈,实现利益攸关各方的共赢增值。为创建互联网企业,海尔在战略、组织、员工、用户、薪酬和管理6个方面进行了颠覆性探索,打造出一个动态循环体系,加速推进互联网转型。海尔集团主要聚焦于以下3个平台的创新。

• 白电转型平台:聚焦互联工厂与微商体系的定制对接,通过人机对话、网器互联,以用户资源倒逼产品迭代。

• 投资孵化平台:以诚信为基础,以社群为基本单元,建立定制预约平台,形成信得过且持久的用户资源，通过资本市场化全流程驱动小微转型升级。

● 金融控股平台：利用互联网带来的巨量用户资源，在海尔产业优势基础上，建立各方共赢的增值体系。

三大平台为创客提供了包括制造体系、物流体系、创投孵化体系、人力资本体系等一系列创业资源，让创客在开放的平台上利用海尔的生态圈资源实现创新成长。

通过对互联网模式的探索，海尔集团实现了稳步增长。2015 年利润实现 180 亿元，近 9 年利润复合增长率为 33%。从传统经济产生的全球销售收入看，海尔 2015 年全球营业额实现 1 887 亿元，近 9 年复合增长率为 6%。从互联网交互产生的交易看，在海尔产品线上平台、B2B/B2C 社会化线上平台以及互联网金融平台共产生 1 577 亿元的交易额，同比增幅为 188%。截至 2015 年年底，海尔平台上已经聚集了 4 700 多家外部一流资源、30 亿元创投基金、1 330 家风险投资机构、103 家园区孵化器资源，诞生了 1 160 多个项目。海尔平台上有 3 800 多个节点小微和上百万微店正在努力实践着资本和人力的社会化，有超过 100 个小微年营收过亿元，已有 29 个小微引入风投，有 14 个小微估值过亿元。由于海尔模式转型，去中心化、去中介化、去隔热墙，海尔在册员工一度比最高峰时减少了 45%，但海尔平台为全社会提供的就业机会超过 130 万个。鉴于海尔在"双创"领域的突出成就和示范作用，2016 年 5 月 12 日，国务院确定首批双创示范基地，海尔成为家电行业唯一入选的企业。

海尔模式创新不仅得到了专家层面的权威认可，更有实践层面的成果验证。2011 年，海尔并购日本三洋白电；2012 年，海尔并购新西兰国宝级家电品牌斐雪派克；2016 年 1 月 15 日，海尔全球化进程又开启了历史性的一页——海尔与 GE 签署战略合作备忘录，整合通用电气的家电业务，整合后海尔全球员工达到 7.3 万人，不仅树立了中美大企业合作的新典范，而且形成了大企业之间超越价格交易的新联盟模式。目前，海尔在全球布局了七大品牌：海尔、卡萨帝、日日顺、AQUA、斐雪派克、统帅、GEA，从不同领域持续满足用户的最佳体验。海尔的互联网转型是基于"人单合一双赢"模式的探索展开的，目前这个模式已迭代升级为"人单合一 2.0——共创共赢生态圈模式"。"人"从员工升级为攸关各方，"单"从用户价值升级到用户资源，"双赢"升级为共赢，最终目的是实现共创共赢生态圈的多方共赢增值。

（资料来源：海尔官网，2017。）

思考：

1.海尔集团的互联网战略是怎样的？

2.海尔集团采用的是什么类型的电子商务模式？

1.1 电子商务基础

互联网为人类社会开创了一个全新的活动空间,网络时代、网络经济在这一空间里处处存在;信息全球化、经济全球化,电子商务的浪潮冲击着世界所有国家。微软公司创始人比尔·盖茨曾说“21世纪,要么电子商务,要么无商可务”,随着计算机和信息技术的快速发展,电子商务已经渗入社会生活的各个层面,一个新的时代已经来临。

1.1.1 电子商务的概念

随着互联网的蓬勃兴起和发展壮大,电子商务已真正走向传统商务活动的各个环节和各个领域,并被普遍认可,受到各国政府、企业和组织的高度重视,它代表着21世纪新经济的发展方向。由于电子商务出现时间短,业界对电子商务的认识还有待于在实践中进一步提炼和完善,因此,目前还没有统一对电子商务进行定义。下面,我们从狭义和广义两个方面作一下介绍。

1)狭义的电子商务

狭义的电子商务(Electronic Commerce,EC)仅指在互联网上开展的交易或与交易有关的活动,是人们利用电子化手段进行的以商品交换为中心的各种商务活动,也可以称为电子交易,包括网络营销、网络广告、网上贸易洽谈、电子购物、电子支付等不同层次,不同程度的电子商务活动。

2)广义的电子商务

广义的电子商务(Electronic Business,EB)是指各行各业,包括政府机构和企业、事

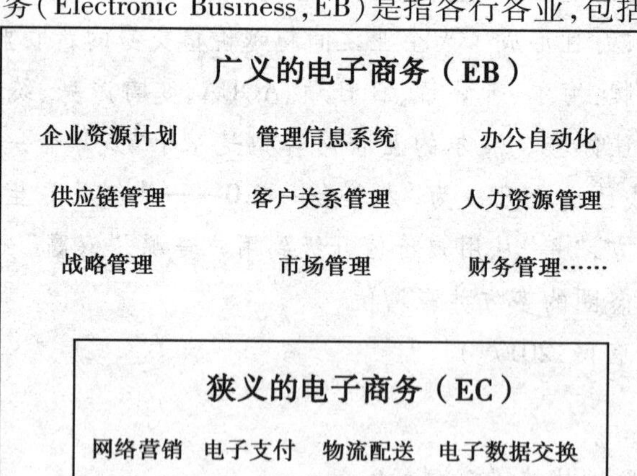

图1-1 电子商务的业务组成

业单位各种业务的电子化、网络化,可称为电子业务,包括电子商务、电子政务、电子军务、电子医务、电子教务、电子家务等。这些活动可以发生在公司内部、公司之间、公司和客户之间,如网络营销、电子支付、物流配送、电子数据交换(EDI)、企业资源计划(ERP)、管理信息系统(MIS)、客户关系管理(CRM)、供应链管理(SCM)、人力资源管理(HRM)、战略管理、市场管理、财务管理等内容。

归纳起来说,上述定义都强调了电子商务是电子技术在商务活动中的应用。电子商务是商务活动的电子化后的表现形式,是商务与数字技术结合的产物,是供应商、生产商、销售商和消费者交流的平台,是在 Internet 上将信息流、资金流和部分物流完整实现的过程;电子商务是企业实现提高销售额和降低交易成本,寻找商业机会和提高交易效率,提升企业品牌和提供有效服务,整合企业内部资源和减少中间环节,降低库存积压和提高货物周转率的有效途径。

因此,本书综合以上定义认为:电子商务是指各种具有商业活动能力的实体(如生产企业、商贸企业、物流企业、金融机构、政府机构、个人消费者等)利用互联网及现代通信技术进行任何形式的商务运作、管理或信息交换活动。

1.1.2　电子商务的特点

电子商务是将现代网络信息技术与商务活动相结合而产生的一种新型商务交易过程,是 21 世纪市场经济商务运行的主要模式,传统商务活动中的物流、资金流、信息流的传递方式通过网络技术实现了整合。企业将重要的信息以互联网(Internet)、企业内部网(Intranet)或外联网(Extranet)直接与分布在各地的客户、员工、经销商及供应链连接,创造更具竞争力的经营优势。相对于传统商务,电子商务具有下述几个特点。

1) 交易电子化

通过互联网进行的商务活动,贸易双方从搜集信息、贸易洽谈、签订合同、货款支付到电子报关等,无须当面进行,均可通过计算机互联网完成,整个过程完全靠电子化手段进行。

2) 交易全球化

互联网打破了时空界限,把全球市场连接成了一个整体。在网上,任何一个企业都可以面向全世界的客户销售自己的产品,可以在全世界寻找合作伙伴,同时也要面对来自世界各地的竞争对手。这意味着全球范围内的经济活动已变得空前快捷和高效,跨越国度的采购变得如同在便利店购物一样方便。

3) 交易成本低

电子商务活动所需的投资和运营成本相对于传统商务活动而言要低廉得多,买卖双方的交易成本大大降低,具体表现在下述几个方面。

①买卖双方通过网络进行商务活动，无须过多的中间者参与，例如批发商、零售商等，客户可以通过互联网直接从厂家订购产品，产品售价大大降低。

②卖方节省店面租金、水电费，员工数量减少，支出成本降低。

③卖方可通过互联网进行产品介绍、宣传，避免了在传统方式下做广告、发印刷产品等的大量费用支出。

④买卖双方能够即时沟通，使无库存生产和无库存销售成为可能，从而使库存成本降为零。

⑤网络上的信息传递都是"无纸化办公"，无论是买卖双方间的沟通还是企业内部的沟通，都大大节省了时间，提高了信息传递的效率，并降低了管理成本。

⑥传统的原材料采购是一个程序烦琐的过程，而利用电子商务可以足不出户实现货比三家，加强与主要供应商之间的协作，降低采购成本。

4）交易效率高

由于实现了电子数据交换的标准化，使商业报文能在瞬间完成传递并通过计算机自动处理，电子商务克服了传统贸易方式费用高、易出错、处理速度慢等缺点，极大地缩短了交易时间，提高了商务活动的运作效率。互联网沟通了供求信息，企业可以对市场需求作出快速反应，提高竞争能力，减少风险。

5）交易透明化

互联网上的交易是透明的，买卖双方从交易的洽谈、签约以及货款的支付、交货通知等整个交易过程都在网络上进行。同时买方可以对众多企业的产品进行比较，这使得买方的购买行为会更加理性，通畅、快捷的信息传输可以保证各种信息之间互相核对，防止伪造单据和贸易欺骗行为。例如，电子报关与银行的联网有助于杜绝进出口贸易的假出口、偷漏税和骗退税等行为；电子招标系统"公开、公平、公正"的原则，可以避免招投标过程中的暗箱操作现象，使不正当交易、贿赂投标等腐败现象得以被制止；典型的许可证 EDI 系统中，由于加强了发证单位和验证单位的通信、核对，假的许可证就不易漏网。

6）协作要求高

电子商务是协作经济，电子商务需要企业内部各部门、生产商、批发商、零售商、银行、配送中心、通信部门、技术服务等多个部门的通力协作。网络技术的发展使企业间的合作完全可以如同企业内部各部门间的合作一样紧密，企业无须追求"大而全"，而应追求"精而强"。企业应该集中自己的核心业务，把自己不具备竞争优势的业务外包出去，通过协作来提高竞争力。

7）服务个性化

21 世纪的市场经济竞争激烈，产品和服务众多，人们的经济状况普遍提高，自然对产品和服务的需求也呈现出多样性和差异性。企业可以针对特定的消费群体进行市场细分，生产不同的产品，为消费者提供个性化服务，包括个性化的产品定制及企业提供的针对性服务信息。

1.1.3　电子商务的组成

1) 电子商务的概念模型

电子商务的本质是商务，与传统商务一样符合商务的一般规律，它由交易主体、电子市场、交易事务 3 个基本要素，以及信息流、资金流、物流 3 个基本业务流构成。

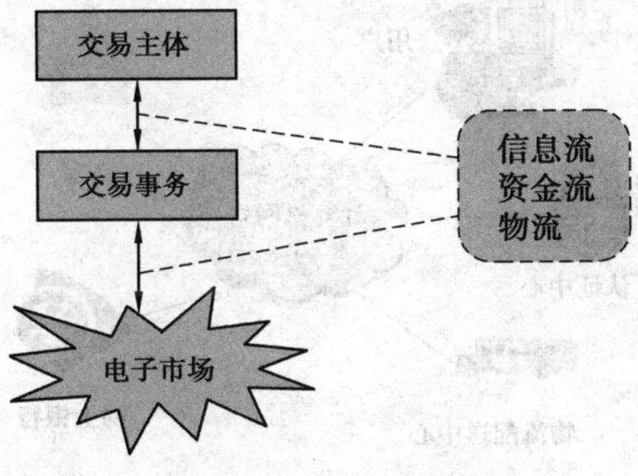

图 1-2　电子商务的概念模型

图 1-2 模型中的 3 个基本要素能清晰地表明电子商务的一些基本信息。

(1) 交易主体

交易主体是指开展电子商务的社会实体，比如政府部门、银行、商店、企业或个人等不同性质的实体，表明是"谁"在做。

(2) 交易事务

交易事务是指电子商务开展的具体内容，表明是做"什么"。例如询价、报价、转账支付、广告宣传、商品运输等。

(3) 电子市场

电子市场是指电子商务实体从事商品和服务交易的场所，表明是在"哪里"做。另外，电子商务作为电子化的商务活动，其任何一笔交易，都离不开 3 种基本的"流"，即信息流、资金流和物流。

信息流是指为达成电子交易，买卖双方在网络上进行的相关信息流动与交换，包括商品信息的提供、促销宣传、技术支持、售后服务等内容，也包括诸如询价单、报价单、付款通知单、转账通知单等商业贸易单证，还包括交易方的支付能力、支付信誉和中介信誉等。

资金流是指买卖双方之间在网上达成电子交易后伴随的相关资金的转移过程，包括付款、转账、结算、兑换等过程，它始于消费者，终于商家账户，中间可能经过银行或第三方支付平台,例如支付宝等。

物流是指买卖双方之间达成交易协议后物质实体(商品和服务)的流动过程,即包装、运输、储存、配送、装卸、物流信息管理等各种活动。此外,由于电子商务交易的产品有虚拟产品,物流也包括虚拟产品从卖方到买方间的信息传递过程,例如手机话费充值、游戏账号购买等。

2)电子商务的组成

电子商务的基本组成要素有计算机网络、用户、认证中心、物流配送中心、网上银行、商家等。

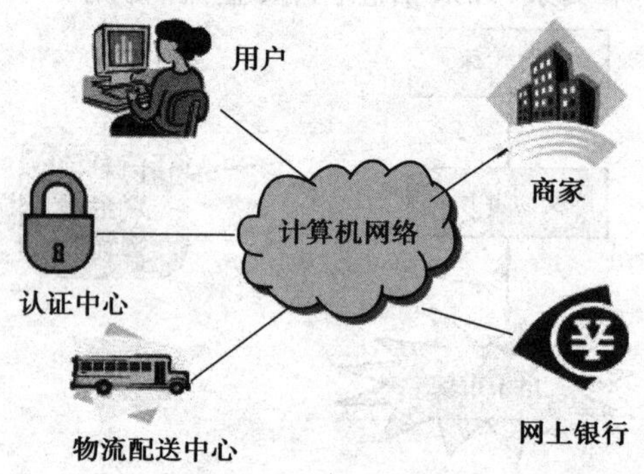

图 1-3 电子商务的基本组成要素

(1)计算机网络

计算机网络包括互联网(Internet)、内联网(Intranet)、外联网(Extranet)。互联网是电子商务的基础,是全世界范围内进行商务、业务信息传送的载体;内联网是企业内部商务活动和经营管理的网络平台;外联网是企业与企业之间及企业与客户之间进行商务活动的纽带。

(2)用户

电子商务用户可分为个人用户和企业用户。个人用户使用浏览器、电视机顶盒、个人数字助理、可视电话等接入互联网,为了获取信息、购买商品,还需采用 Java 技术及产品。企业用户建立企业内联网、外联网和企业管理信息系统,对人、财、物、供、销、存进行科学管理。

(3)认证中心(CA)

认证中心是法律承认的权威机构,负责发放和管理电子证书,使网上交易的各方能相互确认身份。电子证书是一个包含证书持有人、个人信息、公开密匙、证书序号、有效期、发证单位的电子签名等内容的数字文件。

(4)物流配送中心

接受商家的送货要求,组织运送无法从网上直接得到的商品,跟踪产品的流向,将商品送到客户的手中。

(5)网上银行

在互联网上实现传统银行的业务,为用户提供 24 小时的实时服务;与信用卡公司合作,发放电子钱包,提供网上支付手段,为电子商务交易中的用户和商家服务。

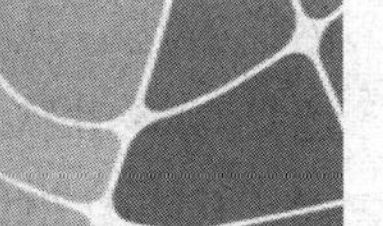

1.2　电子商务与传统商务的比较

1.2.1　电子商务的产生与发展

1)电子商务的产生时间及条件

电子商务产生于 20 世纪 60 年代,发展于 20 世纪 90 年代,影响其产生和发展的重要条件有:

(1)计算机的广泛应用

几十年来,计算机的处理速度越来越快,处理能力越来越强,价格越来越便宜,应用越来越广泛,这为电子商务的广泛应用奠定了物质基础。

(2)网络的普及和成熟

由于 Internet 逐渐成为全球通信与交易的媒体,全球上网用户呈几何级数增长趋势,快捷、安全、低成本的特点为电子商务的发展提供了应用条件。

(3)信用卡的普及应用

信用卡以其方便、快捷、安全等优点而成为人们消费支付的重要手段,并由此形成了完善的全球性信用卡计算机网络支付与结算系统,使"一卡在手,走遍全球"成为可能,同时也为电子商务网上支付提供了重要手段。

(4)安全电子交易协议的制订

1997 年 5 月 31 日,由美国 VISA 和 Mastercard 国际组织等联合制订的安全电子交易协议(Secure Electronic Transaction Protocol,SET)出台,并且得到大多数厂商的认可和支持,为开放网络上的电子商务提供了一个关键的安全环境。

(5)政府的支持与推动

自 1997 年欧盟发布欧洲电子商务协议和美国随后发布《全球电子商务纲要》以后,电子商务开始受到世界各国政府的重视,这为电子商务的发展提供了强力支持。

2)电子商务的发展

(1)20 世纪 60—90 年代:基于 EDI 的电子商务

从技术的角度来看,人类利用电子通信的方式进行贸易活动已有几十年的历史了。早在 20 世纪 60 年代,人们就开始用电报报文发送商务文件;70 年代人们又普遍采用方便、快捷的传真机来替代电报。由于传真文件是通过纸面打印来传递和管理信息的,不能将信息直接转入信息系统中,因此人们开始采用 EDI(电子数据交换)作为企业间电子商务的应用技术,这也就是电子商务的雏形。

电子数据交换(Electronic Data Interchange,EDI)在 20 世纪 60 年代末期产生于美国,是其将业务文件按一个公认的标准从一台计算机传输到另一台计算机上去的电子传输方法。从技术上讲,EDI 包括硬件与软件两大部分,硬件主要是计算机网络,软件包括计算机软件和 EDI 标准。

(2)20 世纪 90 年代以来:基于互联网的电子商务

20 世纪 90 年代中期后,互联网(Internet)迅速走向普及化,逐步从大学、科研机构走向企业和百姓家庭,其功能也已从信息共享演变为一种大众化的信息传播工具。此时互联网已成为全球最大的互联网络,已经覆盖 150 多个国家和地区,连接了 1.5 万多个网络,220 万台主机。从 1991 年起,一直被排斥在互联网之外的商业贸易活动正式进入这个王国,电子商务成为互联网应用最大的热点。

基于互联网的电子商务给企业带来了增加产值、降低成本、创造商机等方面的效益。与此同时,信息技术也得到了全面发展,这又为电子商务的发展和应用创造了条件。网上购物起源于 1995 年,它的先驱是不进行传统零售的互联网公司,如亚马逊(Amazon),但 2010 年之后,像美国的沃尔玛(Wal-Mart)这样的传统跨国零售商也建立了自己的网上商店。

2014 年之后,电子商务出现了许多新的发展趋势,如与政府的管理和采购行为相结合的电子政务服务、与个人手机通信相结合的移动商务模式得到了很好的发展,跨境电子商务也成了电子商务发展的一个新突破口。

2015 年,我国的政府工作报告中首次提出“互联网+”行动计划。电子商务是“互联网+”行动计划的一项重要内容,也是核心内容之一。“互联网+”不仅仅是技术变革,更是一场思维变革,站在“互联网+”的风口上,O2O、互联网金融、智能制造、智慧城市等细分领域的创新应用和实践遍地开花,互联网与传统产业的融合发展,不但推动了经济稳步增长,促进产业结构创新升级,而且加快了国家综合竞争新优势的形成,为我国在新一轮全球竞争中脱颖而出创造了机会。

(3)基于 3G 和 4G 的移动电子商务

随着移动通信技术的发展,手机、平板电脑已成为一种被大众接受的互联网接入方式,手机上网已成为另一种重要的上网方式。同使用计算机上网相比,手机上网几乎不受时间、空间、设备的限制,这为移动电子商务的进一步推广打下了良好的基础。

3G 指第三代移动通信技术,3G 移动通信技术与前两代的主要区别是在传输声音和数据的速度上的提升,它能够在全球范围内更好地实现无缝漫游,并处理图像、音乐、视频流等多种媒体形式,提供包括网页浏览、电话会议、电子商务等多种信息服务,同时也要考虑已有第二代系统的良好兼容性。为了提供这种服务,无线网络必须能够支持不同的数据传输速度。

2014 年之后，我国 4G 移动通信技术快速普及，4G 是第四代移动通信技术的简称。4G 集 3G 与 WLAN 于一体，并能够快速传输数据、音频、视频和图像等。4G 能够以 100 MB/s以上的速度下载，是家用宽带 ADSL(4 MB/s)的 25 倍，并能够满足几乎所有用户对无线服务的要求。此外，4G 可以在 DSL 和有线电视调制解调器没有覆盖的地方部署，然后再扩展到整个地区。很明显，4G 有着无可比拟的优越性。

1.2.2　电子商务与传统商务的基本业务流程

传统商务起源于远古时代，当人们对日常活动进行分工时，商业活动就开始了。电子商务也并非新兴之物，早在 1839 年，当电报刚出现时，人们就开始对运用电子手段进行商务活动展开了讨论。随着电话、传真、电视等电子工具的诞生，商务活动中可应用的电子工具进一步增加。伴随着计算机技术和网络通信技术，特别是互联网技术的不断发展，实现企业内部、企业之间、企业与客户之间的商业活动，成为越来越多企业的要求，并逐渐发展成为一个相对独立的、全新的商务领域。

在现代信息社会中，电子商务可以使掌握信息技术和商务规则的企业和个人系统地利用各种电子工具和网络，高效率、低成本地从事各种商业贸易活动。

传统商务和电子商务的运作过程相比较，在商贸交易过程中的实务操作步骤都是由交易前的准备、贸易的磋商过程、合同的签订与执行、支付与结算 4 个环节构成，但两种交易具体的运作方法和平台是完全不同的，如表 1-1 所示。

表 1-1　传统商务和电子商务运作过程比较

类型	交易前的准备	贸易的磋商过程	合同的签订与执行	支付与结算
传统商务	商品信息的发布、查询和匹配，是通过传统方式来完成的(如报纸、电视、广播、杂志、户外媒体等各种广告形式)	是贸易双方进行口头磋商或纸面贸易单证的传递过程。纸面贸易单证包括询价单、价格磋商、订购合同、发货单、运输单、发票、收货单等。使用的工具有电话、传真或邮寄等	贸易磋商过程经常通过口头协议来完成，但在磋商过程完成后，交易双方必须以书面形式签订具有法律效力的商贸合同来确定磋商的结果和监督执行(纸面合同)	①支票：多用于企业的商贸过程，涉及双方单位及其开户银行；②现金：常用于企业对个体消费者的商品零售过程
电子商务	交易的供需信息都是通过交易双方的网址和网络主页完成的。双方信息沟通的特点是快速、高效	将纸面单证在网络和系统的支持下变成电子化的记录、文件和报文在网络上传递。专门的数据交换协议保证了网络信息传递正确、安全的特性和快速的特点	电子合同在第三方授权的情况下，同样具有法律效力，可以作为在执行过程中产生纠纷的仲裁依据	网上支付：可采用信用卡、电子支票、电子现金、电子钱包等形式

1.2.3 电子商务与传统商务的区别

电子商务在交易的各个环节都采用了与传统商务不同的运作方法，在许多方面都优于传统商务，可从信息提供、流通渠道、交易对象、顾客忠诚度、交易时间等几个方面进行比较，如表1-2所示。

表1-2 传统商务和电子商务的比较

项　目	传统商务	电子商务
信息提供	根据销售商的不同而有所不同	透明、准确
流通渠道	企业—批发商—零售商—消费者	企业—消费者
交易对象	部分地区	全球
交易时间	规定的营业时间内	24小时
销售方法	通过各种关系买卖	完全自由购买
营销活动	销售商的单方营销	交易双方一对一沟通，是双向的
顾客方便度	受限于时间、地点及店主态度	按照自己的方式，无拘无束地购物
顾客需求	需要用很长时间掌握顾客的需求	能快速捕捉顾客的需求并及时作出反应
销售地点	需要销售空间（店铺、货架和仓库）	虚拟空间

（资料来源：宋文官.电子商务概论[M].3版.北京：清华大学出版社，2012.）

1.3 电子商务的分类模式

电子商务的应用范围很广，从不同的角度可以将电子商务分为不同的类型。

1.3.1 按照参与交易的对象分类

1）企业与企业之间的电子商务

企业与企业之间的电子商务（Business to Business，B2B）指企业与企业之间通过互联网进行的商务活动。B2B方式是电子商务应用最多和最受企业重视的形式，企业可以使用Internet或其他网络对每笔交易寻找最佳合作伙伴，它包括采购商与供应商之间通过互联网谈判、订货、签约、付款以及索赔处理、商品运输等相关活动，并实现整个商务过程的电子化。

B2B 主要是针对企业内部以及企业与上下游协作厂商之间的资讯整合，并在互联网上进行的企业与企业间交易。借由企业内部网（Intranet）建构资讯流通的基础，以及外部网络（Extranet）结合产业的上中下游厂商，达到供应链（SCM）的整合。因此，通过 B2B 的商业模式，不仅可以降低企业内部资讯的流通成本，还可以使企业与企业之间的交易流程更快速，减少耗损。

B2B 电子商务是电子商务的主流，也是企业面临激烈的市场竞争、改善竞争条件、建立竞争优势的主要方法。开展电子商务，将使企业拥有一个商机无限的发展空间，这也是企业谋生存、求发展的必由之路，它可以使企业在竞争中处于更加有利的地位。B2B 电子商务将会为企业带来更低的价格、更高的生产率和更低的劳动成本以及更多的商业机会。

B2B 网站的典型代表是阿里巴巴网、中国制造网、环球资源网和慧聪网等。

图 1-4　阿里巴巴网站首页

2）企业与消费者之间的电子商务

企业与消费者之间的电子商务（Business to Customer，B2C）是指企业或商业机构利用互联网向个人消费者提供商品和服务。这类电子商务实际上就是电子化的在线零售业。目前，互联网上已遍布各种类型的在线零售企业。

企业在网上建立自己的 Web 网站，推销自己的产品、服务，形成网上商店；消费者通过访问网上商店，浏览商品，进行网上购物或接受服务。企业所出售的商品一应俱全，从食品、书籍、鲜花、服装到计算机、汽车等，几乎包括了所有的消费品；或者提供各类网络服务，如远程教育、在线医疗等。近年来，随着互联网为企业和消费者开辟了新的交易平台，再加上全球网民的增多，B2C 得到了较快的发展，成为电子商务发展的主要动力。

B2C 的典型代表有当当网、天猫商城、京东商城、苏宁易购、唯品会、亚马逊、去哪儿网等。

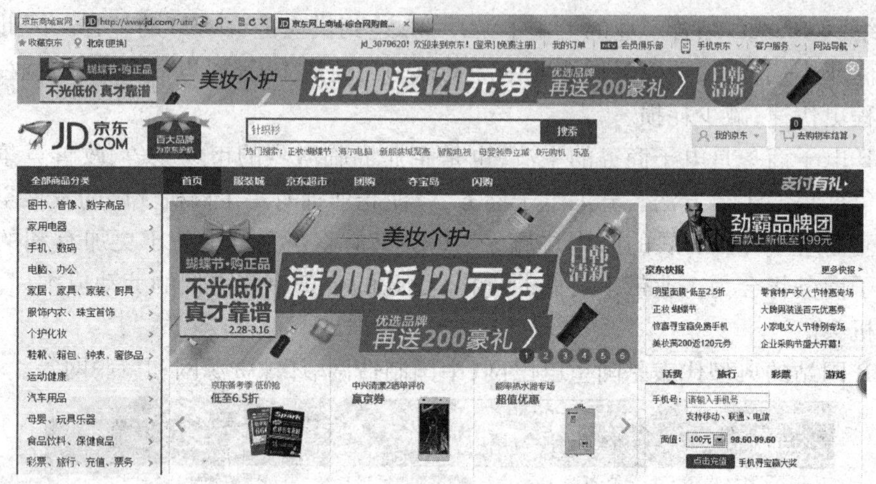

图 1-5　京东商城首页

3) 消费者与消费者之间的电子商务

消费者与消费者之间的电子商务(Consumer to Consumer, C2C)是指消费者与消费者之间通过网络商务平台进行交易或网上事务合作活动。比如网上购物、网上物品拍卖、个人网上事务合作和网上跳蚤市场等。个人借助网络满足自己个性化需求的机会大大增加了,社会各类资源包括物质资源与智力资源,也能得到更广泛与更充分的利用。C2C 是近年来电子商务发展的一个热点。

C2C 的典型代表有淘宝网、易趣网、闲鱼等。

图 1-6　淘宝网首页

4) 企业与政府部门之间的电子商务

企业与政府部门之间的电子商务(Business to Government,B2G)是指企业与政府之间通过网络所进行的交易活动的运作模式。其涵盖了政府与企业间的各项事务,包括政府采购、税收、商检、管理条例发布,以及法规和政策颁布等。例如,政府网上采购,即政府机构在网上进行产品、服务的招标和采购。另外,电子通关、电子纳税等企业与政府间的业务等也属于 B2G 模式,如重庆市政府采购网、重庆市工商行政管理局公众信息网等。

B2G 使企业和政府之间通过互联网可以方便、快捷地进行信息交换。一方面政府作为消费者,可以通过互联网发布自己的采购清单,公开、透明、高效、廉洁地完成所需物品的采购;另一方面,政府对企业宏观调控、指导规范、监督管理的职能通过网络以电子商务方式更能充分、及时地发挥。借助网络,政府职能部门能更及时、全面地获取所需信息,作出正确的决策,快速地作出反应,能迅速、直接地将政策、法规及调控信息传达到企业,起到管理与服务的作用。

图 1-7　重庆市政府采购网首页

【案例学习 1-1】

中国制造网是一个中国产品信息荟萃的网上世界,面向全球提供中国产品的电子商务服务,旨在利用互联网将中国制造的产品介绍给全球采购商。中国制造网创建于1998 年,是由焦点科技开发和运营的、国内著名的 B2B 电子商务网站之一,已连续四年被《互联网周刊》评为中国最具商业价值百强网站。

中国制造网独有的“Made in China”域名对中外商家而言非常直观形象,具有很强的亲和力和天生的知名度;而它的信息平台和优质商业服务更为中国对内对外贸易的发展提供了强有力的支持。中国制造网汇集中国企业产品,面向全球采购商,提供高效可靠的信息交流与贸易服务平台,为中国企业与全球采购商创造了无限商机,是国内中小企业通过互联网开展国际贸易的首选 B2B 网站之一,也是国际上有影响的电子商务平台。

中国制造网的盈利模式主要是吸收会员,盈利方式就是付费会员的费用(会员费、排名等)。中国制造网会员有两种:金牌会员与 AS 认证供应商(Audited Suppliers)。认证供应商是中国制造网结合买家的反馈意见,为外贸型中国供应商提供的一项全方位展示企业综合出口实力的服务。金牌会员的价格是 21 600 元/年,AS 认证供应商价格是 31 100 元/年。服务分为线上的推广与线下的商务推广。

中国制造网面临的挑战:

(1)业务增量可能受阻

目前第三方 B2B 电子商务将更多地应用在出口行业,而由于全球金融危机的影响还未完全消除,出口复苏出现反复,对中国制造网的业绩将产生负面影响。

(2)行业价格竞争过于激烈,可能削弱公司的盈利能力

第三方 B2B 行业的业务模式主要依赖商务营销,竞争对手之间业务差异有限,价格仍是主要竞争手段之一。同时 B2B 行业属性也导致卖家对第三方平台的忠诚度不高,买家则喜欢多平台接入,B2B 行业难以出现赢家通吃的局面。

(3)缺乏战略优势

第三方 B2B 电子商务传统的付费会员服务成长空间很小,提高增值服务质量是当前的主流。虽然中国制造网与瑞士通用公正行(SGS)合作推出的认证供应商服务较有特色,增值势头明显,但其本身并无战略优势,不少同行也有类似服务,其可持续性存在疑问。

思考:

中国制造网运营模式上与其他 B2B 网站有什么不一样?其盈利模式是什么?

1.3.2 按照交易的商品形式分类

1)间接电子商务

间接电子商务(也称不完全电子商务)——有形商品的电子订货,它无法完全依靠电子方式实现和完成整个交易过程的交易,它需要依靠一些外部要素,如运输系统来完成。

有形商品指的是占有三维空间的实体类商品(如书籍、服装、电脑、食品等),这类商品的交易过程中所包含的信息流和资金流可以完全实现网上传输,但交易的商品仍然需要利用传统的物流渠道,将货物运送到消费者手中。一般来说,电子商务的物流配送会通过第三方物流企业来完成,如邮政服务和商业快递等。

2)直接电子商务

直接电子商务(也称完全电子商务)——无形商品和服务,即完全可以通过电子方式实现和完成整个交易的交易行为。

直接电子商务的交易全过程(信息流、资金流、物流)可以完全在网络上实现,使得交易双方能够跨越地理空间的阻碍进行电子交易,可以充分挖掘全球市场潜力。主要适合那些能直接在计算机网络上传输的商品和服务的交易,如计算机软件、远程教育、数码音乐、电子图书、网络订票、电子证券、各种咨询服务等,供求双方直接在网络上完成订货或申请服务、贷款的电子支付与结算、实施服务或产品交付即从网络上下载产品等全过程,而无须借助其他手段。

1.3.3　按照电子商务使用的网络类型分类

根据使用网络类型的不同,电子商务目前主要有 3 种形式:第一种形式是电子数据交换(EDI)商务,第二种形式是互联网(Internet)商务,第三种形式是内联网(Intranet)商务和外联网(Extranet)商务。

1)EDI 商务

EDI 主要应用于企业与企业、企业与批发商、批发商与零售商之间的商务。EDI 通过传递标准数据流可以避免人为的失误,降低成本,提高效率。相对于传统的订货和付款方式,EDI 大大节约了时间和费用。由于 EDI 必须租用 EDI 网络上的专线,即通过购买增值网(Value Added Network,VAN)服务才能实现,费用较高;也由于需要有专业的 EDI 操作人员,并且需要贸易伙伴也使用 EDI,中小企业很少愿意使用 EDI。这种状况使 EDI 虽然已经存在了 20 多年,但至今仍未广泛普及。近年来,随着 Internet 网络的迅速普及,基于互联网的、使用可扩展标识语言 XMl 的 EDI,即 Web-EDI,或称 Open-EDI 正在逐步取代传统的 EDI。

2)互联网商务

互联网商务是国际现代商业的最新形式。它以计算机、通信、多媒体、数据库技术为基础,通过互联网络在网上实现营销、购物服务。它突破了传统商业生产、批发、零售及进、销、存、调的流转程序与营销模式,将信息流、资金流和物流等所有业务流程汇集在一个整合的场中,有利于实现少投入、低成本、零库存,避免了商品的无效转移及搬运,从而实现社会资源的高效运转。消费者可以不受时间、空间、厂商的限制,广泛浏览,充分比较,模拟使用,力求以最低的价格获得最为满意的商品和服务,特别是 Internet 全球联网的属性,使得在全球范围内实行电子商务成为可能。

3)内联网商务和外联网商务

内联网是在 Internet 基础上发展起来的企业内部网。Intranet 与 Internet 采用相同的技术,在与Internet连接时,设有互联网企业防火墙,这样有效地防止未经授权的外来人员进入企业内部网。Intranet将大、中型企业总部和分布在各地的分支机构及企业内部有关部门的各种信息通过网络予以联通,使企业各级管理人员能够通过网络读取自己所需的信息,利用在线业务的申请和注册代替纸张贸易和内部流通的形式,从而有效地降低了交易成本,提高了经营效益。

在Intranet商务的基础上,两个或多个Intranet用户可以根据需要,通过Extranet(外联网)连接,使业务的上下游结合通畅,提高交易效率。Extranet能够使企业和其他企业及相关机构如原材料供应商、零部件供应商、产品批发商、用户、银行、工商管理和税务部门等之间互访Intranet,开展商品交易及相关作业。同时Extranet置于防火墙之后,拒绝非法外来访问,从而使得这种商务活动具有与Intranet同样的安全性。又由于它是通过Internet来实现Intranet之间的连接,既能够利用Internet覆盖面广的优点来扩大合作面,同时又能达到降低交易成本的目的。

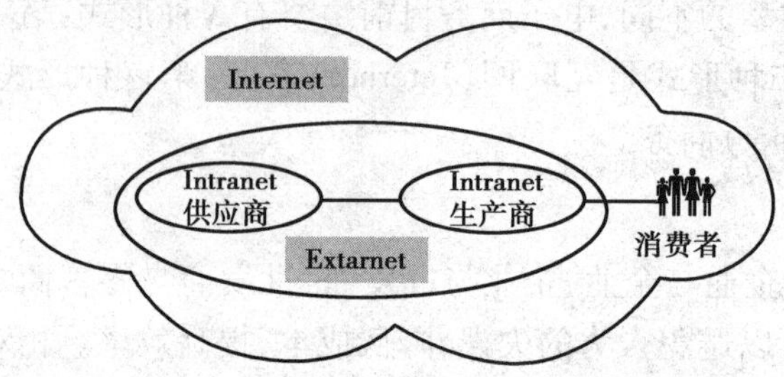

图1-8　Internet,Intranet,Extranet之间的关系

4)互联网与线下商务之间的电子商务

互联网与线下商务之间的电子商务(Online to Offline,O2O)模式简称线上购买、线下消费,即将线下商务的机会与互联网结合在一起,让互联网成为线下交易的前台。这样线下服务就可以利用线上来揽客,消费者可以利用线上搜索商品,线下完成交易;或者用户在线上购买或预订商品,然后再到线下的实体店取货或体验。B2C、C2C与O2O方式相比较,B2C和C2C在线支付购买的商品会通过物流公司送到消费者手中;而O2O是通过在线支付购买线下的商品和服务,然后再到线下去享受服务。

O2O模式充分利用了互联网跨地域、无边界、海量信息、海量用户的优势,把线上和线下完美结合,通过网站导购,把互联网与地面完美对接,实现互联网落地,让消费者在享受线上优惠价格的同时,又可享受线下贴身的服务。该模式最重要的特点是:推广效果可查,每笔交易可跟踪。随着互联网上本地化电子商务的发展,信息和实物之间、线上与线下之间的联系变得更加紧密。O2O让电子商务网站进入一个新的阶段。

【案例学习 1-2】

“嘿客”被视作电商新贵和未来的 O2O 业务,目前却几乎没有一家企业能做得像模像样。所以,当快递业巨头顺丰宣布要进军 O2O 业务时,业界无不充满了关注和期待。顺丰果然也财大气粗、不负众望,在 2014 年 5 月宣布正式杀入 O2O 社区便利店的第一个月,就呼啦一下子开了 500 多家店面。

有着与普通便利店类似的门面,店里却没有一件实体商品,除了几台供购物下单的触屏机,到处都是供手机扫码下单的“纸牌”,没有仓储压力,省掉了收银员、理货员,还节约了展示空间,门店的运营成本只是普通便利店的零头。

自 2014 年 5 月 18 日以来,一种全新的 O2O(线上到线下)“便利店”现身惠州市区的部分社区之中,而这正是顺丰速运在全国范围内启动的“嘿客”便利店。

没有实体商品的多功能“便利店”。门头是黑色,大大的“嘿客”两字很是醒目,边上则标着“e 网打尽”,在市区麦地绿湖新邨小区西门外,一间只有二三十平方米的顺丰“嘿客”门店,吸引了不少过往小区居民的眼球。

“嘿客”主要通过海报、平板电脑等方式展示商品。顾客通过二维码扫描、门店平板电脑等方式购买商品,再坐等顺丰快递免费送货上门。该门店工作人员告诉记者,跟一般便利店不同,“嘿客”店看不到传统的货架,取而代之的是贴在墙上、玻璃上的商品照片,还分为服务区、填单区、试衣试鞋区等。

同时,区别于普通电商,“嘿客”兼备了线上、线下的功能,门店涵括了从车(机)票购取、电话充值、水电缴费到现场网络各类商品、收发信件和物品等社区服务。记者也从店内的宣传单上看到了自寄自取、网购线下体验、商品预购、便民服务等内容。

当然,“嘿客”还有一项老本行业务——收寄快件。居民在店内不仅可以以每单低 2 元的价格寄快件,当家里没人,快递到家没人签收时,还可将快递放在家门口的“嘿客”店。

(资料来源:孙瑜.电子商务基础[M].北京:中国轻工业出版社,2015.)

1.3.4　按照交易地域范围分类

1)国内电子商务

国内电子商务是指在本国范围内进行的网上电子交易活动,其交易的地域范围较广,对软硬件和技术要求较高,要求在全国范围内实现商业电子化、自动化,实现金融电子化。交易各方具备一定的电子商务知识、经济能力和技术能力,并具有一定的管理水平和能力等。

2)国际电子商务(跨境电子商务)

国际电子商务(跨境电子商务)是指在全球范围内进行的电子交易活动,是指分属不同关境的交易主体，通过电子商务平台达成交易、进行支付结算，并通过跨境物流送达商品、完成交易的一种国际商业活动。国际电子商务（跨境电子商务）业务内容繁杂，数据来往频繁，要求电子商务系统严格、准确、安全、可靠，并具有相应的标准和贸易协议。

跨境电子商务分为出口跨境电子商务和进口跨境电子商务两个部分，跨境电子商务作为推动经济一体化、贸易全球化的技术基础，具有非常重要的战略意义。跨境电子商务不仅冲破了国家间的阻碍，使国际贸易走向无国界贸易，同时也正在引起世界经济贸易的巨大变革。

【案例学习 1-3】

亚马逊海外购持续引爆跨境网购　免费跨境配送释放消费潜力

2017 年 1 月 10 日，亚马逊中国发布 2016 跨境网购趋势报告。报告基于对亚马逊海外购海量数据的深入解析以及消费者行为调查，总结出中国跨境网购消费的四大特征与趋势，即跨境网购越发普及并常态化、跨境网购人群年轻化、跨境网购更趋品质化和免费跨境配送释放消费潜力。2016 年亚马逊海外购持续引爆跨境网购，海外购活跃用户数量大幅增长。截至 2016 年 12 月，亚马逊海外购活跃用户数量是 2014 年发布之初的 23 倍。亚马逊 Prime 会员服务的推出则大幅推动了消费力。用户在试用亚马逊 Prime 会员服务后平均每月跨境网购的频次显著增加；亚马逊 Prime 会员全站订单平均交易额显著高出非 Prime 会员，由此可见，Prime 的发布极大地释放了消费者的购物潜力。

亚马逊全球副总裁暨亚马逊中国总裁张文翊表示：“2016 年是亚马逊国际品牌战略不断深化、持续发力的一年。我们在中国推出了符合本地消费者需求的创新，包括发布亚马逊全球首个提供跨境免费配送的 Prime 会员服务，亚马逊海外购商店增加英国站点商品、实现海外购商店从单一站点向多元站点的迈进。中国消费者对亚马逊海外购的青睐和支持也让我们备受鼓舞。2017 年，我们将最大化地发挥全球资源优势，推动中国跨境网购的发展，通过更多的创新产品与服务为中国消费者带来更丰富的优质国际选品、更便捷的跨境购物以及配送体验。”

根据亚马逊中国的报告，2016 年中国跨境网购消费包括如下四大特征与趋势：

①跨境网购越发普及并常态化，黑色星期五深入人心：亚马逊中国消费者调研结果显示，拥有 2 年以下跨境网购经验的消费者占比超过 50%，由此可见亚马逊海外购的推出，吸引了大量全新的跨境网购人群。而自亚马逊在中国推出亚马逊 Prime 会员服务以来，注册会员的订单覆盖了中国 31 个省、自治区、直辖市，最南至海南三亚市，最北达黑龙江大兴安岭地区，最西为新疆喀什地区，最东则是黑龙江双鸭山市。

随着跨境网购的普及,亚马逊黑色星期五购物狂欢概念深入人心。2016 年黑色星期五期间,亚马逊中国成绩斐然,黑色星期五当日销售额较 2015 年同期翻番,也是"双 11"当日销售额的 6 倍;亚马逊香港/保税仓的销售同样异常火爆,黑色星期五当日销售额是 2015 年黑色星期五销售额的 12 倍之多。

②跨境消费人群趋年轻化,家庭成为主力群体:年轻化、高学历、高收入依然是目前亚马逊跨境消费人群的三大特点。近八成的亚马逊中国跨境消费者年龄集中在 35 岁以下。九成以上的亚马逊消费者拥有大学及以上学历,月收入 5 000 元以上的消费者占比则由 2015 年的 53%提高到了 2016 年的 62%,提高近十个百分点。与此同时,家庭成为跨境网购群体的主力军,其中,有子女的家庭占比约 84%。以家庭为单位的群体已经成为跨境网购的主力群体,从个人需求到家庭需求的演变也是跨境网购品类呈多元化发展和与日常生活紧密结合的主要因素之一,跨境网购从偶尔为之的尝鲜之举逐渐成为生活常态。

③跨境网购更趋品质化,消费者对品质与价格的关注首次持平:2015 年亚马逊跨境电子商务趋势报告显示,中国消费者在跨境网购中最关注价格。2016 年的报告显示,品质与价格首次并列成为中国消费者跨境网购最为关注的两大要素,消费者对产品品质的追求不断攀升。在此大趋势之下,男、女用户对价格和品质的关注度呈现差异,男性用户更注重价格,而女性用户则更关注品质。

④免费跨境配送释放消费潜力:2016 年黑色星期五及圣诞购物季,亚马逊全球共发售了超过 10 亿的亚马逊 Prime 商品及 FBA(亚马逊物流)商品。亚马逊中国海外购的数据则显示,亚马逊 Prime 会员全站订单平均交易额远高于非 Prime 会员。亚马逊 Prime 会员服务极大地释放了消费力。同时,2016 年亚马逊中国消费者行为调研显示,亚马逊用户表示其试用 Prime 后平均每月购买频次均有增加,九成以上的消费者在试用 Prime 会员服务后表示会向身边的朋友或家人推荐使用亚马逊 Prime 会员服务。

随着跨境购物日趋普及,从地域分布来看,一线城市依然是领头羊,且以南方城市为主。2016 年亚马逊海外购商品销量排行十大城市分别为:北京、上海、广州、深圳、成都、杭州、南京、天津、武汉、苏州,其中苏州首次进入排行榜前十。

品类方面,服装、鞋靴是 2016 年亚马逊海外购最受中国消费者欢迎的两大品类。母婴和美妆表现尤为亮眼,分别由 2015 年的第 8、9 位成功跻身 2016 年的第 3、4 位。2016 年亚马逊海外购最受中国消费者欢迎的十大品牌依次为 Calvin Klein(卡尔文·克莱恩)、Comotomo(可么多么)、Thermos(膳魔师)、Nautica(诺帝卡)、Timberland(添柏岚)、Tommy Hilfiger(汤米·希尔费格)、Enfagrow(美赞臣)、LEE(李)、Crocs(卡骆驰)和 Clarks(其乐)。其中,除 Calvin Klein、Comotomo、Thermos 和 Crocs 外,其他均为新晋上榜品牌。

最受中国消费者青睐的跨境 Prime 商品包括来自亚马逊美国的 Ddrops Baby D3

滴剂、Bad Air Sponge 吸收异味空气净化剂、膳魔师 Foogo 真空杯、L'il Critters 小熊软糖、玉兰油新生塑颜金纯面霜,以及来自亚马逊英国的德龙迷你 Me 咖啡机、飞利浦电动牙刷和标准牙刷头、欧乐-B Genius 8900 电动充电牙刷和其乐 Edgewick 男士休闲鞋。

(资料来源:亚马逊网站新闻中心。)

思考:

1.亚马逊属于哪种交易模式的电子商务类别?

2.亚马逊海外购体现了电子商务的什么特点?

1.4 电子商务带来的影响

1.4.1 电子商务对社会经济的影响

1)促进贸易的国际化

传统的贸易活动过程十分复杂,需要多种贸易工具,需要贸易双方反复地洽谈和交流,同时又受到贸易双方地理位置远近的影响。电子商务为企业提供了进入国际市场的便捷通道,打破了时间和空间的限制,通过网络企业可以在全球范围内寻找贸易对象,在网上完成贸易的过程,一些信息产品,如软件、合同等还可以在网上直接传给对方,大大降低了交易成本。

电子商务将通过提供比电话传输更快、更方便、更便宜的信息交换平台,进一步促进国际贸易的增长和发展。金融机构也将有更多的机会通过电子商务系统提供国际性金融业务服务,将金融业务扩大到全球范围内。

对于关税部门,电子商务能够以一种更间接的方式促进国际贸易,减少业务在边境上的延误。信息产品通过网络交付,运输与管理费用的降低可使许多小批量国际贸易获利。在传统贸易中,保险、运输和海关管理的费用可能达到甚至超过产品自身的价值,这样就限制了跨国贸易的增长,电子商务的实施将消除这种限制。

2)促进信息产业及服务业的增长

电子商务的发展,对信息基础结构提出了更高的要求,除了新建一批技术更先进、功能更完善的信息基础设施外,还需要对现有网络进行改造,以适应不断出现的新的业务应用的需要。世界各国今后都将投入大量资金,用于建设固定电话网、移动电话网、多媒体通信网、有线电视网、Internet、Intranet、Extranet 等基础设施。

随着电子商务规模的扩大,信息服务业也将有很大的发展。信息服务部门可以利用电子商务方式来开展业务，在全球范围内进行信息和网络服务，并提供丰富多彩的信息内容。开放和竞争伴随着数字化和广播、电信网络容量的增加，正在使服务变成一种低成本、大批量的商品。随着信息技术的发展，电信业、计算机业、广播电视业以及语音、数据、图像等业务及网络将融合发展新的服务业态。

3）给传统企业带来变革

电子商务在商务活动的全过程中，通过人与电子通信方式结合，极大地提高了商务活动的效率，减少了不必要的中间环节。网络经济改变了企业与客户互动的频道，也改变了企业营销的模式。新经济的重要特征是参与、互动、个性、体验，以用户需求为原点的互动营销方式和技术创新为精准营销带来变革，这必将对传统的制造业、批发业、零售业、金融银行等各种服务业带来巨大的冲击。

过去，企业跟客户互动是单向的，客户跟客户之间很少存在直接的互动和交流，但是互联网改变了这一切。有了互联网，尤其是通过网站、微博、视频等新兴媒体，客户跟客户之间可以进行在线交流，通过“言”和“行”影响其他客户。“行”指的是购买、搜索等在线行为，而“言”指的是口碑、博客、短信等。客户会影响客户，也会影响企业，而且线上言行会波及传统渠道。这样就迫使企业必须主动参与在线营销。例如口碑营销，客户在网上发布的评论，企业需要主动应对，挽回影响，主动做一些营销管理，这个在传统环境里并不多见。从这个意义上说，网络经济改变了企业和客户之间的互动内容和形式，催生了新的营销模式，包括数据库营销、搜索引擎营销、移动广告、微博营销、社区营销、口碑营销，再就是视频、游戏、团购、秒杀、拍卖、积分兑换（淘金币）等新的营销方式。

电子商务将带来一个全新的金融业。在线电子支付是电子商务的关键环节，也是电子商务得以顺利发展的基础条件。随着电子商务在电子交易环节上的突破，网上银行、银行卡支付网络、银行电子支付系统及电子支票、电子现金等服务，正在将传统的金融业带入一个全新的领域。

4）转变政府行为

政府承担着大量社会、经济、文化的管理和服务功能，尤其作为“看得见的手”，在调节市场经济运行，防止市场失灵带来的不足方面有着很大的作用。在电子商务时代，当企业应用电子商务进行生产经营，银行使金融电子化，以及消费者实现网上消费的同时，将同样对政府管理行为提出新的要求，电子政府或称网上政府，将随着电子商务发展而成为一个重要的社会角色。

1.4.2　电子商务对消费者和企业的影响

互联网的发展极大改变了人们的生活方式和生活习惯，同时也促进了企业开展网络营销。电子商务的应用已经渗透到社会经济的各个领域，涵盖了银行业、保险业、证券业、电信业、交通业、外贸、海关、流通业、信息服务业、制造业、农业、医药业、新闻业、教育业、政府机构等各个方面。

1）电子商务对消费者的影响

（1）信息获取方式和购物方式的改变

在电子商务方面，人们可以从一种全新的媒体互联网获取所需的信息。互联网可以比任何方式都更快、更直观、更有效地把信息或思想传播开来。通过互联网，人们可以进入各大门户网站了解新闻动态，通过网上商城浏览购买各种商品，还有智能手机APP的各种应用，让人们足不出户看遍世界。

人们在互联网上最直观的消费就是网络购物，而其最大的特征即消费者的主导性，消费者货比三家，购物意愿掌握在自己手中。同时，消费者还能以一种轻松、自由的自我服务方式来完成交易，消费者主动权可以在网络购物中充分体现出来。

（2）教育方式和娱乐方式的改变

互联网电子商务带来了人们接受教育的方式改变。随着互联网的广泛应用、电子商务的推广，网络教育应运而生。网络教育是一种成本低、效果好、自主性强、覆盖面大、便于普及高质量教育的新型教育方式。

互联网的出现还使得人们可足不出户观看电视、电影、演唱会，下载音乐、视频，进行大型互动游戏娱乐等，可以在网络上找到志趣相投的朋友，还可以虚拟养宠物、种花、种菜等，这些都是网络给人们提供的新的休闲方式。互联网娱乐、休闲对人们会产生越来越大的吸引力，还催生出了新的娱乐业态，例如网络游戏、网络直播等。

2）电子商务对企业的影响

（1）扩大销售，增加商机

电子商务为企业打开国内、国际市场，开辟了新的渠道，扩大了销售，为企业向世界各地的潜在客户宣传自己的产品与服务提供了新的手段。互联网虚拟空间是一块尚待开垦的宝地，谁先占领了这块宝地，谁就获得了巨大的商机，谁先掌握了电子商务技术，谁就掌握了未来。

（2）优化库存结构，缩短生产周期

一个产品的生产是许多企业相互协作的成果，产品的设计开发和生产销售可能涉及许多关联的企业。通过电子商务可以将过去由于信息封闭导致的分阶段合作方式改为信息共享的协同并行工作方式，这带来的好处是：一方面，由于正确关联存货并及时为客户提供更好的服务，使库存量减少；另一方面，加大库存核查频率会减少与存货相关的利息支出和存储成本，从而加快库存周转和缩短生产周期。

（3）经营规模不受场地限制

从网络市场到传统的市场格局，经营规模不受场地限制，主要体现在两个方面：①利用网络，将营业窗口网络化、无形化，无须投入巨资在各地设立营业窗口，每个用户一上网就可以进入商家的窗口，没有或只有很低的店面租金成本；②网上商城的经营者在“店铺”中摆放多少商品几乎不受任何限制，无论你有多强的商品经营能力均可被满足，且经营方式灵活，可以方便地在全世界范围内采购、销售各种商品。

(4)降低经营成本

通过电子商务采购原料，企业拓宽了选择范围，提高了采购效率。企业可以通过互联网在全球市场寻求提供最优惠价格的供应商，通过批量订货可以获得最大的折扣来降低采购成本；还可以采用网上招标使原材料成本大幅度降低。企业开展电子商务时，首先要优化整合企业内部资源，按效益最大化原则设置这些环节，然后在生产经营活动的各个环节上节约经营成本。

(5)便于收集和管理客户信息

在收到客户订单后，服务器可自动汇集客户信息到数据库中，对收到的订单和意见进行分析，寻找突破点，来引导新商品的生产、销售和消费。

(6)改变企业竞争方式

电子商务不仅给消费者和企业提供了更多的选择消费与开拓销售市场的机会，而且也提供了更加密切的信息交流场所，从而提高了企业把握市场和消费者了解市场的能力，也提高了企业开发新产品和提供新型服务的能力。电子商务扩大了企业的竞争领域，使企业从常规的广告竞争、促销手段、产品设计与包装等领域的竞争扩大到无形的虚拟竞争空间。现在的竞争是高科技的竞争，是速度、质量、成本、效率和服务等综合实力的竞争。电子商务为广大中小企业在高科技的竞争中取胜提供了一个新的机遇，它会改变财富分配的格局。

总而言之，作为一种商务活动过程，电子商务将带来一场史无前例的革命。其对社会经济的影响会远远超过商务本身，除了上述这些影响外，它还将对就业、法律制度以及文化教育等带来巨大的影响，电子商务将人类真正带入信息社会。

1.4.3　我国电子商务的现状

1)国家政策的支持

我国电子商务的快速发展与国家层面的大力支持是分不开的。近几年，政府部门出台多项政策促进网络零售市场快速发展。

2015 年 1 月 6 日，国务院印发《关于促进云计算创新发展 培育信息产业新业态的意见》(以下简称《意见》)。《意见》指出，要建立健全与跨境贸易电子商务、外贸综合服务发展相适应的通关管理机制，完善与服务贸易特点相适应的通关管理模式，充分发挥口岸相关行业协会的作用，促进口岸通关中介服务市场健康发展。

2015 年的《政府工作报告》首次提出“互联网+”行动计划，指出要创新政府管理和服务，积极支持电子商务发展，为其清障搭台。这将培育更多的新兴产业和新兴业态，形成新的经济增长点，促进经济社会各领域的融合创新，这一利好政策将极大促进电子商务的发展。

2015 年 3 月 11 日，国务院办公厅印发《关于发展众创空间　推进大众创新创业的指导意见》（以下简称《意见》）。《意见》指出，加强电子商务基础设施建设，为创新创业搭建高效便利的服务平台，提高小微企业市场竞争力，完善专利审查快速通道，对小微企业亟须获得授权的核心专利申请予以优先审查。

2015 年 6 月 20 日，国务院办公厅印发《关于促进跨境电子商务健康快速发展的指导意见》，指出支持跨境电子商务发展，有利于用“互联网+外贸”实现优进优出，发挥我国制造业大国的优势，扩大海外营销渠道；有利于增加就业，推进“大众创业、万众创新”，打造新的经济增长点；有利于加快实施“一带一路”倡议，以及其他国家战略，推动开放型经济发展升级。

2016 年 3 月 23 日，商务部印发《2016 年电子商务和信息化工作要点》（以下简称《要点》），《要点》从 4 个方面确定了 2016 年电子商务和信息化工作的 18 项重点任务：一是加强规划引领，推进制度建设。要做好“十三五”电子商务发展规划，推进电子商务立法和电子商务信用体系建设，积极参与电子商务国际规则制订。二是突出重点领域，加快创新发展。要深入实施“互联网+流通”行动计划，加快电子商务进农村、进社区，推进跨境电子商务发展，加强电子商务人才培养。三是健全示范体系，推广典型经验。要深入推进示范基地创建工作，推广示范企业典型经验，推进电子商务与物流配送协同发展试点。四是创新方式方法，提高行政效率。要开展商务大数据试点工作，完善电子商务统计监测体系，推进电子政务资源整合，启动中国国际电子商务博览会筹备工作，优化公共商务信息服务，切实保障网络信息安全。

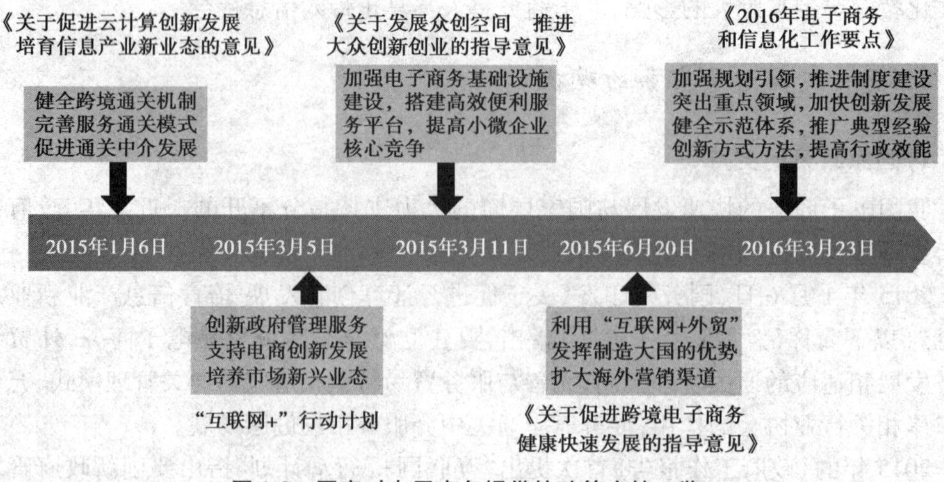

图 1-9　国家对电子商务提供的政策支持一览

2) 我国电子商务的现状

据《中国互联网络发展状况统计报告》显示，截至 2017 年 12 月，中国网民规模达 7.72亿，互联网普及率达到 55.8%，增长稳健。与 2016 年年底相比提高 2.6 个百分点，超过全球平均水平 4.1 个百分点，超过亚洲平均水平 9.1 个百分点。

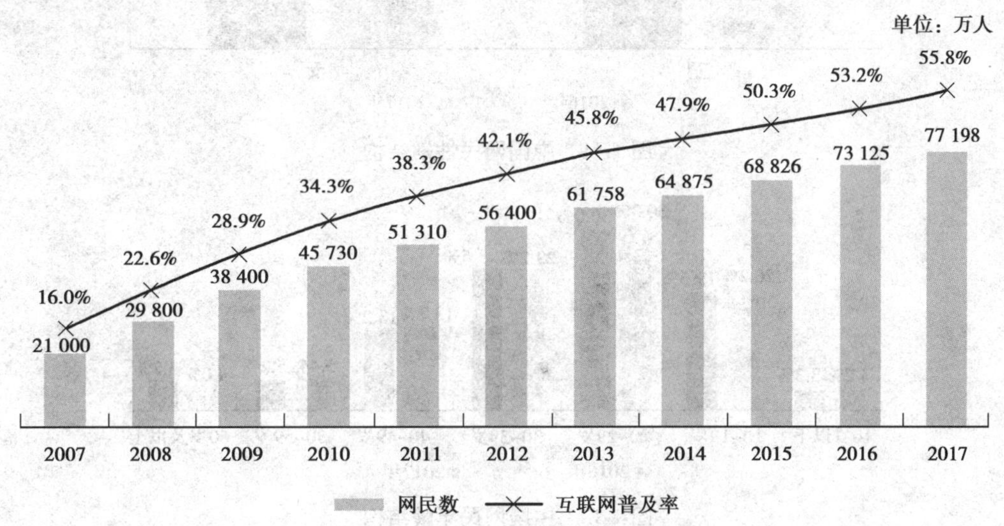

图 1-10　中国网民规模和互联网普及率

互联网模式不断创新、线上线下服务融合加速，以及公共服务线上化步伐加快，成为网民规模增长推动力。2016 年 4 月，习近平总书记在网络安全和信息化工作座谈会上提出“要推动我国网信事业发展，让互联网更好造福国家和人民”，未来互联网作为信息社会的基础设施，将进一步对中国政治、经济、文化、社会等领域发展产生深刻影响。2017 年，习近平总书记在十九大报告中多次提及互联网，互联网在经济社会发展中的重要地位更加凸显，我国向网络强国建设目标持续迈进。

截至 2017 年 12 月，中国网民男女比例为 52.6∶47.4，截至 2016 年年底，中国人口男女比例为 51.2∶48.8，网民性别结构进一步与人口性别比例逐步接近，具体如图 1-11 所示。

我国网民以 10~39 岁群体为主。截至 2017 年 12 月，10~39 岁群体占整体网民的 73.1%。与 2016 年年底相比，60 岁以上高龄群体的占比有所提升，互联网继续向高龄人群渗透，如图 1-12 所示。

网民中具备中等教育水平的群体规模最大。截至 2017 年 12 月，初中、高中/中专/技校学历的网民占比分别为 37.9%、25.4%，其中，初中学历网民占比较 2016 年年底增长 0.6 个百分点，如图 1-13 所示。

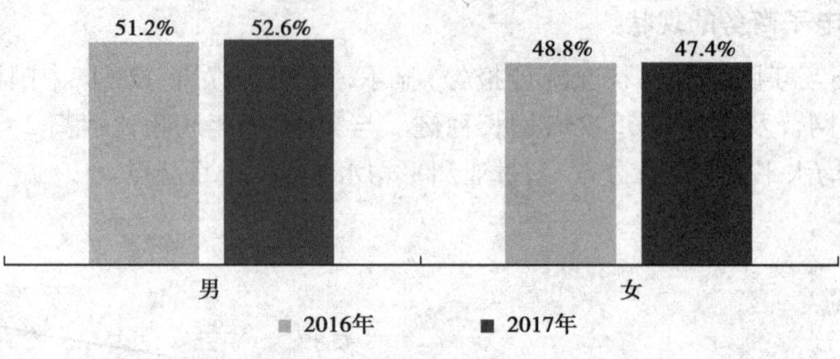

图 1-11　中国网民性别结构

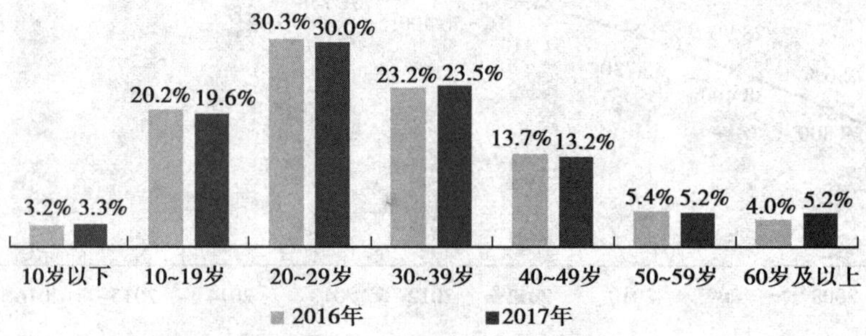

图 1-12　中国网民年龄结构

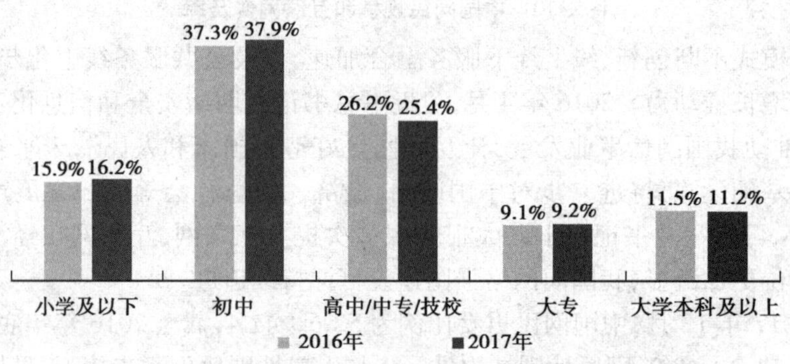

图 1-13　中国网民学历结构

(1)手机网民规模达 7.53 亿,手机上网主导地位强化

截至 2017 年 12 月,我国手机网民规模达 7.53 亿,较 2016 年年底增加 5 734 万人。网民中使用手机上网人群的占比由 2016 年的 95.1%提升至 97.5%,网民手机上网比例继续攀升。随着移动通信网络环境的不断完善以及智能手机的进一步普及,移动互联网应用向用户各类生活需求深入渗透,促进手机上网使用率增长,如图 1-14 所示。

(2)农村互联网普及率保持平稳

截至 2017 年 12 月,我国农村网民占比为 27.0%,规模为 2.09 亿;城镇网民占比

图 1-14　中国手机网民规模及其占网民比例

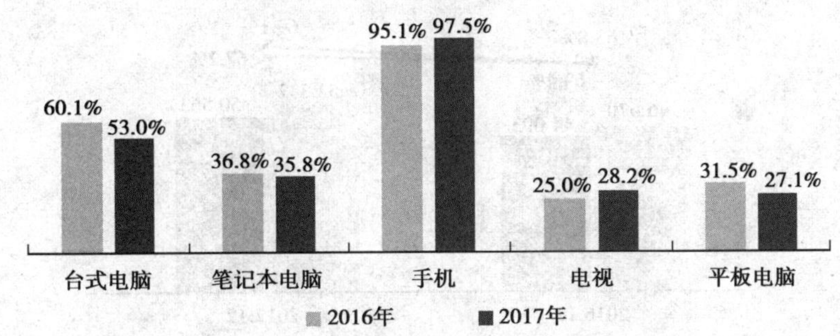

图 1-15　互联网络接入设备使用情况

73.0%，规模为 5.63 亿。但是，城镇地区互联网普及率超过农村地区 46 个百分点，城乡差距仍然较大。

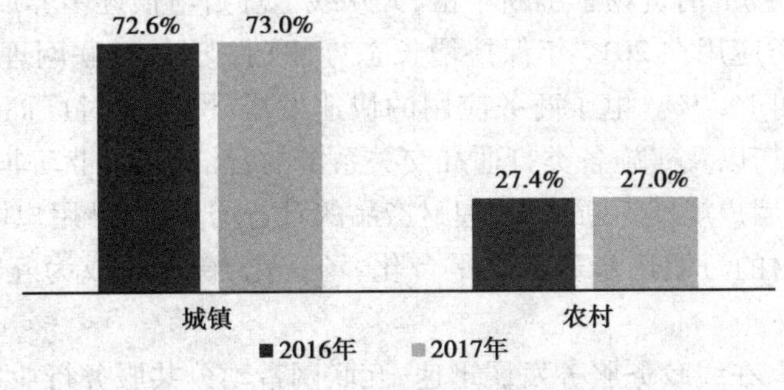

图 1-16　中国网络城乡结构

对互联网知识的缺乏以及认知不足，导致的对互联网使用需求较弱，仍是造成农村非网民不上网的主要原因。要解决农村非网民"不会上网"和"不愿上网"的问题，一方面，要发挥乡镇村委会、活动中心、学校教育资源的作用，开展农村计算机和网络知识培训，推动互联网知识普及与应用的提升；另一方面，要以需求为导向、以地区为维度，推行更符合地域特征、更贴近农民生活的措施及服务，解决农村非网民的上网痛点，引导农村非网民使用互联网。

(3)商务交易类应用持续快速增长，政策监管持续完善

2017年，商务交易类应用保持快速增长，其中网上外卖增长明显，用户年增长率达到64.6%。政府在推动消费升级的同时加大对跨境电商等相关行业的规范力度，网上购物平台从购物消费模式向服务消费模式拓展；网上外卖行业发展环境进一步优化，高频市场需求已经形成，外卖平台与餐饮品牌开始重视打造外卖品牌；在旅游消费高速增长带动下，在线旅行预订行业迅速发展。

2017年，网络购物行业呈现出以下发展特点：电子商务领域法律法规逐步完善；行业持续向高质量、高效能阶段过渡；线上线下融合纵深发展，线上向线下渗透更为明显。

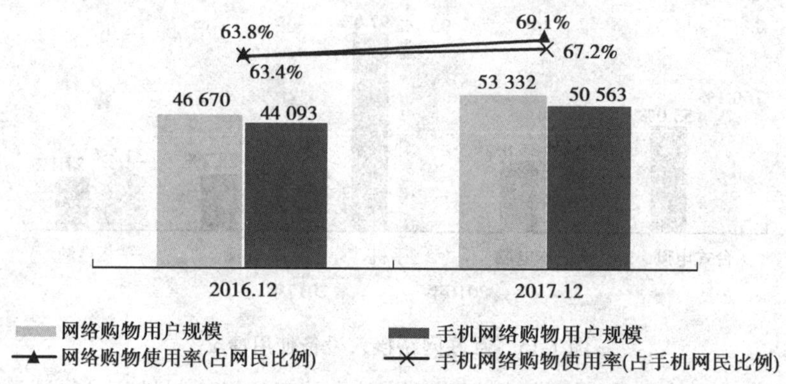

图1-17　网络购物/手机网络购物用户规模及使用率

(4)网上支付线下消费场景不断丰富，大众线上理财习惯逐步养成

互联网金融类应用在2017年保持增长态势，网上支付、互联网理财用户规模增长率分别为11.9%和16.7%。电子商务应用的快速发展、网上支付厂商不断拓展和丰富线下消费支付场景，以及实施各类打通社交关系链的营销策略，带动非网络支付用户的转化；互联网理财用户规模不断扩大，理财产品的日益增多、产品用户体验的持续提升，带动大众线上理财的习惯逐步养成。平台化、场景化、智能化成为互联网理财发展新方向。

(5)在线教育、在线政务服务发展迅速，互联网带动公共服务行业发展

2017年，各类互联网公共服务类应用均实现用户规模增长，在线教育、网上预约出租车、在线政务服务用户规模均突破1亿，多元化、移动化特征明显。在线教育领域不断细化，用户边界不断扩大，服务朝着多样化方向发展，同时移动教育提供的个性化学

习场景以及移动设备触感、语音输出等功能性优势，促使其成为在线教育主流；网络约租车领域，基于庞大的市场需求和日益完善的技术应用，行业规模不断扩大；在线政务领域，政府网站与政务微博、微信、客户端的结合，充分发挥互联网和信息化技术的载体作用，优化政务服务的用户体验。

	2017.12		2016.12			
应用	用户规模(万)	网民使用率	用户规模(万)	网民使用率	年增长率	
即时通信	72 023	93.3%	66 628	91.1%	8.1%	
搜索引擎	63 956	82.8%	60 238	82.4%	6.2%	
网络新闻	64 689	83.8%	61 390	84.0%	5.4%	
网络视频	57 892	75.0%	54 455	74.5%	6.3%	
网络音乐	54 809	71.0%	50 313	68.8%	8.9%	
网上支付	53 110	68.8%	47 450	64.9%	11.9%	
网络购物	53 332	69.1%	46 670	63.8%	14.3%	
网络游戏	44 161	57.2%	41 704	57.0%	5.9%	
网上银行	39 911	51.7%	36 552	50.0%	9.2%	
网络文学	37 774	48.9%	33 319	45.6%	13.4%	
旅行预订	37 578	48.7%	29 922	40.9%	25.6%	
电子邮件	28 422	36.8%	24 815	33.9%	14.5%	
互联网理财	12 881	16.7%	9 890	13.5%	30.2%	
网上炒股或炒基金	6 730	8.7%	6 276	8.6%	7.2%	
微博	31 601	40.9%	27 143	37.1%	16.4%	
地图查询	49 247	63.8%	46 166	63.1%	6.7%	
网上订外卖	34 338	44.5%	20 856	28.5%	64.6%	
在线教育	15 518	20.1%	13 764	18.8%	12.7%	
网约出租车	28 651	37.1%	22 463	30.7%	27.5%	
网约专车或快车	23 623	30.6%	16 799	23.0%	40.6%	
网络直播	42 209	54.7%	34 431	47.1%	22.6%	
共享单车	22 078	28.6%	—	—		

图 1-18　2016 年 12 月—2017 年 12 月中国网民各类互联网应用的使用率

1.4.4 我国电子商务发展所面临的挑战

1）诚信问题

市场经济是一种信用化的商品经济，信用是市场经济的基础和生命线，是资本和资源，甚至可以说是生产力。特别是在经济进入全球化的过程中，信用是进入国际市场的通行证。电子商务作为一种商业活动，信用同样是其存在和发展的基础。电子商务所具有的远程性、记录的可更改性、主体的复杂性等特征，决定了其信用问题更加突出。

多数用户认为影响电子商务发展的最大问题是信用问题，其次才是安全问题。由于电子商务的特殊性，诚信问题在其中的表现形式相较于传统的商务活动也有很大的差异。电子商务中，消费者和商家通过互联网进行信息沟通，没有传统模式中面对面沟通的机会，彼此之间的信任没有一个合适的载体来传递。

因此，消费者和商家在不了解彼此信用度的情况下，只能依靠以往的销售或购物经验以及彼此间的需求进行交易。网络信息不真实、实际商品与商家描述不符、不及时发货或付款、产品的售后服务得不到保障等，这些都是不诚信的表现。所以，通过各种手段从根本上解决在电子商务中的诚信缺失问题，建立我国的电子商务信用管理体系，为电子商务的发展营造一个较为宽松的信用环境，对推动我国电子商务市场的健康发展具有很现实的意义。

2）安全问题

电子商务运作过程中涉及多方面的安全问题，如信息安全、支付安全、物流安全等。在电子商务的交易过程中，消费者的个人交易信息和隐私信息很容易被泄露，使消费者缺乏安全感。电子商务是通过开放但并不安全的互联网来实现交易信息的收集和传输的，数据在收集和传输的过程中，很容易遭受到黑客对数据进行的窃听（攻击数据的机密性）、篡改（攻击数据的完整性）或伪造（攻击数据的真实性），甚至发起对商务系统的拒绝服务攻击（攻击系统的可用性），使商务应用系统无法正常访问和使用，安全成为电子商务发展中最大的障碍。首先，目前的网络技术正处于发展阶段，网络的性能、安全、可靠性等方面还不成熟，存在安全隐患。其次，由于操作失误、系统攻击、网络软件的漏洞和“后门”、计算机病毒、网络安全管理制度不健全、加密技术落后、数据被窃或被篡改等多种不安全因素都可能带来网络系统的崩溃。

网络的不安全因素造成电子商务的先天缺陷。而作为一个安全的电子商务系统，首先必须具有一个安全、可靠的网络环境，以此来避免或减少网络欺诈、商业窃听、篡改商业文件等破坏交易的恶劣行为。

3）技术问题

电子商务是新的生产力，不是简单的交易方式，电子商务的发展必然引起技术的变革，这涉及网络基础建设、网络安全技术、交易管理技术等多方面的问题。

(1)网络基础设施薄弱

由于电子商务是基于信息网络通信的商务活动，成功的网上交易要求网络有非常快的响应速度和较高的带宽，这首先依赖于高速网络设备的支持。2013 年 11 月，国家有关部门出台的“宽带中国战略”已经开始实施。加大技术开发的力度，改变基础设施方面的落后面貌，是促进电子商务应用普及的重要问题。

(2)网络安全技术滞后

网络安全技术本身的发展存在一个时滞问题，即安全技术的发展永远滞后于网络的应用水平。摒弃人为的因素，大量的网络安全灾难都是技术上的不成熟和安全漏洞造成的。时代要求电子商务提供商们提供更加安全的产品和服务，建立一个让人放心的电子商务安全体系。

(3)交易管理技术不完善

除了人们抱怨最多的安全问题、网络带宽的瓶颈问题，网上支付技术、物流配送与管理技术也是令人头痛的薄弱环节。电子商务的运作实际上是信息流、资金流和物流通过互联网络的重新整合和自动化处理的过程。目前，一方面，金融电子商务化缺乏总体规划和标准的约束，造成金融企业各自为政；另一方面，网上支付系统应用规模小、整体效能差，限制了电子商务的发展。

(4)新型的网络技术

信息技术在不断地向前发展，而这个发展过程往往并不在人们的预料之中，因此不断推出的新的计算技术、网络技术也将不断推动电子商务的发展。

①P2P 技术处于发展与成熟阶段。

②第三代移动通信技术(3G)、第四代移动通信技术(4G)大幅推动电子商务向移动商务方向发展，5G 网络时代的技术也在研制中。5G 网络在速度上比 4G 网络高几十倍，重要的是 5G 网络注重的是“以体验为中心”而不是之前的“以技术为中心”。这反映了企业未来的商业模式中体验价值变得越来越重要了，企业不能仅靠产品本身的功能或者低价吸引顾客了，还要把体验作为一项必备的服务。例如，苹果手机卖的不仅是手机本身，它不惜代价地研制手机的每一个部件，并将各项功能做到极致，还为手机配备了 App 商店，就是为了给用户带来最好的体验。

③基于 IPv6 的第二代互联网通信技术越来越普及。2013 至 2015 年，电信网、广播电视网和互联网全面实现三网融合发展。这将使网络从各自独立的专业网络向综合性网络转变，网络性能得以提升，资源利用水平进一步提高。

今天的服务业，最显著的是现代服务业，电子商务服务业就是其中最耀眼的一个。交易平台、支付平台、物流平台是电子商务服务业的基本组成，同时，公用数据库服务、云计算的大量增值服务也是电子商务服务的重要组成。所以，构建一个电子商务平台，就是要构建一个包含服务商、用户、政策法规、经济、社会舆论、技术发展等多个层面的和谐的、动态的生态体系,这是一个跨部门、跨学科、跨产业的话题。

4)政策与法规问题

电子商务应用不仅牵涉企业、消费者、银行之间的关系,还与政府职能部门密切相关,如工商、税务、海关等。电子商务正渗透社会的方方面面,这种势头不应受到政府的干预和限制,相反,应得到足够的扶持和服务。另外,企业管理体制、机制、管理概念与组织机构尚不能适应市场经济的要求,部分领导对电子商务应用的重要性、紧迫性认识不足。现有的行政法规不适应电子商务发展之处未得到完全及时的修订,这也是电子商务发展中急需加强的地方。因此,在发展电子商务方面,政府不仅要重视私营、工商部门的推动作用,同时也应该加强政府部门发展电子商务的宏观规划和指导,并为电子商务的发展营造良好的法律环境。

本章小结

电子商务是指各种具有商业活动能力的实体(如生产企业、商贸企业、物流企业、金融机构、政府机构、个人消费者等)利用互联网及现代通信技术进行任何形式的商务运作、管理或信息交换活动。由于技术手段的革新,电子商务与传统商务在各贸易环节的具体操作方法完全不同,具有交易电子化、全球化、成本低、效率高、透明化、协作要求高、服务个性化等特点。

按照参与交易的对象分类,电子商务模式可分为 B2B、B2C、C2C、B2G、O2O 等基本类型;按照交易的商品形式分类,电子商务模式可分为间接电子商务和直接电子商务;按照电子商务使用的网络类型分类,可分为 EDI 商务、互联网商务、内联网商务和外联网商务、互联网与线下商务之间的电子商务;按照交易地域范围分类,又分为国内电子商务、国际电子商务(跨境电子商务)。

随着现代通信技术和计算机网络的快速发展,电子商务在各领域快速进发,我国电子商务的发展在诚信方面、安全方面、技术方面、政策与法规方面都面临着极大的挑战。

通过本章的学习,对电子商务的概念有了基本的了解,为进一步学习电子商务的基本理论知识奠定了基础。

【本章学习与思考】

1.简述电子商务的概念、狭义和广义电子商务的区别。

2.电子商务有哪些主要的分类?

3.了解电子商务在我国的发展状况。

4.电子商务对社会经济和企业带来了哪些影响?

5.谈谈你对电子商务的理解,你认为电子商务在哪个行业的应用前景较好,为什么?

【技能操作训练】

1.登录当当网上书店,了解网上书店和传统书店的异同点,分析电子商务和传统商务的区别。

2.登录淘宝网、苏宁易购、阿里巴巴中文站浏览相关信息,分析它们所属的电子商务交易模式,并分析这三种交易模式的区别和联系。

第2章 电子商务技术基础

【教学目标】

1.熟悉计算机网络的概念及分类；

2.了解 Internet 的产生及发展阶段；

3.了解 IP 地址与域名；

4.掌握 Internet 技术的应用；

5.理解电子数据交换的基本原理。

【教学重点、难点】

1.掌握 IP 地址和域名的知识；

2.认识 Internet 的应用；

3.理解电子数据交换的机制。

【案例导入】

小米科技(北京小米科技有限责任公司)于2010年4月6日成立,专为发烧友级手机控打造高品质智能手机。小米科技在2015年4月8日举办了“米粉节”。“米粉节”活动完全在小米网线上开展,开场38秒,首批整点抢购商品就已售罄,8分30秒,已支付订单金额突破1亿元。据统计,“米粉节”当天总支付金额突破20.8亿元,售出手机211万台。小米公司成功挑战了“单一网上平台24小时销售手机最多”的吉尼斯世界纪录。这次挑战由世界顶级会计师事务所 PwC(普华永道)进行了全程驻场第三方审阅,吉尼斯世界纪录官方认证官在小米公司现场宣布挑战成功并授予了证书。

在2017年“米粉节”,小米科技销售业绩也是惊人的,为了满足小米粉丝的购买需求,小米科技推出了小米 MIX 等大量的产品。据最新的数据显示,2017年“米粉节”,小米的总销售额达到了13.6亿元。这一次“米粉节”期间,线上参与人数超过5 740万人,体现出小米在线上渠道的影响力。

从小米科技成功的电子商务营销案例可以看到,互联网时代的高效性和交互性彻底改变了传统的经营方式。对用户来讲,通过互联网络可以得到自己想要的东西;对企业来讲，无论是营销还是直接的销售行为或者是服务，完全可以根据用户的购买需求推出专项产品或是服务。这种方式在传统的工业时代是不可能实现的，因为成本太高。而在互联网时代只要通过单击鼠标、触摸手机屏，用户就可以购买到自己需要的任何东西。所有这一切的实现，都缘于电子商务网络技术的发展。

2.1　计算机网络技术

电子商务的运作离不开以因特网为代表的计算机网络，网络技术特别是广域网技术作为电子商务关键的技术之一，对电子商务的正常、稳定运行及深层次的发展起着决定性的作用。因此，要深入了解、掌握和应用电子商务，必须对计算机网络有一个较为全面的了解和认识。

2.1.1　计算机网络的概念

当今，在信息高速发展的时代，人们的生活、工作已离不开计算机，而且很少在单机环境下使用计算机，人们总是把多台计算机连接起来，组成一个计算机网络，从而共享资源。

计算机网络，是指将地理位置不同的具有独立功能的多台计算机及其外部设备，通过通信线路连接起来，在网络操作系统、网络管理软件及网络通信协议的管理和协调下，实现资源共享和信息传递的计算机系统。

计算机网络源于计算机技术与通信技术的结合，开始于 20 世纪 50 年代，近 50 年来得到了迅猛发展。计算机网络发展过程是从简单到复杂、从单机到多机、从终端到计算机之间通信，演变到计算机与计算机直接通信的过程。

计算机网络的发展将综合无线技术与固定线路技术相结合，并且能同时传输数据、语音和视频等信息。与这种网络相连的产品将包括 PC、电话、电视及移动 PC 等，光纤和无线传输介质成为主导，传统电信网、计算机互联网和有线电视网相互渗透和相互融合成为一体（三网合一）。“三网合一”是为了实现网络资源的共享，形成适应性广、容易维护、费用低的高速带宽的多媒体基础平台。

2.1.2　计算机网络的分类

计算机网络从发展到现在，其应用的领域非常广泛，其分类方法有很多种，根据网络的分类不同，在同一种网络中可能有很多种不同的名字说法，通常可以从不同的角度对计算机网络进行分类。

1)按网络的分布范围分类

按计算机网络规模和所覆盖的地理范围对其进行分类,可以很好地反映不同类型网络的技术特征,由于网络覆盖的地理范围不同,所采用的传输技术也有所不同,形成了不同的网络技术特点和网络服务功能。按地理分布范围的大小,计算机网络可以分为广域网、局域网和城域网3种。

广域网(Wide Area Network,WAN)也称远程网,其分布范围可达数百至数千千米,可覆盖一个国家或一个洲。广域网是因特网的核心部分,其任务是通过长距离(如跨越不同的国家)运送主机所发送的数据。连接广域网各结点交换机的链路一般都是高速链路,具有较大的通信容量。广域网又分成主干网和接入网络。用作数据传输的网络干线称为主干网,一般采用带宽比较宽的卫星通信网或光纤网。用作用户接入广域网的网络支线称为用户接入网,一般采用固定电话、ISDN数字电话、DDN专线以及X.25拨号等方式。

局域网(Local Area Network,LAN)是将小区域内的各种通信设备互联在一起的网络,其分布范围局限在一个办公室、一幢大楼或一个校园内,用于连接个人计算机、工作站和各类外围设备以实现资源共享和信息交换。现在局域网已被广泛应用,一所学校或企业大都拥有许多个局域网。因此,又出现了校园网或企业网的名词。局域网如图2-1(a)所示。

城域网(Metropolitan Area Network,MAN)的分布范围介于局域网和广域网之间,其目的是在一个较大的地理区域内提供数据、声音和图像的传输。顾名思义,城域网就是在一个城市范围内组建的网络。如图2-1(b)所示,城域网也可以理解为一种放大了的局域网或缩小了的广域网。三种不同类型网络的比较如表2-1所示。

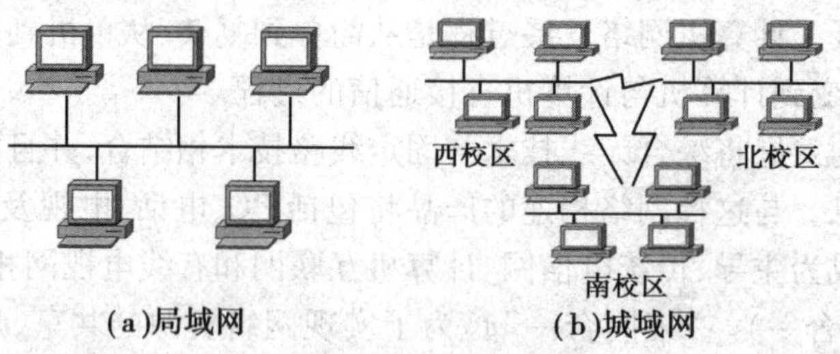

(a)局域网　(b)城域网

图2-1　局域网和城域网

表2-1　3种不同类型网络的比较

网络分类	缩　写	分布距离	计算机分布范围	传输速率范围
局域网	LAN	10 m左右	房间	4 MB/s~1 GB/s
		100 m左右	楼宇	
		1 000 m左右	校园	

续表

网络分类	缩　写	分布距离	计算机分布范围	传输速率范围
城域网	MAN	10 km 左右	城市	50 KB/s~100 MB/s
广域网	WAN	10 km 以上	国家或全球	9.6 KB/s~45 MB/s

2)按拓扑结构分类

计算机网络的拓扑结构即网络中各个结点连接的方式和形式,主要是指网络中通信子网的物理构成模式。网络的结点有两类:一类是转换和交换信息的转接结点,包括结点交换机、集线器和终端控制器等;另一类是访问结点,包括计算机主机和终端等。

拓扑结构是决定通信网络整体性能的关键因素之一,即对不同环境下的网络,选择一种合适的拓扑结构至关重要。常见的拓扑结构分为星型拓扑、总线型拓扑、环型拓扑、树型拓扑、网状型拓扑、混合型拓扑。

(1)星型拓扑结构

星型拓扑结构是最早采用的拓扑结构形式,其每个站点都通过连接电缆与中心结点连接,各结点必须通过中心结点才能实现通信,所以要求中心结点有很高的可靠性,这种结构是一种集中控制方式。星型结构的优点是结构简单、故障诊断和隔离容易、便于控制和管理。其缺点是线路的利用率不高、电缆需求量大和安装工作量大、中心结点负担较重,故中心结点出故障时,整个网络会瘫痪。星型拓扑结构如图 2-2 所示。

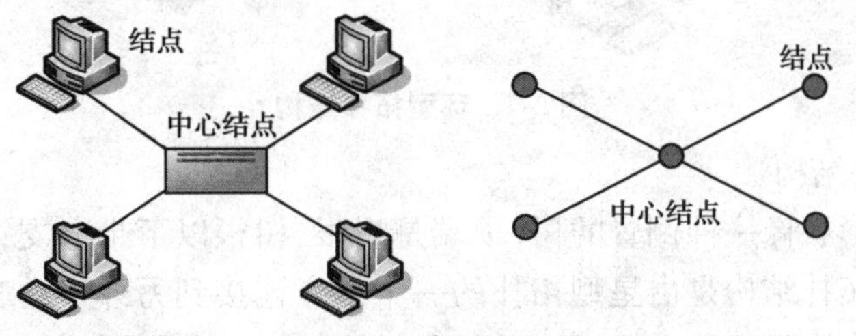

图 2-2　星型拓扑结构

(2)总线型拓扑结构

总线型拓扑结构采用一个信道作为传输媒体,所有结点都通过相应接口连接到这一公共传输媒体上,该公共传输媒体即称为总线,网络中的任何结点都可以把自己要发送的信息送入总线,使信息在总线上传播,供目的结点接收,同时又可以接收其他结点发来的信息。各结点处于平等的通信地位,属于分布式传输控制关系。其优点是结构简单、价格低、安装使用方便等。其缺点是网络维护较困难,不易检测和隔离故障,总线的一个结点出现差错,整个网络就可能瘫痪。总线型拓扑结构如图 2-3 所示。

(3)环型拓扑结构

环型拓扑结构是局域网常采用的拓扑结构之一,在环型拓扑结构中各工作站依次

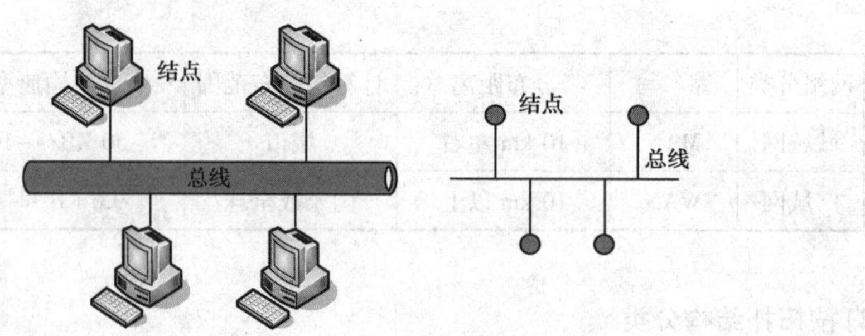

图 2-3 总线型拓扑结构

相互连接组成一个闭合的环形,信息可以沿着环形线路单向(或双向)传输,由目的站点接收。环形网适合那些数据不需要在中心主控机上集中处理而主要在各站点进行处理的情况。其优点是传输控制机构简单、实时性强、可靠性高,但环中任何一个结点出现线路故障,都可能造成瘫痪。因此,每个结点与连接结点之间的通信线路都会成为网络可靠性的瓶颈。环型拓扑结构如图 2-4 所示。

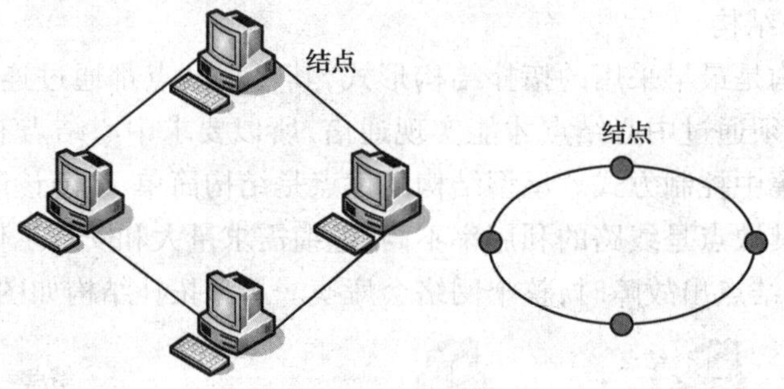

图 2-4 环型拓扑结构

(4)树型拓扑结构

树型拓扑的形状像一棵倒置的树,顶端是树根,树根以下带分支,每个分支还可再带子分支。树型拓扑结构是由星型拓扑的一个结点连接到另外一台交换机而构成的。树型网在局域网中也经常被采用,星型网可以被看成树型网的特例。树型网类似于行政部门的分级管理机构,所以,此类网络具有很好的层次性。树型结构的优点是通信线路连接简单、维护方便。其缺点是各个结点对根的依赖性太大,如果根结点发生了故障,则整个网络都不能正常工作。树型拓扑结构的可靠性有点类似于星型拓扑结构。树型拓扑结构如图 2-5 所示。

(5)网状型拓扑结构

网状型拓扑结构是一张“图”。这种网络的特点是结点间的通路比较多,数据在传输时可以选择多个路由。当某一条线路出故障时,数据分组可以寻找别的线路迂回最终到达目的地,所以网络具有很高的可靠性。但该网络控制结构复杂,建网成本高,一般用于广域网。网状型拓扑结构如图 2-6 所示。

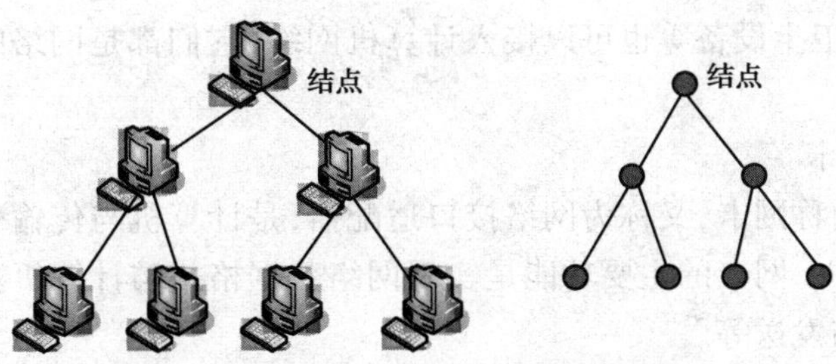

图 2-5　树型拓扑结构

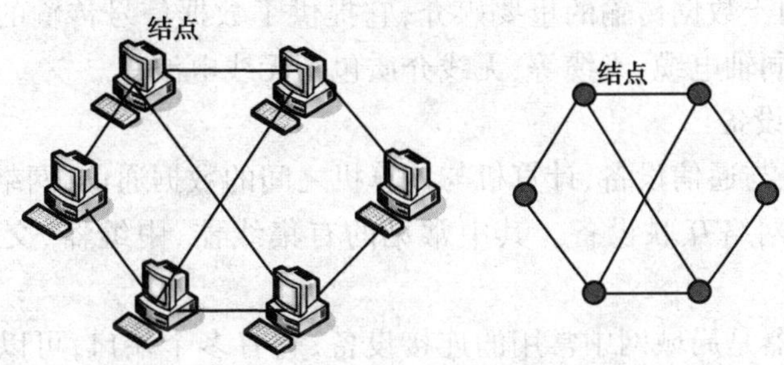

图 2-6　网状型拓扑结构

(6)混合型拓扑结构

混合型拓扑结构是指由两种以上拓扑结构构成的拓扑形式。其优点是可以结合各拓扑结构的优点。常见的混合型拓扑结构有总线—星型拓扑、星型—环型拓扑等。

2.1.3　计算机网络的组成

计算机网络系统由计算机网络硬件和计算机网络软件组成。

1)网络硬件

常见的网络硬件有服务器、网络工作站、网络接口卡、传输介质以及各种网络互联设备等。服务器和工作站都被视为网络中的计算机。

(1)服务器

服务器主要功能是为网络工作站上的用户提供共享资源、管理网络文件系统、提供网络打印服务、处理网络通信、响应工作站上的网络请求等。常用网络服务器有文件服务器、通信服务器、计算服务器和打印服务器等。一个计算机网络系统至少有一台服务器,也可有多台。

(2)网络工作站

通过网络接口卡连接到网络上的计算机是网络工作站,它们向各种服务器发出服务请求,从网络上接收传送给用户的数据。

随着家用电器的智能化和网络化,越来越多的家用电器如手机、电视机顶盒(使电视机不仅可以收看数字电视,而且可以使电视机作为因特网的终端设备使用)、监控报警设备，甚至厨房卫生设备等也可以接入计算机网络，它们都是网络的终端设备，也是网络工作站。

(3)网络接口卡

网络接口卡简称网卡，又称为网络接口适配器，是计算机与传输介质的接口，是构成网络的基本部件。网卡的主要功能是实现网络数据格式与计算机数据格式的转换、网络数据的接收与发送等。

(4)传输介质

传输介质是用于数据传输的重要媒介，它提供了数据信号传输的物理通道。有线介质包括双绞线、同轴电缆、光缆等；无线介质包括无线电波等。

(5)网络互联设备

要实现计算机与通信设备、计算机与计算机之间的数据通信、网络与网络之间的相互通信，还需要有网络互联设备。其中常见的有集线器、中继器、交换机、路由器、网关等。

集线器：集线器是局域网中常用的连接设备，它有多个端口，可以连接多台本地计算机，是对网络进行集中管理的最小单元。其主要功能是放大和中转信号，把一个端口信号广播发送。

中继器：中继器主要用来扩展网络长度。它的作用是在信号传输较长距离后进行整形和放大，但不对信号进行校验处理等。

路由器：所谓"路由"，是指把数据从一个地方传送到另一个地方的行为和动作，而路由器，正是执行这种行为动作的机器，它的英文名称为 Router，是一种连接多个网络或网段的网络设备，它能将不同网络或网段之间的数据信息进行"翻译"，以使它们能够相互"读懂"对方的数据，从而构成一个更大的网络。

2)网络软件

(1)网络协议

为了使网络中的计算机能正确地进行数据通信和资源共享，计算机和通信控制设备必须共同遵循一组规则和约定，这些规则、约定或标准就称为网络协议，简称协议。

(2)网络操作系统和网络应用软件

连接在网络上的计算机，其操作系统必须遵循通信协议支持网络通信才能使计算机接入网络。因此，现在，几乎所有操作系统都具有网络通信功能。特别是运行在服务器上的操作系统，它除了具有强大的网络通信和资源共享之外，还负责网络的管理工作(如授权、日志、计费、安全等)，这种操作系统称为服务器操作系统或网络操作系统。目前使用的网络操作系统主要有 3 类：Windows 系统服务器(一般用在中低档服务器中)、UNIX 系统(可用于大型网站或大中型企、事业单位网络中)和开放源码的自由软件 Linux。

为了提供网络服务,开展各种网络应用,服务器和终端计算机还必须安装运行网络运用程序。例如电子邮件程序、浏览器程序、即时通信软件、网络游戏软件等,它们为用户提供了各种各样的网络应用。

2.1.4　网络接入技术

Internet 是目前世界上最大的计算机互联网络,可提供丰富的信息和资源,用它所提供的服务,使得企业与外界的联系变得简单、方便、准确、高效。它的优势之一就是使用便捷,入网用户不必具备计算机网络的专门知识,便可在网上自由翱翔。因此,可以说加入 Internet 是时代发展的需要。接入 Internet 有 3 种方式:拨号接入、专线接入、卫星接入。

1)拨号接入

配置一台外置 Modem(调制解调器)或内置 Modem 卡,申请一个动态 IP 地址,用一根普通电话线即可实现上网。优点:投资小、容易实现,能够使用 Internet 所提供的大部分功能,如 E-mail、网页浏览等。缺点:速度慢,上网受限制,由于资费标准的下调和 ADSL 的推广,该方式入网正在逐渐被 ADSL 取代。

2)专线接入

目前流行的专线接入有:DDN(数字数据网)、ISDN(综合业务数字网)、ATM(异步传输模式)、ADSL(非对称数字用户线)、Cable Modem 等。

①DDN 可以提供各种速率(9.6 KB/s~2 MB/s)的高质量数字专用电路和其他新业务,满足多媒体通信和 Internet 接入的需要,为用户网络的互联提供桥梁。

②ISDN 将话音、数据、图像等业务综合在一个网内,吸收、综合现在的各种公用网的业务,并以数字的形式统一处理各种通信业务,通过一条线用各种通信媒介进行通信。ISDN 实际上也是通过拨号方式接入 Internet,但与普通的电话线有本质的区别,它提供 2B+D 服务,即两个 64 KB/s 的 B 信道和一个 16 KB/s 的 D 信道。用户可以用一个 B 信道打电话,同时用另一个 B 信道接入 Internet,如果不打电话,则两个 B 信道同时用于上网可达到 128 KB/s 数据吞吐率。此外,如果用户的交换机、电话局和 ISP 都支持,还可以利用 D 信道(控制信号通道)的 9 600 B/s 空闲带宽接入 Internet,虽然慢,但这可是不花钱的买卖,因为电话局和 ISP 都是按 B 信道收费的。

③ATM 自诞生之日起即被视为未来高速网络的骨干,目的是服务于数据、语音和视频等多媒体信息的传输,甚至人们希望 ATM 能延伸到桌面,解决多媒体应用对带宽的强烈要求。目前各种通信业务需要由不同的网络提供,例如,公共电话网用于电话、传真,分组交换网用于文电图形交换,数字数据网用于数据传输等。如果用户需要使用多种通信业务,那他就需要多种网络端口、多条用户线,很不方便,也很浪费。为此,需要建立宽带综合业务数字网(B-ISDN),ATM 就是一种交换技术和传输模式在宽带综合

业务数字网中的应用。

④ADSL(非对称数字用户线)允许在一对双绞铜线上,进行非对称性高速数据传输,上行速率 640 KB/s~1 MB/s,下行速率 1 MB/s~8 MB/s。ADSL 在电话线上采用分离器将模拟话音通道与数字调制解调器分开,即使 ADSL 连接失败也不影响话音服务。

⑤Cable Modem 是利用现有覆盖面广大的电视网络进行数据传输,它是基于 CATV 网 HFC(混合光缆/同轴电缆)基础设施的网络接入技术,以频分复用方式将话音、数据和 CATV 模拟信号复接,在接收端再还原为数字信号。其优点是:速度快,提高了访问的效率;可以使用 Internet 上提供的所有功能;上网不受限制,专线 24 小时开通,可以随时上网;可以建立企业自己的 WWW 服务器,成为 Internet 上的一个服务器节点,供 Internet 用户访问,宣传企业的自身形象;可以建立自己的 Internet 平台,为其他用户开展专线和拨号上网服务。其缺点是:一次性投入大,并且以后每月的支出费用高;企业在 Internet 上的业务量不足,会造成较大的浪费。

3)卫星接入

目前卫星接入可以提供高达 10 MB/s 的下行速率,号称"宽带接入三剑客"之一,与 ADSL,Cable Modem 三分天下。适用于无法使用 ADSL 或 Cable Modem 的用户。其优点是速度快、不受地域限制;缺点是费用高。

2.2 Internet 基础

电子商务是基于因特网的一种新的商务模式,电子商务的运作离不开以因特网为代表的互联网络,通过互联网技术来进行传输和处理商业信息。因此,了解和掌握因特网的相关技术是十分必要的。

在英语中"Inter"的含义是"交互的","net"是指"网络"。简单地讲,Internet 是一个计算机交互网络,可翻译为因特网,也称互联网。它是一个全球性的巨大的计算机网络体系,它把全球数万个计算机网络,数千万台主机连接起来,包含了难以计数的信息资源,向全世界提供信息服务,它的出现是世界由工业化走向信息化的必然和象征,但这并不是对 Internet 的一种定义,仅仅是对它的一种解释。从网络通信的角度来看,Internet 是一个以 TCP/IP 网络协议连接各个国家、各个地区、各个机构的计算机网络的数据通信网。从信息资源的角度来看,Internet 是一个集各个部门,各个领域的各种信息资源为一体,供网上用户共享的信息资源网。今天的 Internet 已经远远超过了一个网络的含义,它是一个信息社会的缩影。虽然至今还没有一个准确的定义来概括 Internet,但是这个定义应从通信协议、物理连接、资源共享、相互联系、相互通信等角度来综合加以考虑。一般认为,Internet 的定义至少包含以下 3 个方面的内容:Internet 是一个基于 TCP/IP 协议簇的国际互联网络;Internet 是一个网络用户的团体,用户使用网络资源,同时也为该网络的发展壮大贡献力量;Internet 是所有可被访问和利用的信息资源的集合。

2.2.1　Internet 的产生与发展

Internet 最早来源于美国国防部高级研究计划局(Defense Advanced Research Projects Agency,DARPA)的前身 ARPA 建立的 ARPANET,该网于 1969 年投入使用。从 20 世纪 60 年代开始,ARPA 就开始向美国国内大学的计算机系和一些私人有限公司提供经费,以促进基于分组交换技术的计算机网络的研究。1968 年,ARPA 为 ARPANET 网络项目立项,这个项目基于这样一种主导思想:网络必须能够经受住故障的考验而维持正常工作,一旦发生战争,当网络的某一部分因遭受攻击而失去工作能力时,网络的其他部分应当能够维持正常通信。最初,ARPANET 主要用于军事研究目的,它有五大特点:①支持资源共享;②采用分布式控制技术;③采用分组交换技术;④使用通信控制处理机;⑤采用分层的网络通信协议。

1969 年 9 月,ARPANET 连接美国 4 个大学站点,即加州大学洛杉矶分校(UCLA)、加州大学圣巴巴拉分校(UCSB)、犹他大学(Utah)和斯坦福研究所(SRI),这是最早的计算机网络,并开始利用网络进行信息交换。

1971 年,ARPANET 发展到 15 个站点 23 台主机,新接入的站点包括哈佛大学、斯坦福大学、麻省理工学院、美国航空航天局等。当时的网络采用的是网络控制协议(Network Control Protocol,NCP),此协议包括远程登录、文件传输和电子邮件的协议,从而形成了 ARPANET 的基本服务。

1972 年,ARPANET 在首届计算机后台通信国际会议上首次与公众见面,并验证了分组交换技术的可行性,由此,ARPANET 成为现代计算机网络诞生的标志。1973 年,ARPANET 扩展成国际互联网,第一批加入的有英国和挪威。1974 年美国高级计划研究署的鲍勃·凯恩和斯坦福大学的温登·泽夫合作,提出了 TCP/IP 协议和网关结构,核心是该协议独立于网络和计算机硬件,并提出了网络上的全局连接性。1975 年 ARPANET 网络已从试验性网络发展为实用型网络,其运行管理由 ARPA 移交给了国防通信局 DCA。

20 世纪 80 年代,局限于军事领域的 ARPANET 开始被用于教育和科研。1981 年,TCP/IP 4.0 版本正式成为 ARPANET 的标准协议,之后大量的网络、主机和用户都接入了 ARPANET,使得 ARPANET 迅速发展。

1982 年,Internet 由 ARPANET,MILNET 等几个计算机网络合并而成,作为 Internet 的早期骨干网,ARPANET 试验并奠定了 Internet 存在和发展的基础,较好地解决了计算机网络互联的一系列理论和技术问题。

1983年,ARPANET分设为两部分:民用科研网ARPANET和纯军事用的MILNET。信道分配把ARPANET各站点的通信协议全部转为TCP/IP,这是全球因特网正式诞生的标志,其后,人们称呼这个以ARPANET为主干网的网际互联网为Internet。

1984年,局域网和其他广域网的产生和蓬勃发展对Internet的进一步发展起了重要的作用。其中,最为引人注目的就是美国国家科学基金会(National Science Foundation,NSF)建立的美国国家科学基金网(National Science Foundation NET,NSFNET)。1986年,NSF建立了六大超级计算机中心,为了使全国的科学家、工程师能够共享这些超级计算机设施,NSF建立了自己基于TCP/IP协议簇的计算机网络NSFNET。NSFNET采取的是一种具有三级层次结构的广域网络,整个网络系统由主干网、地区网和校园网组成。各大学的主机可连接到本校的校园网,校园网可就近连接到地区网,每个地区网又连接到主干网,主干网再通过高速通信线路与ARPANET连接。这样一来,学校中的任一主机可以通过NSFNET来访问任何一个超级计算机中心,实现用户之间的信息交换。后来,NSFNET所覆盖的范围逐渐扩大到全美大学和科研机构,NSFNET和ARPANET就是美国乃至世界Internet的基础。这一成功使得NSFNET于1990年6月彻底取代了ARPANET而成为Internet的主干网。1992年因特网协会成立,1993年因特网信息中心成立。

在我国,1994年中国科学技术网CSTNET首次实现和Internet直接连接,同时建立了我国最高域名服务器,标志着我国正式接入Internet。从1995年起,因特网主干转由企业支持,实现商业化运营。接着,相继又建立了中国教育科研计算机网(CERNET)、中国公用计算机互联网(ChinaNet)和中国金桥网(ChinaGBN),从此中国用户日益熟悉并使用Internet。

2.2.2 Internet 协议

TCP/IP(Transmission Control Protocol/ Internet Protocol)协议是因特网上广泛使用一组协议,它是20世纪70年代中期美国国防部为其ARPANET开发的网络体系结构和协议标准。TCP/IP代表了一组通信协议,其中最基本也是最主要的是传输控制协议(TCP)和网际协议(IP)。

在相关网络技术的实验研究中,专家们发现,计算机网络软件在网络互联技术中占有极为重要的地位。为此,ARPA的鲍勃·凯恩和斯坦福的温登·泽夫合作,领导了一个研究组,研究开发了一套用于网络互联的Internet软件。在这一套软件中,有两个部分显得特别重要和具有开创性,这就是网际协议IP和传输控制协议TCP。它们的协调使用对网络中的数据可靠传输起到了关键作用,因此,人们把它称为TCP/IP软件或TCP/IP协议。

TCP/IP协议是1974年开始开发的,1977年11月, TCP/IP测试在美国、英国和挪威之间进行。1982 年,TCP/IP 协议通过测试并取得成功。1983 年初,ARPRNET 的各个站点全部转为 TCP/IP 协议,这就为建成全球 Internet 打下了基础。对于使用 TCP/IP 协议的 Internet 来说,TCP/IP协议的模型由四个层次组成,如图 2-7 所示。

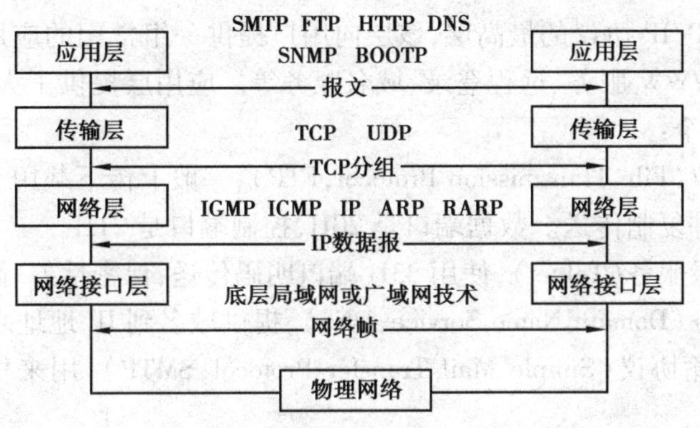

图 2-7　TCP/IP 协议模型

1) 网络接口层

网络接口层的协议很多,包括各种逻辑链路控制和介质访问协议。例如,各种局域网协议、广域网协议等。正是由于这个最底层所包含的协议纷繁复杂,所以,才体现了 TCP/IP 协议的包容性和适应性,为 TCP/IP 协议的成功奠定了基础。

网络接口层负责接收 IP 数据报并通过网络发送出去,或者从网络上接收物理帧,抽出 IP 数据报,交给网络层(也称 IP 层)。

2) 网络层

网络层负责相邻计算机之间的通信,它包括 3 个方面的功能。

第一,处理来自传输层的分组发送请求。收到请求后,将分组装入 IP 数据报,填充报头,选择去往目的计算机的路径并将其发送出去。

第二,处理输入的数据报。首先检查其合法性,然后进行路由选择,并将其转发出去。

第三,处理网络层控制报文协议(Internet Control Message Protocol,ICMP),即处理路径、流控、拥塞等问题。

网络层的主要协议是 IP 协议和 ARP/RARP 地址的解析协议。ARP 可将因特网的 IP 地址转换成物理地址,而 RARP 则进行反向地址解析,将物理地址转换为因特网的 IP 地址。

3) 传输层

传输层负责应用进程间端到端的通信会话连接,并将数据无差错地传给相邻的上一层或下一层。该层定义了两种主要协议:传输控制协议 TCP 和用户数据报协议 UDP (User Datagram Protocol)。其中,TCP 提供的是一种可靠的面向连接的服务,该协议通信的可靠性高,但效率低。UDP 提供的是一种不太可靠的无连接服务,通信效率高,但不可靠。

4)应用层

应用层是 TCP/IP 协议的最高层,该层向用户提供一组常用的应用程序,例如文件传输、电子邮件、WWW 服务、远程登录、域名服务等。应用层提供了大量面向用户的协议,主要有以下几个:

文件传输协议(File Transmission Protocol,FTP),一般上传下载用 FTP 服务,负责网络中主机间的文件复制传送。数据端口是 20H,控制端口是 21H。

用户远程登录服务(Telnet),使用 23H 端口明码传送,保密性差、简单方便。

域名解析服务(Domain Name Service,DNS),提供域名到 IP 地址之间的转换。

简单邮件传输协议(Simple Mail Transfer Protocol,SMTP),用来控制信件的发送、中转。

网络文件系统(Network File System,NFS),用于网络中不同主机间的文件共享。

超文本传输协议(Hypertext Transfer Protocol,HTTP),用于实现互联网中 WWW 服务。

简单邮件传输协议(Simple Net Management Protocol,SMTP),负责网络的管理。

2.2.3 IP 地址与域名

如果一个通信系统允许任何主机与任何其他主机通信,人们就说这个通信系统提供了通用通信服务(Universal Communication Service)。为了识别这样一种通信系统上的计算机,需要建立一种普遍接受的标识方法。这就如同通过邮局寄信,信封上必须有收件人的地址,包括国家、城市、街道、门牌号,有时可能还包括邮政编码。Internet 国际网就是能够提供通用通信服务的系统,它定义了两种方法来标识网上的计算机,分别是 Internet 的地址和域名系统。

为了使基于 IP 地址的计算机在通信时便于被用户所识别,Internet 在 1985 年开始采用域名管理系统(Domain Name System,DNS)的方法,其域名类似于如下结构:“计算机主机名.机构名.网络名.最高层域名”这是一种分层的管理模式,域名用文字表达比用数字表示的 IP 地址容易记忆。加入 Internet 的各级网络依照 DNS 的命名规则对本网内的计算机命名,并在通信时负责完成域名到各 IP 地址的转换。由属于美国国防部的国防数据网络通信中心(DDNNIC)负责 Internet 最高层域名的注册和管理,同时它还负责 IP 地址的分配工作。

1)IP 地址

IP 地址采用二进制来表示,每个地址长 32 比特,在读写 IP 地址时,32 位分为 4 个字节,每个字节转成十进制,字节之间用“.”分隔。例如重庆的 DNS 的 IP 地址为:

61.128.128.68。Internet IP 地址由 InternetNIC(Internet 网络信息中心)统一负责全球地址的规划、管理。通常每个国家成立一个组织,统一向国际组织申请 IP 地址,然后再分配给客户。由于网络的规模有较大差别,有的主机多,有的主机少,所以根据网络规模的大小将 IP 地址分为 A,B,C 三大类,除了上述三大类 IP 地址外,还有 D,E 两类特殊 IP 地址。IP 地址的分类如图 2-8 所示。

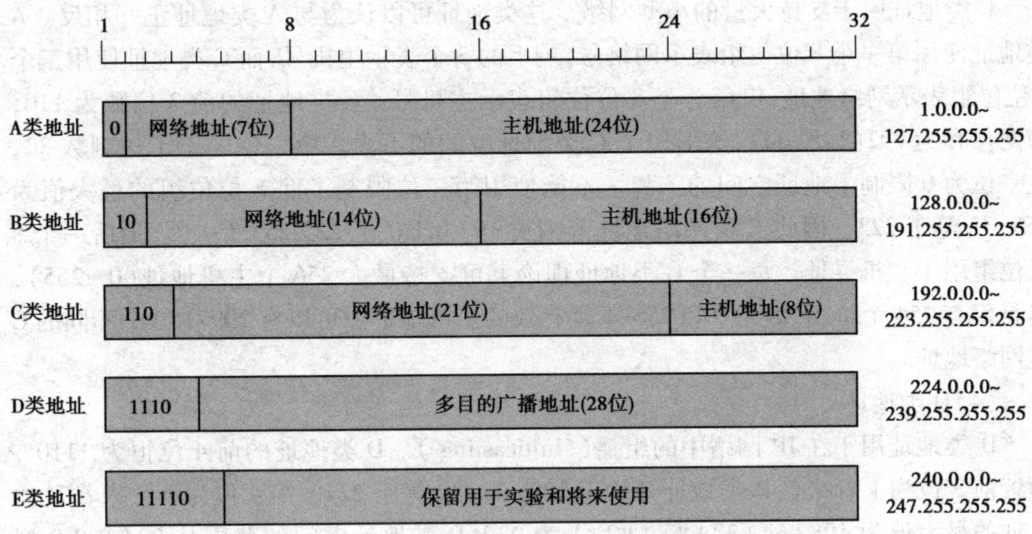

图 2-8　IP 地址的分类

(1)A 类地址

一个 A 类 IP 地址仅使用第一个 8 位位组表示网络地址。剩下的 3 个 8 位位组表示主机地址。A 类地址的第一个位总是为 0,这一点在数学上限制了 A 类地址的范围小于 127,127 是 64+32+16+8+4+2+1 的和。最左边位表示 128,在这里空缺。因此仅有 127 个可能的 A 类网络。A 类地址后面的 24 位(3 个点——十进制数)表示可能的主机地址,A 类网络地址的范围从 1.0.0.0 到 126.0.0.0。注意,只有第一个 8 位位组表示网络地址,剩余的 3 个 8 位位组用于表示第一个 8 位位组所表示网络中唯一的主机地址,当用于描述网络时这些位置为 0。从技术上讲,127.0.0.0 也是一个 A 类地址,但是它已被保留作闭环(Look Back)测试之用而不能分配给一个网络。每一个 A 类地址能支持 16777214 个不同的主机地址,这个数是由 2 的 24 次方再减去 2 得到的。减 2 是必要的,因为 IP 把全 0 保留为表示网络而全 1 表示网络内的广播地址。

(2)B 类地址

设计 B 类地址的目的是支持中到大型的网络。B 类网络地址范围从 128.1.0.0 到 191.254.0.0。B 类地址蕴含的数学逻辑是相当简单的。一个 B 类 IP 地址使用两个 8 位位组表示网络号,另外两个 8 位位组表示主机号。B 类地址的第 1 个 8 位位组的前两位置为 10,剩下的 6 位既可以是 0 也可以是 1,这样就限制其范围小于等于 191,由 128+32+16+8+4+2+1 得到。最后的 16 位(2 个 8 位位组)标识可能的主机地址。每一个 B 类地址能支持 65534 个唯一的主机地址,这个数由 2 的 16 次方减 2 得到。B 类网络仅有 16382 个。

(3)C 类地址

C 类地址用于支持大量的小型网络。这类地址可以认为与 A 类地址正好相反。A 类地址使用第一个 8 位位组表示网络号,剩下的 3 个表示主机号,而 C 类地址使用三个 8 位位组表示网络地址,仅用一个 8 位位组表示主机号。C 类地址的前 3 位数为 110,前两位和为 192(128+64),这形成了 C 类地址空间的下界。第三位等于十进制数 32,这一位为 0 限制了地址空间的上界。不能使用第三位限制了此 8 位位组的最大值为 255-32 等于 223。因此 C 类网络地址范围从 192.0.1.0 至 223.255.254.0。最后一个 8 位位组用于主机寻址。每一个 C 类地址理论上可支持最大 256 个主机地址(0~255),但是仅有 254 个可用,因为 0 和 255 不是有效的主机地址。可以有 2097150 个不同的 C 类网络地址。

(4)D 类地址

D 类地址用于在 IP 网络中的组播(Multicasting)。D 类地址的前 4 位恒为 1110 ,预置前 3 位为 1 意味着 D 类地址开始于 128+64+32 等于 224。第 4 位为 0 意味着 D 类地址的最大值为 128+64+32+8+4+2+1 为 239,D 类地址空间的范围从 224.0.0.0 到 239.255.255.254。

(5)E 类地址

E 类地址是特殊 IP 地址,暂保留,以备将来使用。

2)域名

(1)DNS 工作原理

DNS 是计算机域名系统 (Domain Name System 或 Domain Name Service) 的缩写,它是由解析器和域名服务器组成的。域名服务器是指保存有该网络中所有主机的域名和对应 IP 地址,并具有将域名转换为 IP 地址功能的服务器。其中域名必须对应一个 IP 地址,而 IP 地址不一定有域名。域名系统采用类似目录树的等级结构。

域名服务器为客户机/服务器模式中的服务器方,它主要有两种形式:主服务器和转发服务器。将域名映射为 IP 地址的过程就称为“域名解析”。在 Internet 上域名与 IP 地址之间是一对一(或者多对一)的。域名虽然便于人们记忆,但机器之间只认 IP 地址,它们之间的转换工作称为域名解析,域名解析需要由专门的域名解析服务器来完成,DNS 就是进行域名解析的服务器。DNS 命名用于 Internet 等 TCP/IP 网络中,通过用户友好的名称查找计算机和服务。当用户在应用程序中输入 DNS 名称时,DNS 服务可以将此名称解析为与之相关的其他信息,如 IP 地址。因为,在上网时输入的网址,是通过域名解析系统解析找到了相对应的 IP 地址，这样才能上网。其实，域名的最终指向是 IP。

在 IPv4 中 IP 地址是由 32 位二进制数组成的，将这 32 位二进制数分成 4 组，每组 8 个二进制数，将这 8 个二进制数转化成十进制数，就是我们看到的 IP 地址，其范围是 0～255。因为，8 个二进制数转化为十进制数的最大范围就是 0～255。已开始试运行、将来必将代替 IPv4 的 IPv6 中，将以 128 位二进制数表示一个 IP 地址。

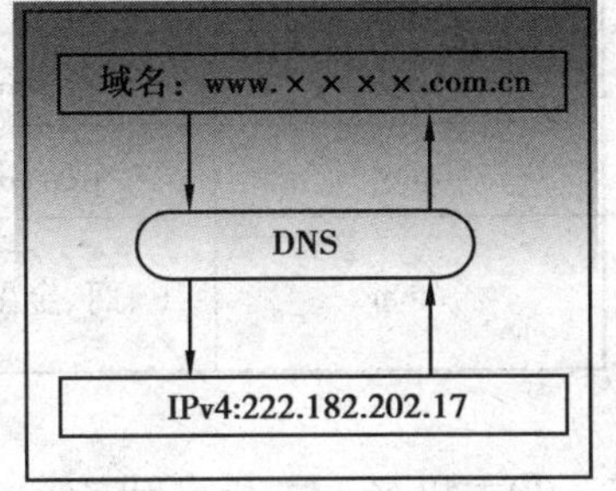

图 2-9　DNS 工作原理

当人们上网时，通常输入的是网址，其实这就是一个域名，而计算机网络上的计算机彼此之间只能用 IP 地址才能相互识别。DNS 就是这样的一位“翻译官”，它的基本工作原理可用图 2-9 来表示。

(2) DNS 域名结构

一个完整的域名由两个或两个以上的部分组成，各部分之间用英文的小数点“.”来分隔，最后一个“.”的右边部分称为顶级域名（TLD，也称为一级域名），最后一个“.”的左边部分称为二级域名（SLD），二级域名的左边部分称为三级域名，以此类推，每一级的域名控制它下一级域名的分配。

①顶级（一级）域名。个人或者组织在 Internet 使用的注册名称。一般采用两个字符，如：.cn 代表中国，.jp 日本，.uk 英国，.hk 中国香港等，表 2-2 列举了部分国家和地区的一级（顶级）域名。

表 2-2　部分国家和地区的一级（顶级）域名

国家/地区	域　名	国家/地区	域　名
中国	.cn	英国	.uk
美国	.us	新加坡	.sg
中国香港	.hk	意大利	.it
中国台湾	.tw	巴西	.br
韩国	.kr	日本	.jp

②二级域名。用来表示某个地区或者组织。一般采用三个字符，如.com 表示公司，.edu 表示教育机构，.net 表示网络公司，.gov 表示非军事政府机构等，常见的二级域名如表 2-3 所示。

表 2-3 常见的二级域名

域 名	类 别	域 名	类 别
.edu	教育机构	.org	各种非营利性的组织
.mil	军事部门	.ac	科研机构
.gov	政府部门	.net	互联网络
.com	工、商、金融等企业	.int	国际组织、接入网络的信息中心(NIC)

③主机名。主机名代表一台主机，即 Web 服务器，处于域名空间结构中的最底层，主机名和域名结合构成完全合格的域名(FQDN)。

域名结构如图 2-10 所示。

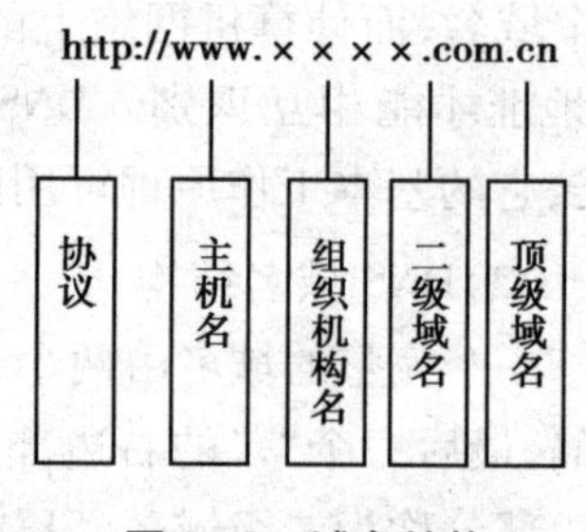

图 2-10 域名结构

(3)DNS 服务流程

当 DNS 客户机需要查询程序中使用的名称时，它会查询本地 DNS 服务器来解析该名称。客户机发送的每条查询消息都包括 3 条信息，以指定服务器应回答的问题。

- 指定的 DNS 域名，表示完全合格的域名(FQDN)。
- 指定的查询类型，它可根据类型指定资源记录，或作为查询操作的专门类型。
- DNS 域名的指定类别。

对于 DNS 服务器，它始终应指定为 Internet 类别。例如，指定的名称可以是计算机的完全合格的域名，如 www.××××.com.cn，并且指定的查询类型用于通过该名称搜索地址资源记录。

客户机自己也可尝试联系其他的 DNS 服务器来解析名称。如果客户机这么做，它会使用基于服务器应答的独立和附加的查询，该过程称作迭代，即 DNS 服务器之间的交互查询就是迭代查询。

例如在浏览器中输入 www.××××.com.cn 域名，解析过程如下：

①操作系统会先检查自己本地的 hosts 文件是否有这个网址映射关系，如果有，就先调用这个 IP 地址映射，完成域名解析。

②如果 hosts 里没有这个域名的映射，则查找本地 DNS 解析器缓存，是否有这个网址映射关系，如果有，直接返回，完成域名解析。

③如果 hosts 与本地 DNS 解析器缓存都没有相应的网址映射关系，首先会找 TCP/IP参数中设置的首选 DNS 服务器，在此我们称它为本地 DNS 服务器，此服务器收

到查询时，如果要查询的域名，包含在本地配置区域资源中，则返回解析结果给客户机，完成域名解析，此解析具有权威性。

④如果要查询的域名不由本地 DNS 服务器区域解析，但该服务器已缓存了此网址映射关系，则调用这个 IP 地址映射，完成域名解析，此解析不具有权威性。

⑤如果本地 DNS 服务器本地区域文件与缓存解析都失效，则根据本地 DNS 服务器的设置（是否设置转发器）进行查询。本地 DNS 服务器收到 IP 信息后，将会联系负责.com.cn 域的这台服务器。这台负责.com.cn 域的服务器收到请求后，如果自己无法解析，它就会找一个管理.com.cn 域的下一级 DNS 服务器地址（http://××××.com.cn）给本地 DNS 服务器。当本地 DNS 服务器收到这个地址后，就会找 http://××××.com.cn 域服务器，重复上面的动作，进行查询，直至找到 www.××××.com.cn 主机。

2.2.4　Internet 的应用

Internet 的主要功能是资源共享。根据共享的不同方式，Internet 提供以下几种信息服务。

1）电子邮件（E-mail）

通过网络技术收发以电子文件格式编写的信件。在 ARPANET 的早期就可以编写、发送和接收电子邮件了，现在电子邮件已成为 Internet 上使用较为广泛的服务之一。因此，子邮件是 Internet 最基本的功能之一。在浏览器技术产生之前，Internet 网上用户之间的交流大多数是通过 E-mail 方式进行的。随着 Internet 的发展和电子邮件系统的不断完善，再加上多媒体技术的发展和应用，发送电子邮件可以附加任意格式的文件，包括图片、声音以及视频等。

2）文件传输协议（FTP）

FTP 是文件传输协议，所谓文件传输是指将远程文件复制到本地计算（下载），或将本地文件复制到远程计算机（上传）。远程文件一旦复制到本地计算机，便属于本地文件，与远程系统无关，用户可以对这个文件进行读写删除等操作。

3）远程登录（Telnet）

远程登录可以使本地计算机连接到一个远程计算机上，执行远程计算机上的程序。登录以后的本地计算机就像是远程计算机的终端，可以使用远程计算机允许使用的各项功能。远程登录通常需要一个合法的账号与密码。

4）电子公告牌（BBS）

电子公告牌系统（Bulletin Board System，BBS）通过在计算机上运行服务软件，允许用户使用终端程序通过 Internet 来进行连接，执行下载数据或程序、上传数据、阅读新闻、与其他用户交换消息等功能。

(1)信件讨论

信件讨论是BBS最主要的功能,它包括各类学术专题讨论区、疑难问题解答区和闲聊区等。在讨论区中,上网的用户可以留下自己想要与别人交流的信件,如各种软硬件的使用、天文、医学、体育、游戏等方面的心得与经验。

(2)文件交流

文件交流也是BBS令用户感兴趣的功能,大多数的BBS站点都设有文件交流功能,一般依照不同的主题分区存放了为数不少的软件、资料和电子图书等。

(3)信息布告

众多的BBS站点中有不少都在自己的网站上安排为数众多的信息,如怎样使用BBS、国内BBS站点介绍、某些热门软件的介绍、内容及布告。BBS还可以安排在线游戏、用户闲聊等,以满足用户休闲娱乐的需求。

(4)交流讨论

为数不少的BBS提供了在线聊天的功能,从最初的文字交流到现在的声音、视频交流,如ICQ、Chat等。

5)WWW服务

WWW是环球信息网的缩写(亦作"Web""WWW""W3",英文全称为"World Wide Web"),中文名字为"万维网""环球网"等,常简称为Web,可分为Web客户端和Web服务器程序。WWW可以让Web客户端(常用浏览器)访问浏览Web服务器上的页面。它是一个由许多互相链接的超文本组成的系统,通过互联网访问。在这个系统中,每个有用的事物,称为一种"资源",并且由一个全局"统一资源标识符"(URL)标识。这些资源通过超文本传输协议(HyperText Transfer Protocol,HTTP)传送给用户,而后者通过点击链接来获得资源。要访问WWW,必须使用浏览器,如IE、Google Chrome。

6)搜索引擎功能

搜索引擎(Search Engine)是指根据一定的策略,运用特定的计算机程序从互联网上搜集信息,在对信息进行组织和处理后,为用户提供检索服务,将用户检索相关的信息展示给用户的系统。搜索引擎包括全文索引、目录索引、元搜索引擎、垂直搜索引擎、集合式搜索引擎、门户搜索引擎与免费链接列表等。

7)娱乐功能

网络的娱乐功能包括网络游戏、网络音乐、网络影视等主要为用户提供网络休闲服务的功能。

8)商业应用

目前,世界经济正趋向于一体化、区域化和跨国经营,而信息技术与远程通信技术又进行了结合,成了连接世界经济贸易的重要纽带和基础,它使各国的经济贸易可以完全摆脱时空、语言、文化的束缚，实现全球化的协作。因此，Internet 所能提供的各种信息和方便，犹如给商业发展注入了一剂兴奋剂，大家都看好 Internet 的商业潜力，都想利用 Internet 来掘金，致使近年来在 Internet 上的商业用户量猛增。在 Internet 上，相继出现了 Internet 接驳服务业、软件服务业、咨询服务业、广告服务业、电子出版业、电子零售业等。

2.3　电子数据交换技术

当代世界，科学技术突飞猛进，经济面貌日新月异。特别是自 20 世纪 60 年代末 70 年代初以来，在新技术革命浪潮的猛烈冲击下，兴起了电子数据交换（EDI）技术。EDI 是模拟传统的商务单据流转过程，对整个贸易过程进行了简化的技术手段。EDI 一经出现便显示出了强大的生命力，迅速在世界各主要工业发达国家和地区得到广泛的应用。正如中国香港 TRADELINK 公司的宣传资料所指出的那样："当 EDI 于 20 世纪 60 年代末期在美国首次被采用时，只属于当时经商的途径之一；时至今日，不但美国和欧洲大部分国家，以至越来越多的亚太地区国家，均已认定 EDI 是经商的唯一途径。"

EDI 具有信息标准化、电子传输化、计算机处理等特点，具体如下所述。

①EDI 是计算机系统之间所进行的电子信息传输，是交易双方之间的文件传递。

②EDI 是标准格式和结构化的电子数据的交换，交易双方传递的文件是特定的格式，采用的是报文标准。

③EDI 是由双方的计算机（或计算机系统）发送、接收并处理符合约定标准的交易电文的数据信息。

④EDI 是由计算机自动读取而无须人工干预的电子数据交换。

⑤EDI 是为了满足商业用途的电子数据交换。

EDI 是按照统一规定的一套通用标准格式，将标准的经济信息，通过通信网络传输，在供应商、零售商、制造商和客户等贸易伙伴的电子计算机系统之间进行自动交换和处理商业单证的过程。EDI 是将贸易、运输、保险、银行和海关等行业的信息，用一种国际公认的标准格式，通过计算机通信网络，使各有关部门、公司与企业之间进行数据交换与处理，并完成以贸易为中心的全部业务过程。

2.3.1　电子数据交换的发展状况

1）产业标准阶段（1970—1980 年）

此阶段开始于 20 世纪 70 年代，美国几家运输行业的公司联合起来，成立了运输数据协调委员会（TDCC）。该委员会的目的是开发一种传输运输业文件的共同语言或标准,1975 年公布了它的第一个标准。继 TDCC 之后,其他行业也陆续开发了它们自己行业的 EDI 标准。

2)国家标准阶段(1980—1985 年)

当产业标准应用成熟后,企业界发现,维持日常交易运作的对象,并不局限于单一产业的对象,国家标准由此诞生。首先在 1979 年,美国开始开发、建立跨行业且具一般性的 EDI 国家标准,与此同时,欧洲方面的官方机构及贸易组织也提倡共同的 EDI 标准,并获联合国的授权,由联合国欧洲经济理事会第四工作组负责发展及制订 EDI 的标准格式,并在 20 世纪 80 年代早期提出 TDI 标准,但该标准只定义了商业文件的语法规则,欠缺报文标准。

3)国际通用标准阶段(1985 年至今)

在欧美两大区域的 EDI 标准制订、试行几年后,1985 年,联合国欧洲经济理事会负责国际贸易程序简化的工作小组承担了国际性 EDI 标准制订的任务,并于 1986 年正式以 UN/EDIFACT 作为国际通用的标准。

1990 年 5 月,第一届"中文 EDI 标准研讨会"在深圳蛇口举行。这是 EDI 概念首次被引入中国,它一出现就受到国内各有关部门的高度重视。国家计委、科委等主管部门将 EDI 列为国家"八五"计划的关键推广项目之一。1991 年成立了"中国促进 EDI 应用协调小组",1992 年拟订了《中国 EDI 发展战略与总体规划建议》,1996 年 2 月我国外经贸部成立了国际贸易电子数据交换服务中心;同年 12 月 18 日,联合国贸易网络组织中国发展中心(CNTPDC)在北京成立;同年,北京海关与中国银行北京分行在我国首次开通电子数据交换通关电子划款业务。1997 年 1 月 13 日,中国台湾地区实现电子数据交换跨行付款作业。中国香港零售业中的百佳超市连锁公司是应用电子数据交换的典范,其 172 家连锁店由以太网联系 30 家大买主,向 500 家供货商订购了 10 000 多种商品。

目前,在各级领导的大力支持和计算机应用技术人员的辛勤劳动下,EDI 已由宣传教育转入实际应用阶段,其发展已出现了可喜的局面。

2.3.2 电子数据交换与手工方式的比较

1)手工交换方式

在手工条件下,操作人员首先使用打印机将企业数据库中的数据打印出来,形成贸易单证,然后通过邮件或传真的方式发给贸易伙伴。贸易伙伴收到单证后,再由录入人员手工录入数据库中,以便内部共享。传统商业贸易的单据在流通过程中,买卖双方之间重复输入的数据较多,容易产生差错,劳动力消耗多及延时增加。操作过程如图 2-11 所示。

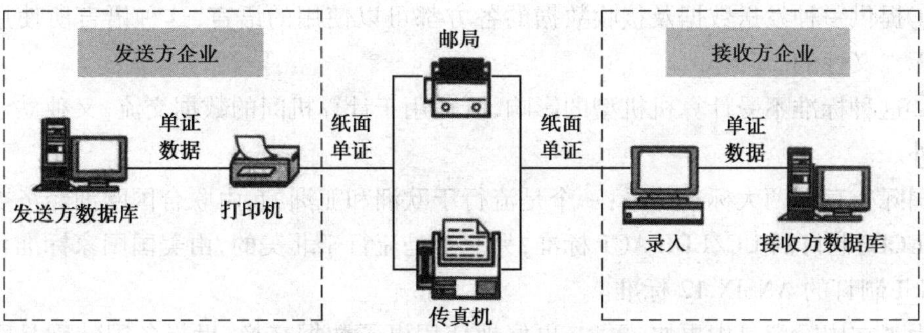

图 2-11　手工条件下贸易单证的传递方式

2)电子数据交换方式

在 EDI 条件下,数据库中的数据通过一个翻译器转换成字符型的标准贸易单证,然后通过网络传递给贸易伙伴的计算机,该计算机再通过翻译器将标准贸易单证转换成本企业内部的数据格式,存入数据库。操作过程如图 2-12 所示。由此不难看出使用 EDI 的好处。但是,由于单证是通过数字方式传递的,缺乏验证的过程,因此加强安全性、保证单证的真实可靠成了一个重要的问题。

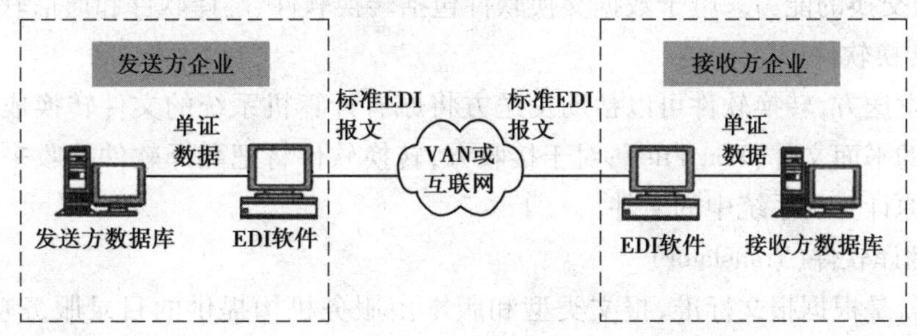

图 2-12　EDI 条件下贸易单证的传递方式

2.3.3　电子数据交换的组成

数据标准化、EDI 软件和通信网络是构成 EDI 系统的三要素。

1)数据标准化

电子数据交换标准是指电子数据交换专用的一套结构化数据格式标准。由于电子数据交换是在全世界范围内跨组织信息系统的桥梁,因此,需要有一套能够在不同的计算机系统中,供各参与方在各个业务领域广泛使用的数据结构化、格式化的标准,才能保证各参与方之间能够顺利完成数据交换。电子数据交换标准在实际应用中一般分为语言标准和通信标准两大类。

电子数据交换的标准应该遵循以下两条基本原则。

①提供一种发送数据及接收数据的各方都可以使用的语言,这种语言所使用的语句是无二义性的。

②这种标准不受计算机机型的影响,既适用于计算机间的数据交流,又独立于计算机之外。

国际上存在两大标准体系:一个是流行于欧洲和亚洲的,由联合国欧洲经济委员会(UC/ECE)制订的UC/EDIFACT标准;另一个是流行于北美的,由美国国家标准化委员会ANSI制订的ANSIX.12标准。

为了在国际贸易中更快、更省、更好地使用电子数据交换,世界各国特别是欧美地区的工业发达国家,都在强烈要求统一电子数据交换国际标准,即"讲一种语言,用一种标准"。1992年11月,美国ANSIX.12鉴定委员会投票决定,1997年美国将全部采用EDIFACT来代替现有的X.12标准。ANSI官员说:"1997年之后,现有的X.12标准仍将保留,但新上项目将全部采用EDIFACT标准。"

2)EDI软件

电子数据交换软件将用户数据库系统中的信息译成电子数据交换的标准格式,并具有传输、交换的能力。电子数据交换软件包括转换软件、翻译软件和通信软件。

(1)转换软件(Mapper)

对于发送方,转换软件可以帮助发送方将原有计算机系统的文件转换成翻译软件能够理解的平面文件(Flat File);对于接收方,转换软件将把翻译软件接收来的平面文件转换成原计算机系统中的文件。

(2)翻译软件(Translator)

翻译就是根据报文标准、报文类型和版本由服务机构提供的目录服务功能确定。对于发送方,将平面文件翻译电子数据交换;对于接收方,将接收到的电子数据交换标准格式翻译成平面文件。

(3)通信软件(Communication)

对于发送方,将电子数据交换格式的文件外层加上通信信封,再送到电子数据交换系统交换中心的对方邮箱中;对于接收方,将接收到的文件从电子数据交换系统交换中心取回。操作过程如图2-13所示。

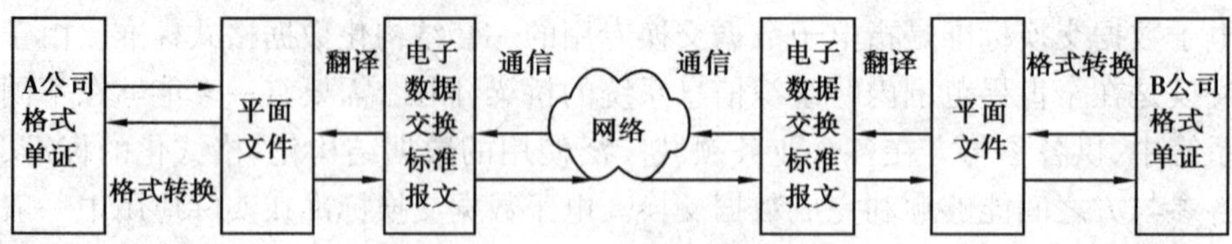

图2-13　EDI软件的工作过程

3) 通信网络

通信网络是实现 EDI 的手段,EDI 通信方式主要有两种:一种是在贸易伙伴之间建立专用网;另一种是增值网络(VAN)方式。它类似于邮局,为发送者与接收者维护邮箱,并提供存储转送、记忆保管、通信协议转换、格式转换、安全管制等功能。因此,通过增值网络传送 EDI 文件,可以大幅度降低相互传送资料的复杂程度和困难程度,大大提高 EDI 的效率。

2.3.4　电子数据交换的应用

1) 金融中电子数据交换的应用

金融领域采用电子数据交换技术,能够实现银行和银行、银行和客户间的各种金融交易单证安全、有效的交换,如付款通知、信用证等,金融电子数据交换的实施能够提高银行在资金流动管理、电子支付、电子对账、结算等业务的效率。

2) 商业中电子数据交换的应用

通过采用电子数据交换技术来进行货运订单的自动处理,实现在订单数据标准化及计算机自动识别和处理,避免了纸面作业和重复劳动,提高了文件处理效率,缩短了公司把货物运输到销售地的时间。商业中利用电子数据交换技术能充分理解并满足客户的需要,制订出供应计划,达到降低库存、加快资金流动的目的。

3) 商检中电子数据交换的应用

商检单证作为外贸出口的一个重要环节之一,利用电子数据交换技术,可以提高单证的审核签发效率,加强统一管理,与国际惯例接轨,为各外贸公司提供方便、快捷的服务。电子数据交换技术在商检中的应用,早在 1985 年就在广东投入运行,提供商检原产地证和普惠制产地证两种单证的电子数据交换申请和签发,是我国电子数据交换系统较早的一个应用实例。外贸公司可通过电子数据交换的方式与商检局进行产地证的电子单证传输,无须再为产地证的审核、签发来回地跑商检局几趟,既节约了时间和费用,同时也节约了纸张。而对于商检局来说,有了电子数据交换单证审批系统,不仅减轻了商检局录入数据的负担,减少了手工录入出差错的机会,同时也方便了他们对大量各种单证进行统一管理,如图 2-14 所示。

4) 物流中电子数据交换的应用

物流电子数据交换是指货主、承运业主及其他相关的单位之间,通过电子数据交换系统进行物流数据交换,并以此为基础实施物流作业活动的方法。物流电子数据交换参与单位的货主比如生产厂家、贸易商、批发商、零售商等;承运业主比如独立的物流承运企业,实际运送货物的交通运输企业比如铁路企业、水运企业、航空企业、公路运输企业等,协助单位主要有政府有关部门、金融企业等;其他的物流相关单位主要有仓库业

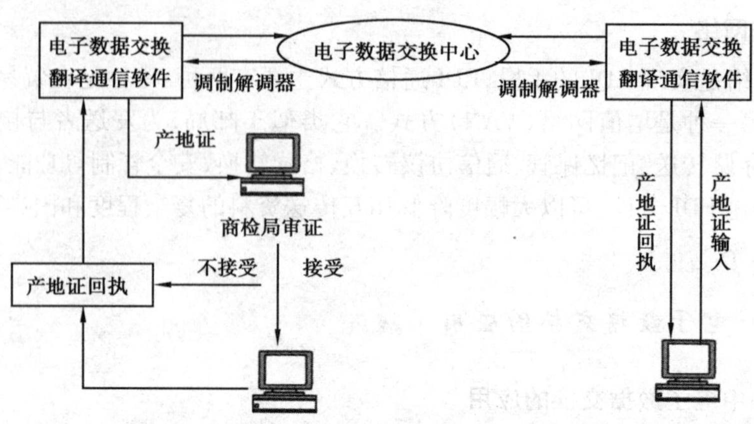

图 2-14　商检电子数据交换审签系统流程

者、专业报送业者等。物流采用电子数据交换技术能实现货运单证的电子数据传输,充分利用运输设备、仓位,为客户提供高层次和快捷的服务。对于物流的仓储可加速货物的提取及周转,缓解仓储空间紧张的矛盾,从而提高利用率。

5)国际贸易中电子数据交换的应用

电子数据交换应用到国际贸易中,是以计算机网络为依托,通过电子数据交换网络中心把与国际贸易有关的工厂、公司、海关、运输公司、保险公司、银行联系起来,可以大大加速国际贸易的全过程。

一个生产企业的电子数据交换系统,就是要把买卖双方在贸易处理过程中的所有纸面单证由电子数据交换通信网来传送,并由计算机来自动完成处理过程。电子数据交换用于国际贸易中,可提高用户的竞争能力;用于通关和报关中可加速货物通关,提高对外服务能力,减轻海关业务的压力,防止人工操作的弊端,实现货物通关自动化和国际贸易的无纸化。

本章小结

电子商务的运作离不开以因特网为代表的计算机网络,本章首先介绍了计算机网络的相关知识,如计算机网络的概念、计算机网络的拓扑结构计算机网络的组成等,计算机网络对电子商务的正常、稳定运行及深层次的发展起着决定性的作用。因此,要深入了解、掌握和应用电子商务,就必须对计算机网络有一个较为全面的了解和认识。

接下来就电子商务的基础 Internet 技术作了详细的介绍和探讨,包括 Internet 的起源、ARPANET 军事通信网及其发展、TCP/IP 通信协议、IP 地址及域名系统和 Internet 应用等知识。

最后详细介绍了电子数据交换技术，电子数据交换是电子商务的雏形，主要围绕实施电子商务所需的技术基础，概括地介绍了电子数据交换的概念、发展、工作原理和电子数据交换的应用等相关知识。

【本章学习与思考】

1.简述计算机网络技术的核心及在电子商务中的作用。

2.Internet 的应用主要包括哪些？请结合身边的案例进行讲解。

3.列举 DNS 域名结构，包括顶级域、二级域、三级域和主机名。

4.电子数据交换主要应用于哪些领域？

5.举例说明电子数据交换的应用流程。

【技能操作训练】

1.域名及 IP 地址的查找与登录。

2.请通过搜索引擎等工具，查询你所在学校、重庆大学、北京大学的网站域名及 IP 地址，看能否正常登录，并对调研结论进行分析。

域名及 IP 操作体验表

调研时间：　　　　　　　　　　　　　　　　调查人：

学校名称	域名分析		IP 地址分析		备注
	校园网域名	能否登录	校园网 IP 地址	能否登录	
你所在的学校					
重庆大学					
北京大学					
调研结论					

第3章
电子商务模式

【教学目标】

1.掌握 B2B、B2C、C2C 电子商务的概念及特点；

2.掌握 B2B、B2C、C2C 的模式类型；

3.掌握我国 B2B、B2C、C2C 的典型平台。

【教学重点、难点】

1.了解我国 B2B、B2C、C2C 的发展现状；

2.掌握我国 B2B、B2C、C2C 的发展趋势；

3.能够理解 O2O、移动电商、农村电商等的发展方向。

【案例导入】

"车点点"靠新模式实现 3 年营收 10 亿元、1200 万用户

2017 年 1 月，车后服务平台"车点点"对外宣布已完成 7 500 万元的 B 轮融资。这家成立于 2014 年的公司，累计交易额已经超过 10 亿元，并且从 2016 年初开始盈利。

"车点点"的联合创始人王琳在 12 年前进入车后市场，当时和北京的一位知名汽车专家一起合作创办了一家综合性的一类维修厂，得到了中国汽车网的投资。

与中国汽车网的合作，让王琳萌生了与互联网结合的想法。不过那时互联网普及程度不高、网速很慢，开展这样的服务为时过早。一直到 2013 年，第一次在手机上用到滴滴这样的打车软件，王琳才意识到与车相关的服务可以通过手机来解决。于是，王琳与其他合伙人差不多用了半年的时间，直到 2014 年年初公司成立，开始正式推出这项服务。

与疯狂烧钱占领市场的 O2O 公司不同，从创立开始，创始人王华与联合创始人王琳所确定的宗旨就是：公司一定要赚钱。

• 从补贴烧钱模式向冷静转型

2014年6月，“车点点”正式上线，提供洗车、美容保养、违章查询、加油、车险等一系列与车相关的服务。在后车市场，最高频的业务就是洗车，“车点点”以洗车为卖点切入C端市场。

“当时，洗车的价格是20~30元，有的地方还要50元。如果办一张几百几千的卡，顾客可以享受会员价，但是他们会担心店铺倒了怎么办、老板走了怎么办。‘车点点’通过跟商户合作，让用户不办卡就可以享受会员价格，作为第三方，用户把钱交付给平台，平台再将洗车的费用转给商户。”王琳说。

这样的模式对车主来说节约了时间，可以快速找到就近的洗车网点。对商家来说，多了一个获取客户的渠道。创业初期，“车点点”也采用补贴烧钱的方式，用0元洗车获取用户。

2014年底至2015年赶上了O2O的爆火时期。同时后车服务的互联公司推出了“1分钱洗车”等模式，一起加入了当年的“洗车大战”。

“‘洗车大战’打得火热，‘车点点’却冷静下来。经过成本核算，洗车方面的优惠改为下载APP送一年12次洗车。同时，‘车点点’也已经开始考虑收入的问题。‘车点点’的目标很清晰，要有收入，保证很好的现金流。”王琳在接受《创业邦》杂志采访时说。

“车点点”一直与大的机构保持合作，这是“车点点”始终坚持的重要模式。

2015年下半年，“车点点”加入了车险业务。与保险公司合作，“车点点”收取佣金，这是一项比较可观的利润。除车过户后的服务，广告也会是“车点点”核心的业务。“车点点”的洗车服务还在继续。“从2014年到现在，只做洗车的公司有很大一部分已经不做了。现在‘车点点’还有洗车的优惠，为车主提供服务，这与我们一直有收入和现金流有关。”

根据王琳介绍，“车点点”2014年公司年收入突破1 000万元，2015年增长到1亿元，2016年公司收入近10亿元，实现每年公司收入近10倍的增长。面对这10亿元的交易额，王琳说：“对比一些做轮胎的大客单价的车后服务公司，10亿元不算大的数目。不过对于‘车点点’来说，从洗车20~30元的客单价做起，10亿元也算相对不错的业绩。2016年就有了盈利，这是我们一直坚持的事情。”

• 150座城市，3万家签约门店

不仅要拿下客户，作为一家平台，还要拿下大大小小的汽修商铺。王琳说：“没有什么捷径，这段创业经历就是死磕，一点点积累。公司成立最初的时候，‘车点点’在北京、上海、杭州开始谈线下门店。最初的时候我们什么都没有，就拿着一个APP靠线下推广的团队一点点谈。当时智能手机和手机支付还没有现在这么普及，我们一点点教会他们使用支付、结算和各种功能，也要看他们的店面、资质、证照。”

与线下门店签约之后，“车点点”给他们带来了客户，并通过平台及时结算，在行内逐渐形成了口碑。现在"车点点"的线下合作商户覆盖了包括大的一线城市150个,3万家门店。2014年6月上线,目前"车点点"的用户超过1 200万,签约门店超过3万家,累计交易额超过10亿元。

- 衍生出更多的模式

2017年,"车点点"有新的计划。

在线上,"点点优选商城"是一个对商户的业务。"车点点"找到更好的汽车用品,比如:机油、配件。我们为找到更好的来源,更有保障的渠道、价格,省去中间环节,直接卖给"车点点"的签约商户。一方面,帮助他们减少采购成本;另一方面,由于是集中采购,可以有更好的渠道和质量保障。再一个,"车点点"计划做媒体平台。"车点点"的APP用户已经超过1 200万,本身已经是一个媒体,"车点点"整合了与车主相关的媒体资源,比如自媒体大号、加油站的渠道、电视台、电台。整合这些资源以后,广告主可以不只在"车点点"投放,也可以覆盖到其他平台的精准车主用户,对于广告主来说效率更高。

"作为一家公司一定要盈利,这是我们一直坚持的事情。"王琳说。

思考:

1."车点点"是什么类型的电子商务公司?

2."车点点"的电商模式发展新方向在哪里?

3.1 B2B电子商务

B2B电子商务(Business to Business),即企业间电子商务,是指企业与企业之间通过互联网进行交易、服务及信息的交换。从这个定义可以看出,即使交易资金的拨付、交易合同的签订等流程不直接通过网上实现,通过网络发布供求信息而产生企业间的交易,也属于B2B电子商务的范畴,可见B2B电子商务涉及的范围非常广阔。

3.1.1 B2B电子商务的特点及优势

1)B2B电子商务的特点

(1)交易次数少、交易金额大

由于B2B交易主体是企业,通常涉及大批量货物交易或大宗商品采购。而B2C、C2C的交易主体是普通个人消费者,多以日用、休闲、娱乐等消费品为主,往往是单笔交易,虽然交易次数多,但交易金额都较小。

(2)交易对象广泛

B2B 的交易对象可以是任何一种产品,可以是原材料,也可以是半成品或产成品,如戴尔公司的芯片和主板等零配件的采购,而 B2C、C2C 交易一般集中在生活消费用品方面。

(3)交易过程复杂但规范

B2B 交易一般涉及的金额较大,不容有闪失,在交易过程中需要多方的参与和认证,过程十分复杂、严格和规范,同时注重法律有效性。

2)B2B 电子商务的优势

(1)降低商务成本,提高商务效率

传统的企业间的交易往往要耗费企业的大量资源和时间,无论是销售还是采购都要占用大量产品成本。而网络的便利及延伸性使企业扩大了活动范围,企业跨地区、跨国界发展更方便。通过 B2B 交易方式,买卖双方能够在网上完成整个业务流程,从建立最初印象,到货比三家,再到讨价还价、签单和交货,最后到客户服务。B2B 使企业之间的交易减少了许多事务性的工作流程和管理费用,降低了企业经营成本。

(2)强化供应链管理,优化生产计划

通过 B2B 平台可以获悉一个产品在不同区域的需求情况,可以进一步预计和控制市场供求信息,从而对库存和物流控制进行明确的规划和管理,让企业获得较大的经济效益。B2B 的发展方向是创造高效率的无形市场,缩减企业库存,实现零库存状态下的即时生产(JIT)。

(3)缩短产销周期,增加商务机会

在专业化分工时代,一个产品从设计到生产再到销售是许多企业协作的结果。通过电子商务可以减少因信息交流手段落后而产生的信息滞后和差错现象,从而大大加快企业资金流、物流的流动,缩短企业的整个生产销售周期。

传统的交易受到时间和空间的限制,而基于互联网的电子商务则是一周 7 天、一天 24 小时无间断运作,可以开展到传统营销人员和广告促销所达不到的市场范围。

3.1.2　B2B 电子商务模式

B2B 电子商务网站可分为综合型 B2B 网站与垂直型 B2B 网站。

1)综合型 B2B 网站

综合型 B2B 网站涵盖了不同的行业和领域,可以为多个行业的企业提供在线交易服务,其信息和服务的综合程度高,这种交易模式是通过平行网站将各个行业中相近的交易过程集中到一个场所,为企业的采购方和供应方提供了一个交易的机会,如阿里巴巴、环球资源网、中国制造网、慧聪网等。这一类网站其实自己既不是拥有产品的企业,也不是经营商品的商家,它只是提供一个平台,在网上将销售商和采购商汇集到一起,采购商可以在其网上查到销售商的工商信息和商品信息。这类网站一般注重在广度上下功夫,在品牌知名度、用户数、跨行业、技术研发等方面具有行业垂直类 B2B 网站难以企及的优势,不足之处在于用户虽多但却不一定是客户想要的用户,在用户精准度、行业服务深度等方面略有不足。

一般来说,综合型 B2B 网站可以产生很多的利润流。例如,广告费、竞价排名费、分类目录费、交易费用、拍卖佣金、软件使用许可费、其他服务费等。通常情况下,综合型 B2B 网站通常会举办网上拍卖会。这时,网站可以向成交的卖方收取一定比例的交易费。综合型 B2B 网站还可以靠出售网上店面来赚钱。除此之外,综合型 B2B 网站还可以自己开展电子商务,从商务活动中直接赚钱。

此外,综合型 B2B 模式较成熟、风险低,但模式单一、陈旧,包括以"供求商机信息服务"为主的、以"行业咨询服务"为主的、以"招商加盟服务"为主的、以"项目外包服务"为主的、以"在线服务"为主的、以"技术社区服务"为主的模式。买麦网、商格里拉、华联 B2B 网上交易平台、中企动力"一大把"、中国网的"中国供应商"、亿喜网等网站均处于踟蹰不前的状态。这一切表明,B2B 需要商业模式创新,依靠单一陈旧模式难以超越同行。

2)垂直型 B2B 网站

垂直型 B2B 网站是依托传统行业,将特定产业的上下游厂商聚集一起,现在几乎各行业都有自己专门的电子交易市场。它的出现使中国电子商务正在从"大而全"的模式转向专业细分的业务模式,如中国化工网、全球纺织网、全球五金网等。此类网站的优点是针对一个行业做深、做透,有着较强的专业性,其缺点是受众过窄、难以形成规模效应。

垂直型 B2B 可以分为两个方向,即上游和下游。生产商或商业零售商可以与上游的供应商之间形成供货关系,比如 Dell 电脑公司与上游的芯片和主板制造商就是通过这种方式进行合作的。生产商与下游的经销商可以形成销货关系,比如 Cisco 与其分销商之间进行的交易。简单地说,这种模式下的 B2B 网站类似于在线商店,这一类网站其实就是企业网站,就是企业直接在网上开设的虚拟商店,通过自己的网站可以大力宣传自己的产品,用更快捷、更全面的手段让更多的客户了解自己的产品,促进交易。或者也可以是商家开设的网站,这些商家在自己的网站上宣传自己经营的商品,目的也是用更加直观便利的方法促进、扩大交易。例如,能源一号网,是由中石油组建的行业联盟网站。

相比于综合型网站,垂直型 B2B 网站更适合中小企业。一方面是因为它专注于某一行业,潜在客户集中,宣传花费小;另一方面某些特色服务也对中小企业发展十分有利。垂直型网站成功的另一个因素是传统行业的低效率。传统行业的中间环节越多,环节链接效率越低,该行业的垂直型网站就越有机会整合其中间环节,因此也就越容易成功。垂直型 B2B 网站的特点是专业性强，此类电子交易市场的创办者大多是该行业的从业者，拥有丰富的行业背景资源，谙熟行业的细枝末节。垂直型 B2B 网站吸引的都是针对性较强的客户，所以更容易集中行业资源，吸引行业内多数成员的参与，同时也容易引起国际采购商和大宗买主的关注。因此，垂直型 B2B 网站成为企业间电子商务越来越受推崇的发展模式。

由于垂直型 B2B 电子化交易市场的专业性强，因此其面临的客户很多都是本行业的，潜在购买能力比较强，其广告的作用也比较大，所以，垂直型网站的广告费较综合型网站要高。除了广告外，垂直型网站还可以通过举办一些拍卖会，出售网上店面，收取客户的信息费及数据库使用费等形成利润来源。

3.1.3　我国 B2B 电子商务的发展现状及趋势

1）我国 B2B 电子商务的发展现状

据研究机构的监测数据显示，2017 年中国 B2B 电子商务市场交易额为 20.5 万亿元，同比增长 22.75%。

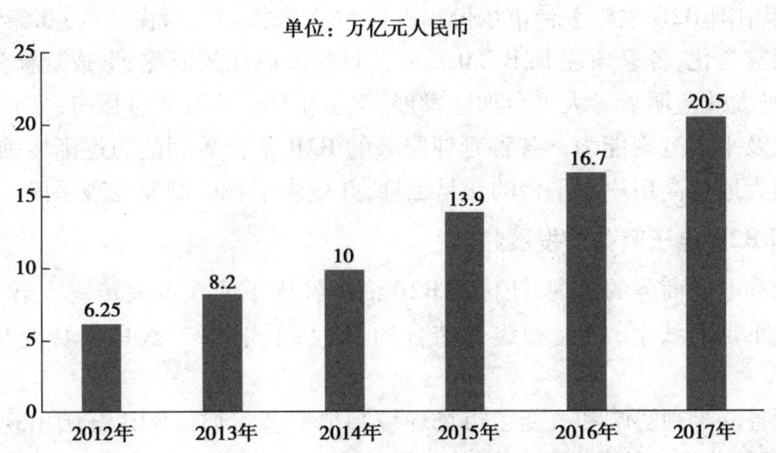

图 3-1　2012—2017 年中国 B2B 电商市场交易规模

随着中国经济增速趋缓，亟待转型，整个产业链重构机会明显，为了推动产业全面升级，国家提出“互联网+”战略，大力推动产业互联网的发展，在此背景下各种垂直型 B2B 平台不断涌现。

B2B 行业前景开阔，行业基础条件完善不够。随着商业诚信体系发展成熟后，B2B 模式将会在诚信的土壤中迅速成长。产业互联网迎来更多需求，B2B 成为传统行业转型升级青睐方向，也为企业级服务带来机遇。

据研究机构的监测数据显示，2017 年中国 B2B 电商平台市场份额中，阿里巴巴排名首位，市场份额占比为 36.7%；慧聪集团占比为 10.5%，环球资源占比为4.2%，上海钢联占比为4%,焦点科技占比为3.5%,生意宝占比为1.04%,环球市场占比为0.7%,其他占比为39.36%。

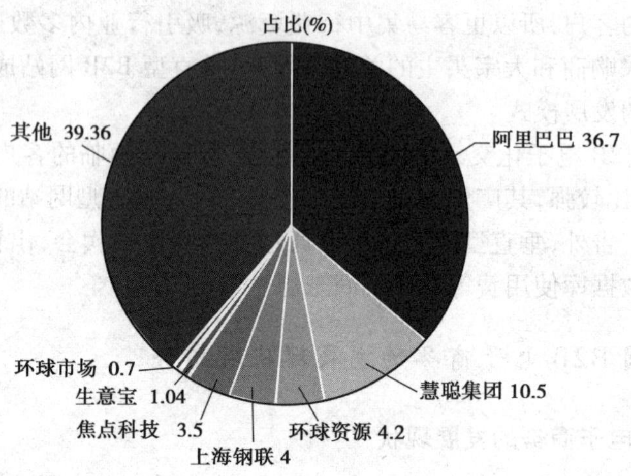

图 3-2 2017 年中国 B2B 电商平台市场份额占比情况

2017 年中国 B2B 主要平台市场份额占比中,7 家核心平台占比为 60.64%。行业格局未发生明显变化,各家角逐 B2B 2.0 发展。目前发展比较成熟、形成规模的平台颇受资本青睐,马太效应明显。大平台加速发展,逐步拓展一系列延伸服务,实现生态、增加客户黏性以及平台变现能力。各种延伸服务的 B2B 平台盈利能力逐渐增强,供应链金融服务可极大地提高用户在平台的交易黏性,并提供了新的商业变现手段。

2)我国 B2B 电子商务的发展趋势

互联网和电子商务的出现,让传统 B2B 商务经历了两次重大转变。第一次重大转变就是从线下走向线上,线上和线下结合的 O2O 模式;第二次重大转变是移动商务崛起。

电子商务深刻地影响和改变了市场环境和消费者习惯。B2B 开始出现移动化、全球化、交易服务化和一体化四大趋势。

(1)移动化

移动商务是大势所趋,如今移动设备逐渐对整个交易过程产生重大影响,智能手机的销售量印证了移动商务在未来将会持续呈现强劲发展势头。B2C、C2C、B2B 交易模式在移动商务的影响下,交易规模迅速增长。忽视移动商务将会直接导致市场份额的丢失,因此需要将移动商务纳入企业发展战略的重要一环。据报告显示,2017 年上半年,我国移动网络购买交易规模达 22 450 亿元,在网络零售中的占比达到了 71.0%。

(2)全球化

根据尼尔林(Nielson)2013 年的调研,跨境电子商务无论是发展速度还是利润都远远好于内贸电子商务。这种情况不只是在我国如此,全球也是如此。美国、德国、英国、澳大利亚、中国和巴西是全球最活跃的六大跨境电子商务市场,在这些国家里,我国增速最快。

移动化也是跨境电子商务的发展趋势。2011 年,敦煌网率先联手贝宝(PayPal)开启跨境移动商务,并发布了 iOS 应用和 Android 应用,业务量迅速增长,截至 2017 年,敦煌网超过 50%的订单量来自移动平台。随后,兰亭、易唐等也相继开通移动商务平台。虽然跨境移动商务在我国依然处于萌芽阶段,但是越来越多的中国外贸电子商务都在进行积极尝试。

(3)交易服务化

B2B 由 Web1.0 向 Web2.0 迈进,聚焦交易平台建设,并围绕这个交易平台提供各种供应链服务,如会计、客户管理和订单管理,甚至现在开始出现了提供基于大数据的商情咨询服务和融资服务。

2014 年阿里巴巴国际站从信息黄页转向在线交易,提供了实时报价。整个网站风格和专注于在线零售的敦煌网如出一辙。收费方式也从过去的会员费向按交易效果收费转变,最终可能和亚马逊类似,收取交易佣金。同时,阿里巴巴加入了脸书(Facebook)、推特(Twitter)等社交网络分享功能。

敦煌网也已经与几家银行合作开始推出联名的借记卡和信用卡。借记卡的存款额度为 5 万~150 万元人民币,信用卡的最高贷款额度是 50 万元人民币。未来,敦煌网还将推出运费贷等在内的多种金融服务。

又比如,易贝推出 Retail Associate Platform 数字零售辅助平台,帮助零售商建立消费者购买历史、联系信息、仓储及收入变化数据。这表明易贝在销售平台基础上,继续打造和完善购物综合服务平台。

在过去,由于担心交易数据和客户资料阳光化,很少有客户把线下的交易搬到线上来。但是随着交易平台提供越来越多的增值服务,如融资、交易便利化等,越来越多的客户意识到,把线下的交易搬到线上不完全都是坏事。随着网络安全技术的发展,市场的规范和透明化管理,越来越多的客户开始把线下交易搬到线上。

(4)一体化

买卖双方在早期各自发展独立封闭的供应链,如今,通过一体化整合可以实现不同供应链之间的对接,形成更加紧密的供销关系。简单地讲,一体化就是双方供应链和数据实现对接,以加速反应时间和提高效率。B2B 平台与 B2C 企业进行深度整合,完美对接,意味着 B2B 终于借助互联网完成了向渠道和最终消费者的布局,互联网的渠道价值实现了最大化,B2B 平台也因此有了新的价值。例如,2014 年 6 月 6 日,当京东商城、亚马逊中国、当当网、凡客诚品、优雅 100 等 7 家国内顶级 B2C 企业宣布入驻慧聪网(B2B)的消息传出后,重新唤醒了市场来评 B2B 平台的商业价值。B2B 与 B2C 逐渐融合,贯通电子商务产业链,而 B2B 平台则逐渐发展成为各个供应链的一个关键接口。

3.1.4 我国主要B2B网站简介

1) 阿里巴巴

阿里巴巴成立于1999年年末，总部设在杭州市区。阿里巴巴是全球企业间(B2B)电子商务最好的品牌之一，是目前全球最大网上交易市场和商务交流社区之一。目前，阿里巴巴旗下有两项核心服务：一项是诚信通服务，针对的是经营国内贸易的中小企业、私营业主；另一项是供应商服务，针对的是经营国际贸易的大中型企业、有实力的小企业、私营业主。平台上的中国供应商以中小企业为主，除了付费的中国供应商和诚信通会员，阿里巴巴上面还活跃着免费的中国商户480万家，海外商户1 000万家。以浙江永康地区为例(全球最大的滑板车供应地)，当地企业有70%通过阿里巴巴出口，其中有不少企业出口额超过千万美元。为加速转型，2013年年初，阿里巴巴内部进行组织架构调整，原阿里B2B被拆分为阿里巴巴小企业事业群与阿里巴巴国际业务事业群，新的组织架构细化B2B业务。同时，阿里巴巴中国站账户与淘宝账户互通，加速B2B与B2C的融合。

阿里巴巴集团经营多项业务，另外也从关联公司的业务和服务中取得经营商业生态系统上的支援。业务和关联公司的业务包括淘宝网、天猫、聚划算、全球速卖通、阿里巴巴国际交易市场、1688、阿里妈妈、阿里云、蚂蚁金服、菜鸟网络等。2014年9月19日，阿里巴巴集团在纽约证券交易所正式挂牌上市，股票代码“BABA”，创始人和董事局主席为马云。2015年全年，阿里巴巴总营收为943.84亿元人民币，净利润为688.44亿元人民币。

2016年4月6日，阿里巴巴正式宣布已经成为全球最大的零售交易平台。2016年8月，阿里巴巴集团在“2016中国企业500强”中排名第148位。

2017年，阿里巴巴总营收为1 582.73亿元人民币，净利润为578.71亿元人民币。

2) 环球资源网

环球资源网是最早一家在美国纳斯达克上市并盈利的B2B网上交易中枢。作为全球领先的外贸B2B电子商务网站，它以促成全球贸易为宗旨，不过其业务收入几乎一半来自中国市场，可见中国市场对环球资源公司的重要程度。环球资源网的业务形态是：通过网站、杂志、专业光盘、专用目录、China Sourcing Fairs及技术展览活动等为国际买家提供采购资讯，并为供应商提供综合的市场推广服务。环球资源网的价格是最贵的，通常企业加入的年费都在10万~20万元。其主要靠线下展会、杂志、光盘宣传，最有优势的行业是电子类和礼品类。它对买家的审核很严格，成交的订单中，大单多一些。它针对的客户群以大企业为主，对小企业会谨慎选择。

3) 中国制造网

中国制造网面向全球提供中国产品的电子商务服务，致力于通过互联网将中国制造的产品介绍给全球采购商,全面促进中国企业的对外贸易业务,是中国生产供应商、制造商、出口商与全球采购商沟通的贸易 B2B 平台,现已成为中国产品供应商和全球采购商共通共享的网上商务平台。在国际贸易的商务活动中,供应商希望自己的产品尽可能被众多采购商熟知,而采购商则希望多多结识和了解产品供应商从而找到最合适的供应商和合作伙伴。凭借巨大而翔实的商业信息数据库、便捷而高效的功能和服务,中国制造网成功地帮助众多供应商和采购商建立联系、提供商业机会,为中国产品进入国内和国际市场开启了一扇方便的电子商务之门。

4)网盛生意宝

网盛生意宝是由网盛生意宝携手国内近千万家行业网站共建的"行业网站联盟",是以生意宝中心站为核心,3 000 家联盟网站为圆周辐射 1 000 万会员的立体服务平台。内容涵盖企业、产品、商机、资讯行情、人才会议等企业经营的各个层面需求,日均内容数据更新量40 多万条,接受来自全球200 多个国家和地区 1 200 多万客户访问,是基于行业网站联盟的电子商务门户及生意搜索平台。网盛公司分别创建并运营中国化工网、全球化工网、中国纺织网、中国医药网、中国服装网、机械专家网等多个国内外知名的专业电子商务网站,并推出了"基于行业网站联盟的电子商务门户及生意搜索平台——生意宝",开创了"小门户+联盟"的新一代 B2B 电子商务模式。

网盛生意宝是首家在境内上市的互联网企业。生意宝的三大战略为"电商、数据、金融":"电商战略"包括上百家"小门户+联盟"的行业网站集群——生意宝平台;"数据战略",基于公司旗下专业网站集群的数据资源,打造了大宗商品大数据服务平台生意社;"金融战略",其核心主要由 B2B 交易平台、B2B 大额支付平台(生意通)、网盛融资服务平台,以及网盛仓储、物流平台组成。其中,中国化工网建立于 1997 年 12 月,是国内最早的垂直型 B2B 电子商务平台,主要从事化工行业的网上信息发布及交易撮合等服务,建有国内最大的化工专业数据库,包括 40 多个国家和地区的 2 万多个化工站点,含 25 000 多家化工企业,20 多万条化工产品记录,日访问量突破 100 万人次。

5)慧聪网

慧聪网成立于 1992 年,是国内领先的 B2B 电子商务服务提供商。依托其核心互联网产品买卖通以及雄厚的传统营销渠道,慧聪网为客户提供线上、线下的全方位服务。这种优势互补、纵横立体的架构,已成为中国 B2B 行业的典范,对电子商务的发展具有革命性影响。目前,慧聪网的注册用户超过 1 500 万,买家资源 1 300 万,覆盖行业70 余个,每天均有十万个以上的企业发布公益、采购、招标、代理等重要信息,日均商业信息发布量达数十万条。供应商通过该网站可以完成交易的前期工作,并获得来自采购者的长期采购订单。

慧聪网的核心产品之一是买卖通。"南阿里,北慧聪",阿里巴巴有贸易通,慧聪网有买卖通。买卖通会员不仅可以通过自己的商务中心来查询符合自己需要的采购信息,自己亲自订阅采购商业信息,还可以通过专门在线洽谈会、IM 等即时通信工具来获得一手采购信息。企业可以通过买卖通建立起集合产品展示、企业推广、在线洽谈、身份认证等多种功能的网络商铺。

2014 年 10 月 10 日,慧聪网从香港创业板转到香港联交所主板上市,股票代码变更为“02280”。

2015 年 3 月 18 日,慧聪网用 15 亿元人民币收购了 ZOL 中关村在线。

【案例学习 3-1】

阿里巴巴的商业模式和付费服务项目

阿里巴巴为全球领先的中小企业电子商务公司,于 1999 年成立于中国杭州市,通过旗下 3 个交易市场协助世界各地数以百万计的买家和供应商从事网上生意。3 个网上交易市场包括:集中服务全球进出口商的国际交易市场、集中国内贸易的中国交易市场,以及通过一家联营公司经营、促进日本外销及内销的日本交易市场。此外,阿里巴巴也在国际交易市场上设有一个全球批发平台,服务规模较小、需要小批量货物快速付运的买家。所有交易市场形成一个拥有来自 240 多个国家和地区超过5 300万名注册用户的网上社区。阿里巴巴也想中国各地的企业提供商务管理软件及互联网基础设施服务,并没有企业管理专才及电子商务专才培训服务。阿里巴巴在大众化地区如印度、日本、韩国、美国等国家以及欧洲共设有 60 多个办事处。阿里巴巴亦拥有 Vendio Services, Inc. 及 Auctiva,这两家公司为领先的第三方电子商务解决方案供应商,主要服务网上商家。

阿里巴巴集团经营多元化的互联网业务,包括促进 B2B 国际和中国国内贸易的网上交易市场、网上零售和支付平台、网上购物搜索引擎,以及分布式的云计算服务,致力为全球所有人创造便捷的网上交易渠道。2012 年 7 月,阿里巴巴集团将其核心业务调整成为 7 个事业群,分别为阿里国际业务、阿里小企业业务、淘宝网、天猫、聚划算、一淘和阿里云,以促进一个开放、协同、繁荣的电子商务生态系统的产生和发展。

1.阿里巴巴商业模式成功的原因

从纯粹的商业模式出发,阿里巴巴网站与大量的风险资本和商业合作伙伴相关联构成网上贸易市场,其运营模式取得成功主要有以下几个原因。

①专做信息流,汇聚大量的市场供求信息。中国电子商务将经历 3 个阶段:信息流、资金流和物流阶段,其目前还停留在信息流阶段。

②阿里巴巴采用本土化的网站建设方式,针对不同国家采用当地的语言。

③在起步阶段,网站放低会员准入门槛,以免费会员制吸引企业登录平台并注册成为用户,从而汇聚商流,活跃市场,会员在浏览信息的同时也带来了源源不断的信息流,

创造了无限商机。

④阿里巴巴通过增值服务为会员提供了优质的市场服务。增值服务一方面加强了这个网上交易市场的服务项目功能；另一方面又使网站能有多种方式实现直接赢利。

⑤适度但比较成功的市场运作，比如福布斯评选，提升了阿里巴巴的品牌价值和融资能力。

⑥阿里巴巴成功的两大服务特色是诚信通和支付宝的运用。

2.阿里巴巴提供的服务

(1)基本服务

买家服务：搜索和浏览供应信息、在线反馈和洽谈（用贸易通）、发布求购信息。

卖家服务：搜索浏览求购信息、发布供应信息、在线反馈和洽谈。

(2)增值服务

诚信通会员服务：诚信认证、提供网上商铺，可全面展示商品、独享采购信息、发布产品信息，享受竞价排名服务、库存拍卖服务。

中国供应商会员服务：主要基于阿里巴巴英文网站向海外展示及推广企业和产品的收费会员服务。2007年4月，阿里巴巴中文站推出中国香港“中国供应商”服务，促进进出口贸易。2008年11月，国际交易市场推出低门槛会员服务——Gold Supplier出口通版。2009年8月，国际交易市场试验性地推出“全球速卖通”批发平台，促进网上小额批发交易。

3.阿里巴巴付费服务产品

(1)诚信通

产品价格：从2013年1月1日起，阿里巴巴诚信通会员服务全面升级，将原有的多种诚信通套餐服务整合为统一的诚信通会员服务，年服务价格也统一为3 688元。

服务内容：排名优先服务、诚信认证服务、独享买家信息、企业网站独立域名、500强采购专场、诚信通免费培训、竞价排名服务、商铺直达。

服务对象：贸易以及贸易为客户的企业。

销售方式：按年销售。

(2)竞价排名（诚信通会员专享）

必须先成为诚信通会员才能购买关键词竞价排名服务。

产品价格：关键词起拍价从100到300元共分5档，最低100元。

服务内容：中标者竞价企业的信息将排在该关键词搜索结果的前五位，投放时间一个月。

销售方式：网上竞价，按月销售。

(3)黄金展位（诚信通会员专享）

必须先成为诚信通会员才能购买黄金展位服务。

产品价格:不同关键词对应“黄金展位”的价格不同。

服务内容:投放在指定关键词的各大主要搜索结果页面(找产品、找公司、找加工、找买家等)的右侧显著位置。每个关键词6个黄金广告位,3个月为一周期。

销售方式:按3个月销售。

(4)页面广告

产品价格:位置不同其价格也不同,首页Banner价格高达80 000元/天。

服务内容:在相应页面展示图片或文字广告信息。

销售方式:按天销售。

(5)中国供应商出口通

产品价格:不同年度会员费也不同。

服务内容:提供一站式的店铺装修、产品展示、营销推广、生意洽谈及店铺管理等全系列线上服务和工具,帮助企业降低成本、高效率地开拓贸易市场。

销售方式:按年销售。

阿里巴巴的高速发展得益于成功的产品设计和推广,这些产品满足了客户的要求,为客户带来了利益,从而推动阿里巴巴自身的发展。

3.2 B2C 电子商务

B2C电子商务(Business to Consumer),即企业与消费者间的电子商务,是按交易对象划分的一种电子商务模式。它是以互联网为主要手段,有商家和企业通过网站向消费者提供商品和服务的一种商务模式。B2C具体是指通过信息网络,以电子数据流通的方式实现企业和商业机构与消费者之间的各种商务活动、交易活动、金融活动和综合服务活动,是消费者利用互联网直接参与经济活动的形式。

3.2.1 B2C 电子商务模式

按照交易客体可以把B2C电子商务分为两种:无形商品和服务的电子商务模式;有形商品和服务的电子商务模式。前者可以完整地通过网络进行,而后者则不能完全在网络上实现,要借助传统手段的配合才能完成。

1)无形商品和服务的电子商务模式

计算机网络本身具有信息传输和信息处理功能。无形商品和服务(如电子信息、计算机软件和数字化视听娱乐产品等)一般可以通过网络直接提供给消费者。无形商品和服务的电子商务模式主要有网上订阅模式、广告支持模式、网上赠予模式和付费浏览模式。

(1)网上订阅模式

这种模式是消费者通过网络订阅企业提供的无形商品和服务,在网上直接浏览和消费。这种模式主要被一些商业在线企业用来销售电子刊物、有线电视节目、课程订阅等。还有一些在线服务商提供服务和在线娱乐等,例如在腾讯课堂、淘宝大学等可以订阅关于互联网、电子商务和网络营销等内容。

(2)广告支持模式

这种模式是在线服务商免费向消费者提供在线信息服务,其营业收入完全靠网站上的广告来获得。这种模式虽然不直接向消费者收费,但却是目前最成功的电子商务模式之一。百度等在线搜索服务网站主要就是依靠广告收入来维持经营活动的。

(3)网上赠予模式

采用网上赠予模式的企业主要有两类:软件公司和出版商。软件公司在发布新产品和新版本时通常在网上免费提供测试版,网上用户可以免费下载使用。这样,软件公司不仅可以取得一定的市场份额,而且扩大了测试群体,保证了软件测试的效果。当最终版本公布时,测试用户可以购买该产品,或许因为参与了测试版的试用可以享受到一定的折扣。有的出版商也采取网上赠予模式,先让用户试用,再购买。例如,《华尔街日报》对绝大多数在线服务商及其他出版社都提供免费试用期,其中有很大一部分都成为后来的付费订户。

(4)付费浏览模式

付费浏览模式指的是企业通过网页向消费者提供按次收费的网上信息浏览和信息下载的电子商务模式。例如让消费者根据自己的需要,在网站上有选择地购买一篇文章或一部分内容,以及在数据库里查询的内容也可付费获取。另外,一次性付费参与游戏娱乐将会是很流行的付费浏览方式之一。

2)有形商品和服务的电子商务模式

有形商品是指传统的实物商品。有形商品和服务的查询、订购和付款等活动在网上进行,但最终的交付活动不能通过网络实现,还是用传统的方法完成。网上商店根据经营主体的不同,主要分为以下两类。

(1)独立 B2C 网站

独立 B2C 网站主要由企业自行搭建网上交易平台,企业拥有较强的资金和技术实力,能够自行完成电子商务前台系统和后台系统的构建。此类网上商店又可以细分为新生网上商店、传统商店自办网上商店、开展直销业务的厂商 3 种主要经营模式。

①新生网上商店。新生网上商店是完全的虚拟企业,在网下没有实体商店,其典型代表是亚马逊、当当网和京东商城等。此类网上商店开辟了一种新的商业形式。目前,亚马逊、京东商城和当当网等这些纯虚拟商店也在尝试开设线下实体店。

②传统商店自办网上商店。传统商店因生存所迫纷纷上网经营,如苏宁电器(苏

宁易购)和国美电器(国美在线)等。目前,已开设网上商店的传统零售企业多采用互补性的经营策略。一方面通过建立企业网站,树立企业形象和推广企业产品,起到广告宣传和信息发布的作用,从而扩大网下店铺的销售;另一方面采用“错位经营”的手法,使网上业务与网下业务尽量不重合,并通过网络平台提供售后服务和技术支持。

③开展直销业务的厂商。此类网上商店由生产制造商所设,实行的是最原始的直销方式,但网络平台使这一古老的销售方式发生了变化,给这些传统企业带来更大的商机。典型的网站有戴尔(Dell)、海尔和联想等。一般情况下,生产制造商的电子商务网站是 B2B 和 B2C 的混合模式。

(2)B2C 电子化交易市场

B2C 电子化交易市场也称 B2C 电子商务中介商或 B2C 电子市场(Electronic Marketing,EM)运营商,是指在互联网的环境下利用通信技术和网络技术等手段把参与交易的买卖双方集成在一起的虚拟交易环境,一般由专业中介机构负责电子市场的运营,电子市场运营商不直接参与电子商务交易。B2C 电子化交易市场作为新型的电子商务中介商,其经营的重点是聚集入驻企业和消费者,扩大交易规模,形成一定的商业“马太效应”,提升电子化交易市场的人气。例如,天猫(原淘宝商城)和招商银行信用卡商城等都属于 B2C 电子化交易市场。

3.2.2 B2C 电子商务的交易流程及盈利模式

1)B2C 电子商务的交易流程

(1)B2C 网上购物流程

客户注册会员→商品搜索选购→下订单(放进购物车)→收银台→选择送货方式→选择支付方式(在线支付或货到付款)→购物完成→订单查询→等待收货。

图 3-3　B2C 网上购物流程

(2)B2C 后台管理流程

B2C 后台管理流程一般有以下几步。

①网上客户下订单→订单受理→查询商品库存。

②库存有货→生成销售单；库存无货→采购→生成采购单→确认入库→生成销售单。

③确认入库→发货确认→结算。

④库存综合查询。

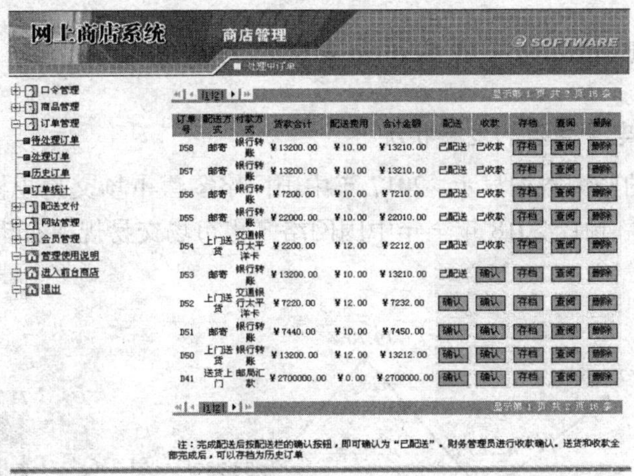

图 3-4　某 B2C 网上商店后台系统

2) B2C 电子商务的盈利模式

经营 B2C 电子商务网站的企业其盈利模式是不同的，一般有以下几种盈利模式。

(1) 网络广告收益模式

大多数 B2C 网站都把收取广告费作为一种主要的盈利形式，如今广告收益几乎是一切电子商务企业的主要盈利来源。这种方式成功与否的关键是其网页能否吸引大量的访客、网络广告能否受到关注。

(2) 产品销售营业收入模式

一些 B2C 网站通过网上销售产品，赚取采购价与销售价之间的差价和交易费，从而获取更大的利润。有形商品和服务的电子商务模式大都属于这种，如亚马逊、京东商城、当当网和海尔商城等。

(3) 出租虚拟店铺收费模式

B2C 电子化交易市场主要的收入来源就是出租虚拟店铺，如天猫。一部分 B2C 网站在销售本网站产品的同时，也出租虚拟商铺，来赚取中介费。京东商城和当当网等 B2C 平台，收取入驻商家一定的费用，并根据提供服务级别的不同收取不同的服务费和保证金。

(4) 网站的间接收益模式

除了能够将自身创造的价值变为现实的利润，企业还可以通过价值链的其他环节实现盈利。当 B2C 网上支付拥有足够的用户时，就可以开始考虑通过其他方式获取收入的问题。例如,可以通过网上支付获得收益。以淘宝、天猫为例,有近90%的淘宝、天猫用户通过支付宝付款,带给淘宝、天猫巨大的利润。淘宝、天猫不仅可以通过支付宝收取签约商户一定的交易服务费用,而且可以充分利用用户存款和支付时间差产生的巨额资金进行其他投资,从而盈利。

3.2.3 我国 B2C 电子商务的发展状况及趋势

1)我国 B2C 电子商务的发展状况

据研究机构的监测数据显示,2017 年中国网络零售市场交易规模达 71 751 亿元,同比增长 39.17%。预计 2018 年全年中国网络零售市场交易规模有望达 93 863 亿元。

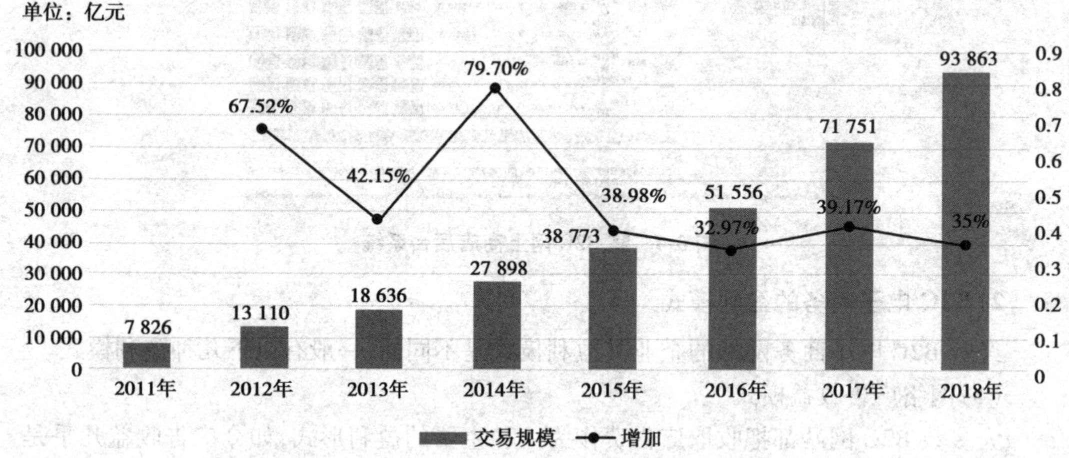

图 3-5 2011—2017 年中国网络零售市场交易规模

网络零售市场不断“升温”,但相较于行业早前增长速度,已经有放缓趋势。各电商企业间的发展模式不再是一个绝对、清晰的界点,而是各种模式相融、共存。随着电商模式的丰富多样,电商品类也被不断细分。跨境电商、母婴电商、农村电商成为各企业的发力点,并实现了从发展到完善,完善到优化的一系列飞跃转变。

2017 年中国 B2C 网络零售市场(包括开放平台式与自营销售式,不含电商品牌),天猫依然稳居首位,在市场中的份额占比为 52.73%;京东凭 32.5%的份额紧随其后;唯品会的市场份额占 3.25%,位居第三;其他电商平台分别为:苏宁易购(3.17%)、拼多多(2.5%)、国美在线(1.65%)、亚马逊中国(0.8%)、当当(0.46%)、其他(2.95%)。

在电商规模不断扩张的情形下,整体增速将在合理区间波动。中国 B2C 网络零售市场的格局虽然大体趋于稳定,但仍面临着洗牌,同时,市场也在逐渐向着规范化、品质化和多元化的方向演变。接下来是各电商细分业务的阶段,如农村电商、跨境电商、母婴电商、消费金融、物流服务等领域,以此来增加自己的市场渗透率,从而稳固自己的“地位”。

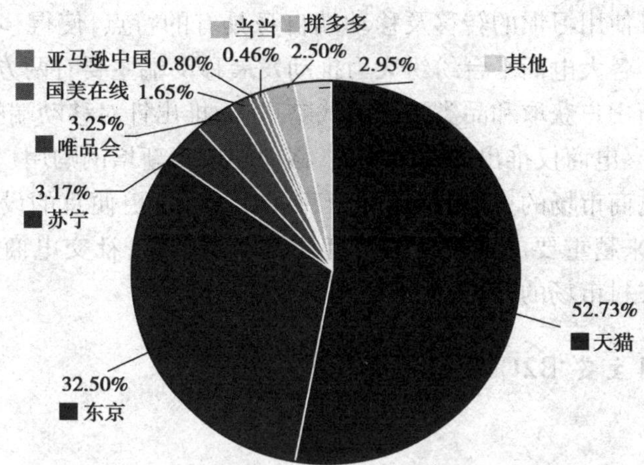

图 3-6　2017 年中国 B2C 网络购物交易市场份额占比图

2）我国 B2C 电子商务的发展趋势

（1）O2O 模式迅速发展

传统零售业如苏宁、国美开始逐渐寻求线下线上资源的整合，尽快向 O2O 转型；腾讯、京东、阿里巴巴等电商企业也开始注重线下，尤其是重视与线下便利店的 O2O 合作。

在 O2O 布局上，腾讯已经构建起腾讯系大平台，并搭建起 O2O 生态链条：以微信平台为大入口，后端有腾讯地图、微信支付做支撑，中间整合本地生活服务。比如餐饮由大众点评进行承接，打车以滴滴打车为主，电影票以高朋网为主等，这样就构建起线上线下互动的闭环。

（2）跨境电商高速发展

2017 年，中国跨境电商交易规模达到 8.06 万亿元，同比增长 20.3%。其中，出口跨境电商交易规模达到 6.3 万亿元，进口跨境电商交易规模达到 1.76 万亿元。

2017 年，在政策期许下，“电商渗透率提升+传统外贸转型加速”驱动跨境电商呈现爆发性增长。外贸景气度下滑，越来越多的商家寻找新型渠道，外贸渠道持续转型为跨境电商发展提供了持续增长的动力。

从政策、资本进入以及市场增速视角判断，当前正处于出口跨境电商发展的黄金期，出口跨境电商异于国内电商，其供应链较长的特征致使中后端服务痛点多，物流、支付等环节改善空间较大。中国跨境电商已逐渐形成一条涵盖营销、物流、支付和金融服务的完成产业链，未来跨境电商将迎来高速发展时期。

（3）移动消费时代来临

2017 年中国移动网购交易规模达到 51 027 亿元，而 2016 年达 44 726 亿元，同比增长 14.1%。

用户消费场景使用习惯的转移及移动端自身具有的特点，使得移动端成为消费者网购的普遍途径。各大电商平台纷纷大力推动发展移动端主要有两方面原因：一方面，许多电商企业以新用户获取和品类扩张为战略重点，推出针对移动端的定制电商产品；另一方面，大量新兴电商仅推出移动端业务，移动端成为新增网购用户的主要来源。

而随着农村电商市场的火热，移动端依靠相比 PC 端更便宜的设备和更便捷的操作特征，将占有越来越重要的地位。消费者往移动端转移，社交电商、直播、O2O 等新兴电商的发展和农村市场的开拓，使市场竞争更加激烈。

3.2.4 我国主要 B2C 网站简介

1）天猫商城

“天猫”原名淘宝商城，是一个综合性购物网站。2012 年 1 月 11 日上午，淘宝商城正式宣布更名为“天猫”，天猫凭借“双 11”大赚了一笔，当日交易额达到 350.19 亿元，创世界纪录。天猫已经拥有 4 亿多买家，5 万多家商户，7 万多个品牌，为商家和消费者之间提供一站式解决方案。天猫提供 100%品质保证的商品、7 天无理由退货的售后服务以及购物积分返现等优质服务，并不断开创多种新型网络营销模式。2014 年 2 月 19 日，阿里集团宣布天猫国际正式上线，为国内消费者直供海外原装进口商品。

2016 年天猫“双 11”再次刷新全球最大购物日纪录，单日交易额达到 1 207 亿元。

2017 年天猫“双 11”全球狂欢节交易额在 7 小时 22 分 54 秒达到 912 亿元，超过 2015 年“双 11”全天。

2）京东商城

京东商城是以 3C 产品为主的中国最大的 B2C 电子商务公司，是中国电子商务领域最受欢迎和最具影响力的电子商务网站之一，京东为消费者提供愉悦的在线购物体验。京东通过内容丰富、人性化的网站和移动客户端，以富有竞争力的价格，提供在线销售家电、数码通信、电脑、家居百货、服装服饰、母婴、图书、食品、在线旅游等 13 大类数万个品牌百万种优质商品，并且以快速可靠的方式送达消费者。截至 2017 年 12 月 31 日，京东在全国 44 座城市建立了 7 大物流中心以及 486 个大型仓库。同时，还在全国 460 座城市拥有 1 453 个配送站和 209 个自提点。凭借超过 18 000 人的专业配送队伍，京东能够为消费者提供一系列的专业服务，如 211 限时达、次日达、京准达、夜间配和极速达。GIS 包裹实时追踪、售后 100 分、快速退换货，以及家电上门安装等，保障用户享受到卓越、全面的物流配送和完整的“端对端”购物体验。

2013 年 3 月 30 日，京东正式启用 JD.COM 域名，去商城化，全面改名为京东。

3）苏宁易购

苏宁易购是苏宁电器旗下第一代 B2C 网上购物平台，现已覆盖传统家电、3C 电器、日用百货等品类。2011 年,苏宁易购强化虚拟网络与实体店面的同步发展,不断提升网络市场份额。苏宁易购具有苏宁平台优势、上千亿元的采购规模优势、遍及 30 多个省、自治区、直辖市 1 000 多个派送点 3 000 多个售后服务网点的服务优势、持续创新优势等,继续保持快速的发展步伐。

到 2020 年,苏宁易购计划实现 3 000 亿元的销售规模,成为中国领先的 B2C 平台之一。目前位居中国 B2C 市场份额前三强,总部位于南京。苏宁云商和阿里巴巴达成全面战略合作,2015 年 8 月 17 日,苏宁易购入驻天猫,以 suning 为域名的天猫旗舰店正式亮相。

4) 亚马逊中国

亚马逊中国是全球领先的电子商务公司亚马逊在中国的网站,前身为卓越网,卓越网被亚马逊公司收购后,成为其子公司。秉承“以客户为中心”的理念,亚马逊中国承诺“天天低价,正品行货”,致力于从低价、选品、便利三个方面为消费者打造一个百分百可信赖的网上购物环境。亚马逊中国总部设在北京,并成立了上海和广州分公司。作为一家在中国处于领先地位的电商,亚马逊中国为消费者提供图书、音乐、影视、手机数码、家电、家具等 32 大类,上千万种的产品,通过“货到付款”等多种支付方式,为中国消费者提供便利、快捷的网购体验。通过亚马逊中国的不懈努力和消费者的大力支持,亚马逊中国每年都保持了高速增长,用户数量也大幅增加。在未来的发展中,亚马逊中国将进一步丰富产品种类,加强用户体验,力争以最丰富的产品、最具竞争力的价格和最优质的客户体验成为中国消费者的首选网上商城。

2014 年 10 月 30 日,直邮中国开始运行。

5) 当当网

当当网是全球最大的中文网上图书音像商城,由国内著名出版机构科文公司、美国老虎基金、美国 IDG 集团、卢森堡剑桥集团、亚洲创业投资基金(原名软银中国创业基金)共同投资成立。从 1999 年 11 月正式开通至今,当当已从早期的网上卖书拓展到网上卖各品类百货,包括图书音像、美妆、家居、母婴、服装和 3C 数码等几十个大类,数百万种商品。物流方面,当当在全国 600 个城市实现“11 · 1 全天达”,在 1 200 多个区县实现了次日达,货到付款方面覆盖全国 2 700 个区县。

当当还在大力发展自有品牌“当当优品”。在业态从网上百货商场拓展到网上购物中心的同时,当当也在大力开放平台。同时当当网还积极走出去,在腾讯、天猫等平台开设旗舰店。当当网于美国时间 2010 年 12 月 8 日在纽约证券交易所正式挂牌上市,成为中国第一家完全基于线上业务、在美国上市的 B2C 网上商城。

2016 年 5 月 28 日,当当宣布与当当控股有限公司签署最终的合并协议与计划。2016 年 9 月 12 日,当当股东投票批准了该私有化协议。当当从纽交所退市,变成一家私人控股企业。

3.2.5 B2C 电子商务平台的选择

近年来，国内 B2C 电子商务交易快速增长，越来越多的中小企业开始触网，入驻知名 B2C 电子商务交易平台，B2C 电子商务交易处于“井喷期”。一般来说，中小型企业选择 B2C 平台应考虑下述方面。

1) B2C 平台的市场份额与特色

目前，天猫占据 B2C 平台市场份额的半壁江山。它以开放平台为最大特色，吸引了广大中小型企业入驻。紧随其后的是京东商城，拥有 20%以上的市场份额。它以自营为主，也有部分商家入驻。3C 产品仍是其最畅销的类目商品，其他商品的竞争力有待提高。其他主流 B2C 平台基本上是自营商品，主营类目为服装、数码家电。

2) B2C 网站的流量

流量越大，代表网站的人气越高。目前，B2C 网络零售市场用户的流量基本上向天猫商城和京东商城集中，其他平台获取的流量相对较少。在流量为王的时代，选择入驻大流量的 B2C 平台是必然的选择。

3) 入驻费用

各大平台的商家入驻费用高低不同，企业应根据自身经济实力、产品特点等方面综合考虑。例如，入驻天猫商城需要缴纳的费用是保证金、技术服务年费、实时划扣技术服务费，其中保证金 5 万元到 15 万元不等，技术服务年费金额分为 3 万元和 6 万元两档。而亚马逊中国无任何加盟费、年费及平台使用费，但会收取商家一定比例的佣金。京东商城和亚马逊中国的入驻费用相对较低，详情见表 3-1。

表 3-1 主流 B2C 商城的入驻费用

平台名称		明　细	费用/元
天猫商城		保证金	5 万、10 万、15 万
		年费	3 万/年、6 万/年
		佣金	每单 0.5%～5%
京东商城		年费	0.6 万～1.2 万/年
		保证金	3 万～10 万
		交易服务费	商家在京东商城以京东价售出的产品销售额×商品对应的毛利保证率
亚马逊中国	自主物流模式	佣金	每单 4%～15%
	亚马逊物流方式	佣金	每单 4%～15%

3.3　C2C 电子商务

C2C 电子商务(Customer to Customer),即消费者与消费者之间的电子商务,也就是电子商务中个人卖家与个人买家之间的交易。C2C 电子商务通过为买卖双方提供一个在线交易的平台,使卖方可以主动提供商品上网拍卖,而买方可以自行选择商品进行竞价。

C2C 电子商务平台使数量巨大、地域不同、时间不一的买方和卖方通过一个平台找到合适的对家进行交易,在传统领域要实现这样大的工程几乎是不可想象的。

相对其他电子商务模式,C2C 电子商务有如下特点:

①用户数量大、分散,往往身兼多种角色,可以是买方,也可以是卖方。

②买卖双方在第三方交易平台上交易,由第三方交易平台负责技术支持及相关服务。

③没有自己的物流体系,依赖第三方物流体系。

④单笔交易额小,交易量大。

3.3.1　C2C 电子商务的模式

按交易的平台运作模式来分类,C2C 可以分为拍卖平台运作模式和店铺平台运作模式。

1)拍卖平台运作模式

在这种模式下,电子商务企业为买卖双方搭建网络拍卖平台,按比例收取交易费用。在拍卖平台上,商品所有者或某些权益所有人可以独立开展竞价、议价、在线交易等。网络拍卖的销售方式保证了卖方的价格不会太低,他们可以打破地域限制把商品卖给地球上任一个角落出价最高的人;同理,买方也可以确保自己不会付出很高的价位。

2)店铺平台运作模式

在这种模式下,C2C 电子商务企业提供平台,以方便个人在其上面开设店铺,以会员制的方式收费,也可以通过广告或提供其他服务收取费用。

拍卖平台运作模式与店铺平台运作模式没有截然不同的界限,如淘宝网既可以是拍卖平台,也可以是店铺平台。

3.3.2 C2C 网上开店的流程

1) C2C 网上开店的优势

(1)投资少

与网下开店相比,网上开店成本低,国内大型专业 C2C 网站都提供免费开店服务,不收取店铺租金、商品上架费与交易费。一般来说,筹办一家网上的商店投入很小,不用去办营业执照,不用去租门面,不用囤积货品,所需资金不超过 1 500 元。

(2)基本不需要占压资金

传统商店的进货资金少则几千元,多则数万元,而网上商店则不需要压资金。网店经营者没有水、店、管理费方面的支出,并且不需存货,待有顾客下单时再去供货商处补货,不会占用大量资金。

(3)营业时间不受控制

传统店铺的营业时间一般为 8~12 h,网上商店则延长了商店的营业时间,可以一年 365 天、一天 24 小时不间断地运作,消费者可以在任何时间登录、购物。交易时间上的全天性和全年性,使得交易成功的机会大大提高。

(4)销售地点不受限制

经营者只需要拥有一台能上网的电脑,就可以经营自己的网店。无论是在家里,还是在公司、路上,都可以得心应手地与买家交易。

(5)销售规模不受地盘限制

传统商店有多大就只能摆放多少商品,生意大小常常被小店面积限制。而在网上,即使店面上只有一个小商店,甚至没有门面,开店的生意却可以照样做得很大。

(6)广泛的客户群

由于网络的超时空性,全国甚至全球的网民都可能访问网店,成为网店的潜在消费者。因此,相对于传统商店,网上商店的消费者范围更广泛。

2) C2C 交易流程

(1)C2C 的购买流程

①会员注册。如果是 C2C 平台的新用户,首先要进行会员注册,会员注册前要阅读服务条款并同意,其次填写个人资料并提交,最后通过接收邮件激活会员账号的方式完成会员注册。

②浏览搜索商品。可以领用 C2C 平台的搜索引擎,也可以按照商品分类来选择购买的商品。一般 C2C 平台都具有“高级搜索”的功能。

③联络卖家。可以通过发站内信件给卖家、给卖家留言、使用沟通工具等不同的方式联络卖家。不同网站支持不同的沟通工具,如淘宝网支持阿里旺旺等,利用它们能直接找到卖家并沟通。

④出价和付款。如果是选择以拍卖方式出售的物品,首先必须学习该拍卖网站的拍卖规则,其次要看好邮费、剩余的时间、起拍价格、加价幅度和现在的价格,如果卖家不包邮费,买家的付款金额是最终的竞拍价加邮费。如果选择的是以一口价方式出售的物品,且卖家不包邮费,买家的付款金额是一口价加邮费。如果选择的是以张贴海报的方式出售的汽车、房产、服务等商品,则可以按照提供的联络方式和卖家取得联系,并做进一步洽谈。

⑤收货和评价。收货后,买家应在第一时间检查物品的状况,如尺寸、新旧程度、颜色是否和照片一致,如果和照片有出入或自已不满意,可以和卖家协商退货。收货后,要对卖家进行客观、公正的评价。

(2)C2C 拍卖的流程(图 3-7)

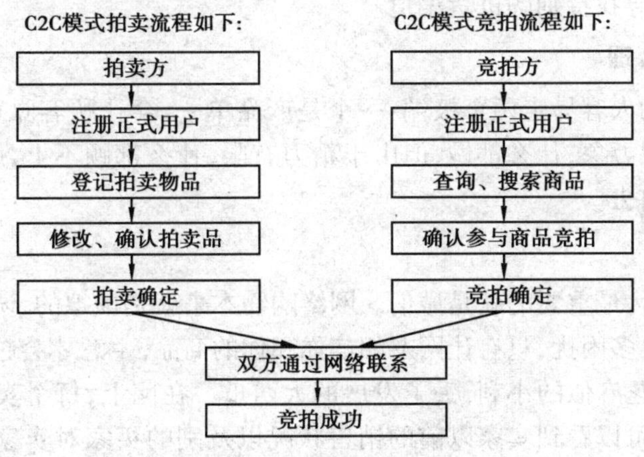

图 3-7 C2C 拍卖流程

①会员注册。与买方注册会员相同,如果作为买方已注册会员,作为卖方时可以与买方使用同一会员账号。

②开通 C2C 平台的支付工具。

③实名认证。如果要在 C2C 平台上卖商品,必须通过实名认证,具有个人实名认证和商家实名认证。个人实名认证必须提供本人的身份证,商家认证必须提供营业执照等能证明商家身份的文件。

④发布商品,开设店铺。通过身份认证后,就可以发布商品、开设店铺进行拍卖了。目前,在淘宝网上拍卖物品时不收取任何中介费用,是完全免费的,但 C2C 网站的增值服务是收取费用的,如淘宝的旺铺、试衣间等要收取一定的服务费。

⑤联系买家。在物品拍卖过程中,随时会有买家留言提问,服务周到的卖家应及时、耐心地回复留言;也有的买家通过站内信联系的方式,卖家也应及时处理,通过沟通工具联系买家。

⑥发货和评价。确认收到买家的货款后或者知道买家把货款支付给付款工具后,

卖家就可以放心地安排发货了。卖家账户收到买家款项后,卖家必须客观、公正地对买方进行评价,买卖双方互相作了评价后,都可得到一定的信用积分。

3.3.3 C2C 网上开店的技巧

1)良好的进货渠道和合理商品价格

寻找货源是所有网上开店的创业者最关心的问题,关系到网上创业能否成功。一般选择网上购物的人大多数图的是方便和便宜,卖家找到好的货源,在保证商品质量的同时,有一个适中的价格,才比较有竞争力。一般而言,卖家可以选择七大进货源头:批发市场进货、厂家货源、大批发商、刚刚起步的批发商、外贸产品或 OEM 产品、库存积压或清仓处理产品、寻找特别的进货渠道。

2)商品结构合理

最初开网店的人容易走两个极端:一个是产品单一,会让顾客觉得产品不够丰富;另一个是产品包罗万象,什么都做,但由于精力有限,什么都顾不上,顾客感觉不专业,结果什么也卖不出去。

3)讲究诚信

在网络上经营,最重要的就是诚信。网络购物本来就是虚拟的,诚信问题也给网上开店的商家带来很多困扰,只有让网友相信你和你的商品,生意才会越做越大。诚信第一,千万别为了捡芝麻似的小利,丢了发展的大西瓜。在网上,每个卖家都有一个关于诚信的记录,买家可以看到卖家以前的销售状况以及别的买家对卖家的评价。网上记录了一个关于卖家的诚信记录,不诚信的人很难在网络上经营下去,诚信卖家的商品价格高些都有人要。因此,产品一定要货真价实。网上开店靠的就是信誉,信誉主要取决于产品的质量和使用效果。如果产品好,自然回头客多;如果产品是假的或者使用效果不好,就算能做成一笔生意,以后的生意也就难做了。

4)树立良好形象

在买家看到商品并下单之后,卖家应该迅速有效地处理订单,并提供良好的客户服务。不仅如此,买家很有可能给卖家带来意想不到的收获和口碑的宣传效果,它无须你大费口舌去取信于人,很有可能一次用心的付出换来长期的回报。

5)产品设置利于搜索

对于没有知名度的卖家而言,如何让买家在搜索的时候很方便地搜索到自己的产品是很重要的。卖家在产品设置时需留意以下亮点:①产品的有效期最好设置为最短的,一般为 7 天,因为买家在搜索产品的时候,有效期最短的产品排在最前面。②产品价格的高低也是决定搜索时产品排序的一个重要因素。价格低的在最前面,价格高的排在后面。如果买家用"价格从低到高"搜索产品的话,这点就显得尤为重要了。

6) 灵活使用推荐位

当你有了一两个推荐位,就要灵活运用,一定要挑一个在你这个分类里最有特色,价格最有优势的产品,放到推荐位上去,目的不光是提高销售量,更是希望推荐的这个产品作为一个引子,吸引客人到店里去参观,以增加成交的机会。

7) 促销策略

采用一些有效的促销策略,定期有折扣,或者赠送。给予回头客一定的折扣,或者购物满多少元,可以有礼物赠送,可以有折扣,可以免邮费,等等。配合活动,你要换上新的签名档,介绍活动,还要去其他地方发布这个"促销消息",充分利用每一个资源来宣传网店。

8) 掌握丰富有效的推广方法

为了提高网上店铺的浏览量,卖家可以使用的主要推广方法如下:

(1) 旺旺群或 QQ 群发宣传

这个方法在初期推广时会带来一定的流量,但流量不会突增,如果哪天不发,流量必然下降,同时现在很多群都是卖家在发广告,因此很多人都把消息屏蔽了。用这个方法不是长久之计。

(2)淘宝直通车

通过设置搜索关键字竞价排名,买家点击这个关键字打开卖家店铺,卖家需付一定的佣金。新手卖家要慎用这个方法,在网店 PV 值不是很高、个人信用也不是很高的时候,虽然能带来一定的流量,但是不会带来很多的成交量,同时还要支付一定的费用。

(3)交换友情链接

新手卖家和其他卖家交换店铺的友情链接,一般都是同级别的卖家能互换。如果能说服皇冠卖家,和皇冠卖家交换店铺的友情链接,那对提高店铺浏览量有很大好处。

(4)阿里妈妈推广

这个是淘宝网推出的一种新的互联网广告模式,它给谷歌和百度现有的点击广告模式带来了很大冲击,两家网站纷纷调整了广告点击的付费率。

9) 售后服务要周到

卖出商品后,要在第一时间与买家取得联系,发货后尽快给买家发一封发货通知信,最好能附上包裹单的照片,让买家能看清楚上面的字迹和具体编号等信息,让买家更放心,也让买家感到亲切,这对吸引回头客很重要。

3.3.4　我国主要 C2C 网站简介

目前,在国内的 C2C 电子商务平台中,淘宝网一家独大的局面已经形成。

1) 淘宝网

淘宝网是亚太地区较大的网络零售平台,由阿里巴巴集团在2003年5月创立。淘宝网是中国深受欢迎的网购零售平台,是国内最大的C2C电子商务平台,拥有5亿的注册用户数,每天有超过1.2亿的固定访客,同时每天的在线商品数已经超过了10亿件,平均每分钟售出4.8万件商品。

随着淘宝网规模的扩大和用户数量的增加,淘宝也从单一的C2C网络集市变成了包括C2C、分销、拍卖、直供、众筹、定制等多种电子商务模式在内的综合性零售商。2016年3月29日,阿里巴巴集团CEO张勇为淘宝的未来明确了战略:社区化、内容化和本地生活化是三大方向。淘宝充分赋予大数据个性化、粉丝工具、视频、社区等工具,搭台让卖家唱戏。利用优酷、微博、阿里妈妈、阿里影业等阿里生态圈的内容平台,紧密打造从内容生产到内容传播、内容消费的生态体系。根据用户的需求,除了进行中心化供给和需求匹配,并形成自运营的内容生产和消费传播机制以外,还会基于地理位置,让用户商品和服务的供给需求能够获得更好的匹配。

淘宝网的主要产品如下。

阿里旺旺:一种供网上注册的用户之间进行即时通信的软件,阿里旺旺是淘宝网官方推荐的沟通工具。淘宝网同时支持用户以网站聊天室的形式进行沟通,其认可将阿里旺旺的聊天内容保存为电子证据。

淘宝店铺:所有淘宝卖家在淘宝所使用的旺铺或者店铺。淘宝旺铺是针对普通店铺推出的,每家在淘宝新开的店都是系统默认产生的店铺界面,就是常说的普通店铺。而淘宝旺铺(个性化店铺)服务是由淘宝提供给淘宝卖家,允许卖家使用淘宝提供的计算机和网络技术,实现区别于淘宝一般店铺展现形式的个性化店铺页面展现功能的服务。

淘宝指数:一款基于淘宝的免费数据查询平台,可通过输入关键词搜索的方式,查看淘宝市场搜索热点、成交走势、定位消费人群在细分市场的趋势变化的工具。

淘宝基金:2013年11月1日中午,淘宝基金理财频道上线,泰达瑞利、国泰、鹏华、富国等多只基金也成为首批上线的基金淘宝店。

淘点点:由淘宝推出的“淘点点”,希望重新定义“吃”。2013年12月20日,淘宝宣布正式推出移动餐饮服务平台——“淘点点”。用户用手机下载“淘点点”体验发现,只需进入外卖频道,就可以方便地搜索到附近的盒饭、水果、饮料、蛋糕等外卖信息。通过“淘点点”,消费者可以随时随地自助下单、付款,留下送货地址和电话,十几分钟后,外卖商户就会把新鲜出炉的美食送上门。

2016年“双11”,淘宝+天猫成交额再次刷新纪录,达到1 207亿元,15个小时天猫销售额达到2015年912亿元的销售总额,线上占比为82%。

2017年“双11”,淘宝+天猫成交额再次刷新纪录,达到1 682亿元,无线成交额占比为 90%。全球消费者通过支付宝完成的支付总笔数达 14.8 亿笔，比 2016 年增长 41%。截至当日 24 点，全球有 225 个国家和地区加入了 2017 天猫“双 11”全球狂欢节。

2）拍拍网与拍拍微店 APP

腾讯拍拍网是腾讯旗下的电子商务交易平台。拍拍网于 2005 年 9 月 12 日上线发布，2006 年 3 月 13 日宣布正式运营，曾经是国内第二大 C2C 电子商务平台。拍拍网致力于打造一个卖家和买家互联互通的 C2C 平台，通过提供包括服装服饰、母婴、食品和饮料、家居家装和消费电子产品等在内的丰富产品，来全面满足消费者的需求。与此同时，拍拍网也为第三方卖家提供数据挖掘和分析等增值服务，这些增值服务将帮助卖家对消费者和市场作出精准分析，并为其产品规划和开展精准营销提供支持。拍拍网拥有功能强大的在线支付平台——财付通，为用户提供安全、便捷的在线交易服务。依托于腾讯 QQ 庞大的用户群以及活跃用户的优势资源，拍拍网具备良好的发展基础。

2014 年 5 月，京东宣布收购原腾讯电商旗下的业务——拍拍网，并设立独立子公司，正式进军 C2C 领域，京东原有的电商生态也在 B2C 的基础上得到了进一步丰富。

2015 年 10 月 11 日，京东官方宣布，到 2015 年 12 月 31 日停止提供 C2C 模式的电子商务平台服务，并在三个月的过渡期后，于 2016 年 4 月 1 日起，彻底关闭 C2C 模式的电子商务平台服务。京东称，C2C 的模式由于个人卖家不被要求在工商行政执法部门登记备案，导致工商行政执法部门也无法进行有效监管，售假者违法成本几近为零。因此，京东决定彻底关闭 C2C 平台服务。

2015 年 1 月 10 日，拍拍微店 App 上线，用户可登录 App Store 和安卓应用市场下载。

拍拍微店 App 是面向卖家的一款开店工具，其突破了传统 PC 开店的烦琐程序，下载 App 后，只需通过 QQ 号码登录，就可以完成拍照上传商品、编辑商品详情、店铺模板、查询订单、数据统计、提现等诸多店铺管理功能。

除了开店方便快速外，拍拍微店 App 还有一项核心功能，就是其强大的分销系统。卖家用手机登录拍拍微店 App 后，可以在“分销系统”里挑选来自拍拍的优质商品，选择后，可以将这些商品一键选择放在自己的店铺里代销，销售完成后直接获取佣金返利，发货和售后都由上游供应商解决，整个过程完全用手机完成。

3）易趣网

易趣网是全球最大的电子商务公司 eBay 和国内领先的门户网站、互联网公司 TOM 在线于 2006 年 12 月携手组建的一家合资公司。1999 年 8 月，易趣在上海创立。2002 年，易趣与 eBay 结盟，更名为 eBay 易趣，并迅速发展成国内最大的在线交易社区。秉承帮助任何人在任何地方能实现任何交易的宗旨，不仅为卖家提供了一个网上创业、实现自我价值的舞台，品种繁多、价廉物美的商品资源，也给广大买家带来了全新的购物体验。

2006 年 12 月，eBay 与 TOM 在线合作，通过整合双方优势，凭借 eBay 在中国的子公司 eBay 易趣在电子商务领域的全球经验以及国内活跃的庞大交易社区与 TOM 在线对本地市场的深刻理解，2007 年，两家公司推出了为中国市场定制的在线交易平台。新的交易平台带给了国内买家和卖家更多的在线与移动商机，促进 eBay 在中国市场的纵深发展。

2010 年 2 月，易趣正式推出海外代购业务，为买家提供代购美国购物网站商品的服务。

2012 年 4 月，易趣不再是 eBay 在中国的相关网站，易趣为 TOM 集团的全资子公司，易趣网站提供的各项服务均不受影响。易趣所有的业务由 eBay 剥离，独立运营。

【案例学习 3-2】

烟花烫：原创女装怎样利用大数据“赛马”

每季度上新 300 款的原创设计女装店铺，如何做到短时间内快速评选产品，再反映到运营端和供应链端？烟花烫天猫旗舰店使用生意参谋提供的数据，建立了一套科学的“赛马”机制。2015 年“双 11”后开始实行该机制后，2016 年 1—5 月，店铺销售额同期增长超过 100%。

烟花烫天猫旗舰店每季度新品大约 300 款，我们要在短时间内对这 300 款产品的表现进行评选，再在运营端和供应端及时进行相应的调整。

“优、良、中、差”的评选标准尤其重要，这不能靠感觉来判断，也不能简单地靠销量来“相马”。我们使用生意参谋提供的数据，建立了一套科学的“赛马”机制，用数据指标多维度综合评价，运营团队再有针对性地给每个款相对公平的机会，调整后参加下一轮的“赛马”。这样最后真正能跑出来的款，一定是优质款。

每周一次“赛马”，2~3 次“赛马”的结果基本上就能确定“优、良、中、差”。

- 第一轮：综合打分

生意参谋里的商品分析功能提供了完整的商品数据，粒度非常细，除了访客、成交方面的指标，还有加购、收藏和页面停留时间等能够反映顾客对商品喜好的指标。

那到底什么样的商品才是优质的？我们需要用到综合评价分析法，使用多个指标对多个商品进行打分。月访客量指标的数据往往是成千上万，而转化率指标是百分比，所以我们首先需要把各项指标数据进行标准化，这样大家才能在同一个频道进行计算和比较。

标准分计算出来之后，再根据各个指标的权重，相加得到综合总分。在生意参谋的商品效果明细功能里，可以按每日下载商品的所有指标。

下载后，使用综合评价分析法，对指标数据标准化进行加权计算，得到最终的打分结果,这个结果就是一份商品“赛马”成绩单。

- 第二轮:调整商品流量和转化

第一期成绩单出来之后,我们需要通过对商品的流量和转化的调整,给商品更多公平的机会,争取让它们在下一期“赛马”中取得进步。对于不同类型的商品,调整的策略也不同。

策略如果没有被有效地执行,那就是空谈。执行是否到位,我们可以用生意参谋中专题工具板块的单品分析进行监控。

商品访客数在下一期的“赛马”中是否呈现上升趋势,转化率、停留时间等指标是否呈现上升趋势,可以通过趋势图非常清晰地看到,如果没有执行到位,可以第一时间进行改进。

- 第三轮:每期“赛马”结果对比

除了看趋势,还要看每一期“赛马”的累计值,确认这一期与上期对比是否达到调整目标。累计值需要从生意参谋里每天下载的商品效果明细数据汇总。

2~3期“赛马”结束后,基本上就能准确判断商品的“优、良、中、差”,接下来就是商品策略的调整,优秀的商品补单,良好的款继续保持,中等和差的款尽快打折和去库存。

既然是“赛马”,马儿的长处、短处通过前面的调整我们应该非常了解,扬长避短才能让整个“马群”有最优的表现。我们会发现,有的访客量大的商品经过几轮调整之后,综合分还是偏低,说明这类商品引流能力强,可能属于“叫好不叫座”类型的商品,通过生意参谋中的单品分析,来源去向功能里能看到该商品的访客主要去了哪里,我们及时调整这款商品的关联产品,把该商品作为流量入口,如果关联的商品调整得好,最终整体的成交也会好。

作为一家从淘宝网发展起来的原创设计女装品牌,烟花烫运营团队对产品极度重视,所有的运营策略和动作都以产品为核心来运作。在烟花烫运营团队内部,“人人都是产品经理”,通过生意参谋的数据驱动各个环节的调整和优化,真正把数据化运营做到极致。

我们从2015年“双11”后开始全面启动产品“赛马机制”,通过半年的优化调整,对2016年春夏新品的提升起到了积极的推动作用。在大家的努力下,2016年1—5月烟花烫天猫旗舰店与2015年同期相比,销售额增长率超过100%,“赛马机制”功不可没。

(资料来源:中研网。)

本章小结

B2B电子商务(Business to Business),即企业间电子商务,是指企业与企业之间通过互联网进行交易、服务及信息的交换。B2B电子商务网站可分为综合型B2B网站与垂直型 B2B 网站。互联网和电子商务的出现，让传统 B2B 商务经历了两次重大转变。第一次重大转变就是从线下走向线上，线上和线下结合的 O2O 模式；第二次重大转变是移动商务崛起。

B2C 电子商务(Business to Customer)，即企业与消费者间的电子商务，是按交易对象划分的一种电子商务模式。按照交易客体可以把 B2C 电子商务分为两种：无形商品和服务的电子商务模式；有形商品和服务的电子商务模式。前者可以完整地通过网络进行，而后者则不能完全在网络上实现，要借助传统手段的配合才能完成。国内 B2C 电子商务交易快速增长，越来越多的中小企业开始触网，入驻知名 B2C 电子商务交易平台，B2C 电子商务交易进入"井喷期"。

C2C 电子商务(Customer to Customer)，即消费者与消费者之间的电子商务，也就是电子商务中个人卖家与个人买家之间的交易。按交易的平台运作模式来分类，C2C 可以分为拍卖平台运作模式和店铺平台运作模式。

【本章学习与思考】

1.我国零售电商的发展新趋势有哪些?

2.B2B 电子商务交易的主体角色有哪些?

3.B2B 电子商务平台如何获取利润? 适合哪些企业运用?

4.你认为移动电商和农村电商的发展关键在哪里?

5.你认为我国 C2C 发展所面临的问题有哪些?

【技能操作训练】

1.在淘宝网站开设一家网上店铺，拍卖一些二手商品，并试着寻找一些货源，进行网上创业。

2.登录 Dell 中文网站、携程网网站、海尔集团网站、百度网站、阿里巴巴中文网站，分析各网站的经营模式是什么? 是如何获取利润? 其成功的主要原因是什么?

第4章 电子商务安全

【教学目标】

1.了解电子商务安全知识；

2.掌握电子商务安全需求；

3.掌握电子商务安全技术；

4.了解电子商务安全协议。

【教学重点、难点】

1.掌握电子商务安全技术:加密技术、认证技术等；

2.掌握电子商务安全协议 SSL 和 SET。

【案例导入】

HBGary Federal 公司泄密

随着为美国政府和世界500强企业提供信息安全技术服务的 HBGary Federal 公司 CEO 的黯然辞职,人们才骤然醒悟,在云时代保障企业信息资产安全的核心问题并不是技术,而是人;不是部门职能,而是安全意识！企业门户大开的原因不是没有高级安全技术,而是缺乏一道“人力防火墙”。2011 年 2 月 6 日,在美式橄榄球超级碗决赛之夜,HBGary Federal 公司创始人 Greg Hoglund 尝试登录 Google 企业邮箱的时候,结果发现密码被人修改了,这位以研究“rootkit”而著称的安全业内资深人士立刻意识到了事态的严重性:作为一家为美国政府、世界 500 强企业提供安全技术防护的企业,自身却被黑客攻陷了！而且更为糟糕的是,HBGary Federal 企业邮箱里有涉及包括美国商会、美国司法部、美洲银行和 WikiLeak 的大量异常敏感的甚至是见不得光的“商业机密”。随后,对 HBGary Federal 公司实施攻击的黑客组织“Anonymous”将战利品——6 万多封电子邮件在互联网上公布,直接导致 HBGary Federal 公司 CEO Aaron Barr 引咎辞职,由于此次信息泄露涉及多家公司甚至政府部门的“社交网络渗透”“商业间谍”“数据窃取”“打击 WikiLeak”计划,就连 HBGary Frederal 公司的员工也纷纷接到恐吓电话,整个公司几乎一夜间被黑客彻底击垮。因被黑客攻击而受影响的资产:大约 60 000 封机密电子邮件和公司主管的社交媒体账户和客户信息。

汲取的经验教训:这次攻击事件再一次证明,SQL 注入攻击仍是黑客潜入数据库系统的首要手段;Anonymous 成员最初正是采用了这种方法,才得以闯入 HBGary Federal 的系统。但要是存储在受影响的数据库里面的登录信息使用比 MD5 更强大的方法生成散列,这起攻击的后果恐怕也不至于这么严重。公司主管们使用的密码很简单,登录信息重复使用于许多账户,这才是更令人窘迫的事实。

4.1 电子商务安全概述

如今,电子商务几乎涉及人类生活的各个领域。电子商务正在迅速发展,它推动了商业、经贸、营销、金融、广告、物流和教育等社会经济领域的创新和发展,并因此形成了一个新的产业,给全球企业和经济带来新的机遇。此外,越来越多的企业渴望通过导入电子商务来进行业务流程的重组改造,提升企业运作效率、降低经营成本,并且更进一步地优化了商品和服务的品质。企业导入电子商务已经成为增强市场竞争力的主要动力。

电子商务安全就是保护在电子商务系统里的企业或个人资产不受未经授权的访问、使用、篡改或破坏。它覆盖电子商务的整个链条,从客户机到通信通道,再到电子商务服务器,以及相关的电子商务企业后台信息系统的安全,电子商务安全是电子商务的关键和核心。

4.1.1 电子商务的安全问题

电子商务的安全问题主要涉及信息的安全问题和安全的管理问题。

1)信息窃取

图 4-1 所示为窃听信息的攻击过程。此时,信息从信息源节点传输到信息目的节点,但中途被攻击者非法窃听。尽管信息目的节点仍收到了信息,信息表面看来并没有丢失,但如果被窃听到的是重要的政治、经济、军事信息的话,实际上已经造成了严重危害。

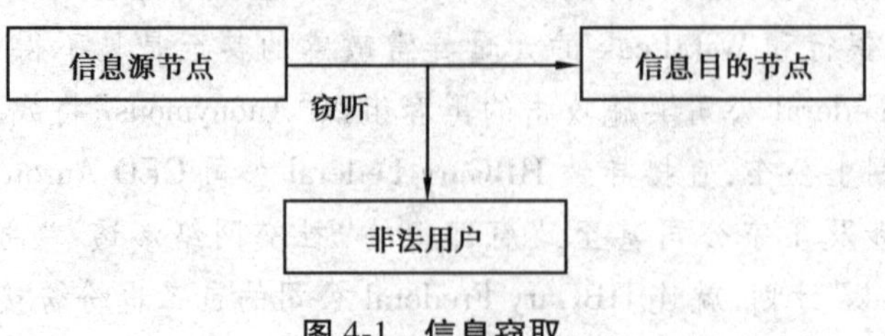

图 4-1 信息窃取

2）信息篡改

图 4-2 所示为篡改信息的攻击过程。这时，信息从信息源节点传输到信息目的节点的中途被攻击者非法截取，攻击者将截取的信息进行插入或者修改欺骗性的信息，接着就将篡改后的错误信息发给信息的目的地。虽然信息目的节点也会收到信息，但是这样的话接收的信息就是错误的。比如：信息源节点发送信息为甲向某银行贷款 500 万元，结果信息目的节点接收到的却是甲向银行借款 500 万元。由于信息目的节点接收到的是篡改之后的错误数据，那可能会给银行造成很大的损失。

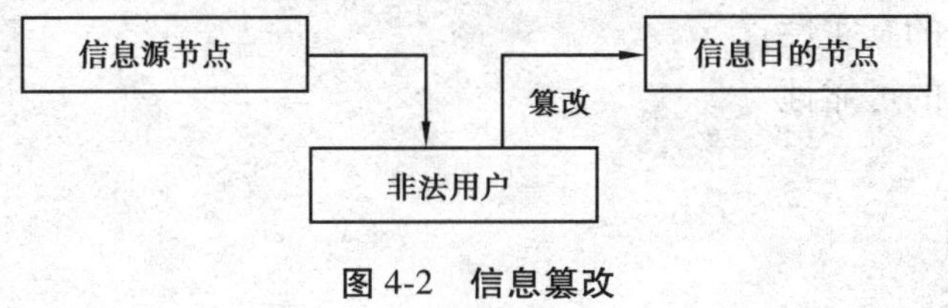

图 4-2　信息篡改

3）信息丢失

图 4-3 所示为信息丢失的大致过程。此时，信息从信息源节点传输出来，中途被攻击者通过互联网、公共电话网、搭线或在电磁波辐射范围内安装截收装置等方式非法截取，或者通过对信息流向和流量、通信长度和频度等参数的分析，推断出有用的信息，从而使信息目的节点没有接收到应该接收的信息，造成信息在传输途中的丢失。

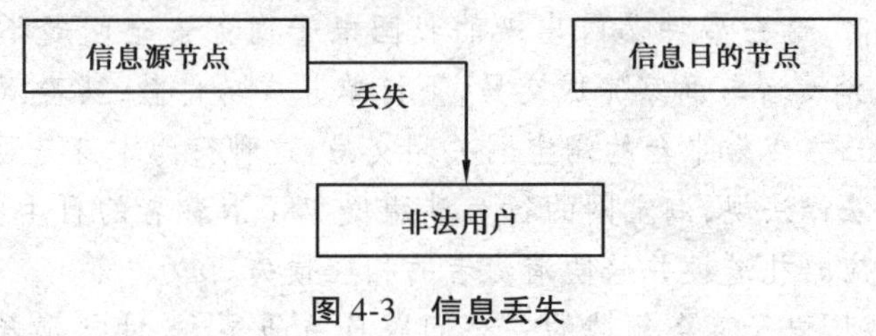

图 4-3　信息丢失

4）信息破坏

图 4-4 所示为信息被破坏的攻击过程。此时，信息源节点并没有信息要传送给信息目的节点。破坏者冒充信息源节点，将破坏后的信息发送到信息目的节点。信息目的节点接收到的是错误的信息。如果信息目的节点没有办法发现信息是被破坏过的，那么就可能会造成巨大的损失。

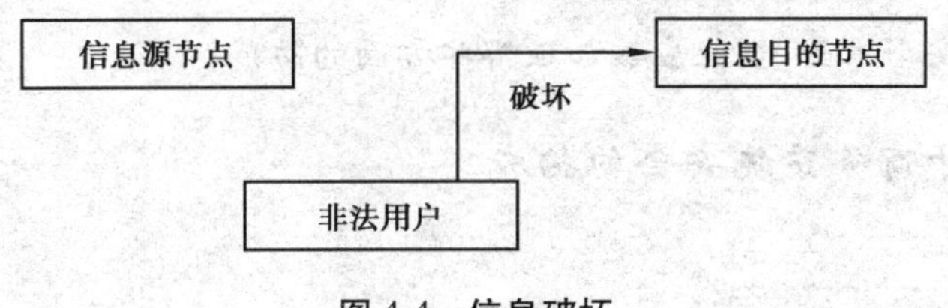

图 4-4　信息破坏

4.1.2 电子商务安全特点

电子商务安全必须具有如下特征：

◆信息的保密性；
◆信息的完整性，其中还包括数据传输的完整性和完整性的检查；
◆信息的有效性；
◆信息的不可抵赖性；
◆使用者身份的真实性；
◆计算机系统的可靠性。

【案例学习 4-1】

淘宝"错价门"引发争议

互联网上从来不乏标价 1 元的商品，近日，淘宝网上大量商品标价 1 元，引发网民哄抢，但是之后许多订单被淘宝网取消。随后，淘宝网发布公告称，此次事件为第三方软件"团购宝"交易异常所致。部分网民和商户询问"团购宝"客服得到自动回复称："服务器可能被攻击，已联系技术人员进行紧急处理。"导致"错价门"的真实原因依然是个谜，但与此同时，这一事件暴露出来的我国电子商务安全问题不容小觑。在此次"错价门"事件中，消费者与商家完成交易，下订单并成功付款，买卖双方之间就形成了合同关系，作为第三方交易平台的淘宝网关闭交易，这种行为本身是否合法？蒋苏华认为，按照我国现行法律法规，淘宝网的行为涉嫌侵犯了消费者的自由交易权，损害了消费者的合法权益，应赔礼道歉并赔偿消费者的相应损失。

总结：目前，我国电子商务领域的安全问题日益凸显，支付宝或者网银被盗现象频频发生，给用户造成了越来越大的损失，这些现象对网络交易和电子商务提出了警示。同时，监督不力也导致消费者权益难以保护，公安机关和电信管理机关、电子商务管理机关应当高度重视电子商务安全的恶性事件，切实保护消费者权益，维护我国电子商务健康有序地发展。

思考：

在电子商务安全方面，企业应该加强哪些方面的防范？

4.1.3 电子商务系统安全的构成

1）实体安全

实体安全，是指保护计算机设备、设施以及其他媒体免受自然灾害和其他环境事故

(如电磁污染等)破坏的措施、过程。电子商务系统的实体安全由三个部分组成:环境安全、设备安全和媒体安全。

(1)环境安全

环境安全就是对电子商务系统所在的环境加以安全保护,主要包括灾害保护和区域保护。

(2)设备安全

设备安全是指对电子商务系统的设备(包括网络)进行安全保护,主要是设备防盗、设备防毁、防线路截获、防电磁信息泄露、抗电磁干扰以及电源保护。

(3)媒体安全

实体安全中的媒体安全是指对媒体数据和媒体本身实施安全保护。

2)运行安全

电子商务系统安全的第二个部分是运行安全,运行安全是指为保障系统功能的正常实现,提供一套安全措施来保护信息处理过程的安全。电子商务系统的运行安全涉及四个方面,其中包括风险分析、审计跟踪、应急措施和备份与恢复。

(1)风险分析

风险分析就是要对电子商务系统进行人工或自动的风险分析。

(2)审计跟踪

审计跟踪是指要对电子商务系统进行人工或自动的审计跟踪,保存审计记录和维护详尽的审计日志。

(3)应急措施

运行安全中的应急措施,是为了在紧急事件或安全事故发生时,提供保障电子商务系统继续运行或紧急恢复所需要的保障。

(4)备份与恢复

运行安全中的备份与恢复,就是要提供对系统设备和系统数据的备份与恢复。

3)信息安全

信息安全是指防止信息财产被故意的或偶然的非授权泄露、更改、破坏或使信息被非法的系统辨识、控制,信息安全要确保信息的完整性、保密性、可用性和可控性。信息安全由 7 个部分组成,如下所述。

(1)操作系统安全

①安全操作系统:指从系统设计、实现和使用等各个阶段都遵循了一套完整的安全策略的操作系统。

② 操作系统安全部件:操作系统安全部件的目的是增强现有操作系统的安全性。

(2)数据库安全

①安全数据库系统,是指从系统设计、实现、使用和管理等各个阶段都遵循一套完

整的系统安全策略的数据库系统。

②数据库系统安全部件,是以现有数据库系统所提供的功能为基础构建安全模块,旨在增强现有数据库系统的安全性。

(3)网络安全

①网络安全管理指为网络的使用提供安全管理。

②安全网络系统对网络资源的访问和网络服务的使用提供一套完整的安全保护,即从网络系统的设计、实现、使用和管理各个阶段,遵循一套完整的安全策略的网络系统。

(4)计算机病毒防护

计算机病毒防护包括单机系统病毒防护、网络系统病毒防护、网络系统安全部件等。

(5)访问控制

①出入控制是为了阻止非授权用户进入机构或组织。

②存取控制是针对主体访问客体时的存取控制,如通过对授权用户存取系统敏感信息时进行安全性检查,以实现对授权用户的存取权限的控制。

(6)加密

加密是指将明文数据进行某种变换,使其成为不可理解的形式的过程。加密必须依赖两个要素:算法和密钥。

(7)鉴别

鉴别是指提供身份鉴别和信息鉴别。身份鉴别是提供对信息收发方(包括用户、设备和进程)真实身份的鉴别;信息鉴别是提供对信息的正确性、完整性和不可否认性的鉴别。

4.2 电子商务的安全需求

作为计算机网络与商业的有机结合,电子商务是网络发展的必然产物,是信息化的商务模式,因此它必将有非常广阔的发展前景。在电子商务的发展过程中,电子商务绝不是空中楼阁,而是需要强有力的技术支持的。在互联网公共平台上,安全技术保障在整个电子商务交易过程中起着非常重要的作用。

4.2.1 电子商务安全网络信息安全目标

电子商务安全信息安全技术都是为了达到一定的安全目标,其核心包括保密性、完整性、可用性、可控性和不可否认性 5 个安全目标。

1)保密性

保密性是指阻止非授权的主体阅读信息。它是信息安全一诞生就具有的特性,也是信息安全主要的研究内容之一。更通俗地讲,也就是说未授权的用户不能够获取敏感信息。对纸质文档信息,我们只需要保护好文件,使非授权者接触不到即可。然而对计算机及网络环境中的信息,不仅要阻止非授权者对信息的阅读,也要阻止授权者将其访问的信息传递给非授权者,以至于信息被泄露。

2)完整性

完整性是为了防止信息在未经授权的情况下被篡改。它让信息保持原始的状态,使信息保持本身的真实性。如果这些信息被蓄意修改、插入、删除等,形成虚假信息将带来极为严重的后果。

3)可用性

可用性是指授权主体在需要信息时能及时得到服务的能力。可用性是在信息安全保护阶段对信息安全提出的新要求,也是在网络化空间中必须满足的一项信息安全要求。

4)可控性

可控性是指对信息和信息系统实施安全监控管理,防止非法利用信息和信息系统。

5)不可否认性

不可否认性是指在网络环境中,信息交换的双方不能否认其在交换过程中发送信息或接收信息的行为。

信息安全的保密性、完整性和可用性主要强调对非授权主体的控制。而对授权主体的不正当行为是如何控制的呢?信息安全的可控性和不可否认性恰恰是通过对授权主体的控制,实现了对保密性、完整性和可用性的有效补充,主要强调授权用户只能在授权范围内进行合法的访问,并对其行为进行监督和审查。

除了上述五个安全目标外,还有信息安全的可审计性、可鉴别性等。信息安全的可审计性是指信息系统的行为人不能否认自己的信息处理行为。与不可否认性的信息交换过程中行为可认定性相比,可审计性的含义更广泛一些。信息安全的可鉴别性是指信息的接收者能对信息的发送者的身份进行判定。它也是一个与不可否认性相关的概念。

4.2.2　电子商务安全的解决方法

要营造一个满足电子商务安全的电子商务环境,就要相应地解决两个方面的电子商务的安全问题。营造安全的电子商务环境的对策主要有下述几点。

1)电子商务安全技术

(1)计算机网络安全技术

电子商务中利用的重要工具就是计算机网络,但是计算机网络存在着很多安全威胁。计算机网络的建立是我们开展电子商务的基础,我们要保证电子商务的安全,首先就要保证计算机网络的安全。

①防火墙技术。防火墙是指隔离在本地网络与外界网络之间的一道防御措施。它们能够限制他人进入内部网络,过滤掉不安全服务和非法用户;允许内部网的一部分主机被外部网访问,而将另一部分保护起来;限定内部网用户对互联网特殊站点的访问;为监视互联网安全提供方便。对于营造安全的电子商务环境,目前最安全的方法就是利用双防火墙、双服务器的方式。

②入侵检测系统(IDS)。防火墙虽然很好,但是防火墙也有很多不足,比如防火墙不能防范路径不经由防火墙的攻击,而且防火墙不能防范新的网络安全问题。为了弥补防火墙的不足,我们可以利用入侵检测系统,来保证计算机网络的安全。入侵检测(Intrusion Detection),顾名思义,即对入侵行为进行监控。它通过对计算机网络或计算机系统中的若干关键点收集信息并对其进行分析,从中发现网络或系统中是否有违反安全策略的行为和被攻击的迹象。入侵检测的软件与硬件的组合就是入侵检测系统(Intrusion Detection System,IDS)。

③虚拟专用网技术。虚拟专用网(Virtual Private Network,VPN)是一门网络新技术。顾名思义,虚拟专用网不是真的专用网络,它利用不可靠的公用连接网络作为信息传媒媒介,通过附加的安全隧道、用户认证和访问控制等技术实现与专用网络相类似的安全功能,从而实现对重要信息的安全传输。利用虚拟专用网技术,我们可以营造一个相对安全的网络环境。

④病毒防治技术。电子商务中的计算机网络不断受到病毒攻击的危害,为了把计算机病毒的危害减小到最低,我们可以从以下几个方面入手:一是高度重视计算机病毒;二是安装计算机病毒防治软件,不断更新病毒库。

(2)电子商务交易安全技术

为了营造一个安全的电子商务环境,一定要保证传统的商务活动在互联网上进行的安全,建立电子商务的安全体系。具体而言,可以通过以下手段保证电子商务交易安全:

①基本加密技术。将明文数据进行某种变化,使其成为不可理解的形式,这个过程就是加密,这种不可理解的形式称为密文。解密是加密的逆过程,即将密文还原成明文。采用密码技术对信息进行加密是最常用的安全手段。在电子商务中,获得广泛应用的现代加密技术有以下两种:对称加密体制和非对称加密体制。基本加密技术是电子商务安全体系的基础,也是安全认证手段和安全协议的基础,利用它可以保证电子商

务中信息的保密性。

②安全认证手段。利用基本加密技术只能保证电子商务中信息的保密性,为了营造安全的电子商务环境,我们还必须保证电子商务中信息的完整性,通信的不可抵赖、不可否认,交易各方身份的认证,信息的有效性,这就得利用以基本加密技术为基础开发的安全认证手段:

◆利用数字信封技术保证电子商务中信息的保密性。

◆利用以 Hash 函数为核心的数字摘要技术来保证电子商务中信息的完整性。

◆建立 CA 认证体系,给电子商务交易各方发放数字证书,保证电子商务中交易各方身份的认证。在电子商务中,为了使众多的认证机构(Certification Authority,CA)具有一个开放的标准,使认证机构之间能够互联、互相认证,实现安全的 CA 管理,这就需要建立公钥基础设施(Public Key Infrastructure,PKI)。

◆利用数字时间来保证电子商务中信息的有效性。

◆利用数字签名技术来保证电子商务中通信的不可抵赖、不可否认,信息的有效性。

③安全协议。要保证电子商务环境的安全,必须把安全认证手段和安全协议配合起来制订一个电子商务解决方案。目前电子商务中有两种安全认证协议被广泛使用,即安全套接层(Secure Sockets Layer,SSL)协议和安全电子交易(Secure Electronic Transaction,SET)协议。

2)制定电子商务安全管理制度

电子商务安全管理制度是用文字形式对各安全要求所作的规定,这些制度应该包括人员保密制度、管理制度、跟踪审计制度、系统维护制度、数据备份制度、病毒定期清理制度等。

3)加强诚信教育,建立社会诚信体系

电子商务中的很多安全问题比如交易的抵赖、否认、个人隐私权被侵犯,说到底还是人的诚信问题,为了促进电子商务更好地发展,打消消费者对电子商务安全的顾虑,我们更应该加强诚信教育,建立社会诚信体系。

4.3 电子商务安全技术

以互联网为代表的全球信息化浪潮迅猛发展,成为全球性的网络,其开放性极大地方便了各种计算机之间的信息交流,实现了资源的共享。当然,伴随网络的普及,网络安全也日益成为影响网络效能的重要问题,互联网所具有的开放性、国际性和自由性在增加应用自由度的同时,也对安全提出了更高的要求。如何使网络信息系统在提高我们的办公效率、带来巨大便利的同时,不受黑客和工业间谍的入侵已成为政府机构、企事业单位信息化健康发展所必须考虑和解决的重要问题。

4.3.1 数据加密技术

密码技术是保证网络与信息安全的核心之一。密码学是一门古老而深奥的学科，是研究计算机信息加密、解密及其变换的科学，是数学和计算机的交叉学科，主要包括编码学和密码分析学。人们利用加密算法和密钥对信息编码进行隐藏，而密码分析学则试图破译算法和密钥，两者既对立又统一。

1)加密与解密

①加密的基本思想是为了伪装明文以隐藏其真实信息，即将明文 X 伪装成密文 Y。通信的信息和数据称为明文(Plain Text)，转换成局外人难以识别的形式称为密文(Cipher Text)，伪装明文的操作称为加密，加密时所使用的信息变换规则称为加密算法(Encryption Algorithm)。合法接收者将密文恢复出原明文的过程称为解密。非法接收者将密文恢复出原明文的过程称为破译。解密时所使用的信息变换规则称为解密算法(Decryption Algorithm)。整个加密和解密过程可以用图 4-5 来表示。

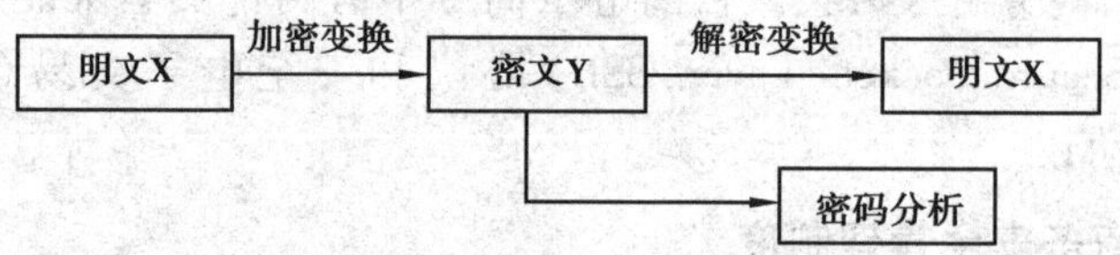

图 4-5 加密和解密过程

②在加密学中，加密算法和解密算法是在一组密钥的控制下进行操作的，密钥是由数字、字母或特殊符号组成的字符串组成的，用来控制加解密的过程。加密和解密过程中使用的密钥分别称为加密密钥(Encryption Key)和解密密钥(Decryption Key)。密钥可视为密码算法中的可变参数。从数学的角度来看，如果改变了密钥，也就改变了明文和密文之间的数学函数关系。

对于相同的加密算法，密钥的位数越多，破译的难度就越大，安全性也就越好。因为密钥位数越多，密钥空间(Key Space)越大，即密钥可能的范围也就越大，那么攻击者也就越不容易通过蛮力攻击来达到破译的目的。表 4-1 给出了在给定密钥长度时，用穷举法猜测时需要使用的密钥个数。

表 4-1 用穷举法猜测时需要使用的密钥个数

密钥长度/bit	组合个数
64	$2^{64}=1.845\times10^{19}$
112	$2^{112}=5.192\times10^{33}$
128	$2^{128}=3.402\times10^{38}$

如果用此法，那么猜测每 106 个密钥长度为 128 bit 的密钥，最长时间大约是 1.1×10^{19} 年。可见使用的密钥越长，加密和解密过程所需要的时间自然也就会越长。

③加密技术可以分为密钥和加密算法两部分。其中，加密算法是用来加密的数学函数，而解密算法是用来解密的数学函数。密码是明文和加密密钥相结合，然后经过加密算法运算的结果。实际上，密码是含有一个参数 K 的数学变换，即 C＝EK(M)，其中，M 是未加密的信息（明文），C 是加密后的信息（密文），E 是加密算法，参数 K 是密钥。密文 C 是明文 M 使用密钥 K 经过加密算法计算后得到的结果。在此公开的是加密算法，而密钥是秘密传送的。在网络传输过程中，即使密文被偷窃，盗窃者由于不知道密码和解密方法，也没有办法得到原信息。当然，为了保证密文信息更加可靠，需要经常性地更换算法，并增加算法安全强度。

2）加密技术

加密技术是电子商务采取的基本安全措施，其主要功能是提供机密性服务，交易双方可以根据需要在信息交换的阶段使用。根据加密使用的密钥的不同，可以将加密技术分为两大类：即对称加密体制（Symmetric Cryptography）和非对称加密体制（Asymmetric Cryptography）。

（1）对称加密体制

在对称加密体制中，加密使用的密钥和解密使用的密钥是相同的，即使加密密钥和解密密钥不相同，也可以从其中一个推导出另一个。对称密钥体制又称为"单密钥体制"。对称加密体制的算法是公开的，交换信息的双方不需要交换加密算法，而是采用相同的加密算法，但需要交换加密密钥，即使用对称加密方法，加密方和解密方必须使用同一种加密算法和相同的密钥。图 4-6 给出了对称加密/解密的原理示意图。

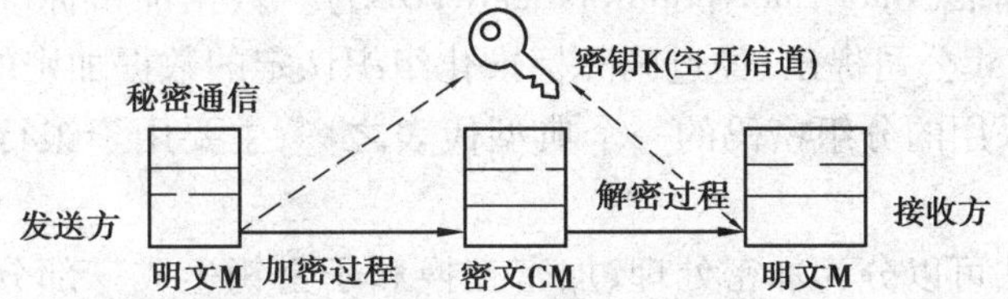

图 4-6　对称加密/解密原理示意图

从图 4-6 可以看出，在整个对称加密过程中，由于采用相同的加密算法并只交换共享的密钥，所以系统的安全性也就取决于密钥的安全性：如果第三方获取该密钥就会造成信息失密；也就是说，只要进行通信的交易双方不能够确保该密钥不被窃取就会造成信息失密；只要进行通信的交易双方能够确保该密钥在交换过程中未曾泄露，那么机密性和完整性就可以得到保障。对称加密技术存在着通信双方之间确保密钥安全交换的问题。由于加密和解密使用的是同一个密钥，所以在传递和分发密钥的时候必须通过安全的通道，即通过秘密信道传递或分发。这就要求保证保密密钥安全、可靠地传送，而且需要注意的是，对称加密方式无法鉴别交易发起方或交易最终方。

典型的对称加密算法：

传说以前在战争时使用过一种叫作代替密码的加密方式，其算法是：保持 26 个英文字母的字母顺序不变，但使其与 h，i，j，k，…，z，a，b，e，d，c，f，g 分别对应（即顺次向后移动 6 个字母），这样，如果明文是 attack，那么密文就是 haahjr 了。

可见，此算法是将字母位置按原顺序向后移动 6 位，并一一对应。当然，密钥也可以是其他数字，比如是 4，则此时 a 对应 e，b 对应 f，c 对应 g，以此类推。

当然，根据字母出现频率的高低可以很容易破解这种代替密码，可见，密文的安全是相对的，取决于算法的复杂程度和密钥的保密程度。现在计算机的运算速度和能力得到了极大的增强，使得破译工作能高效地完成，从某种意义上来说，这也加大了加密的难度。下面来看两种常用的对称加密算法：

①一次性便笺（One-time Ped，OTP）。一次性便笺是一种理论上牢不可破的加密系统，这种加密方法使用一组随机产生的完全无序的数字对消息进行编码，并且 OTP 只能使用一次，通常用于高度安全环境中的较短消息。例如：

消息：	L	E	S	S	W	A	T	E	R
字母对应数字：	12	5	19	19	23	1	20	5	18
一次性便笺：	6	9	4	0	1	16	2	7	3
明文和 OTP 相加：	18	14	23	19	24	17	22	12	21
密文：	R	N	W	S	X	Q	V	L	U

这里我们一直强调 OTP 只能使用一次，如果超过一次，则可以对它进行分析和破译。第二次世界大战后，苏联使用 OTP 保护间谍消息，由于苏联人没有正确地使用它，而是重复性使用，因而致使一些消息被破译。

②数据加密标准（Data Encryption Standard，DES）。数据加密标准是最典型的对称加密算法，是由 IBM 公司提出，经过国际标准化组织认定的数据加密的国际标准。DES 算法是目前广泛采用的分组密码的一个典型代表之一，主要用于银行业中的电子资金转账（EFT）领域。

DES 加密算法可以分为加密处理、加密变换和子密钥生成三部分。其基本思想是将二进制序列的明文分成每 64 位一组，即采用 64 位密钥长度，其中 8 位是用于奇偶校验，用户可以使用其余的 56 位。其中的 8 位奇偶校验位分布在位于 8，16，…，64 位置上，而 56 位密钥经过置换选择、循环左移等，每次处理产生一个子密钥，共产生 16 个子密钥，组合成密钥。DES 的解密和加密过程是一样的，只不过是子密钥的顺序相反，这就使得在做 DES 芯片时，容易做到标准化和通用化，这一点尤为适合现代通信的需要。

DES 有 4 种基本工作模式，即电子码本（ECB）、密码反馈链接（CBC）、密码反馈（CFB）和输出反馈（OFB）。由于 DES 的整个体制是公开的，所以系统的安全性完全取决于密钥的保密程度。随着 DES 的实际应用和深入研究，人们发现虽然此算法有运算速度快，易于产生密钥等优点，但 DES 算法并不是非常安全的，入侵者使用运算能力足够强的计算机,对密钥逐个尝试就可以破译密文。因此,人们希望对 DES 进行改进或重新设计新的分组密码,比如,三重 DES(TDES)、广义 DES(GDES)等。但是破译密码是需要时间的,只要破译的时间超出密文的有效期,那么加密就是有效的。

(2)非对称加密体制

非对称加密体制是在试图解决常规面临的两个最突出的问题而诞生的,即密钥分配和数字签名,它的发展是整个密码学历史上最大的革命。非对称加密体制对信息的加密和解密使用不同的密钥,即需要两个密钥:私有密钥(Private Key)和公开密钥(Public Key)。如果用公开密钥对数据进行加密,则只能用对应的私有密钥才能进行解密;如果用私有密钥对数据进行加密,那么只有用对应的公开密钥才能解密,又称公钥加密(Public Key Encryption)技术。

公开密钥技术使用的解密私钥和加密公钥是不同的,这样公开加密密钥不会危及解密密钥的安全性。公开密钥密码体制从根本上克服了传统密钥密码体制的缺陷,解决了密钥分发和管理以及消息认证等问题,特别适用于计算机网络系统。图 4-7 是非对称加密体制加密/解密的原理示意图。

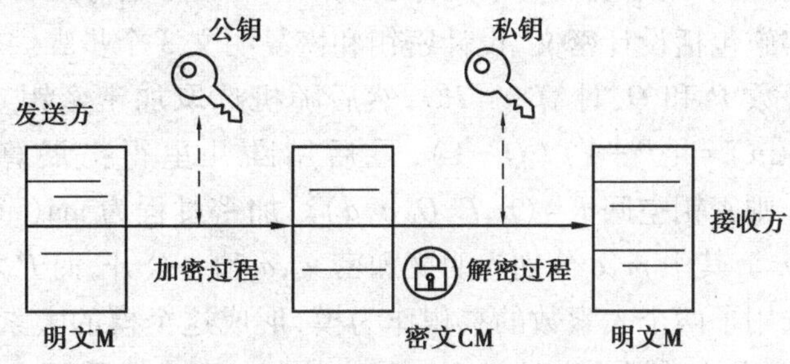

图 4-7　非对称加密体制加密/解密原理示意图

公钥体制的基本思想是利用求解某些数学难题的困难性,由于用户的解密密钥和加密密钥是很困难的。因此用户加密密钥可以公开,登记在网络的密钥数据库中,就像把自己的电话号码公开在电话簿上一样。任何人如果想要与某个用户 A 通信,只要在公开的密钥数据库中查询用户 A 的加密密钥,用此加密密钥把明文加密成密文,将此密文传输给指定的用户,假如没有人能解密密钥,那就无法恢复出明文。下面,让我们来具体看一下使用公开密钥对文件进行加密传输的过程:

首先,发送方生成一个自己的加密密钥并用接收方的公开密钥进行加密,然后通过公开的网络把加密后的密文传输到接收方。

然后,发送方对需要传输的明文用自己的加密密钥进行加密,然后通过公开的网络把加密后的文件传输到接收方。

接着,接收方用自己的私有密钥进行解密能够得到发送方的加密密钥。

最后,接收方用发送方的加密密钥对密文进行解密后得到明文。

由此得知,文件的传输过程中实现了两个加密解密过程,即文件本身的加密解密与加密密钥的加密解密,是分别通过私有密钥和公开密钥来完成的。

自从有了公钥加密,学者们提出了很多种公钥加密方法,它们的安全性都是基于复杂的数学难题。根据所基于的数学难题来分类,以下系统目前被认为是有效和安全的:RSA 算法、PGP 算法、ECC 算法以及 DSA 算法等。

RSA 公钥密码算法:

RSA 体制被认为是当前理论上最为成熟的一种公钥密码体制,也是目前应用较为广泛的公钥系统。Rivest、Shamir 和 Adelman 为该算法的创始人,也是 RSA 系统名称的由来,这种体制的思想是基于大整数因子分解的困难性,而大整数因子分解问题是数学历史上的著名难题,至今仍没有有效的方法能解决这个问题,因此需在某种程度上确保 RSA 算法的安全。大多数使用公钥密码进行加密和数字签名的产品和标准使用的都是 RSA 算法。

RSA 算法的保密性随着其密钥的长度增强而增强。但是,使用的密钥越长,加密和解密所使用的时间也相对越长。因此,人们必须根据被保护的信息的重要性,攻击者破译所需花费的代价,以及系统所要求的保密期限来综合评定考虑密钥的长度。

RSA 算法的实施包括设计密文、设计密钥和恢复明文 3 个步骤。首先,应该仔细选取两个互异的大素数 P 和 Q,计算 $n=PQ$,然后随机选取加密密钥 a,使 a 和 $(P-1)(Q-1)$ 互素,令 $f(n)=(P-1)(Q-1)$,最后用欧几里得扩展算法计算其逆 a,即 $da=1 \bmod f(n)$。则密钥空间 $K=(n,P,Q,a,d)$。加密过程为 $ma(\bmod n)=c$,解密过程为 $cd(\bmod n)=m$。其中 m,c 分别为明文和密文,a 和 n 公开,而 P,Q,d 保密。

RSA 算法是选用了两个大素数的乘积作为模,形成这个模的大素数的个数越多越好,因为这样可以增强抗破译攻击的能力。RSA 体制的安全还受两个大素数 P 和 Q 的影响。目前,P,Q 一般取为 100 位十进制素数,使得模的值可以达到 200 位十进制数。素数的检测方法大概可分为两大类:概率方法和确定性方法。而为了增加对 RSA 攻击的困难性,对于 P,Q 的选取通常应该满足 P,Q 是安全素数;P,Q 有足够的距离。

原理简单是它最为显著的优点,易于使用。但是,随着分解大整数方法的进步及完善、计算机速度的提高以及计算机网络的发展(可以使用成千上万台机器同时进行大整数分解),作为 RSA 加密和解密安全保障的大整数要求越来越大。为了保证 RSA 使用的安全性,其密钥的位数一直在增加。比如,目前一般认为 RSA 需要 1 024 位以上的字长才有安全保障。但是,密钥长度的增加导致了其加解密的速度大为降低,硬件实现也变得越来越难以忍受,这给使用 RSA 的应用带来了很重的负担,对进行大量安全交易的电子商务更是如此,从而使得其应用范围越来越受到制约。

4.3.2 认证技术

由于 Internet 的开放性和其他各种因素的影响,安全一直是电子商务发展的瓶颈。

电子商务的发展，离不开网络信任。网络安全机制的基本要素包括：身份认证、访问控制授权、完善性检测、防否认机制和可靠性保护，而身份认证在安全系统中是最基本的安全服务。

认证技术主要用于信息认证，确认信息发送者的身份，防止外来入侵者假冒；验证信息的完整性，即确认信息在传送或存储过程中未被篡改过。常用的安全认证技术主要有数字摘要、数字信封、数字签名、数字时间戳和数字证书等。

1）数字摘要技术

数字摘要是采用单向 Hash 函数对长短不一的报文进行某种交换运算得到固定长度的摘要码，在传输信息时将它加入文件一同送给接收方，接收方对收到的报文用相同的方法进行变换运算，若得到的摘要码与发送来的摘要码相同，则可断定文件未被篡改。

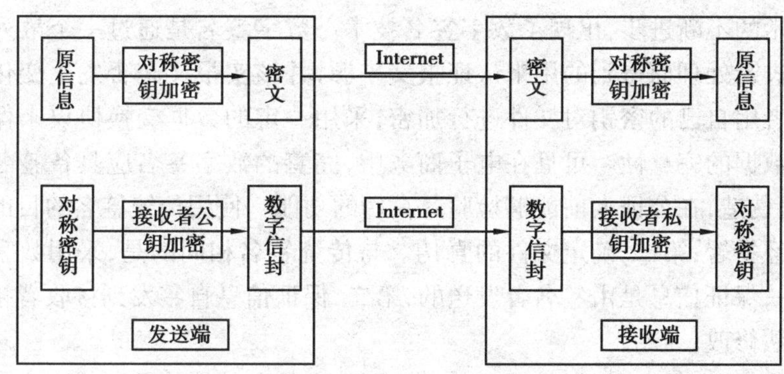

图 4-8　数字摘要工作原理示意图

2）数字信封技术

信息发送方采用对称密钥来加密信息，然后将此对称密钥用接收方的公开密钥再加密（称为数字信封）之后，将它和信息一起发送给接收方，接收方先用自己的私有密钥打开数字信封，得到对称密钥，然后使用对称密钥解开信息，从而保证只有规定的收信人才能阅读到信的内容。

3）数字签名技术

采用加密手段只是为了解决对文件保密的问题，而为了防止他人对文件的破坏以及为了鉴别文件或合同的真伪，传统做法是，要求相关人员在文件或书信上亲笔签名或盖章后，连同报文和签名一起同时发送，如商业合同、银行提单等。但在信息数字化环境中，传统的签名技术已经不能满足时代要求了，于是出现了电子签名技术来模拟传统签名。就是把手写签名的视觉化形式转换为电子图像，用 BMP 文件等图形保存下来，但从一个文件到另一个文件剪裁粘贴有效的签名很容易，而且文件在签名完成后也很容易修改。

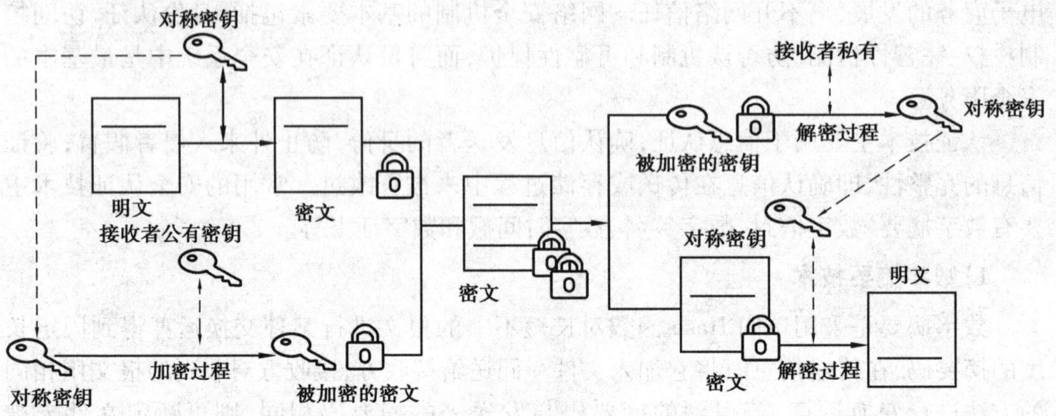

图 4-9　数字信封工作原理示意图

随着技术的不断进步,出现了数字签名技术。数字签名是通过一个散列函数对要传送的报文进行处理而得到的用来认证报文来源,并核实报文是否发生变化的一段数字串。签名者用自己的密钥对文件进行加密,采用一定的数据交换协议来保证身份的可鉴别性和数据的完整性。可见在电子商务中,完善的数字签名应具备签名方不可抵赖,他人不可伪造,在公证人前能够检验其真伪的功能。使用传统签名的目的是:第一,确认文件已经签署;第二,确定文件的真伪。与传统签名相同的是,采用数字签名的目的也是:第一,保证信息是由签名者发送的;第二,保证信息自签发到接收者接收到为止未曾被人非法修改。

具体来说,数字签名必须保证以下 3 点,即数字签名的功能是:

①接收者能够核实发送者对报文的签名。

②发送者事后不得否认对报文的签名。

③接收者不可伪造对报文的签名。

这样就能防止电子信息因容易被修改而被伪造发送,或已经发出(接收)到的信息却又加以否认等情况的发生了。目前,各国已经制定了相应的法律、法规,把数字签名作为执法的依据。利用非对称加密算法(比如 RSA 算法)进行数字签名是最常用的方法。

数字签名的工作原理及过程:

①发送方使用单向散列函数对要发送的明文进行运算,生成数字摘要。

②发送方使用私有密钥,利用非对称加密算法对生成的数字摘要进行数字签名。

③发送方通过公开的网络将信息本身和已经进行数字签名的信息摘要发送给接收方。

④接收方使用与发送方相同的单向散列函数,对收到的信息进行运算,重新生成信息摘要。

⑤接收方使用发送方的公有密钥对接收的信息摘要进行解密。

⑥将解密的数字摘要与重新生成的数字摘要进行比较,以判断信息在传送过程中是否被篡改,如果两个数字签名一致,这说明文件在传输过程中没有被破坏。数字签名的加密和解密过程与加密密钥的加密和解密过程虽然都是利用了公钥体制,但实现的过程却是相反的,使用的密钥也是不同的。数字签名使用的是发送方的密钥对,发送方用自己的私有密钥加密,接收方用发送方的公开密钥解密,任何拥有发送方公开密钥的人都可以验证数字签名的正确性。而加密密钥的加密和解密则是使用接收方的密钥对,这就保证了任何知道接收方公开密钥的人都可以向接收方发送加密信息,但是只有唯一拥有接收方私有密钥的人才能对信息进行解密。

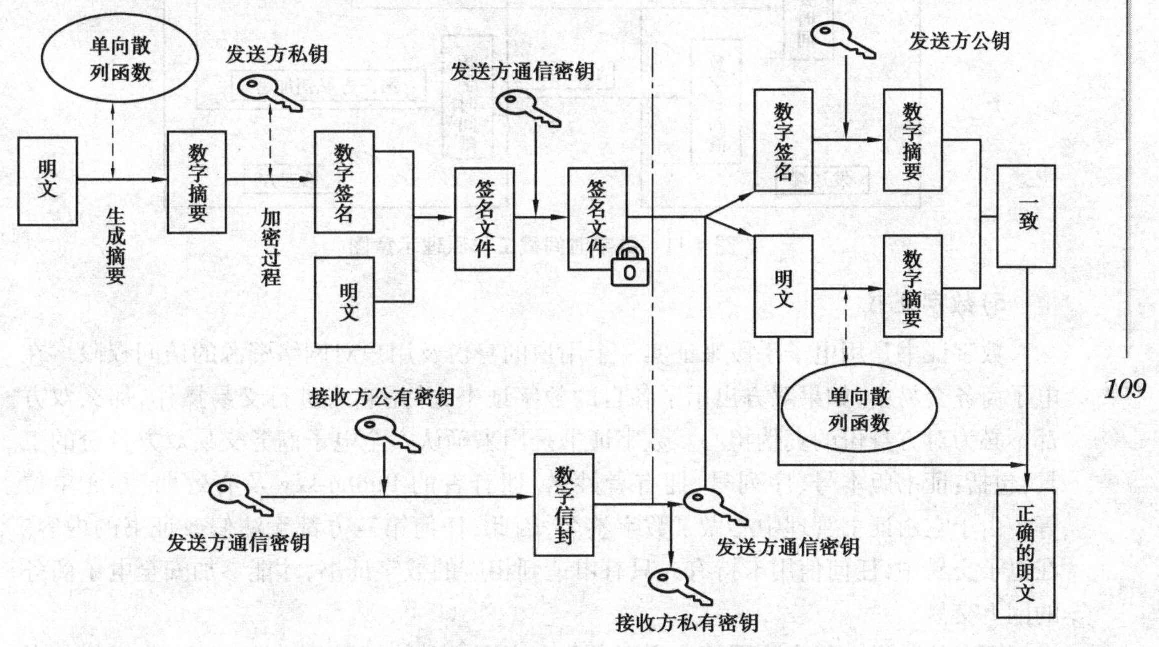

图4-10　数字签名工作原理示意图

这样利用数字签名可以保证信息传输过程中的完整性、实现对发送方身份的确认以及防止信息交换中的抵赖现象的发生。因为如果有第三方冒充发送方发送文件的话,因为接收方在对数字签名进行解密时,使用的是发送方的公有密钥,只要第三方不知道发送方的私有密钥,解密出来的数字签名和经过计算的数字签名肯定不一致。

4)数字时间戳

在交易文件中,时间是十分重要的信息,数字时间戳服务 DTS 就可以提供电子文件发表时间的安全保护。DTS 是网络安全服务项目,是一个经加密后形成的凭证文档,包括需加时间戳的文件的摘要、DTS 收到文件的日期和时间、DTS 的数字签名 3 个部分。数字时间戳产生的过程为:用户首先将需要加时间戳的文件用 Hash 编码加密形成数字摘要，然后将该摘要发送到DTS。DTS在加入了收到文件摘要的日期和时间信息后再对该文件进行加密（数字签名），然后送回用户。在电子交易中，DTS需要由一个具有权威性和公正性的第三方来完成。电子商务授权机构也称为电子商务认证中心，CA就是承担网上安全电子交易认证服务，能签发数字证书，并能确认用户身份的服务机构。

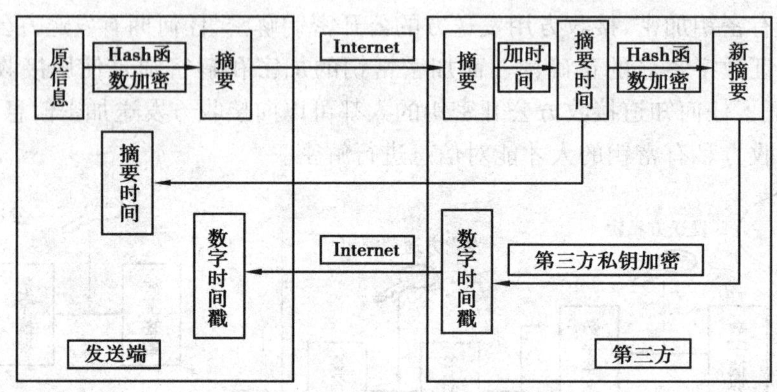

图4-11　数字时间戳工作原理示意图

5）数字证书

数字证书是用电子手段来证实一个用户的身份及用户对网络资源的访问权限。在电子商务交易中，如果双方出示了各自的数字证书，并用它来进行交易操作，那么双方都不必为对方身份的真伪担心。数字证书是用来确认安全电子商务交易双方身份的工具，包括：证书版本号、序列号、拥有者姓名、拥有者的Public-key及有效期、办证单位等。由于它由证书管理中心做了数字签名，因此，任何第三方都无法修改证书的内容。在电子交易中，任何信用卡持有人只有申请到相应的数字证书，才能参加安全电子商务的网上交易。

证书的种类有很多除了持卡人证书和商家证书以外，还有支付网关证书、银行证书和发卡机构证书等。

（1）持卡者证书

持卡者证书表明持卡者拥有的支付卡是合法的，它是由权威的金融机构数字签署的。持卡者证书不包括账号和过期日期，代替账户信息的仅仅是由持卡者软件知道和使用单向Hash算法产生的一个秘密值。在SET协议中，持卡者向支付网关提供用于验证的账户信息和该Hash值，只有当持卡者的发卡金融机构验证用户后，才向持卡者发布一个证书，最低限度验证该持卡者的证书是可靠有效的。

（2）商家证书

一个商家至少拥有一个商家证书，也可以有多个商家证书。商家证书也是由权威金融机构数字签署的，商家证书不能由其他第三方非法发行，它表示商家能够接受该支

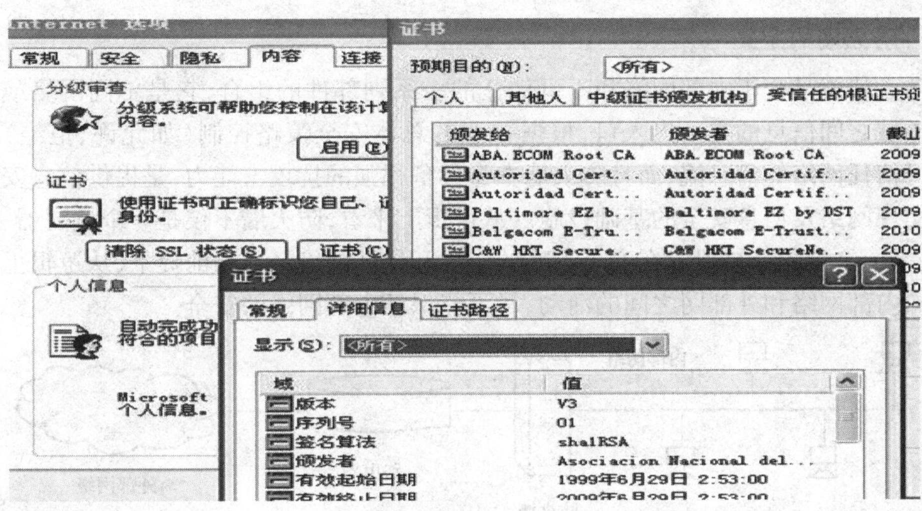

图 4-12　数字证书

付卡的消费，这些证书由收单行金融机构认证，说明商家与收单行达成了协议。在 SET 协议中，对应于每个支付卡品牌，一个商家都拥有一个证书。

(3)支付网关证书

支付网关的证书是由支付网关 CA 发行的，由收单行或收单行的处理系统拥有，持卡者使用支付网关的公钥来加密对称密钥。持卡者系统需要能够验证支付网关。商家向持卡者提供支付网关的加密证书，持卡者系统需要验证这个证书，确认该支付网关是合法的，保证持卡者支付指示的机密性。

(4)收单行证书

一个收单行必须拥有证书，才能使一个 CA 接收和处理商家从公共和专用网络发出的证书请求，那些选择支付卡品牌来代理处理证书请求的收单行可以不需要证书，因为它不处理 SET 消息。

(5)发卡行证书

一个发卡行必须拥有证书，CA 才能接收和处理来自持卡者的证书请求(通过公共或专用网络)，那些选择支付卡品牌来代理处理证书请求的发卡行可以不需要证书，因为它不处理 SET 消息。

4.3.3　防火墙技术

为了保护企业和个人电脑的安全，我们可以先完全隔离可信任的内部网络和不可信任的外部网络，然后在它们之间架构一种软、硬件相结合的系统来连接不同的网络，通过该系统来控制(如允许、拒绝)出入内部可信任网络的信息流，实现网络的安全，这就是防火墙。

1) 防火墙的定义

防火墙就是介于内部网络和不可信任的一系列部件的组合，它是不同网络或网络安全领域之间信息的唯一出入口，根据企业的总体安全策略控制（如允许、拒绝）出入内部可信任网络的信息流，而且防火墙本身具备很强的抗攻击能力，是提供信息安全服务和实现网络及信息安全的基础设施。从逻辑上来看，防火墙不仅是一个过滤器、限制器，还是一个智能分析器。在安全策略的指导和保证网络畅通的前提下，从逻辑上有效地隔离内部网络和外部网之间的活动，尽可能保证内部网络的安全。

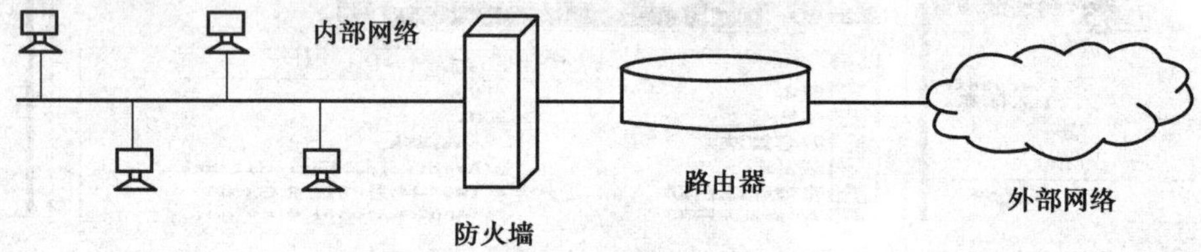

图 4-13　防火墙的逻辑位置图

从防火墙的逻辑位置可得知，在考虑企业内部网的网络安全时，首先要考虑企业边界网的安全。防火墙并不是真正的防火墙，而是一类安全防范措施的总称，它是一种有效的网络安全模型，是机构总体安全策略的一部分。防火墙根据企业的安全策略控制出入网络的信息流，可以提供信息安全服务，以及实现网络和信息的安全。

简单地说，防火墙是在安全策略指导下的一种安全防御措施，策略是防火墙的核心。防火墙具有两种默认的策略，在策略的指导下实施安全服务，它们是：

①默认禁止策略。拒绝所有的流量，特殊指定能够进入和出去的流量的类型。

②默认允许策略。允许所有的流量，特殊指定要拒绝的流量的类型。

2) 防火墙的功能

通常应用防火墙的目的有以下几方面：限制他人进入内部网络；防止入侵者接近内部网络的防御设施；过滤掉不安全的服务和非法用户；限定人们访问特殊站点；为监视局域网安全提供方便。因此，一个成功的防火墙产品应该具有下述基本功能：

（1）强化公司的安全策略

公司的网络情况不一样，经营的业务不同，网络中存在的应用系统也不一样，这样，每一个公司在安装网络安全系统之前都会根据安全需求、业务需求等来规划网络安全策略。那么如何实现这些策略呢？就需要有防火墙，并设置相应的防火墙安全规则和策略，让公司的安全策略真正落到实处，从安全技术上得以实现。

（2）实现网络安全的集中控制

如果没有防火墙，则整个内部网络的安全性都依赖于每一台主机和服务器，那么要使网络达到一定的安全程度，所有的主机和服务器都必须同时达到很高的安全性。也就是说，该网络的安全水平由安全性能最低的那台主机来决定，这就是著名的“木桶原理”,木桶能装多少水由高度最低的地方来决定。由此可见,网络越大,就需要管理的主机越多,这样使网络达到一定的安全水平就越不容易。但是有了防火墙,就可以解决该问题。防火墙介于可信任网络和不可信任网络之间,内部网络不再直接暴露给外部的不可信任网络,防火墙的安全水平就是决定该网络的安全水平。这样,对网络所有主机的安全管理,变成单一对防火墙的安全管理,从而实现从分散的安全管理到集中的安全管理,使安全管理变得更加方便,易于控制,也使网络更加安全。

(3)实现网络边界安全

防火墙物理地隔离了可信任网络和不可信任网络,是可信任网络和不可信任网络之间数据包唯一的输入口,从而强制所有在这两个网络之间的数据流必须经过防火墙,并且受到防火墙的检查,来保证只有安全的数据流才能通过,最终实现网络边界的安全。

注意:如果在可信任网络中,有多个接入点进入互联网中,有可能造成防火墙产生通信旁路(图4-14),使防火墙失去作用,这时网络安全会受到严重的威胁。因此,一般要严禁防火墙内的可信任网络用户拨号上网。

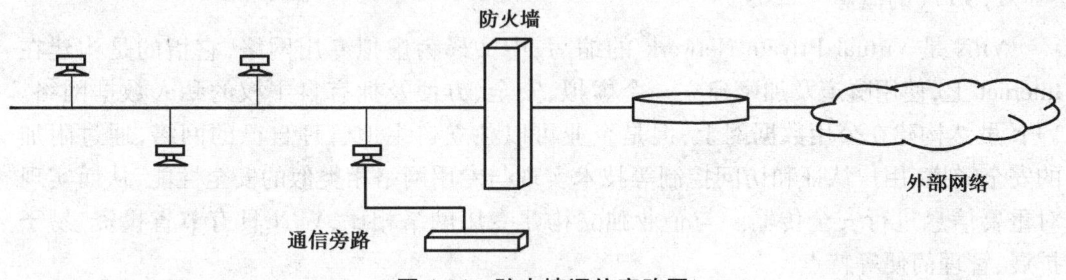

图4-14 防火墙通信旁路图

(4)记录网络之间的数据包

防火墙还有一个重要的作用就是把所有进出的数据包实时地记录下来,并保存到日志当中,有了日志,网络管理员就可以在任何时候来判断是否有不安全的数据包进入企业的可信任网络中,而且能够从不同的角度统计出网络的使用状况。尤其是防火墙的日志系统应该针对不同权限的管理员,智能地给出不同详细程度的报告。

3)防火墙的分类

根据分类标准的不同,防火墙可以分成很多的类别。

按防火墙实现技术方式来分,它可以分为数据包过滤型防火墙、状态检测型防火墙和代理服务器型防火墙,数据包过滤防火墙,对每一个传送到源主机的数据包,会在网络层进行筛选,对于不合法的数据访问,会选择阻拦以及丢弃。最常见的实际应用就是互联网上的路由设备,比如Cisco路由器。状态检测防火墙,是在数据包过滤防火墙的基础上增加了一个动态的状态表,它可以跟踪通过防火墙的网络连接和数据包,这样防火墙就可以确定该数据包是被允许或者拒绝通信。应用程序代理防火墙工作于OSI的应用层上，这个层次的防火墙实现主要基于软件。从某种意义上讲，可以把这种防火墙看作一个翻译器，由它负责外部网络和内部网络之间的通信，两端通信终端不会直接联系，而是由应用层的代理负责接收和转发。由于网络连接通过中介来实现，所以恶意的侵害几乎无法伤害到被保护的真实网络设备。

从物理形态来分，它可以分为软件防火墙和硬件防火墙。软件防火墙就是将防火墙软件系统安装在流行的操作系统平台上，比如 Windows 操作系统、UNIX 操作系统等。再利用这些操作系统的时候，需要对它进行安全加固处理，删除不必要的服务。微软的 ISA2004 防火墙、Symantec Raptor 防火墙、CheckPoint 防火墙等都是目前流行的软件防火墙。硬件就是将防火墙安装在专用的硬件平台和专用的操作系统上，以硬件形式出现，有的还使用一些专用的 ASIC 硬件芯片实现数据包的过滤。硬件防火墙可以很好地减少系统的漏洞，性能更好。Cisco 公司的 PIX 防火墙就是硬件防火墙。

4.3.4 虚拟专用网

1) VPN 的概念

VPN 是 Virtual Private Network 的缩写，中文译为虚拟专用网络，它指的是构建在 Internet 上，使用隧道及加密建立一个虚拟、安全、方便及拥有自主权的私人数据网络。VPN 虽然构建在公用数据网上，但是企业可以独立自主地管理自己的网络，通过附加的安全隧道、用户认证和访问控制等技术实现与专用网络相类似的安全性能，从而实现对重要信息进行安全传输。与企业独立构建专用网络相比，VPN 具有节省投资、易于扩展、管理简便等特点。

虚拟专用网络利用公司网，如 Internet 来搭建私人专用网络。当需要时 VPN 从公用网中“挖走”一部分宽带，作为私用网使用；但是当通信停止后，这部分宽带又还给公用网。“虚拟”的概念是相对传统私用网络搭建方式而言的，VPN 不需要建设远程连接，而是通过互联网服务提供商 ISP 提供的公用网来实现广域连接。VPN 的使用者只需要接入本地提供 VPN 服务的 ISP 提供的接入服务提供点(Point of Presence，POP)就可相互通信，而不像传统的 WAN 一样需要架设专线，只要两者都接入了 VPN 服务，就可以直接通信。出差员工和外地客户只需要拥有本地或漫游 ISO 的上网权限就可以访问企业内部资源。

2) VPN 的基本用途

(1)通过 Internet 实现远程用户访问

虚拟专用网络支持以安全的方式通过公共互联网络远程访问企业资源。以往企业实现远程访问，需要使用专线或拨打长途电话连接企业的网络接入服务器(NAS)；而虚拟专用网络用户，则只需要拨通本地的 ISP 联通 Internet 的虚拟专用网络。

(2)通过 Internet 实现网络互联

可以采用以下两种方式用 VPN 互联远程局域网络:使用专线连接分支机构和企业局域网或使用拨号线路连接分支机构和企业局域网。

4.3.5　入侵检测技术

入侵检测技术是动态安全技术的核心技术之一,传统的操作系统加固技术和防火墙隔离技术等都是静态安全防御技术,对网络环境下日新月异的攻击手段缺乏主动的反应。如果把防火墙比作守卫网络大门的门卫,那么入侵检测技术就是主动监视内部网络安全的巡警,入侵检测技术就是通过对入侵行为的过程与特征的研究,使安全系统对入侵事件和入侵过程作出实时响应。入侵检测技术的核心是入侵检测系统,入侵检测系统的功能是对各种事件进行分析,从中发现违反安全策略的行为。入侵检测系统(Intrusion Detection System)是从计算机网络系统中的关键点手机信息,利用模式匹配或异常检测技术来检查网络中是否有违反安全策略的行为和遭到袭击的迹象。

1)入侵检测系统的功能

入侵检测系统被认为是防火墙之后的第二道安全闸门,是一种动态的安全检测技术。一个合格的入侵检测系统应该具备以下功能:

①监视用户和系统的运行状况,查找非法用户和合法用户的越权操作。

②监测系统配置的正确性和安全漏洞,并提示管理员修补漏洞。

③对用户的非正常活动进行统计分析,发现入侵行为的规律。

④确保系统程序和数据的一致性与正确性。

⑤识别攻击的活动模式,并向网管人员报警。

⑥对异常活动进行统计分析。

⑦操作系统审计跟踪管理,识别违反政策的用户活动。

2)入侵检测系统的模式

从分析方式上来讲,入侵检测系统一般采用如下 3 种模式:模式发现、异常发现和完整性分析。

(1)模式发现

模式发现技术是基于知识的检测技术,它假定所有入侵行为和手段(及其变种)都能表达为一种模式或特征,那么所有已知的入侵方法都可以用匹配的方式发现。模式发现的实现即是将收集到的信息与已知的网络入侵系统误用模式数据库进行比较,从而发现违背安全策略的行为。该过程可以很简单(如通过字符串匹配以寻找一个简单的条目或指令),也可以很复杂(如利用正规的数学表达式来表示安全状态的变化)。一般来说,一种进攻模式可以用一个过程(如执行一条指令)或一个输出(如获得权限)来表示。该方法的一大优点是只需收集相关的数据集合,显著减轻系统负担,且技术已相当成熟。它与病毒防火墙采用的方法一样,检测准确率和效率都相当高。但是,该方法存在的弱点是需要不断地升级以对付不断出现的黑客攻击手法,因其不能检测到从未出现过的黑客攻击手段。模式发现的关键是如何表达入侵的模式,即将真正的入侵行为与正常行为区分开来。

(2)异常发现

异常发现技术是基于行为的检测技术,它假定所有入侵行为都是与正常行为不同的。如果建立系统正常行为的轨迹,那么理论上可以把所有与正常轨迹不同的系统状态视为可疑企图。它根据使用者的行为或资源使用状况来判断是否入侵,而不依赖于具体行为是否出现来检测,所以也被称为基于行为的检测。异常发现基于统计方法,使用系统或用户的活动轮廓(Activity Profile)来检测入侵活动。活动轮廓由一组统计参数组成,通常包括 CPU 和 I/O 利用率、文件访问、出错率、网络连接等。

(3)完整性分析

完整性分析除要关注某个文件或对象是否被更改外,通常还包括文件和目录的内容及属性,它在发现被更改的、被特洛伊化的应用程序方面特别有效。其优点是不管模式匹配方法和统计分析方法能否发现入侵,只要是成功地攻击导致了文件或其他对象的任何改变,它都能够发现。缺点是一般以批处理方式实现,不用于实时响应。

【案例学习 4-2】

黑客热衷攻击重点目标

国外在几年前就曾经发生过电子商务网站被黑客入侵的案例,国内电子商务网站近两年也发生过类似事件。浙江义乌一些大型批发网站遭到黑客近一个月的轮番攻击,网站图片几乎都不能显示,每天流失订单金额达到上百万元,阿里巴巴网站也曾经确认受到不明身份的网络黑客攻击,这些黑客采取了多种手段攻击阿里巴巴在我国和美国的服务器,企图破坏阿里巴巴全球速卖通平台的正常运营。随着国内移动互联网的发展,移动电子商务也将迅速发展并给人们带来更大便利,但是由此也将带来更多的安全隐患。黑客针对无形网络的窃听能获取用户的通信内容、侵犯用户的隐私权。

总结:黑客攻击可以是多层次、多方面、多种形式的。攻击电子商务平台,黑客可以轻松赚取巨大的、实实在在的经济利益。比如,窃取某个电子商务企业的用户资料、贩卖用户的个人信息;破解用户个人账号密码,可以冒充他人购物,并把商品货物发给自己。黑客有可能受经济利益驱使,也有可能是同业者暗箱操作打击竞争对手。攻击电子商务企业后台系统的往往是专业的黑客团队,想要防范其入侵,难度颇大。尤其是对于一些中小型电子商务网站而言。比如数量庞大的团购网站,对于黑客入侵更是力不从心。如果大型电子商务企业后台系统的安全得不到保障,我国整个电子商务的发展也将面临极大威胁。

4.3.6　反病毒技术

计算机病毒与医学上的“病毒”不同，它不是天然存在的，而是某些人利用计算机软、硬件所固有的脆弱性，编制具有特殊功能的程序。其能通过某种途径潜伏在计算机存储介质(或程序)里，当达到某种条件时即被激活，并用修改其他程序的方法将自己的精确复制或者可能演化的形式放入其他程序中，从而感染它们，对计算机资源进行破坏的一组程序或指令集合。简单地说，计算机病毒是一种在计算机系统运行过程中，能把它自身或有修改地复制到其他程序中，并具有破坏性的程序和代码。

1)计算机病毒的特征

要研究反病毒技术，首先必须掌握计算机病毒的基本特征和原理。一般而言，病毒具有以下四个特征：

(1)计算机病毒的传染性

传染性是计算机病毒的基本特征。在生物界，病毒通过传染从一个生物体扩散到另一个生物体。在适当的条件下，它可得到大量繁殖，并使被感染的生物体表现出病症甚至死亡。同样，计算机病毒也会通过各种渠道从已被感染的计算机扩散到未被感染的计算机，在某些情况下造成被感染的计算机工作失常甚至瘫痪。与生物病毒不同的是，计算机病毒是一段人为编制的计算机程序代码，这段程序代码一旦进入计算机并得以执行，它就会搜寻其他符合其传染条件的程序或存储介质，确定目标后再将自身代码插入其中，达到自我繁殖的目的。只要一台计算机染毒，如不及时处理，那么病毒会在这台计算机上迅速扩散，再与其他计算机进行数据交换或通过网络接触，病毒会继续感染。是否具有传染性是判别一个程序是否为计算机病毒的重要条件。病毒程序通过修改磁盘扇区信息或文件内容，并把自身嵌入其中的方法达到病毒的传染和扩散。被嵌入的程序叫作宿主程序。

(2)计算机病毒的破坏性

无论何种病毒程序，一旦侵入计算机系统都会对操作系统的运行造成不同程度的影响。即使不直接产生破坏作用的病毒程序，也要占用系统资源，如占用内存空间、磁盘存储空间以及系统运行时间等。而绝大多数病毒程序要显示一些文字或图像，影响系统的正常运行，还有一些病毒程序会删除文件、加密磁盘中的数据，甚至摧毁整个系统和数据，直至无法恢复，造成无可挽回的损失。因此，病毒程序的入侵轻者降低系统工作效率；重者则导致计算机系统的崩溃或数据丢失。

(3)计算机病毒的潜伏性

一个编制精巧的计算机病毒程序，进入系统之后一般不会马上发作，可以在几周或者几个月内甚至几年内隐藏在合法文件中，对其他系统进行感染，而不易被人发现。其在系统中的存在时间越长，病毒的传染范围就会越大。潜伏性的第一种表现是指病毒程序不用专用检测程序是检查不出来的，因此病毒可以静静地躲在磁盘或磁带里待上几天，甚至几个月，一旦时机成熟，得到运行机会，就又要四处复制扩散，继续危害。潜伏性的第二种表现是指计算机病毒的内部往往有一种触发机制，不满足触发条件时，计算机病毒除了传染外不做什么破坏。触发条件一旦得到满足，有的在屏幕上显示信息、图形或特殊标志，有的则执行破坏系统的操作，如格式化磁盘、删除磁盘文件、对数据文件加密以及使系统死锁等。

(4)计算机病毒的隐蔽性

计算机病毒程序一般是具有很高的编程技巧、短小精悍的程序、通常附在正常程序中或磁盘较隐蔽的地方，也有个别的以隐藏文件的形式出现，目的是不让用户发现它的存在。如果不经过代码分析，病毒程序与正常程序是不容易区别开来的。一般在没有防护措施的情况下，计算机病毒程序取得系统控制权后，可以在很短的时间里传染大量病毒。而且受到传染后，计算机系统通常仍能正常运行，使用户不会感到任何异常，好像不曾在计算机内发生过什么。试想，如果病毒在传染到计算机上之后，计算机马上无法正常运行，那么它本身便无法继续进行传染了。为了便于隐藏，大部分病毒的代码设计得非常小。由于其具有隐蔽性，所以计算机病毒才得以在用户没有察觉的情况下扩散并游荡于世界上的千千万万台计算机中。

2)计算机病毒的分类

真正地识别病毒，及时地查杀病毒，对病毒了解得越详细越好。病毒因为由众多分散的个人或组织单独编写，也没有一个标准来衡量，所以病毒的分类可从多个角度划分。一般按病毒在计算机中的传播方式来分，可以分为引导型病毒、文件型病毒及混合型病毒 3 种。

(1)引导型病毒

即开机启动时，在 DOS 的引导过程中被引入内存的病毒称为引导型病毒。它不以文件的形式存在磁盘上，没有文件名，不能用 DIR 命令显示，也不能用 DEL 命令删除，十分隐蔽。比如一些常见的“圆点病毒”“大麻病毒”“巴基斯坦智囊病毒”及“BRAIN 病毒”病毒等均属这类。

引导区是磁盘的一部分，它在开机启动时控制计算机系统。而引导区病毒则由自身来代替磁盘上原来的引导区代码，并将病毒装入内存。一旦装入内存，病毒就向其他磁盘或文件扩散。这类病毒通常将整个病毒或病毒的一部分装入引导扇区，而把原引导记录和病毒的其他部分转移到磁盘的其他扇区保存起来，这样病毒在系统启动时便可获得控制权，进行传播和破坏活动。

(2)文件型病毒

文件型病毒常称为外壳型病毒。这类病毒的载体是可执行文件，即文件扩展名为

.com和.exe的程序,它们存放在可执行文件的头部或尾部。将病毒的代码加载到运行程序的文件中,只要运行该程序,病毒就会被激活,同时又会传染给其他文件。这类病毒只传染可执行文件,并且当被感染的文件运行时,病毒即可得到控制权,进行传播及破坏活动。

(3)混合型病毒

混合型病毒具有引导区病毒和文件型病毒两种病毒的特征,以两种方式进行感染。这种病毒既可以传染引导扇区,又可以传染可执行文件,因为它们的传播范围更广,所以难以被消除干净(如FILP病毒就属此类)。

混合型病毒不仅感染磁盘引导记录,也感染磁盘文件。如果只将病毒从被感染的文件中清除掉,当系统重新启动时,病毒将从硬盘引导记录进入内存,之后文件又会被感染;如果只将隐藏在引导记录里的病毒消除掉,当文件运行时,引导记录又会被重新感染。例如,侵入者、3544幽灵等就属于这类病毒。

3)计算机病毒的防御措施

采用技术和管理相结合的措施,完全可以防范计算机病毒。例如,给计算机安装防病毒软件、定期清理计算机、设定控制权限、警惕网络陷阱等。虽然难免仍有新出现的病毒,采用更隐秘的手段,利用现有计算机操作系统安全防护机制的漏洞,以及反病毒防御技术尚存在的缺陷,一时得以在某些计算机上发作并进行某种破坏,但是只要人们在思想上有反病毒的警惕性,依靠反病毒技术和管理措施,这些新病毒就最终无法逾越计算机安全保护屏障,从而遏制它们的传播。这类病毒一旦被捕捉到,反病毒防御系统就会可以立即改进性能,提供对计算机的进一步保护功能。

计算机病毒预防的关键是要在思想上重视计算机病毒可能会给计算机安全运行带来的危害:轻则影响工作,重则将磁盘中存储的无法以价值来衡量的数据和程序全破坏掉,造成无法估量的损失。

4.4　电子商务安全协议

4.4.1　安全套接层协议(SSL)

安全套接层协议(Secure Sockets Layer,SSL),是由Netscape公司设计开发的一种安全技术规范,是为了在互联网上的两个节点之间建立安全的TCP连接的流程及使用的技术,实现兼容浏览器和服务器之间安全通信的协议。简单地说,SSL就是支持两台计算机之间的安全连接,在使用浏览器访问Web服务器时,为提高安全性而约定的一些规定,包括在接到请求后的动作步骤,什么时候需要采用身份验证技术和加密技术等,SSL 协议能够保证采用该规范的信息传输是安全的。SSL 从工作原理上看,它工作于 TCP/IP 协议族的传输层,因此,对于互联网的应用层协议的服务,如 HTTP、FTP、Telnet 等各种网络通信服务都能够提供安全保护。SSL 有两种安全级别:40 位的密钥和 128 位的密钥。密钥越长,加密被破解的可能性就越小,安全性就越高。

1)SSL 协议的基本安全服务

(1)认证服务

SSL 协议提供了认证机制,也就是保证了交易双方实体身份的合法性。这样使得客户端和服务器端能够确信数据将被发送到正确的客户端或者服务器端。客户端和服务器端都有自己的识别号码,是由公开密钥来编排的。为了验证交易双方身份的合法性,安全套接协议要求在握手交换数字时同时进行数字认证。

(2)加密服务

因为在传输的过程中使用了密钥机制,所以 SSL 协议保证了第三方不能破译在两个实体之间的通信内容。安全套接协议采用的加密技术中,既有对称密钥,也有公开密钥。在实际的交易过程中,在交易双方进行数据交换之前,首先要交换 SSL 初始握手协议。在这个握手协议的信息中采用了多种加密技术,以保证数据的安全性和完整性,并且经过数字证书鉴别,这样就能防止非法用户的恶意破坏。

(3)完整性

SSL 协议使用 MAC(Message Authentication Code)来保证两个实体之间的通信内容不会被第三方篡改。SSL 协议采用的是 Hash 函数和机密共享的办法,来保证数据的完整性。

2)SSL 协议的安全交易流程

SSL 协议的安全交易流程如下所述。

①首先,客户支持 SSL 协议在网上进行商品浏览或选购。

②在决定购买后,向商家的服务器发出采购订单信息以及付款信息,从这时开始,SSL 协议开始工作。

③商家在收到客户的订单信息和付款信息后,先将付款信息向银行进行转发,要求银行对该付款信息进行验证。

④在得到银行的认证或付款交易成功后,商家通知客户购买实现并开始向客户发送货物,客户在得到商家的通知后将交易数据保存或打印备份,作为交易实现的凭证。

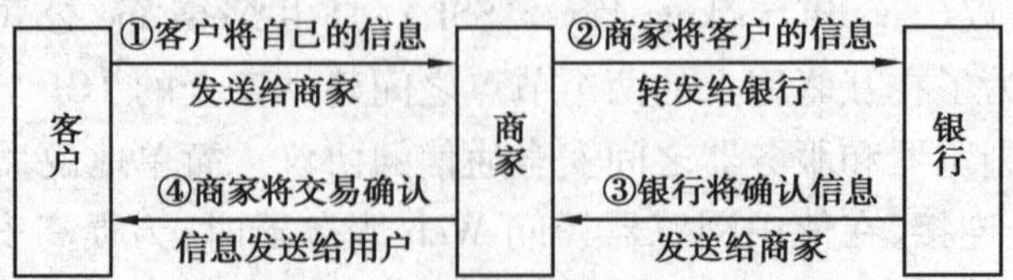

图 4-15　SSL 交易流程

3)SSL 协议的优点

SSL 作为一个被广泛采纳和应用的电子商务交易的支付协议,具有下述优点。

①支持很多加密算法,可以使用 40 位或者 128 位的加密,如可以采用 DES、Triple DES 或 RSA 等加密算法,在收发数据前双方协商加密算法。

②SSL 的实现过程比较简单,并且 SSL 工作于传输层,独立于应用层协议,能够对任何应用层协议提供透明的安全服务。

③目前被大部分的浏览器和 Web 服务器所内置,如 IE 和 Navigator 都支持 SSL, IBM 等公司和 CyberCash 信用卡支付系统也都支持 SSL 协议。

4)SSL 协议的缺陷

因为 SSL 协议是一种结构简单、费用低廉的安全协议,所以它在性能上存在着很多的缺陷,具体如下所述。

①密钥管理问题。因为 SSL 协议是通过密钥来实现数据保密的,所以交易双方在交换密钥时安全性也受到了考验。设计一个安全性很高的密钥交换协议是很复杂的, SSL 协议也不能很好地解决密钥的管理问题。在这个方面 SSL 协议的缺点具体表现有:在握手协议的接通阶段,交易双方会交换自己能够支持的密钥算法,但是交换的信息却是以明文的方式来传送的,这样在传送的过程当中就有被其他人恶意修改的可能;现在 SSL 协议最新的版本是 SSL3.0,为了支持以前的版本,这个版本在安全性上不得不主动作出了一定的牺牲;最后,所有的会话密钥中都会生成 Mater-key,握手协议的安全完全要依赖于对 Mater-key 的保护,因此,在整个通信过程中要尽可能地减少使用 Mater-key,以免被人破解。

②SSL 系统不符合国务院最新颁布的《商用密码管理条例》中对商用密码产品不得使用国外密码算法的规定,要通过国家管理委员会的审批会有一些困难。

③SSL 系统的安全性比较差。SSL 协议使用的是 RSA 等加密算法,并且其安全性完全得依赖于这些算法,也就是说,只要解开了 RSA 算法就攻破了 SSL 协议。这些密钥的安全性现在看来并不是很高,所以 SSL 协议的安全性也受到了人们的怀疑。现在已经有专家和黑客能够攻破 SSL 协议的对外出口版本。

其本身也存在很多的问题,不少用户特别是一些专家都对 SSL 的安全性持有怀疑态度,而其加密方法是遭到攻击最多的地方。美国的 RC4 法规定,对密钥长度多于 40 位的加密密钥产品的出口要加以限制,这更使设计 SSL 协议的 Netscape 公司设计的 128 位加密密钥在美国境外的使用变成了非法的,也使 SSL 协议的安全性在非美国地区变得不能让人完全信任。现在不少公司正在不断开发新的产品来解决 SSL 协议的各种问题,例如,微软公司的私人通信技术(Private Communication Technology,PCT),这种协议会衍生出一种专门的身份验证密钥,并且这个密钥不属于 RC4 规定的管辖范围,这样就解决了 SSL 密钥的位数问题。

4.4.2 安全电子交易协议

安全电子交易(Security Electronic Transaction,SET)是目前世界上已经标准化的一种国际网络信用卡付款机制。消费者发出的支付指令,在由商户送到支付网关之前,是在公用网上传递的,这一点与持卡人在POS机上消费是不同的。因为从商户POS机到银行之间使用的是专线。因此,必须考虑公用网上支付信息的安全性。在这种需求的推动下,VISA与Master Card联合推出了SET协议,并且由众多信息产业公司,如Microsoft、Netscape、RSA等共同协作发展而成。SET协议确保了网上交易所要求的完整性、保密性、数据的不可否认性和交易的身份认证。

在互联网上开发对所有公众开放的电子商务系统,从技术角度来看,关键的技术问题有两个:第一个是信息传递的准确性;第二个是信息传递的安全可靠性。前者是各种数据交换协议已经解决了的问题;后者则是目前学术界、工商界和消费者最为关注的问题。为此,西方学者和企业界在这方面投入了大量的人力、物力,并于1996年提出了安全数据交换的SET、SEPP(Security Electronic Payment Protocol)等标准协议模式。1997年4月以IBM、Netscape、MasterCard International、VISA以及美国数家大银行为首的一个巨大的国际合作集团联手推出了基于SET和SEPP的网络商贸(Net Commerce)系统。该系统所涉及的商贸范围包括B2B、B2C、商贸与支付等多个领域。基于安全网络数据交换协议的电子商务系统的出现,将会使现有企业经营模式和商贸流通模式从根本上发生改变。它不但是技术发展中的一件大事,而且是整个社会网络化、信息化进程中的一个飞跃,对未来社会的发展十分重要。由于SET协议基于互联网的TCP/IP标准和WWW的技术规范,并以安全网络数据交换为宗旨,所以一经提出就立刻受到普遍欢迎。

SET协议主要通过使用密码技术和数字证书的方式来保证信息的机密性和安全性。1997年5月底,SET Specification Version 1.0开始发布,它是面向B2C模式的,完全针对信用卡来制订,涵盖了信用卡在电子商务交易中的交易协定、信息保密、资料完整等各个方面,是为了在互联网上进行在线交易时保证用卡支付的安全而设立的一个开放的规范,现在已经成为事实上的行业标准。

1)SET协议的主要目标

①防止数据被非法用户窃取,保证信息在互联网上安全传输。

②SET中使用了一种双签名技术保证电子商务参与者信息的相互隔离。客户的资料加密后通过商家到达银行,但是商家不能看到客户的账户和密码信息。

③解决多方认证问题。不仅对客户的信用卡认证,而且要对在线商家认证,实现客户、商家和银行间的相互认证。

④保证网上交易的实时性,使所有的支付过程都是在线的。

⑤提供一个开放式的标准,规范协议和消息格式,促使不同厂家开发的软件具有兼容性和互操作功能。可在不同的软硬件平台上执行并被全球广泛接受。

2) SET 协议的安全服务

SET 提供下述安全服务。

①信息的机密性(Confidentiality)。SET 系统中,敏感信息(如持卡人的账户和支付信息)是加密传送的,不会被未经许可的一方访问。

②数据的完整性(Integrity)。通过数字签名,保证在传送者和接收者传送消息期间,消息的内容不会被修改。

③身份的验证(Authentication)。通过使用证书和数字签名,可为交易各方提供认证对方身份的依据,即保证信息的真实性。

④交易的不可否认性(None-repudiation)。通过使用数字签名,可以防止交易中的一方抵赖已发生的交易。

⑤互操作性(Interoperability)。通过使用特定的协议和消息格式,SET 系统可提供在不同的软硬件平台操作的同等能力。

3) SET 协议的购物流程

一个较为简单和完整的购物流程如下所述。

①持卡人使用浏览器在商家的 Web 页面上查看和浏览在线商品及目录。

②持卡人选择要购买的商品。

③持卡人填写订单,包括项目列表、价格、总价、运费、搬运费和税费等。订单可通过电子化方式从商家传过来,或由持卡人的电子购物软件建立。有些在线商店允许持卡人与商家协商物品的价格(例如出示老客户证明或给出竞争对手的价格等)。

④持卡人选择付款方式,此时 SET 开始介入。

⑤持卡人通过网络发送给商家一个完整的订单及要求付款的指令。在 SET 中,订单和付款指令由持卡人进行数字签名,同时,利用双重签名技术保证商家看不到持卡人的账号信息。

⑥商家接受订单,通过支付网关向持卡人的金融机构请求支付认可。在银行和发卡机构确认和批准交易后,支付网关给商家返回确认信息。

⑦商家通过网络给顾客发送订单确认信息。客户端软件可记录交易日志,以备将来查询。

⑧商家为顾客配送货物,完成订购服务。

⑨商家可以立即请求银行将钱从购物者的账号转移到商家账号,也可以等到某一时间,请求成批划账处理。到此为止,一个购买过程结束。

4) SET 的优势

SET 协议具有下述 7 个优点。

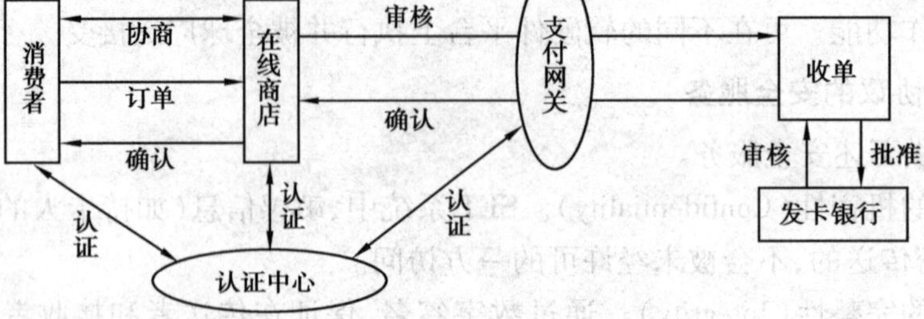

图 4-16 SET 协议的购物流程

①它是一个提供多方通信的报文协议,它定义了有关银行卡交易中商家、客户、银行等交易各方在交易的时候必须遵守报文规范,而 SSL 协议则只能在客户端和服务器端之间建立一条安全的链接。

②SSL 协议在进行报文的时候需要实时通信,也就是需要双方都要在线。而 SET 协议允许交易各方在交换报文的时候不是实时的。

③SET 协议不仅可以在互联网上使用,而且也可以在公共网络和银行内部网络等其他网络使用。而建立在 SSL 协议上的支付系统只能和 Web 浏览器捆绑使用。

④SET 协议能更好地保护用户的信用卡号不会在通信的时候被窃取,它替客户保守了更多的机密信息,使用户可以放心地在网络上进行有关银行的交易。

⑤SSL 协议是由 VISA、MasterCard 推出的安全协议,而这两个公司是信用卡方面的权威机构,这样就使得 SET 协议能够比较容易地被广泛应用。当 SET 协议被应用到互联网上的时候,这两个机构利用自己的技术使用户在使用信用卡的时候承担比较低的风险。这样 SET 协议在和其他协议竞争的时候就更具有优势。

⑥SET 协议对于参与信用卡交易的各方定义了互操作接口,每个交易系统可以使用不同厂商的产品来构造自己的服务器。

⑦SET 协议的安全性需求比较高,因为所有参与交易的各方都必须申请数字证书来证明自己的身份,而 SET 协议只要求服务器端认证,客户端的认证是可选的,这样就不能很好地保证商家的权益。在 SET 协议中,要求客户端同样出具数字证书,这样在一次交易过程当中,银行就会拥有客户曾经购物的证据,实现了客户端的不可否认性,保证了商家的利益。

除此之外,SET 协议的使用也有相对灵活的特点。如果我们在整个系统当中使用 SET 协议的话,那么代价是很大的,因为 SET 协议首先要求在交易各方即在商家服务器端、客户端以及银行网络上安装相应的软件;其次,SET 协议还需要为交易各方发放证书,这使得使用 SET 协议要比使用 SSL 协议昂贵得多。现在利用 SET 协议灵活的特点可以只在整个网络的一部分中使用它。比如一些商家在和银行进行交易的时候使用 SET 协议,因为这一部分交易涉及的金额比较大,SET 协议可以很好地保护商家的利益，而商家在和其他普通用户进行交易的时候使用 SSL 协议，这样就回避了需要为客户端安装专用软件的问题。利用这个方案，商家就可以只付出较小的代价而得到使用 SET 协议带来的更高的安全保证。现在大多数的商家都很好地利用了 SET 协议这一灵活的特点。

5) SSL 协议与 SET 协议的比较

下面从以下 4 个方面来比较一下 SSL 协议和 SET 协议的异同。

(1)认证机制

SET 的安全要求较高，因此，所有参与 SET 交易的成员（持卡人、商家、支付网关等）都必须先申请数字证书来识别身份，而在 SSL 中只有商店端的服务器需要认证，客户端认证则是有选择性的。

(2)设置成本

持卡者希望申请 SET 交易，除了必须先申请数字证书之外，也必须在计算机上安装符合 SET 规格的电子钱包软件，而 SSL 交易则不需要另外安装软件。

(3)安全性

一般公认 SET 的安全性较 SSL 高，主要是因为在整个交易过程中，包括持卡人到商店端、商店到付款转接站再到银行网络，都受到严密的保护，而 SSL 的安全范围只限于持卡人到商店端的信息交换。

(4)基于 Web 的应用

SET 是为信用卡交易提供安全的，它更通用一些。然而，如果电子商务应用只通过 Web 或是电子邮件，则可能并不需要 SET。

在整个电子商务交易的过程中，支付系统起着非常关键的作用，在现在的互联网上有很多基于不同技术的支付系统被广泛使用着，但是这些系统的核心技术走向却一直没有得到统一。此时，落下一个严峻问题，到底什么样的技术带有更好的发展前景呢？现在互联网上流行使用的 SET 协议和 SSL 协议是最重要的两种通信协议，两者都提供了通过互联网进行电子交易支付手段，而两者被广泛地使用是因为都有各自的特点。

本章小结

在计算机互联网络上实现的电子商务交易必须具有保密性、完整性、可鉴别性、不可伪造性和不可否认性等特性。一个完善的电子商务系统在保证其计算机网络硬件平台和系统软件平台安全的基础上，应该还具备以下特点：强大的加密保证、使用者和数据的识别和鉴别、存储和加密数据的保密、联网交易和支付的可靠、方便的密钥管理、数据的完整和防止抵赖。可以说电子商务对计算机网络安全与商务安全的双重要求，使电子商务安全的复杂程度比大多数计算机网络更高,因此电子商务安全应作为安全工程,而不是解决方案来实施。本章主要论述了企业开展电子商务活动所面临的安全隐患以及相应的加密技术、数字认证技术、防火墙技术、安全检测技术,以及SSL和SET安全电子交易协议。

【本章学习与思考】

1.在一个互联网中,是否允许网络用户不经过允许就可以私自与外界网络建立连接,并且进行双向数据交换?为什么?如何预防此种情况的发生?

2.对称加密体制和非对称加密体制有什么区别?

3.用户身份认证的主要目标是什么?基本方式有哪些?

4.什么是防火墙?防火墙的工作原理是什么?谈谈你对防火墙的认识。

5.简述认证机构在电子商务中的地位和作用。

6.简述黑客所采用的服务攻击的一般手段。

7.描述SSL和SET工作原理,试比较SSL协议和SET协议。

【技能操作训练】

1.通过互联网,寻找QQ密码破解以及防范的方法。(主要通过在线破解及防范、木马窃密及防范两种方法进行操作实践,让学生了解网络中没有绝对的安全,并了解如何防范QQ密码被盗,引导学生自主学习。)

2.正确安装与卸载杀毒软件,并能够进行杀毒软件的更新与升级。

第 2 篇
运作篇

第5章
电子支付

【教学目标】

1.了解传统支付中主要的几种方式，掌握电子支付的概念、特点及分类；

2.掌握电子货币的概念，几种具体的电子支付系统的概念和基本工作原理，如电子现金、电子钱包、电子支票，以及其他支付工具；

3.掌握网上银行的概念、网上银行的框架结构及主要功能和特点，了解我国网上银行发展面临的主要问题；

4.了解第三方支付平台。

【教学重点、难点】

1.掌握电子支付的概念和基本原理；

2.电子支付的主要解决方案电子货币；

3.网络银行的框架结构及主要问题。

【案例导入】

图5-1　中国工商银行的网站主页

中国工商银行网上银行

中国工商银行的网上银行业务主要包括企业网上银行、个人网上银行、手机银行、网上汇市、网上证券、网上保险以及网上商城等常规功能,同时还有跨国理财、美元账户黄金买卖、银企对账服务等一系列创新功能。2007年工行电子银行的交易额已达102.88万亿元,同比增长127%,成为国内首家电子银行年交易额超过百万亿元的银行。自2008年以来,工商银行网上银行业务继续保持快速发展势头。截至2017年年末,工行电子银行用户已达5亿多户,其中手机银行用户达2.82亿户,以互联网为主的电子银行业务比重不断加大,互联网金融的发展进入了新的阶段。

其中,企业网上银行包括三大功能:一是为普通用户提供财务查询、内部转账、对外支付、活期存款转存以及发放工资等一般账务处理、信用管理和金融服务,相当于通过银行电子汇兑系统与企业内部财务系统和工资管理系统实现无缝连接,帮助企业合理使用资金,满足企业对资金实施有效监控和管理的要求;二是大型企业机关,它通过网上银行实现对下属分公司或子公司实施收支两条线管理;三是B2C支付平台,可发挥网上银行批量处理的功能,用户可事先编辑未来某日的支付命令,让系统在到期日自动执行程序。

个人网上银行除具备一般的查询账户余额、转账、交费、修改密码功能外,还具备网上同城结算、异地汇款、大额网上支付等功能,且可提供全方位的个人理财服务。网上证券则采用浏览器方式,使股民可在任何一台具备上网功能的电脑上直接进行沪深股市操作。网上商城一般采用与商场或著名网站联合的方式,除采购外,还可进行彩票补注、订购机票、网上捐款等消费结算,使用户可在轻松便利的条件下进行完全彻底的B2C电子商务体验。

中国工商银行网上自助金融服务具有如下特点:

①安全性高。采用国内自行开发的高强度加密算法、SSL安全加密技术、专门的网上密码以及多种业务控制手段,保证客户的个人资料、信用卡信息不被商户或外界获取。

②功能丰富。提供转账、外汇买卖、证券业务、在线支付、账户管理、代缴费用、异地汇款、个人质押贷款、个人理财等一系列功能,满足客户多方面的金融需求。

③手续简单。只需到营业网点一次,填一张表签个名,不需申领任何新的专用卡就可获得功能强大的网上银行服务。

④设置灵活。以登录卡为主线,可为牡丹信用卡、灵通卡、贷记卡、理财金账户卡等不同类型的账户申请不同的功能,并可在线对各种账户的各项功能进行修改。

目前,以“工行财e通”为代表的工行企业网上银行,已经形成了包括集团理财、网上收费站、B2B和B2C在线支付、银企互联、贵宾室、财务室、网上支付结算代理、信用支付等在内的丰富的产品体系,能够为企业提供包括账务信息管理、综合收付款、资金集中调度、投资理财和票据业务等各类非现金服务在内的，全方位、一体化的资金管理服务，成为大型集团客户以及广大中小企业客户进行网上资金管理的首选平台。

5.1 电子支付概述

以互联网为核心的信息技术的飞速发展，使得电子商务不断发展并渗透到经济活动的各个领域，也改变了传统资金的流转模式。使资金运作虚拟化、网络化，资金流转更加高效、成本更低，对传统的支付系统、支付方式形成冲击。为了更好地满足电子商务对支付结算的需求，电子支付应运而生。

5.1.1 传统支付方式

支付方式大体上可分为传统支付和电子支付两类。传统支付方式主要是通过现金流转、票据转让以及银行卡等物理实体来实现支付结算的方式。传统支付主要有现金、票据、信用卡 3 种形式。

1) 现金

现金支付是日常生活中人们非常熟悉的一种支付方式，至今在商品流通领域仍占据很重要的地位。现金有两种形式，即纸币和硬币，是由一国中央银行发行的，其有效性和价值是由中央银行保证的。纸币本身没有价值，它只是一种由国家发行并强制流通的货币符号，但却可以代替货币加以流通，其价值是由国家予以保证的；硬币本身含有一定的金属成分，故而具有一定的价值。此外，还有一些非官方的辅币，比如意大利在 20 世纪 60—70 年代曾用糖块代替小额零钱。

在现金交易中，买卖双方处于同一位置，而且交易是匿名进行的。卖方不需要了解买方的身份，因为现金本身是有效的，其价值由发行机构加以保证。而且现金具有使用方便和灵活的特点，因此很多交易特别是小额交易都可以通过现金来完成的。这种交易方式流程非常简单，如图 5-2 所示。

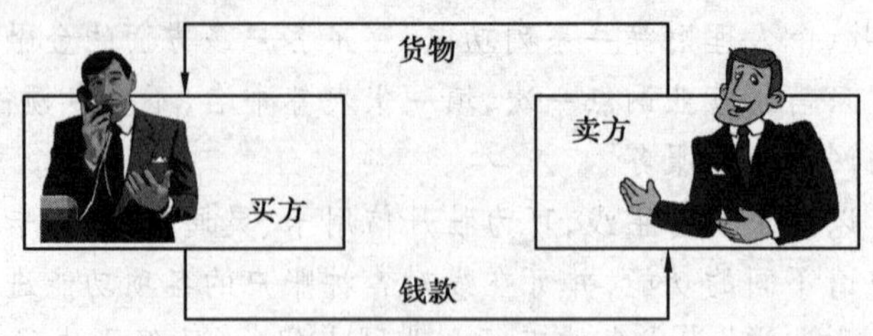

图 5-2 现金交易流程

一般是一手交钱，一手交货。交易双方在交易结束后马上就可以实现其交易目的：

卖方用货物换取现金,买方用现金买到货物。然而,这种交易也存在一些缺陷,具体如下所述。

受时间和空间限制 对于不在同一时间、同一地点进行的交易,无法采用这种方式交易。

不利于大宗交易 大宗交易涉及金额巨大,倘若使用现金作为支付手段,不仅不方便,而且不安全。

受不同发行主体的限制 不同国家的现金单位和代表的购买力不同,这给跨国交易带来不便。

2)票据

票据一词,可以从广义和狭义两种意义上来理解。广义的票据包括各种记载一定文字、代表一定权利的文书凭证,如股票、债券、货单、车船票、汇票等,人们笼统地将它们称为票据;狭义的票据是一个专用名词,专指《中华人民共和国票据法》所规定的汇票、本票和支票等票据。我国票据法将票据分成汇票、本票和支票3种。

汇票是出票人委托他人于到期日无条件支付一定金额给受款人的票据;

本票是出票人自己于到期日无条件支付一定金额给受款人的票据;

支票则是出票人委托银行或其他法定金融机构于见票时无条件支付一定金额给受款人的票据。

因此,票据是出票人依据《中华人民共和国票据法》发行的、无条件支付一定金额或委托他人无条件支付一定金额给受款人或持票人的一种文书凭证。

在商业交易中,交易双方往往会有分处两地或异国的情况。在这种情况下,一旦成交,就会发生异地之间的资金转移或兑换需求。如果输送大量的现金,不仅十分麻烦,而且在途风险很大。票据的出现弥补了现金交易的不足。以票据的转移代替现金的转移,大大减少了上述的麻烦和风险。同时,票据使得交易中的物流和资金流的分开更有保障。

作为支付手段,各种票据都可以使用。下面以支票交易流程为例说明用票据支付的流程,如图5-3所示。

图5-3 支票交易流程

在支票交易中，支票由买方签名后即可生效，故而买卖双方无须处于同一位置。卖方需要通过银行来处理支票，与现金交易相比，这种交易方式不再匿名。但是票据本身的特性使得交易可以异时异地进行，突破了现金交易同时同地的限制，大大提高了交易实现的可能性，由此促进交易的繁荣。票据本身也存在一些问题，比如易于伪造、容易丢失，商业承兑汇票甚至存在拒绝付款和到期无力支付的风险，因此，使用票据仍然具有一定的风险。

3）信用卡

信用卡（Credit Card），又称贷记卡，是一种非现金交易付款的方式，是由银行或金融公司发行的，授权持卡人在指定的商店或场所进行记账消费的信用凭证。

信用卡最早诞生于美国。从 1915 年起，美国的一些百货商店、饮食业和汽油公司等为招揽生意，在一定范围内给顾客发放信用筹码，顾客可以在这些发行筹码的商店及其分店赊购商品，约期付款。这种方便顾客的新方法对笼络顾客、扩大销售起到了明显的促进作用。1946 年，美国狄纳斯俱乐部和运通公司等开始发行旅游、娱乐信用卡。1952 年，美国加州富兰克林国民银行首先发行银行信用卡。20 世纪 80 年代后，信用卡在美国、加拿大、西欧、日本等国家和地区已成为一种普遍采用的支付工具，并逐步取代了现金和支票，大到买房置地、旅游购物，小到公用电话、公共汽车，都采用信用卡结算。

信用卡进入中国是在改革开放之后。随着对外经贸往来的扩大及旅游事业的发展，客观上要求我国改革传统的结算方式，从国外引进信用卡结算方式。1978 年，中国银行广东省分行首先同香港东亚银行签订协议，代理信用卡业务。1985 年 3 月，中国银行珠海分行发行了我国第一张信用卡——人民币中银卡。1985 年 10 月，中国银行加入 VISA 国际组织，并于 1989 年 8 月发行了第一张长城 VISA 卡。之后，我国其他几家银行也先后发行了自己的信用卡，如中国工商银行的牡丹卡、中国建设银行的万事达卡、中国农业银行的金穗卡、交通银行的神通卡等。截至 2016 年年末，全国累计发行银行卡超过 62 亿张，其中信用卡累计发卡 4.73 亿张。

国际上主要有维萨国际组织（VISA International）、万事达卡国际组织（MasterCard International）、美国运通国际股份有限公司（America Express）、大来信用证有限公司（Diners Club）、JCB 日本国际信用卡公司等专业信用卡组织。在各地区还有一些地区性的信用卡组织，如欧洲的 Europay，中国的银联，中国台湾地区的联合信用卡中心等。

银行按照信用性质与功能将信用卡分为贷记卡和借记卡。

①贷记卡：是一种把支付与信贷两种银行业务功能融为一体的银行卡。持卡人享

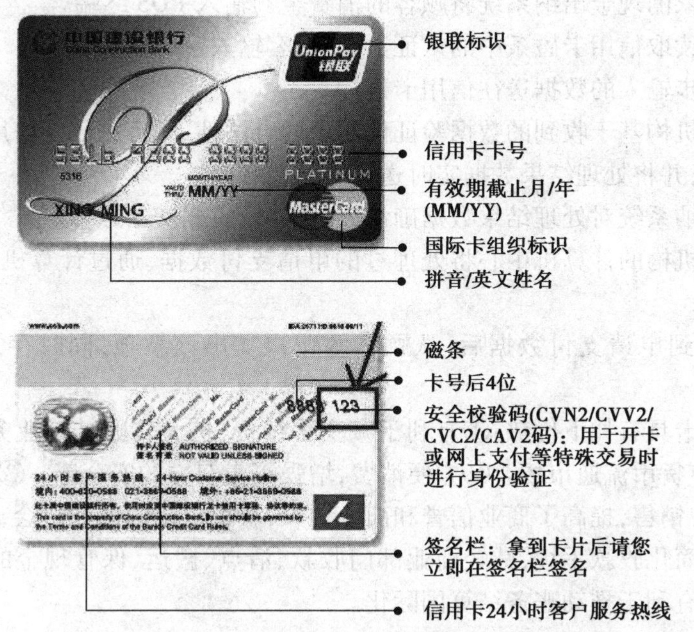

图 5-4　信用卡正背面注解

有一定信贷额度的使用权，无须先在发卡机构存款，便可以“先消费，后还款”。

②借记卡：不具备透支功能但具有其他结算功能的银行卡，即“先存款，后消费”。

信用卡之所以能在世界范围内被广泛使用，与其本身的特点是分不开的。信用卡具有转账结算、消费借贷、储蓄和汇兑等多种功能。信用卡交易的流程如图 5-5 所示。

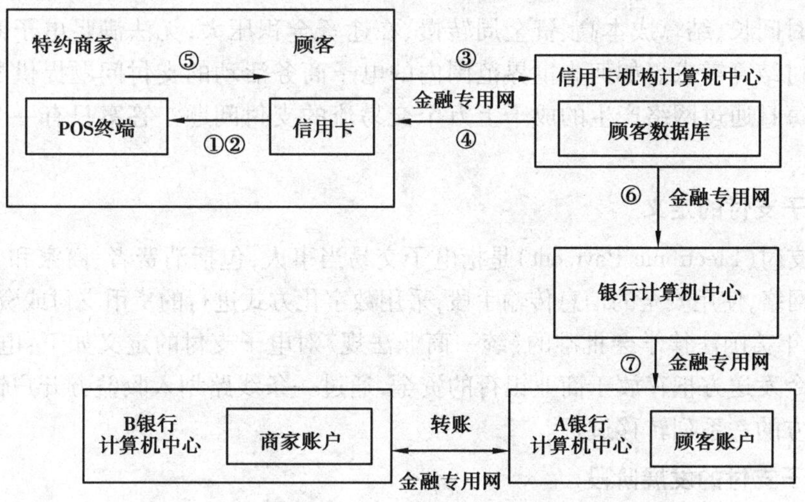

图 5-5　信用卡交易流程图

①特约商家的现金出纳系统将顾客的消费金额输入 POS 终端。

②读卡器读取信用卡磁条中的认证数据,顾客输入密码。

③将前两步输入的数据送往信用卡机构。

④信用卡机构基于收到的数据验证信用卡的合法性、顾客密码及信用额度,更新顾客数据库文件,并将处理结果数据实时送回 POS 终端。

⑤现金出纳系统对处理结果数据确认后,商品及收据交给顾客。

⑥信用卡机构的计算机中心将处理过的申请支付数据,通过计算机网络传送给相应的银行。

⑦银行收到申请支付数据后,从顾客的账户支出该款项,同时存入特约商家的账户。

使用信用卡具有如下优势:①有利于减少手续费,扩大转账结算业务,减少现钞流通,有利于调节货币流通市场。②方便消费,增强买卖双方的安全感。③丰富消费服务手段,促进商户销售,提高了商业信誉和商业形象,获得更多的商业机会,从而提高企业经济效益。④简化收款手续,减轻商业部门收款、清点、搬运、保管现金的繁重劳动,节约劳动力。⑤有利于推动账务结算国际化。

但信用卡也有其缺点,就是交易费用较高。

5.1.2 电子支付的概念及特征

传统支付方式中的现金、票据和信用卡等都是有形的,在安全性、认证性、完整性和不可否认性上有较高的保障,已经有一套适合其特点的、比较成熟的管理运行模式。但由于是以手工操作为主,通过传统的通信方式来传递凭证、实现货币的支付结算,因而凭证传递时间长、结算成本高、资金周转慢、在途资金积压大,无法满足电子商务高效、便捷的支付结算需求。如何为世界范围内的电子商务活动的支付问题提供配套服务?如何处理每日通过网络产生的成千上万个交易流的支付问题?答案只有一个:利用电子支付。

1)电子支付的定义

电子支付(Electronic Payment)是指电子交易当事人,包括消费者、商家和金融机构,通过信息网络,使用安全的信息传输手段,采用数字化方式进行的货币支付或资金流转。

1989 年美国法律学会批准的《统一商业法规》对电子支付的定义如下:电子支付是指支付命令发送方把存放于商业银行的资金,通过一条线路划入收益方开户银行,以支付给收益方的一系列转移过程。

2)电子支付的发展阶段

电子支付方式的出现要早于互联网,其 5 种形式分别代表电子支付的不同发展阶段。

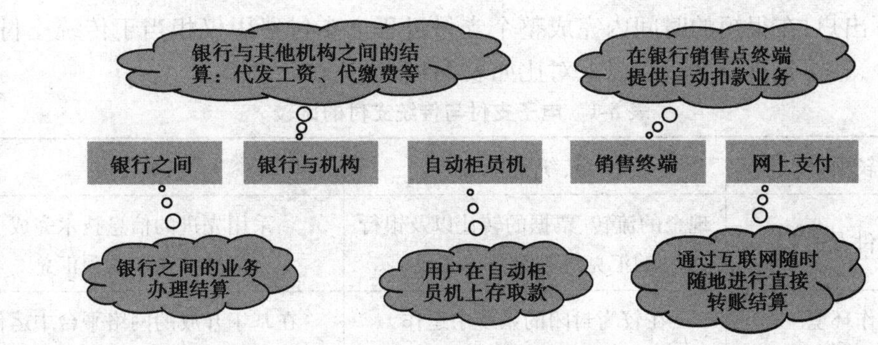

图 5-6 电子支付发展历程

第一阶段：银行利用计算机及网络处理银行之间的业务，办理结算，如工商银行实时电子汇兑系统。

第二阶段：银行计算机与其他机构计算机之间资金的结算，如代发工资、代缴费用等业务。

第三阶段：利用网络终端向客户提供各项银行服务，如为客户在自动柜员机(ATM)上提供的存取款服务等。

第四阶段：利用银行销售点终端(POS)向客户提供的自动扣款、转账服务，这是现阶段电子支付的主要方式。

第五阶段：随时随地通过 Internet 进行直接转账结算，这是电子支付发展的最新阶段，又称网上支付或在线支付。

3)电子支付的特征

与传统的支付方式相比，电子支付具有下述特征。

(1)支付方式

电子支付是采用先进的技术通过数字流转来完成信息传输的，其各种支付方式都是通过数字化的方式进行款项支付的；而传统支付方式则是通过现金的流转、票据的转让及银行的汇兑等物理实体来完成款项的支付。

(2)工作环境

电子支付的工作环境基于一个开放的系统平台(即互联网)；而传统支付则是在较为封闭的系统中运作。

(3)设备要求

电子支付使用的是最先进的通信手段，如 Internet、Extranet，而传统支付使用的则是传统的通信媒介；电子支付对软、硬件设施的要求很高，一般要求有联网的计算机、相关的软件及其他一些配套设施，而传统支付则没有这么高的要求。

(4)支付效率

电子支付具有方便、快捷、高效、经济的优势。用户只要拥有一台能上网的 PC 机，便可足不出户,在很短的时间内完成整个支付过程。支付费用仅相当于传统支付的几十分之一,甚至几百分之一。以上对比如表 5-1 所示。

表 5-1　电子支付与传统支付的比较

比较项目	传统支付	电子支付
支付方式	现金的流转、票据的转让以及银行的汇兑等物流实体完成	采用先进的信息技术完成信息传输和款项汇兑
工作环境	在较为封闭的系统中运作	在基于开放的网络平台中运作
设备要求	使用传统的通信媒介,对软、硬件要求相对较低	使用最先进的通信手段,对软、硬件要求很高
支付效率	支付时间相对较长,效率低,费用高	在很短时间内完成支付,费用仅相当于传统支付的几十分之一,甚至几百分之一

【案例学习 5-1】

2016 年秋季,美国加州的马克·芬威克和所有孝子一样要给母亲寄一张生日贺卡。但和往年不同的是,马克的贺卡是在母亲生日当天及时送到的。更不一样的是,他寄贺卡时根本就没有离开其住所或办公桌。这年马克进到 Greeting-cards.com 商店,买了一张电子生日贺卡,然后用他的 Mondex 智能卡付账。这个智能卡上嵌入了一个有电子现金的芯片。圣诞节时,他又以同样方式从 Etoys.com 为其女儿购买了一个很难在本地商场内找到且非常漂亮的中国制造的泥人娃娃。

BEC 能源公司波士顿·爱迪生分公司(拥有 64 万多名顾客)的客服中心经理戴维·塞缪尔(David Samuel)认为电子结算系统是一个双赢系统,它为顾客支付提供了方便,同时也为公司节约了大量资金。据估计,从一个客户处收款的处理成本为 1~1.5 美元,而在因特网上处理成本可降到 50 美分。用单位节约成本乘以用电子结算的顾客数量,你会发现总的节约成本是非常巨大的。在 BEC 能源公司的案例中,如果每个用户节约 50 美分,那么每个收款周期就能够节约 32 万美元。

如果你还毫不在意的话,就从环境保护的角度想想吧。《华尔街日报》在线版的专栏作家约翰·道奇写道:“GTE 公司每月要给顾客发送 5 350 万张账单,约耗 160 万磅纸,相当于 2 073 棵树。”

5.1.3　电子支付系统

1) 电子支付系统的基本构成

电子支付几乎涉及电子商务活动的所有实体，它的实现需要一个由网络连接的所有实体组成的复杂体系的支持。图 5-7 展示了电子支付中的参与各方及其职能。

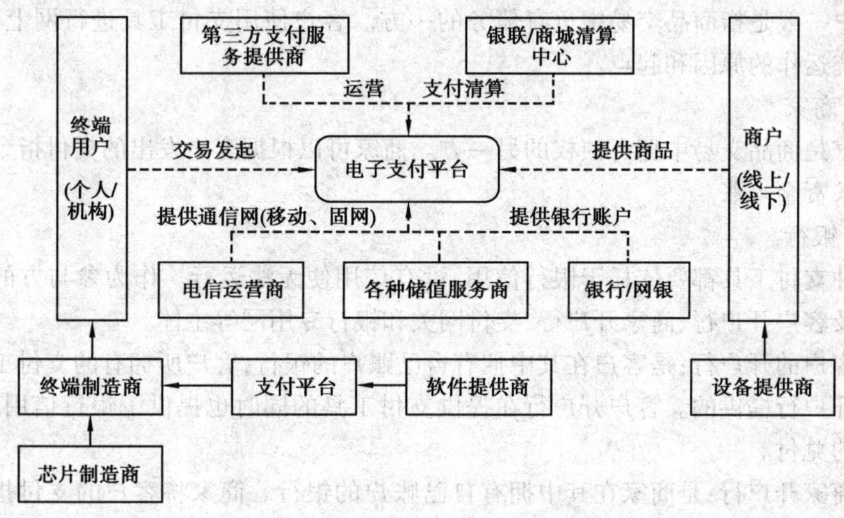

图 5-7　电子支付参与各方全视图

归纳起来，电子支付系统的基本构成包括支付活动参与主体、支付工具以及遵循的支付协议等几个部分，如图 5-8 所示。

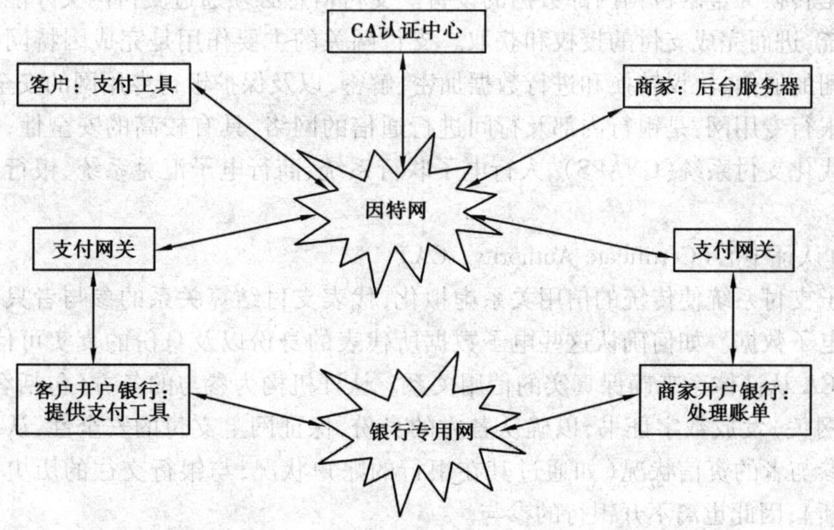

图 5-8　电子支付系统的基本构成

其中,支付活动的参与主体包括客户、商家、银行和认证中心4个部分。为了保障电子商务的安全性,一些公司和机构制订了电子商务安全协议来规范在Internet上从事商务活动的流程。电子支付中用到的协议主要有安全套接层协议(Secure Sockets Layer,SSL)和安全电子交易协议(Secure Electronic Transaction,SET)。以下重点分析电子支付活动的参与主体。

(1)客户

客户一般是指商品交易中负有债务的一方。客户使用支付工具进行网上支付,是支付系统运作的原因和起点。

(2)商家

商家是商品交易中拥有债权的另一方。商家可以根据客户发出的支付指令向金融体系请求资金入账。

(3)银行

各种支付工具都要依托于银行信用,没有信用便无法运行。作为参与方的银行方面会涉及客户开户行、商家开户行、支付网关和银行专用网等主体。

①客户的开户行:是客户在其中拥有自己账户的银行,客户所拥有的支付工具一般就是由开户行提供的。客户开户行在提供支付工具的同时也提供了银行信用,保证支付工具的兑付。

②商家开户行:是商家在其中拥有自己账户的银行。商家将客户的支付指令提交给其开户行后,就由商家开户行进行支付授权的请求以及银行间的清算等工作。商家开户行是依据商家提供的合法账单(客户的支付指令)来操作,因此又称为收单行。

③支付网关:是因特网和银行专用网之间的接口,是由银行操作的将Internet上的传输数据转换为金融机构内部数据的设备。支付信息必须通过支付网关才能进入银行支付系统,进而完成支付的授权和获取。支付网关的主要作用是完成因特网和银行专用网之间的通信、协议转换和进行数据加密、解密,以及保护银行专用网的安全。

④银行专用网:是银行内部及行间进行通信的网络,具有较高的安全性,包括中国国家现代化支付系统(CNAPS)、人行电子联行系统、商行电子汇兑系统、银行卡授权系统等。

(4)认证中心(Certificate Authority, CA)

电子支付系统使传统的信用关系虚拟化,代表支付结算关系的参与者只不过是网络上的电子数据。如何确认这些电子数据所代表的身份以及身份的真实可信性,就需要建立CA认证体系来确保真实的信用关系。认证机构为参与的各方(包括客户、商家与支付网关)发放数字证书,以确认各方的身份,保证网上支付的安全性,认证机构必须确认参与者的资信状况(如通过其在银行的账户状况,与银行交往的历史信用记录等来判断),因此也离不开银行的参与。

2) 电子支付一般流程

电子支付的一般过程是,消费者浏览在线商店的商品目录,通过与商家协商选定商品,选择结算方式,填写订单提交给商家。销售商据此要求消费者的银行对支付指令进行审核和授权。得到授权后,销售商向消费者发出装运和结算的确认。接着,销售商按订单装运货物或提供所要求的服务。最后,销售商要求消费者的银行进行结算,如图5-9所示。

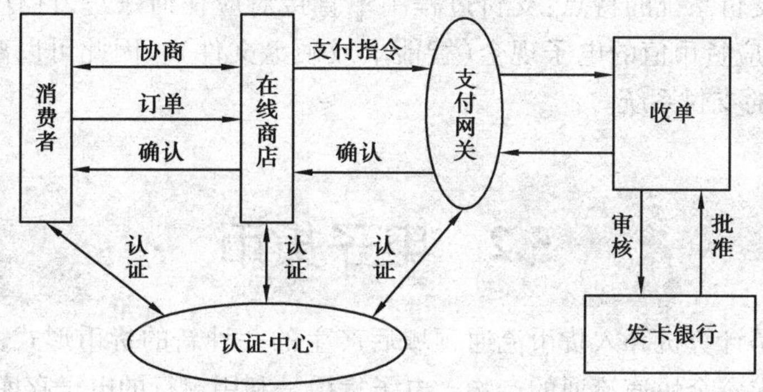

图 5-9　电子支付的一般流程

简言之,电子支付的流程主要包括:支付的发起、支付指令的交换与清算、支付的结算等环节。清算,指结算之前对支付指令进行发送、对账、确认的处理,还可能包括指令的轧差。轧差,指交易伙伴或参与方之间各种余额或债务的对冲,以产生结算的最终余额。结算,指双方或多方对支付交易相关债务的清偿。

3) 电子支付系统的种类

虽然网上支付系统发展的方向是兼容多种支付工具,但事实上做到这一点是比较困难的。因为各种支付工具之间有着较大的差异,在支付流程上也各不相同。从目前已经开发出来的各种支付系统来看,一般也只是针对某一种支付工具设计的。如 SET 协议针对的是信用卡,FSTC(FSTC 是美国金融服务技术联合会研制的电子支票支付系统)针对的是电子支票,Mondex(Monde 为英国银行界研制的智能卡型电子现金支付系统)针对的是电子现金。根据系统中使用的支付工具不同,可以将网上支付系统大致分为 3 类,即信用卡在线支付系统、电子转账支付系统和电子现金支付系统。

信用卡在线支付系统是按照 SET 协议标准建立起来的一整套购物及支付系统。它的特点是:每张卡对应着一个账户,资金的支付最终是通过转账实现的,由于在消费中实行"先消费,后付款"的办法,因此对信用卡账户的处理是后于贷款支付的。也就是说,购物支付是通过银行提供消费信贷来完成的,对信用卡账户的处理还是事后的事情,因此属于"延迟付款"一类,与电子转账有实质上的不同。信用卡支付系统需要采用在线操作,可以透支。目前,国内多家银行都设立了这种用于在线支付的银行卡,都具有安全、方便的特性,是目前国内网上购物实现在线支付的主要手段。

电子转账支付系统的特点:支付过程中的操作直接针对账户,对账户的处理即意味着支付的进行,是一种“即时付款”的支付办法。在支付过程中由于发起人不同又可分为付款人启动的支付和接收人启动的支付。在此系统中,付款人对支付的确认意义十分重要,这就需要一些确认的手段(如支票)。于是这一系统又包括直接转账的支付系统和电子支票支付系统。由于涉及账户,此系统也必须在线操作,但不允许透支。

电子现金支付系统的特点:支付过程中不直接对应任何账户,持有者事先预付资金,便可获得相应货币值的电子现金(智能卡或硬盘文件)。因此可以离线操作,是一种“预先付款”的支付系统。

5.2 电子货币

电子货币是计算机介入货币流通领域后产生的一种新的货币形式,是现代商品经济高速发展要求资金快速流通的产物。电子货币是利用银行的电子存库系统和各种电子清算系统记录和转移资金的一种货币。电子货币已经渗透人们生活的各个领域,银行的库存、贷款、汇款等柜台服务大都借助计算机系统实现,代发工资、代收费、存储通存通兑、银行卡、电子支票、电子现金等多种银行业务就是电子货币的各种表现形式。

5.2.1 电子货币概述

1)电子货币的定义

电子货币作为当代最新的货币形式,从20世纪70年代以来,其应用越来越广泛。电子商务的发展,使电子货币发展形态呈现多样化,如电子现金、电子支票等电子货币。虽然世界各国推行和研制的电子货币千差万别,但其基本形态是类似的。即电子货币是使用者以一定的现金或存款从发行者处兑换并获得相同金额的数据,并以可读写的电子信息方式存储起来,当使用者需要清偿债务时,可通过某些电子化媒介或方法将电子数据直接转移给支付对象。实质上,电子货币是利用银行的电子存款系统和各种电子清算系统进行金融资金转移的方式。

电子货币既有一般意义上货币的含义,但又不同于一般的货币。目前对于电子货币的定义有多种说法,一般认为,电子货币既包含传统在金融专用网上使用的基于卡介质的电子货币,又涉及在互联网上的各种支付方式。即电子货币是指以金融电子化网络为基础,以商用电子化机具和各类交易卡为媒介,以电子计算机技术和通信技术为手段,以电子数据(二进制数据)形式存储在银行的计算机系统中,并通过计算机网络系统以电子信息传递形式实现流通和支付功能的货币。电子货币集储蓄、信贷和非现金结算等多种功能于一体,具有比现金更简便、安全、快捷等优势,所以得到广泛的应用。

电子货币除了具有传统货币的一般属性外,电子货币还具有以下一些特有的属性。

①纸币都是由中央银行或特定的金融机构垄断发行,中央银行承担其发行成本,享有其利润。而电子货币的发行机制有所不同,从目前的情况看,电子货币的发行既有中央银行,也有一般金融机构,甚至非金融机构,而且更多的是后者。

②纸币是以中央银行和国家信誉为担保的法定货币,是标准的产品,由各货币当局设计、管理和更换,被强制接受和广泛使用。而电子货币大部分是不同的机构自行开发设计的带有个性特征的产品,其担保主要依赖于各个发行者自身的信誉和资产,风险并不一致。其使用范围也受到设备条件、相关协议等方面的限制。如果缺乏必要的物理设备,即使是中央银行代表国家发行的电子货币,也不可能强制人们接受。

③传统货币在使用的时候既不是完全匿名的,也不可能做到完全非匿名,交易双方或多或少可以了解到对方的一些个人信息,如性别、相貌等。而电子货币要么是非匿名的(可以详细记录交易,甚至交易者的情况),要么是匿名的。

④货币的使用具有严格的地域限制(除非不同地区的政府达成一致的意见,比如欧元区),而电子货币打破了地域的限制,只要商家愿意接受,消费者就可以很容易地获得和使用多国货币。

⑤传统的货币的防伪依赖于物理设置,而电子货币的防伪只能采取电子技术和通信技术上的加密法或认证系统来实现。

⑥电子货币技术标准的制定、电子货币的推广应用,在大部分国家都具有半政府半民间的性质,一般是企业负责技术安全标准的制定,政府侧重于推广应用。

2) 电子货币的种类

根据不同标准,电子货币的种类也不相同,一般可以分为以下几种。

(1)按照被接受程度分类

分为"单一用途"电子货币和"多用途"电子货币。"单一用途"电子货币是由特定发行者发行,只能用于购买特定的产品或服务,或被单一商家所接受。如各种电话卡、就餐卡等。"多用途"电子货币是根据发行者与商家签订协议范围的扩大,而被多家商户所接受,可购买多种产品或服务,并可储存、支取货币,如银行信用卡、借记卡等。

(2)按照电子货币的形态分类

①储值卡型电子货币。一般以磁卡或 IC 卡形式出现,其发行主体除了商业银行之外,还有电信部门(普通电话卡、IC 电话卡)、IC 企业(上网卡)、商业零售企业(各类消费卡)、政府机关(内部消费 IC 卡)和学校(校园 IC 卡)等。发行主体在预收客户资金后,发行等值储值卡,使储值卡成为独立于银行存款之外新的"存款账户"。同时,储值卡在客户消费时,以扣减方式支付费用,也就相当于存款账户支付货币。储值卡中的存款目前尚未在中央银行征存准备金之列,因此,储值卡可使现金和活期储蓄需求减少。

②信用卡应用型电子货币。指商业银行、信用卡公司等发行主体发行的贷记卡或准贷记卡。可在发行主体规定的信用额度内贷款消费,之后于规定时间还款。信用卡的普及使用可扩大消费信贷,影响货币供给量。

③存款利用型电子货币。主要有借记卡、电子支票等,用于对银行存款以电子化方式支取现金、转账结算、划拨资金。该类电子化支付方式的普及使用能减少消费者往返于银行的费用,致使现金需求余额减少,并可加快货币的流通速度。

④现金模拟型电子货币。主要有两种:一种是基于互联网网络环境使用的且将代表货币价值的二进制数据保管在微机终端硬盘内的电子现金;另一种是将货币价值保存在IC卡内并可脱离银行支付系统流通的电子钱包。该类电子货币具备现金的匿名性、可用于个人间支付、可多次转手等特性,是以代替实体现金为目的而开发的。该类电子货币的扩大使用,能影响到通货的发行机制、减少中央银行的铸币税收入、缩减中央银行的资产负债规模等。

5.2.2 电子现金

1)电子现金的概念

电子现金(Electronic Cash,E-Cash)也称数字现金(Digital Money),是一种以数字形式流通的货币。它把现金数值转换成一系列的加密序列数,通过这些序列数来表示现实中各种金额的币值。电子现金的发行机构根据客户的存款额(用现金缴存或转账缴存均可)向客户发放等值的电子现金,并保证电子现金的防伪性。客户可以持电子现金在特约商家进行日常支付和网上购物活动。

由于信用卡发卡银行的部分利润来自按交易额向商家收取的处理费,为交易额的1%~4%,通常每笔交易最低收取20美分。有些银行对网络商店的收费比对传统商店高,最高到每笔交易多收取1美元。网络商店的结算成本比传统商店高50%。因此,有些商店要求信用卡最低采购额为10~15美元,强制最低采购额是因为银行对小额采购所收取的手续费会高于这些交易的利润,这对互联网采购也一样。但互联网上存在低额采购的市场,比如花50美分买一份在线报纸或花80美分发一份电子贺卡,采购额都不到10美元,小额交易对只有信用卡结算方式的商家来说是不盈利的。因此人们希望有其他网上支付方式来代替信用卡满足小额交易的需要。电子现金系统企图在多方面为在线交易复制现金的特性,即方便、费用低(或者没有交易费用)、不记名以及其他特质,所以多数电子现金系统都能为小额在线交易提供快捷与方便,在小额支付拥有一定的优势。

电子现金首次被戴维·乔姆发明并发行,到1995年年底被设在美国密苏里州的马克·吐温银行接受。现在,电子现金及其支付系统已发展出多种形式。国外有影响的电子现金系统:DigiCash、NetCash,此外还有CyberCoin、EMV现金卡、Beenz和Flooz等电子现金系统。

电子现金支付系统是一种"预支付"的支付系统。用户在开展电子现金业务的银行开设账户,并用账户内存入的现金来购买电子现金。银行将这些电子现金数字化签字后,再发送给用户。在网上交易中,电子现金适用于小额零星的支付业务,使用起来要比借记卡、信用卡更为方便。当用户登录提供电子现金的网上银行后,使用口令(Password)和个人识别码(Personal Identification Number, PIN)来验明身份,直接从其账户中下载成包的低额电子"硬币",然后,把这些电子现金存放在硬盘当中。为了保证交易安全,计算机还为每个"硬币"建立随机选择的序号,并把这个号码隐藏在一个加密的信封中,这样就不会有人知道是谁提取或使用了这些电子现金。

2) 电子现金的表现形式

电子现金的表现形式主要有以下两种。

(1)硬盘数据文件形式

硬盘数据文件形式的电子现金是一个存储在用户计算机硬盘上的数字信息块或数据文件,适用于买、卖双方通过网络进行电子支付的情况。在支付货款时,把电子现金从买方账户中扣除并传输给卖方。优点是不需要专门的设备读出或写入,在网络上流通和传递较方便;缺点是携带不方便,必须在线处理。典型的应用有 Digicash 公司于 1994 年 5 月开发的、用于在线交易的电子现金支付系统。

(2)智能 IC 卡形式

智能 IC 卡形式是将购买的电子现金存储在智能 IC 卡中。当从卡内支出货币金额,或向卡内存入货币金额时,将改写智能卡内的记录信息。智能 IC 卡形式的电子现金除与银行账户之间转移之外,其余的转移操作均可独立完成,不会用与银行发生任何联系。其优点是携带方便,不易篡改,可离线操作;不足之处是需要专用的设备读出或写入。典型的应用是英国银行界研制开发的 Mondex 电子现金。

3) 电子现金的支付流程

应用电子现金进行网络支付,需要在客户端安装专门的电子现金客户端软件,在商家服务器上安装电子现金服务器端软件,发行者需要安装对应的电子现金管理软件等。为了保证电子现金的安全性及可兑换性,发行银行还应该从认证中心申请数字证书以证实自己的身份,并利用非对称加密进行数字签名,具体流程如图 5-10 所示。主要包括以下工作:

①预备工作。付款人、收款人(商家)、发行者都要在认证中心申请数字证书,并安装专用软件。付款人从发行者处开设电子现金账号,并用其他电子支付方式存入一定数量的资金(例如使用银行转账或信用卡支付方式),利用客户端软件兑换一定数量的电子现金。接受电子现金付款的商家也在发行者处注册,并签约收单行用于兑换电子现金。

②付款人与收款人达成购销协议,付款人验证收款人身份并确定对方能够接受相应的电子现金支付。

③付款人将订单与电子现金一起发给收款人。这些信息使用收款人的公开密钥加密,收款人使用自己的私钥解密。

④收款人收到电子现金后,可以要求发行者兑换成实体现金。

⑤发行者通过银行转账的方式将实体资金转到付款行,付款行与收单行联系,收款人与收单行清算。

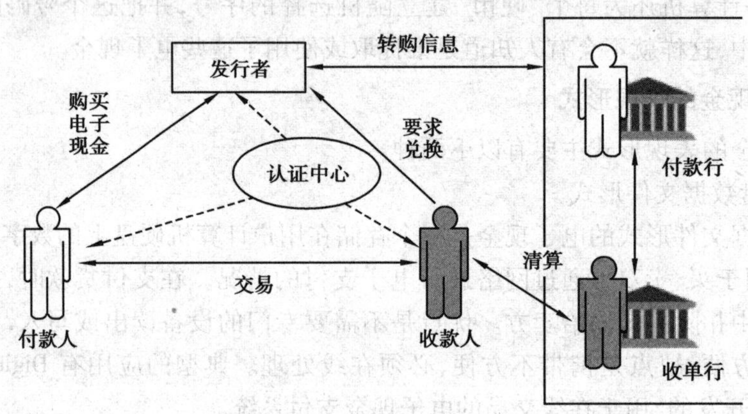

图 5-10　电子现金的交易流程

4)电子现金的优缺点

电子现金可以理解为纸质现金的电子化,在继承了纸质现金的优点的同时还有一些自己的特点,与传统支付工具和其他电子支付工具相比,电子现金主要具有如下优点。

①匿名性。电子现金作为传统纸质现金在网上支付的替代,同样承袭了现金匿名性的特点,这也是其受到网上购物的消费者普遍青睐的原因之一。买方用数字现金向卖方付款,除了卖方以外,没有人知道买方的身份或交易细节。如果买方使用了一个很复杂的假名系统,那么甚至连卖方也不知道买方的身份。保护客户的隐私是电子现金的主要优点,除了买卖双方的个人记录以外,没有任何关于交易已经发生的记录,因此,电子现金不能提供用于跟踪持有者的信息,连银行也无法分析和识别资金流向。

②结算成本低,适用于小额交易。电子现金转账的成本要比处理信用卡的成本低。传统的货币交换系统要求银行、分行、银行职员、自动取款机及相应的电子交易系统来管理转账和现金,成本非常高。电子现金的转账只需现有的技术设施、互联网和现有的计算机系统就可以,所以处理电子现金的硬件固定成本趋近于零。因此电子现金尤其适合 Internet 上一些小额资金的支付结算。(关于小额支付的观点,有人认为 5 美元以下的支付属于小额支付,也有人认为 10 美元以下属于小额支付)。

③支付不受空间限制。传统现金的传输费用比较高,这是由于传统现金是实物,实物的多少与现金金额是成正比的,而大额实物现金的保存和移动是比较困难和昂贵的。因此,实物货币所传输的距离与其处理成本成正比,传输距离越远,移动它所需的成本就越高。而电子现金借助 Internet 在发送者与接收者之间直接传输就完成了支付过程,并且 Internet 能够覆盖全球,所以电子支付的距离增加不会造成支付成本的显著增加,即远距离电子支付与近距离电子支付的成本是基本一样。

④以先进的技术手段保证支付的安全性。电子现金虽避免了实物现金携带和管理的高风险但同样存在安全问题,如需要防止伪造、篡改、抵赖和重复使用。为此,电子现金支付过程始终伴随着先进信息技术的运用,如充分利用数字签名、隐藏签名等安全技术来防止抵赖、篡改、伪造。如果需要,还可附加后台银行认证,提高防止伪造与重复使用的识别能力。

电子现金毕竟是“新生事物”,它的“看不见,摸不着”的特点在为消费者网上购物带来便利的同时,也带来了一些新的问题。

①洗钱问题和对税收的影响。电子现金的匿名性使得税务部门难以追踪其支付过程,因此不法商贩可能利用这一点逃税。利用电子现金可以将钱送到世界上任何地方而难以察觉,因此洗钱也变得容易和猖獗,如果调查机关想要获得证据,则要检查网上所有的数据包并且破译所有的密码,这实施起来难度相当大。

②对货币供应的干扰。因为电子现金可以随时与普通货币兑换,所以电子现金量的变化也会影响真实世界的货币供应量。如果银行发放电子现金贷款,电子现金的量就可能增多,产生新货币。这样当电子现金兑换成普通货币时,就会影响现实世界的货币供应。从另一个角度而言,电子货币的发行使流通中的普通货币需求减少,其发行的规模越大,可用于结算的余额就越多,但同时也要求有更多的传统货币随时准备赎回相当数量的电子货币,这就要求货币发行当局有足够的货币储备。电子货币的发行和流通对央行的货币政策和货币供给调控能力提出了挑战和质疑。

③电子现金的盗用和非法复制。以电子数据形式存在于计算机中,通过网络传输完成支付过程的电子现金面临的最大安全风险是电子现金的盗用、非法复制、恶意程序的破坏以及重复使用等。也就是说,电子现金在带来支付便捷的同时,也面临更多高科技犯罪的风险。在信息技术一日千里的当下,电子支付相关组织的网络和信息安全技术必须时刻走在前面,保持积极的动态更新,才可能保障支付过程的安全和电子现金合法持有者的权益。

④电子现金支付安全对技术及其相关成本的要求。虽然电子现金较传统货币而言在自身制作上大大减少了成本,但电子现金运行系统的建立会花费相当大的成本。电子现金对于硬件和软件的技术要求都较高,需要一个庞大的中心数据库,用来记录使用过的电子现金序列号,以解决其发行、管理、重复消费及安全验证等重要问题。当电子现金大量使用和普及时,中心数据库的规模将变得十分庞大。因此,尚需开发出软硬件

成本更低廉的电子现金。

5.2.3 电子钱包及智能卡

1)电子钱包

电子钱包(Electronic Purse)是电子商务活动中顾客购物常用的一种支付工具,是小额购物或购买小商品时常用的新式钱包,从本质上说,电子钱包是一个客户用来进行安全网络交易特别是安全网络支付并储存交易记录的特殊计算机软件或硬件设备,如同生活中随身携带的钱包一样,其中可以存放电子货币(如电子现金、电子零钱、电子信用卡等)、所有者的身份证书、所有者地址以及结算和送货所需要的其他信息。

(1)电子钱包的发展与现状

世界上最早的电子钱包系统是英国西敏寺(National-Westminster)银行开发的电子钱包 Mondex。它于 1995 年 7 月在有“英国的硅谷”之称的斯温顿(Swindon)市首先试用,很快就被广泛应用于超市、酒吧、珠宝店、宠物商店、餐饮店、食品店、停车场、电话间等。这是由于电子钱包使用起来十分简单,只要把 Mondex 卡插入终端,3~5 s 之后,卡和收据便从设备付现、取出,一笔交易即告结束,读取器将从 Mondex 卡中所有的钱款中扣除掉本次交易的花销。此外,Mondex 卡还大都具有现金货币所具有的诸多属性,如作为商品尺度的属性、储蓄的属性和支付交换的属性,通过专用终端还可将一张卡上的钱转移到另一张卡上,而且,卡内存有的钱一旦用光、遗失或被窃,Mondex 卡内的金钱价值不能重新发行,也就是说持卡人必须负起管理上的责任。有的卡被别人拾起照样能用,有的卡写有持卡人的姓名和密码锁功能,只有持卡人才能使用,比现金更安全。Mondex 卡损坏时,持卡人向发卡机关申报卡内所剩余额,由发行机关确认后重新制作新卡发还。

Mondex 卡终端支付只是电子钱包的早期应用,而今天电子商务中的电子钱包则已完全摆脱了实物形态,成为真正的虚拟钱包。目前世界上有 VISA Cash 和 Mondex 两大电子钱包服务系统,其他电子钱包服务系统还有 Master Cash、EurlPay 的 Clip 和比利时的 Proton 等。

(2)电子钱包的分类

根据存储位置可将电子钱包分成两类,即服务器端电子钱包和客户机端电子钱包。

①服务器端电子钱包是在商家服务器或电子钱包软件公司的服务器上存储消费者的信息。这种方式的优点是相关软件安装在服务器上,用户不需要下载和安装软件,可以随时随地使用。缺点主要有:服务器是众矢之的,易遭到攻击,服务器的故障和客户机—服务器之间的安全漏洞有可能导致用户的个人信息泄露和账户损失;消费者要使用某个商家网站上的服务器端电子钱包,前提是商家必须要支持这个电子钱包。所以,电子钱包供应商要想让消费者接受这个电子钱包,必须先说服大批商家先接受。因此,

只有少数服务器端电子钱包才可能取得成功。

②客户机端电子钱包是在消费者自己的计算机上存储消费者的信息。要使用这种电子钱包的消费者必须在自己的计算机上下载并安装钱包软件。这种方式的优点是客户信息和账户的安全性、隐私性较高，缺点是每个使用钱包的计算机必须安装钱包软件，且电子钱包携带不便，如果不是在安装了自己电子钱包的计算机上购物，就不能使用其功能。

从形式来看，电子钱包有两种：一是纯粹的软件形式，主要用于网上消费、账户管理，这类软件通常与银行账户或银行卡账户是连接在一起的；二是小额支付的智能储值卡形式，持卡人预先在卡中存入一定的金额，交易时直接从储值账户中扣除交易金额。

(3)电子钱包的特点

电子钱包与银行卡一样是用来代替现金交易的，但银行卡多数需要在线授权和密码认证，通常用于对交易速度要求不高的大额支付领域。而在交通、快餐等要求交易速度快、成本低的小额支付领域，电子钱包的离线交易速度和交易成本都优于现金。电子钱包主要有以下特点：

非实名制：实名制的作用是允许挂失和交易验证，由于电子钱包大部分是脱机交易，如果允许挂失，那么挂失信息必须及时在各个终端生效，才能保证挂失效果，这样对系统和终端的技术性能要求将大大提高，导致交易系统复杂，成本提高。因此为了减少钱包的维护成本，简化交易机制，加快交易速度，大部分电子钱包都是不记名、不挂失的。

脱机交易：由于是不记名、不挂失的，无须联机验证持卡人的身份。出于对成本和交易速度的考虑，大部分电子钱包选择脱机交易的方式。由于IC卡可以存储密码，电子钱包也可以采用本地密码验证。脱机交易验证较在线交易简单，本地验证的内容主要是电子钱包的真实性(是否伪卡)。使用脱机交易的方式，无须加密、签名，所以电子钱包交易处理的时间很短。

小额支付：电子钱包主要用于不适合银行卡交易的小额支付领域。由于银行卡的交易要求在线授权、认证，对通信条件有一定要求，不能满足小额支付领域对离线支付和交易处理速度的需求，因此小额支付市场成为银行卡应用的一个盲点，而电子钱包正好具备脱机、无须密码、机具成本小、交易结算费用低等小额支付所需要的优点，填补了银行卡遗漏的市场盲点。

使用环境相对封闭：由于电子钱包不是法定货币，其使用的范围与发卡机构的营销手段及受理环境的建设密切相关，大面积推广会牵涉更多的利益平衡，因此开放度有限，一般在小范围、相对封闭的环境中应用比较成功。这一点在一些小国家和地区显得特别明显，如比利时和中国香港。

(4)电子钱包的使用步骤

①顾客上网浏览商家Web主页上的在线商品目录，选择要购买的商品。

②顾客填写订单,包括项目列表、价格、总价、运费、搬运费、税费。

③订单可通过电子化方式来商定,或由顾客的电子购物软件建立。有些在线商场可以让顾客与商店协商物品的价格(例如出示自己是老客户的证明,或给出竞争对手的价格信息)。

④顾客确认后,选定用电子钱包付钱。将电子钱包装入系统,单击电子钱包的相应项或电子钱包图标,电子钱包立即打开;然后输入自己的保密口令,在确认是自己的电子钱包后,从中取出一张电子信用卡来付款。

⑤电子商务服务器对此信用卡号码采用某种保密算法并加密后发送到相应的银行去,同时商店也收到经过加密的购货账单,商家将自己的顾客编码加入电子购货账单后,再转送到电子商务服务器上去。这里,商店对顾客电子信用卡上的号码是看不见的,不可能也不应该知道,商店无权也无法处理信用卡中的钱款。因此,只能把信用卡送到电子商务服务器上去处理。经过电子商务服务器确认这是一位合法顾客后,将其同时送到信用卡公司和商业银行。在信用卡公司和商业银行之间要进行应收款项和账务往来的电子数据交换和结算处理。信用卡公司将处理请求再送到商业银行请求确认并授权,商业银行确认并授权后送回信用卡公司。

⑥如果经商业银行确认后拒绝并且不予授权,则说明顾客的这张电子信用卡上的金额不足、没有余额或者已经透支。遭商业银行拒绝后,顾客可以再打开电子钱包,取出另一张电子信用卡,重复上述操作。

⑦如果经商业银行证明这张信用卡有效并授权后,商店就可交货。与此同时,商店留下整个交易过程中发生往来的财务数据,并且出示一份电子数据发送给顾客。

⑧上述交易完成后,商店按照顾客提供的电子订货单提供的地址,将商品通过物流配送方式交到顾客或其指定人手中。

在上述电子钱包购物的全过程中,虽然中间经过了信用卡公司和商业银行等多次进行身份确认、银行授权、各种财务数据交换和账务往来等,好像很复杂,其实这都是在极短的时间内通过很简单的操作完成的。实际上,从顾客输入订货单到拿到商店出具的电子收据全过程仅用 5~20 s 的时间,并且安全可靠。在购物过程中,顾客可以用任何一种浏览器(如 Netscape)进行浏览和查看。有了电子商务服务器的安全保密措施,既可以保证顾客的信用卡上的信息别人看不见,又可以保证顾客去购物的商店是一个真实的而不是假冒的,从而保证顾客安全可靠地买到称心的商品。

2)智能卡

智能卡(Smart Card or IC)最早是在法国问世的。20 世纪 70 年代中期,法国 Moreno 公司采取在一张信用卡大小的塑料卡片上安装嵌入式存储器芯片的方法,率先开发成功 IC 存储卡。经过 20 多年的发展,真正意义上的智能卡,即在塑料卡上安装嵌入式微型控制器芯片的 IC 卡,由摩托罗拉和 Bull HN 公司于 1997 年共同研制成功。

(1)智能卡的结构

智能卡的结构主要包括以下 3 部分。

①建立智能卡的程序编制器。程序编制器用于智能卡的开发过程,它从智能卡布局的层面描述了卡的初始化和个人化所需要的数据创建过程。

②处理智能卡操作系统的代理。包括智能卡操作系统和智能卡应用程序接口的附属部分。该代理具有极高的可移植性,它可以集成到芯片卡阅读器设备或个人计算机及客户机或服务器系统上。

③作为智能卡应用程序接口的代理。该代理是应用程序到智能卡的接口,它有助于对不同智能卡代理进行管理,并且还向应用程序提供智能卡类型的独立接口。

由于智能卡内安装了嵌入式微型控制器芯片,因而可储存并处理数据。卡上的价值受用户的个人认识码(PIN)保护,因此只有用户能访问它。多功能的智能卡内嵌入有高性能的 CPU,并配备有单独的基本软件(OS),能够如同个人电脑那样自由地增加和改变功能。这种智能卡还设有"自爆"装置,如果犯罪分子想打开 IC 卡非法获取信息、卡内软件上的内容将立即自动消失。

(2)智能卡的应用过程

①在适当的设备上启动用户的因特网浏览器,这里所说的设备可以是 PC 机,也可以是一部终端电话,甚至是付费电话。

②通过安装在 PC 机上的读卡器,用用户的智能卡登录到为用户服务的银行 Web 站点上,智能卡会自动告知银行用户的账号、密码和其他一切加密信息。

③完成以上两步操作后,用户就能够从智能卡中下载现金到厂商的账户上,或从银行账号上下载现金存入智能卡。

例如,用户想购买一台微波炉,当用户在商店选中了满意的微波炉后,其价值为 588 元,将用户智能卡插入商店的计算机中。登录到用户的发卡银行,输入密码和商店的账号,片刻之后,商店的银行账号上增加了 588 元,而用户的现金账面上正好减少 588 元。同时,用户得到了这台微波炉。

在电子商务交易中,智能卡的应用类似于实际交易过程。只是用户在自己的计算机上选好商品后,输入智能卡的号码登录到发卡银行,并输入密码和在线商店的账号,完成整个支付过程。

(3)智能卡的应用范围

①电子支付,如智能卡用于电话付费,代替信用卡。

②电子识别,如能够控制对大楼房间或系统的访问,如计算机或收银机。

③数字存储,即一种必须适时存储和查询数据的应用,如存储和查询病历,目标跟踪信息或处理验证信息。

(4)智能卡的特点

对于用户来说,智能卡提供了一种便利的方法。智能卡消除了某种应用系统可能对用户造成不利影响的各种情况，它能为用户“记忆”某些信息，并以用户的名义提供这种信息。某种应用本身能够配置成适合某个用户的需要，而不是用户去学习和适应这种应用。使用智能卡不必记住个人识别号码（密码），例如，打电话、取现金、支付、无须记住个人识别号码是一大优点。降低了现金处理的支出及被欺诈的可能性，提供了优良的保密性能。使用智能卡，用户不需要携带现金，就可以实现像信用卡一样的功能，而保密性能高于信用卡，因此，智能卡在网上支付系统中作用最大。

5.3 网上银行

5.3.1 网上银行概述

网上银行，又称网络银行、在线银行，是指银行利用 Internet 技术，通过 Internet 向客户提供开户、销户、查询、支付、对账、行内转账、跨行转账、信贷、网上证券、投资理财等传统服务项目，使客户可以足不出户就能够安全便捷地管理活期和定期存款、支票、信用卡及个人投资等。可以说，网上银行是在 Internet 上的虚拟银行柜台。

全球首家网络银行“安全第一网络银行”于 1995 年 10 月 18 日在美国创建。由于提供免费网上支付以及操作迅速等优势，网上银行得以迅猛发展，客户群不断扩大。今天，80%的美国银行在互联网上建立了自己的网站，10%的美国家庭和 8%的欧洲家庭使用网络银行。

1996 年 2 月，中国银行在互联网上建立和发布了自己的主页，成为我国第一家在互联网上发布信息的银行。1997 年，招商银行率先推出网上银行“一网通”，成为国内第一家上网的银行。1998 年，中国银行开通网上银行服务。此后工商银行、建设银行、交通银行、光大银行以及农业银行等也陆续推出网上银行业务。据中国电子商务研究中心（100EC.CN）监测数据显示，2017 年中国网上银行交易规模达到 1 725.38 万亿元，同比增长 32.77%；全年手机银行交易达 969.29 亿笔，同比增长 103.42%，交易金额达 216.06 亿元；手机银行个人客户达 15.02 亿户；企业客户达 0.05 亿户。网上银行经过多年的发展已积累起较为稳定的用户群，庞大的电子银行用户为银行业拓展电子商务市场奠定了坚实的基础，发展电子商务及互联网金融等创新业务将成为电子银行交易规模增长的主要动力。

网络银行业务在世界各地得到了迅速的发展。究其原因，主要来自技术、社会和银行内部 3 个方面。

1）技术原因

计算机技术、网络技术和电信技术的飞速发展，为网络银行的发展奠定了技术基础。

①随着网络高速接入技术的不断发展和成熟,已经广泛使用的 56 KB 的调制解调器(Modem)大大提高了通过电话线方式接入因特网的信息传输速率。同时,电缆调制解调器(Cable Modem)的信息传输速率也已经达到 4 MB。DDN、ISDN 等方式的专线数据网和光纤网逐渐在世界各地展开,并迅速向偏远地区延伸。通过微波无线网接入因特网的技术,以及通过卫星向 Web 进行直播的技术研制成功,为低成本地实现对边远山区的信息传输和建立统一的全球卫星通信网络奠定了基础。所有这些都为网络银行的迅速发展提供了技术支持。

②随着因特网的安全保密技术,以及行业内部专用网络与公共网络接口安全技术等网络安全技术的不断完善,一系列加密软件和控制硬件的研制成功,各种安全协议标准的出现,数字签名等技术的日益普及和规范,为网络银行的发展提供了安全保障。

2)社会原因

电子商务的发展构成了网络银行的社会商业基础,而互联网的普及、网络用户的壮大则构成了网络银行的客户基础。

①电子商务的发展,既要求银行为之提供相配套的网上支付系统,也要求网络银行提供与之相适应的虚拟金融服务。从一定意义上讲,所有网上交易都由两个环节组成:一是交易环节;二是支付环节。前者在客户与销售商之间完成,后者需要通过网络银行来完成。显然,没有银行专业网络的支持,没有安全、平稳、高效的网上支付系统运作的支撑,就不可能实现真正意义上的电子商务。

②因特网已遍及全球 200 多个国家和地区,网络用户正以不可阻挡的势头迅猛发展着,而网络银行的客户,虽然这几年也在飞速增长,但仅仅占了上网用户的一小部分,所有这些上网用户,都构成了网络银行的庞大潜在客户群,而网络银行在未来的发展任务,就是如何以更好的服务去争取他们。

3)内部原因

网络银行发展最根本的原因,既是出于对服务成本的考虑,又是出于对行业竞争优势的追求,也就是说,是来自银行业内部发展的原因。

20 世纪 90 年代以来,随着金融全球化、自由化的出现和金融创新的发展,金融领域的竞争日趋激烈,金融风险不断增加。为改善交易条件以提高效率和增强竞争力,出现了全球范围内金融业的网络化浪潮。

一般认为,因特网能为商业银行带来以下优势,从而提高其综合竞争力。

①降低商业银行的经营业务成本。据美国一家金融机构统计,在互联网上进行每一笔货币结算的成本不超过 13 美分,而通过电话银行要 54 美分,在银行的分理机构则要 1.08 美元。

②降低商业银行的管理维护成本。例如,银行雇员大量减少,节省了工资支出;不需要大量的物理办公场所,节省了租金和装修、水、电等大量杂费支出。

③客户足不出户就能随时享受优质、高效的银行服务,极大地方便了客户。

5.3.2 网上银行框架结构及功能

1)网上银行功能

网上银行的框架结构如图5-11所示,整个网上银行系统分成7个部分:网上银行客户、Internet 接入、Web 服务、CA 中心、交易网关、后台业务系统和系统管理。

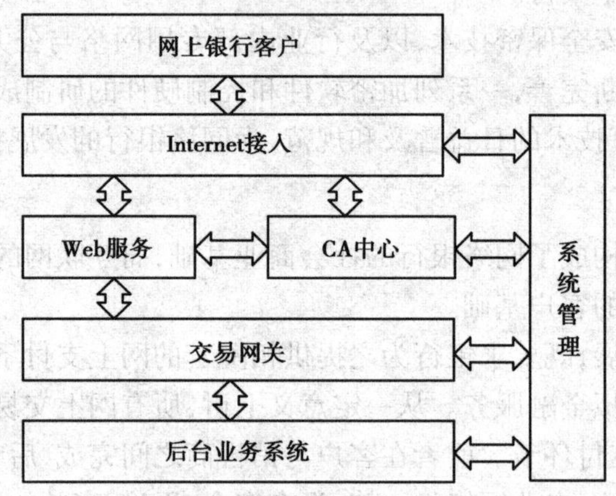

图5-11 网上银行框架结构

网上银行的功能一般包括银行业务项目、信息发布以及商务服务。

(1)银行业务项目

银行业务项目主要包括个人银行、对公业务(企业银行)、信用卡业务、多种付款方式、国际业务、信贷特色服务等功能。

①个人银行服务。个人银行业务包括网上开户、清户、账户余额查询、交易明细查询、利息查询、电子转账、票据兑现等。

②网上信用卡业务。网上信用卡业务包括网上信用卡申办,查询信用卡账单,信用卡授权和清算等。

③对公业务。对公业务包括企业集团查看账户余额和历史业务情况,不同账户间划转资金,核对账户,电子支付雇员工资,将账户信息输出到空白表格,了解支票使用情况,打印显示各种报告和报表,如资产负债表、余额汇总表、详细业务记录表等。

④其他付款方式。提供数字现金、电子支票、IC 卡、智能卡付款方式。

⑤国际业务。国际业务包括经网上进行的资金汇入、汇出。

⑥信贷。个人和企业在网上查询贷款利率,申请贷款,银行根据信用记录决定贷款。

⑦特色服务。特色服务依每个网上银行不同,其服务项目而不同。常见的特色服务项目有:提供免费下载的金融管理软件;利用 Internet 向客户直接促销新的金融

商品,并以此寻找潜在客户等。

(2)商务服务

商务服务包括投资理财、资本市场、政府服务等功能。

银行通过网上投资服务,更好地体现以客户为中心的服务策略。投资理财可以有两种方式。一种是客户主动型,客户可以对客户的账户及交易信息、汇率、利率、股价、期货、金价、基金等理财信息(金融信息)进行查询,使用或下载银行的分析软件帮助客户分析,按自己的需要进行处理,以满足客户的各种特殊需求。目前,市场上已经出现专用的个人理财软件产品,还有支持股票交易、外汇买卖、期货交易、黄金买卖等的分析软件。网上理财现在在国内刚刚起步,很多实质性业务都还没有开展,国内现在比较成熟的网上理财业务是网上证券交易。另一种方式是银行主动型,银行可以把客户服务作为一个有序进程,由专人跟踪,进行理财分析,提供符合客户经济状况的理财建议、计划及相应的金融服务。在最近十年中,投资已成为全球发展最快的行业,如共同基金、养老金等。2012—2016 年银行投资类资产年增长约 21.8%,潜力巨大的投资服务可望获得进一步增长。

(3)信息发布

信息发布包括国际市场外汇行情、兑换利率、储蓄利率、汇率、国际金融信息、证券行情、银行信息等功能。

目前,网上银行实现的功能主要是信用卡、个人银行、对公业务等客户与银行间关系较密切的部分。

2)网上银行的特征

网上银行是信息革命贡献给金融电子化领域的最新创意。它具有如下特征:

①依托迅猛发展的计算机硬件技术和计算机网络与通信技术,利用渗透到全球每个角落的因特网;减少固定营业网点的数量,降低经营成本,打破地域界限、时间限制为客户每天 24 小时提供服务。

②突破了银行传统业务操作模式,摒弃了银行由店堂前台接柜开始的传统服务流程,把银行的业务直接在因特网上推出。

③个人用户不仅可以通过网上银行查询存折账户、信用卡账户中的余额及交易情况,还可以通过网络自动定期交纳各种社会服务项目的费用,进行网上购物。

④企业集团用户不仅可以查询本公司和集团子公司账户的余额、汇款、交易信息,并且能够在网上进行电子贸易。

⑤全面实现无纸化交易:电子现金、电子钱包、电子信用卡等代替原来的纸质文件通过数据通信网进行传送。

⑥简单易用:只要有可以上网的工具、简捷明了的用户指南,就可以快速获得服务,方便、快捷、高效、可靠。

3) 网上银行在电子商务中的作用

网上银行在电子商务的整体框架中是必不可少的重要组成部分,是电子商务发展的必要条件。无论是对于传统的交易,还是新兴的电子商务,资金的支付都是完成交易的重要环节。所不同的是,电子商务强调支付过程和支付手段的电子化。一般商务交易过程可分为两个基本环节:交易环节和支付结算环节,而支付结算环节是由支付网关、收单银行、发卡银行与金融专用网络等组成的。也就是说,银行作为电子化支付和结算的最终执行者,起着连接买卖双方的纽带作用。网上银行所提供的电子支付服务是电子商务中最关键的因素,直接关系到电子商务的发展前景。从这个意义上讲,随着电子商务的发展,网上银行的发展亦是必然趋势。

【案例学习 5-2】

美国安全第一网络银行

1994 年 4 月,美国三家银行 Area Bank 股份公司、Wachovia 银行公司、Hunting Bancshares 股份公司、Secureware 和 Five Space 计算机公司联合在 Internet 上成立全球第一家无任何分支机构的纯网络银行,即美国安全第一网络银行 SFNB(Security First Network Bank)。这是新型的网络银行,是得到美国联邦银行管理机构批准,在因特网上提供银行服务的第一家银行,也是在因特网上提供大范围和多种银行服务的第一家银行。

1995 年 10 月,美国安全第一网络银行在网上开业。开业后的短短几个月即有近千万人次上网浏览,给金融界带来极大震撼。于是便有若干银行立即紧跟其后,在网上开设银行。随即,此风潮逐渐蔓延全世界,网络银行走进了人们的生活。

1996 年年初,美国安全第一网络银行全面在因特网上正式营业和开展银行金融服务,用户可以采用电子方式开出支票和支付账单,可以上网了解当前货币汇率和升值信息,而且由于该银行提供的是一种联机服务,因此用户的账户始终是平衡的。

1998 年 1 月,美国安全第一网络银行通过因特网为用户提供一种称为环球网(Web Invision)系统的服务。环球网系统是建设在美国安全第一网络银行 PC Invision 之上的一种金融管理系统。利用该系统,用户能够通过因特网访问自己最新的账目信息,获取最近的商业报告或通过直接拨号实时查询资金状况和投资进展情况,不需要在用户端安装特殊的软件。环球网系统主要面向小企业主和财会人员设计。这些人可以利用环球网系统了解公司资金的最新情况,还可以利用环球网系统使用他们的电子邮件与美国安全第一网络银行联系,访问全国或地区性的各种经济状况和各种相关数据。

1998 年 10 月,在成功经营了 5 年之后,美国安全第一网络银行正式成为拥有 1 860 亿美元资产的加拿大皇家银行金融集团(Royal Bank Financial Group)旗下的全资子公司。从此,SFNB 获得了强大的资金支持,业务范围扩大了,人员也增加了,力图继续保持在纯网络银行领域内的领先地位。

5.3.3 网上银行发展面临的障碍

作为一种新的银行组织形式,网上银行在其发展阶段,不可避免地会碰到一些问题,从实践来看,网上银行面临的问题主要包括 5 个方面。

1)风险问题

传统银行所面临的风险,比如信用风险、流动性风险、利率风险和市场风险,在网上银行的经营中仍然存在,只不过在表现形式上有所变化。这里,只讨论网上银行所特有的风险——操作风险、市场信号风险、信誉风险和法律风险。

(1)操作风险

操作风险是指来源于系统可靠性、稳定性和安全性的重大缺陷而导致的潜在损失的可能性。操作风险可能来自网上银行客户的疏忽,也可能来自网上银行安全系统和其产品的设计缺陷及操作失误。操作风险主要涉及网络银行账户的授权使用、网络银行与其他银行和客户间的信息交流、真假电子货币的识别等。

(2)市场信号风险

市场信号风险是指由于信息不对称导致的网络银行面临的不利选择和道德风险引发的业务风险。由于网络市场上商业银行与客户间信息处于严重不对称状态,客户会比在传统形式的市场上更多地利用信息优势形成对网络银行不利的道德风险行动。

(3)信誉风险

信誉风险是指由于不利的舆论而导致失去资金或客户的可能性。网络银行信誉风险主要源自网络银行自身、客户以及前两者以外的第三者。信誉风险可能会来自以下情况:当客户在使用网络提供的服务产品过程中遇到困难或问题,而网络银行又不能解决这些困难或问题时;网络银行提供的虚拟金融服务产品不能达到公众所预期的水平,且在社会上产生广泛的不良反响时;网络银行的安全系统曾经遭到破坏;非银行或客户的第三者导致的错误、渎职和欺诈等结果或行为;由于专用或公用线路故障,客户无法使用其在网络银行的账户,特别是在无法从其他途径得知其账户的有关信息时;其他网络银行在提供电子货币或其他虚拟金融服务上的失败。信誉风险不仅是针对某一家网络银行,而且可能是对整个网络银行界而言的。在特定的经济环境下,一旦出现全球性的对网络银行的信任危机,就可能导致整个网络银行服务市场的危机。

(4)法律风险

法律风险来源于违反法律、规章的可能性,或者有关交易各方对法律权利和义务的不明确性。银行通过互联网在其他国家开展业务,对于当地的法规可能不甚了解,从而加剧了法律风险。有关网络的法律仍不完善,而且各国情况不一样,这也加大了网络银行的法律风险。

2)消费者信心问题

网络银行只有达到一定的客户规模,才可能获得有价值的收益。尽管银行家为扩大客户群绞尽脑汁,但仍难以消除消费者对网络银行的疑虑。美国波士顿咨询公司曾对客户不愿使用网络银行的原因进行过市场调查,结果显示,80%的客户是出于对风险因素的担心,从目前来看,这种担心已远远超过了其必要的程度。

3)法律问题

由于网络银行尚处于初期阶段,对交易各方的法律权利和义务尚无明确规定。例如,对于消费者保护法如何适用于网络银行还不清楚。目前,网络银行电子支付采用的规则都是协议,与客户在言明权利和义务关系的基础上签订合同,出现问题则通过仲裁解决。但由于缺乏相关的法律依据,造成问题出现后涉及的责任确定、承担和仲裁结果的执行等复杂的法律关系难以解决。这无形中加大了银行和客户在网上进行电子支付活动的风险。

另外,对网络犯罪的界定也是一个急需解决的法律问题。它包括对"黑客"犯罪事实的认定,以及事后如何判定损失的程度、界定双方责任、如何赔偿等。

同传统银行相比,网络银行模糊了国与国之间的自然疆界,其业务和客户随着互联网的延伸可达世界的任何角落,从理论上讲,国外客户使用银行服务的便利几乎同国内客户一样。这样,就向传统的基于自然疆界和纸质合约上的法律法规提出了挑战。比如说,跨境网上金融服务交易的管辖权、法律适用性问题;品牌与知识产权问题;境外信息的有效性与法律认定问题;语言选择的合法性问题等。

4)业务标准问题

目前,所有提供网络银行业务的国家,都面临着如何选择业务标准,以防止将来因不能与国际上通行的标准相兼容,而成为一个"孤岛"。在大多数国家,这些标准由银行业建立并控制,但也有一些国家,如英国、瑞士等,是由银行业和 IT 业共同控制的。现有的标准主要有:由 Miscrosoft、Intuit 和 Checkfree 等公司设计发展的"开放式金融交易"标准(Open Financial Exchange,OFX);美国银行业技术联盟发布的"交互式金融交易"标准(Interactive Financial Exchange,IFX);Integrion 公司发布的 GOLD 标准;德国的"家庭银行计算机接口"标准(Home Banking Computer Interface,HBCI)。除此之外,还有诸如微软的"公开金融联结"标准(OFC)、维萨公司的"维萨交互"标准等。虽然这些标准基本上都是建立在诸如 HTML、HTTP 和 SSL 等的基础上,但它们之间仍有不少差别,如何兼顾实用性和兼容性是金融当局和银行家都必须面对的一个大问题。

5)监管问题

网络银行以技术为核心,对监管机构的技术水平和设备提出了较高的要求。日新月异的信息技术不断改变着银行的经营方式和内容，监管机构必须不断更新其技术和知识，才能跟上这些变化。因此，监管人员必须具有良好的素质，对信息技术和金融知识都能熟练掌握。此外，由于网络技术的发展，对于银行的定义越来越模糊，非银行机构很容易在网上提供类似银行的服务，而未经监管机构的许可或监督，这也增加了监管的难度。

另一个监管问题是监管的力度应该多大。如果对网络银行实施较严格的监管，可以有效地降低网络银行乃至整个金融体系的风险，但也可能降低国内银行的竞争力，造成银行业的衰败。网络银行的竞争力在一定程度上依赖于技术进步和业务创新，过早或过于严格的管制都有可能抑制这种创新。因此，监管机构在引入新规则和政策时，应注意在保证网络银行安全、可靠运行的同时，不抑制创新和银行的竞争力。

5.4　第三方支付

近年来，电子商务迅速崛起，成为商品交易的最新模式，作为中间环节的网上支付，成为电子商务流程中交易双方最为关心的问题。由于电子商务中的商家与消费者的交易不是面对面进行，而且物流与资金流在时间和空间上也是分离的，这种没有信用保证的信息不对称，导致了商家与消费者之间的博弈。商家不愿意先发货，怕货物发出后不能收回货款；消费者不愿先支付，担心支付后拿不到商品或商品质量得不到保证。博弈的最终结果是双方都不愿意先冒险，网上购物无法进行。为了解决网络交易中的基本信用问题及信用瑕疵，第三方支付平台出现了。第三方支付平台正是在商家与消费者之间建立了一个公共的、可以信任的中介。

5.4.1　第三方支付平台概述

所谓第三方支付，就是一些和国内外各大银行签约并具备一定实力和信誉保障的第三方独立机构提供的交易支持平台。它通过与银行的商业合作，以银行的支付结算功能为基础，向政府、企业、事业单位提供中立的、公正的、面向其用户的个性化支付结算与增值服务。第三方支付作为目前主要的网络交易手段和信用中介，最重要的是起到了在网上使商家和银行之间建立起连接，实现第三方监管和技术保障的作用。采用第三方支付，可以安全实现从消费者、金融机构到商家的在线货币支付、现金流转、资金清算、查询统计等流程，为商家开展 B2B、B2C 交易等电子商务服务和其他增值服务提供完善的支持。目前，国内常用的第三方支付平台有支付宝、财付通、上海银联电子支付、广州银联网络支付、快钱、上海环迅、易宝支付、首信易支付、网银在线等。

小资料:中国主要第三方网上支付平台

上海环迅（http://www.ips.com.cn/）
北京首信易支付（http://www.beijing.com.cn）
银联电子支付有限公司（http://www.chinapay.com）
云网支付（http://www.cncard.net/）
和讯网上支付（http://image.hexun.com/payment/）
网银在线（http://www.chinabank.com.cn）
西部支付（http://www.westpay.com.cn）
中国在线支付（http://www.ipay.cn）
YeePay（http://www.yeepay.com）
快钱（http://www.99bill.com）
易达信动（http://www.lst-pay.net/）
易付网络（http://www.epay.net.cn）
支付宝(https://www.alipay.com)
安付通（http://www.ebay.com.cn/）
贝宝中国（http://www.paypal.com/cn/）
财付通（http://www.tenpay.com）

近年来随着电子商务高速发展和对快捷安全的支付方式的迫切需求,第三方支付已经发展成为一个庞大的产业。我国第三方支付行业起步于 1999 年,当年 3 月我国首家第三方支付机构“首信易支付”公司正式开始运营。2004 年支付宝(中国)网络技术有限公司创立“担保交易模式”,有效解决了电子商务活动中的信任缺失问题,促进了第三方支付市场迅速崛起。有调查数据显示,2013 年第三季度我国第三方互联网支付市场交易规模达 14 205.8 亿元,环比增长 26.7%,同比增速为 50.8%。传统优势领域,如网购、航空、游戏等细分市场已经趋于饱和,整体行业正逐渐步入稳定增长的成熟发展阶段,基金、证券、保险等传统金融企业与第三方支付企业的联姻,为第三季度互联网支付交易规模的提升注入了新的活力。

2011 年 5 月 26 日,央行给支付宝、快钱等 27 家第三方支付企业颁发了“支付业务许可证”(俗称“支付牌照”)。这意味着,原先是“草莽”出身的第三方支付企业终于有了国家认可的“正式身份”。这对于中国金融结算市场发展以及金融服务体系的完善有着深远的意义。第三方支付企业获批的业务类型主要包括互联网支付、银行卡收单、预付卡发行与受理、移动电话支付、固定电话支付、货币兑换等,其中互联网支付许可获批最多,共有 24 家。获牌的 27 家企业中,有 25 家获得全国性牌照,2 家为地方性牌照。首批发放牌照的企业占据了电子支付行业 90%以上的市场份额。牌照的发放很好地给那些规模较大、信用能力较强的第三方支付企业正名,很多大型传统行业、国企会更加接受第三方支付这种新兴支付方式。2011 年 8 月 31 日,央行公布第二批支付牌照名单,又为上海银联、联动优势等 13 家第三方支付企业颁发了支付牌照。

获牌之后第三方支付企业将被允许开展更多类型的业务。随着支付牌照的发放,未来，电子支付领域将呈现出由银行、银联、第三方支付、电信运营商及设备供应商等更多主体参与建设支付体系的局面，金融服务体系也随之逐步完善。

5.4.2 第三方支付流程和特点

1）操作流程

第三方网上支付模式使商家看不到客户的信用卡信息，同时尽可能避免了网上交易存在的欺诈现象。假设商户和消费者均已注册为第三方平台账号，以 B2C 的交易为例说明第三方网上支付模式的流程，如图 5-12 所示。

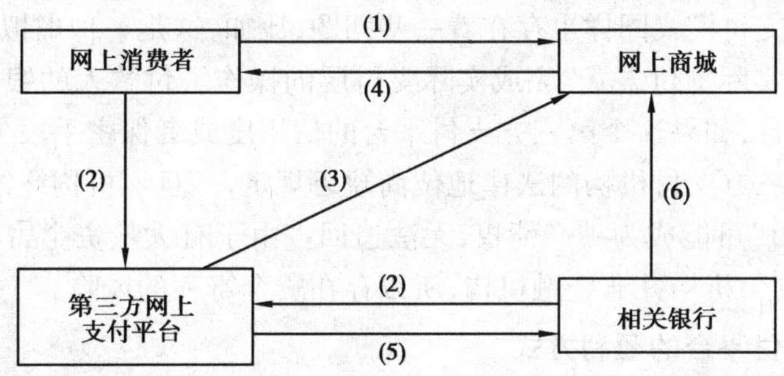

图 5-12 B2C 第三方支付流程

①顾客在电子商务网站选购商品，与商家讨价还价，最后决定购买。

②顾客选择支付方式（选择利用第三方作为交易中介），并用借记卡或信用卡将货款划到第三方账户中，并设定发货期限。

③第三方支付平台通知商家顾客的货款已到账，并要求他在规定时间内发货。

④商家收到通知后按照订单发货，并在网站上作相应的记录，顾客可在网站上查看自己所购买商品的状态；如果商家没有发货，则第三方会通知顾客交易失败，并询问是否将货款划回其账户还是暂存在支付平台。

⑤顾客收到货物并确认满意后通知第三方。如果顾客对商品不满意，或是认为与商家承诺有出入，可通知第三方拒付货款并将货物退回给商家。

⑥顾客满意，且第三方将其商户上的货款划入商家账户，则交易完成；若顾客对货物不满意，则第三方支付平台在确认商家收到退货后便会将顾客的货款划回或暂存在虚拟第三方账户中，等待顾客下一次交易时支付。

2）第三方支付的特点

作为中介方，可以促成商家和银行的合作。对于商家第三方支付平台可以降低企业运营成本，同时对于银行，可以直接利用第三方的服务系统提供服务，帮助银行节省网关开发成本。

有助于打破银行卡壁垒。由于目前我国实现在线支付的银行卡各自为政，每个银行都有自己的银行卡,这些自成体系的银行卡纷纷与网站联盟推出在线支付业务,客观上造成消费者要自由地完成网上购物,手里面必须有十几张卡。同时,商家网站也必须装有各个银行的认证软件,这样就会制约网上支付业务的发展。第三方支付服务系统可以很好地解决这个问题。

提供增值服务,帮助商家网站解决实时交易查询和交易系统分析,提供方便及时的退款和支付服务。

第三方支付平台是独立于买方、卖方和银行的交易支付网点,它起到买卖双方在交易的过程中的资金中转、保管、监督作用,使买卖双方都放心交易,如果发生交易纠纷(比如质量问题),其能帮助退还货款。

但是第三方支付模式同样也存在着一些问题,比如:这是一种虚拟支付层的支付模式,需要其他的"实际支付方式"完成实际支付层的操作。付款人的银行卡信息将暴露给第三方支付平台,如果这个第三方支付平台的信用度或者保密手段欠佳,将带给付款人相关风险。第三方支付机构的法律地位尚缺乏规定,一旦该机构终结破产,消费者所购买的"电子货币"可能成为破产债权,无法追回。由于有大量资金寄存在支付平台账户内,而第三方支付机构并非金融机构,所以存在资金寄存的风险。

3) 第三方支付平台的盈利方式

①银行的手续费和汇款费。目前,网上交易的会员如果在异地的话,会发生大约占货款 1%的汇款费。而使用第三方支付平台交易时,一般不收费,但以后会收取比银行低的费用,这将是支付平台的一个盈利点。

②根据交易的总额来抽取一定的费用。

③与物流公司合作来收取一定的费用。

④收取电子商务公司使用第三方支付平台的使用费。

⑤第三方支付平台中账户资金以存款的形式保存,银行按协议支付利息。

5.4.3 典型的第三方支付平台

1) 支付宝

支付宝是阿里巴巴集团于 2004 年年底创办的独立第三方支付平台。截至 2018 年 3 月,支付宝在全球有 8.7 亿年活跃用户,其中中国国内用户有 5.52 亿。目前除淘宝和阿里巴巴外,有超过 46 万的商家和合作伙伴支持支付宝的在线支付和无线支付服务,范围涵盖了 B2C 购物、航旅机票、生活服务、理财、公益等众多方面。这些商家在享受支付宝服务的同时,也同时拥有了一个极具潜力的消费市场。支付宝已经跟国内外 180 多家银行以及 VISA、MasterCard 国际组织等机构建立了深入的战略合作关系,成为金融机构在电子支付领域最为信任的合作伙伴。

（1）发展历程

支付宝自 2003 年成立起，发展规划共经历了 4 个阶段。这四次发展规划均紧密切合支付宝当时所处的市场实际发展情况，适时地调整战略，使得支付宝在中国第三方支付产业中持续占据领先地位。

第一阶段“面向淘宝”：支付宝在成立之初，主要面向淘宝提供交易担保服务，重点在于解决网上交易的信任问题。支付宝完善的第三方担保和信用评价功能使得支付宝逐步成了网上交易双方普遍接受的标准。

第二阶段“走出淘宝”：2004 年 12 月 8 日，浙江支付宝网络科技有限公司成立，支付宝正式从淘宝网独立，而且整个业务流程与淘宝网的业务流程剥离，支付宝网站上线并独立运营，支付宝开始从第三方担保平台逐渐向在线支付平台转变。

第三阶段“全业务发展”：2007—2008 年支付宝在推广基础业务的同时，推出行业解决方案并且加大了与商家之间的合作力度，业务线得到全面发展。截至 2008 年年底，支付宝合作商家达到 61 万家。

第四阶段“回归支付”：支付宝在 2009 年的“回归支付”展现在多个方面，通过与公共事业单位合作进行缴费服务标志着支付宝逐步进入民生领域，同时向着电子商务的基础设施又迈进一步。

（2）经营模式

①支付宝前期为淘宝网定制，后来随着产品的成熟，开始在阿里巴巴中国站和非阿里巴巴旗下网站推广。

②与各大银行、金融机构合作，圈地电子支付市场。支付宝目前已和国内工商银行、农业银行、建设银行、招商银行、上海浦发银行等各大商业银行以及中国邮政、VISA国际组织等各大机构建立了战略合作关系，成为金融机构在网上支付领域极为信任的合作伙伴。另外，支付宝还与中国建设银行合作，发布了国内首张真正专注于电子商务的联名借记卡——支付宝龙卡及电子支付新产品——支付宝卡通业务。

③推出“全额赔付”等措施，打造安全信用体系。

④免费模式置对手于被动境地，提高市场占有率：不收取费用，大型交易额收取少量手续费；积极收集会员的心声。在论坛里有专门的会员意见区，有专门的人员负责回复；积极地参与到会员的交易当中，和会员一起解决问题，不会不理不问；在功能和会员管理制度上，贴近会员的实际需求；积极组织会员进行网下活动和交流、培训等。

（3）信用机制

①参照国际贸易中的信用证，有第三方负责暂管，接买家通知付款，由于境内信用支付起步晚，所以支付宝公司采用的是低门槛、缓付款的方法。

②支付宝的信用体系已经为每个支付宝用户打上信用评价的评级，支付宝有很多信息是银行没有的，包括用户的交易记录、水电气费用支付记录等，比现在银行的信用体系要精准得多。

③采用实名认证,如通过“支付宝卡通”或者“通过确认银行汇款金额的方式”来进行实名认证,确保支付安全。

2)财付通

财付通是由腾讯公司推出的中国领先在线支付应用和服务平台,致力于为互联网个人和企业用户提供安全、便捷、专业的在线支付服务。财付通着力构建以个人应用、企业接入和增值服务为核心业务的综合支付平台,业务覆盖 B2B、B2C 和 C2C 等领域。财付通为个人用户提供收付款、交易查询管理、信用中介等完善的账户服务,并推出了一系列个性化账户应用;还为企业用户提供专业的支付清算平台服务和强大的增值服务。

(1)业务领域

财付通是一个专业在线支付平台,其核心业务是帮助在互联网上进行交易的双方完成支付和收款。

财付通服务有用户财付通账户的充值、提现、支付和交易管理等;并且对企业用户,财付通还提供支付清算服务和辅助营销服务、财付券服务、生活缴费业务、拍拍购物、影视博览、机票订购、游戏充值、话费充值、彩票购买、腾讯服务购买等。

除上面列举的服务之外,财付通还提供了商家工具,主要的商品工具为“财付通交易按钮”“网站集成财付通”“成为财付通商户”“虚拟物品中介保护交易”等。

(2)发展历程

作为背靠腾讯在线的应用平台,财付通一开始走的也是模仿的道路。最初,财付通模仿支付宝依托 C2C 交易平台的支付模式。之后,把重心调整到以航旅客票等 B2C 为主的支付;财付通推出了类似于苹果公司的 App Store 的新型经营模式——财付通开放平台,把互联网中的“开放平台”引入第三方支付领域。开放平台是互联网的大势所趋。财付通开放平台也通过苹果 App Store 模式吸引众多的第三方开发商的进入,由第三方开发商根据客户需求开发各种应用(如网上订餐、医院挂号、租车等)。而第三方开发商将自己研发的应用通过 QQ 客户端上的“小钱包”接入这一平台,与财付通联合运营。买家通过财付通付费享受平台上的应用服务,财付通则通过收取开发商一定的交易费率而盈利。这一运营模式既为腾讯扩大了开发商市场,减少了应用开发费用,同时又赚取了很大的收益。

(3)商业模式

①财付通提供多种手机支付方式,量身打造支付方案。随着 4G 网络的逐渐普及,手机支付市场发展迅速,银行以及运营商纷纷加快拓展手机业务的步伐。目前,国内领先的在线支付平台财付通已经完成在手机客户端、WAP 网站、SMS 短信和语音支付等方面的全面布局,提供丰富的手机业务产品的同时,还支持余额支付、一点通支付、手机银行支付和信用卡支付等多元手机支付方式。财付通拥有庞大的用户群和商户资源,

为其进入手机支付市场提供了坚实的后盾。随着商户陆续开通手机支付渠道,创新的应用将刺激用户关注更有价格优势、更加便捷的网络购物环境。

②财付通携腾讯独特营销资源优势,全力开拓无线互联网应用支付业务。无线互联网是一个蓬勃发展的行业,腾讯公司从 2000 年运营短信业务开始,在无线领域已经覆盖短信、彩信、IVR 语音、WAP、手机 IM、手机游戏等整个无线业务。财付通凭借腾讯在互联网终端应用方面的先驱优势,依托其领先的市场地位和庞大的用户群体,通过多层次的安全措施和多样化的支付方式建立了安全的移动支付体系,有效地推动了手机支付应用的普及,为用户提供了丰富、便捷的应用场景。

③财付通开创全新的商业模式,满足第三方厂商的无线支付需求。随着移动互联网应用的普及,传统互联网的业务正在迅速向手机平台上转移,搜索、资讯、邮箱、聊天、购物、支付等应用都已经在手机上实现。财付通与移动、电信、联通三大运营商协商参与手机运营商合作运营模式,与苹果等第三方厂商合作,满足了无线互联网应用、电子商务应用的支付需求,有助于解决手机内容缺少收费渠道等问题。

本章小结

电子商务结算是电子商务活动的基础,人们只有在建立可行的电子商务结算系统的基础上才能开展真正的电子商务活动。电子货币作为电子商务结算的载体,是指用一定金额的现金或存款从发卡处兑换并获得兑换成相同金额的数据,通过使用某些电子化方法将该数据直接转移给支付对象,从而能够清偿债务的结算载体。电子支付系统大致分为 3 类,即信用卡支付系统、电子转账支付系统和电子现金支付系统。电子货币主要有"储值卡型"电子货币、"信用卡型"电子货币、"支票账单型"电子货币以及"数字现金型"电子货币。本章对信用卡、电子支票、电子现金、电子钱包等的基本概念和特征、运行原理、运作流程以及在我国的发展现状进行了分析和总结。

网上银行所提供的电子支付服务是电子商务中最关键的因素,直接关系电子商务的发展前景:网上银行又可称为网络银行、电子银行或者虚拟银行等,它实际上是银行业务在网络上的延伸,几乎囊括了现有银行金融业的全部业务。它具有依托迅猛发展的计算机硬件技术和计算机网络与通信技术提供多种多样的银行业务以及较高的安全保证体系等特点。在电子商务过程中,要实现完全意义上的网上交易,从技术角度来说,至少需要 4 个环节:商户系统、电子钱包、支付网关和安全认证。其中后三者是网上支付的必要条件,也是网上银行运行的技术要求。最后,需要对我国网上银行业务的发展现状、存在的问题有所了解。

【本章学习与思考】

1.什么是电子支付？电子支付有哪些特征？

2.电子支付主要经历了哪5个发展阶段？

3.电子支付系统是怎样构成的？

4.电子支付系统的种类有哪些？

5.什么是信用卡？信用卡有哪些功能？信用卡的支付方式有哪些？

6.什么是电子现金？电子现金的特点是什么？电子现金的工作过程是怎样的？

7.什么是电子支票？电子支票的特点是什么？电子支票的工作过程是怎样的？

8.什么是智能卡？什么是电子钱包？智能卡和电子钱包的特点是什么？

9.什么是网上银行？网上银行的特征和功能是什么？网上银行的业务模式有哪些？

【技能操作训练】

1.网上银行实验

实验目的:掌握网上银行开展的网上支付业务及流程。

实验内容:①选择一家银行,带好个人身份证去银行营业网点办理银行卡,存入一定资金,申请开通网上银行功能,并申请办理银行卡数字证书。

②启用银行卡数字证书,并备份至U盘。

③利用银行卡数字证书登录网上银行,熟悉网上银行系统功能。

④通过网上银行完成一笔订单的网上支付或完成一笔网上转账汇款业务。

⑤通过网上银行给个人支付宝账户充值。

⑥完成熟人之间个人支付宝账户之间的即时到账收款和即时到账付款操作。

⑦通过提现操作将个人支付宝账户资金转入个人银行卡账户。

2.第三方平台实验

实验目的:掌握第三方支付平台开展的网上支付业务及提供的网上支付方式。

实验内容:①熟悉第三方支付平台的支付流程。

②了解典型的第三方支付平台。

③弄清第三方支付平台与网络银行之间的关系。

第 6 章 网络营销

【教学目标】

1.了解有关网络营销环境的知识,熟悉网络营销流程;

2.掌握网络市场调研的内容与主要方法;

3.掌握网络营销过程关于产品策略、价格策略、渠道策略、促销策略等方面的知识;

4.学会使用常见的网络营销方法。

【教学重点、难点】

1.掌握市场调研的方法;

2.掌握网络营销的产品、定价、渠道、促销 4 种策略;

3.能够使用网络营销的主要工具和方法:搜索引擎营销、E-mail 营销、病毒营销和口碑营销、事件营销等。

【案例导入】

慈善加冕——冰桶挑战赛

2015 年最火的话题之一必须算上冰桶挑战赛,这个活动风靡全球。它是由美国 ALS(肌萎缩性脊髓侧索硬化症)协会发起的慈善活动,要求参与者在网上发布自己被浇冰水的视频,再点名其他人参与。被邀请者要么在 24 小时内接受挑战,要么选择捐出 100 美元。比尔·盖茨、马克·扎克伯格、科比、雷军、周鸿祎、刘德华等各界大佬名流纷纷应战。

伴随持续发酵的名人效应,从 7 月 29 日到 8 月 12 日,ALS 协会总部共收到 230 万美元捐款,而去年同期收到的捐赠只有 2.5 万美元。截至 8 月 20 日,捐款数已高达 1 140万美元。零成本、短时间内引爆互联网,“冰桶挑战赛”又是一场成功的病毒式营销。美国著名的电子商务顾问 Ralph F.Wilson 博士认为,病毒式营销鼓励用户将营销信息传播给他人,并为信息的曝光和影响创造潜在的增长动力,使之呈几何级数增长。

思考：

1.病毒式营销的成功点在于什么？

2.网络营销能给社会带来什么影响？

6.1 网络营销概述

6.1.1 网络营销的含义

在商业社会里，商人们总会想方设法把自己的产品在市场上销售出去，以不断满足顾客的需求，并且赚取利润，这样就产生了市场营销。市场营销是一项最重要的企业职能管理。与传统的单纯追求利润最大化的经营目标相区别，市场营销强调在满足消费者的需求，乃至整个社会的需求的基础上实现企业的利润最大化。为了达到这个目的，企业必须不断改进产品、服务和企业形象，提高产品价值，不断地降低生产与销售的成本，节约消费者耗费在购买商品上的时间和精力。

今天，网络时代已经来临，在互联网上有商家、消费者，有产品，也有服务，形成了一个名副其实的虚拟市场。既然有了虚拟的网络市场，自然也就有了网络营销。由于网络营销发展的历史不长，所以网络营销这个重要的实践活动在国内外有许多种提法，光名词的表述就有如 Cyber Marketing，Internet Marketing，Network Marketing，e-Marketing等。不同的单词词组往往有着不同的含义，Cyber Marketing 主要是指网络营销在虚拟的计算机空间（Cyber，即计算机虚拟空间）进行；Internet Marketing 重点是指在互联网上开展的营销活动；Network Marketing 是在网络上开展的营销活动，这里的网络不仅仅是互联网，还可以是一些其他类型的网络，如增值网络 VAN。本书采用 e-Marketing 来表示网络营销，在这里 e 表示电子化、信息化、网络化的含义，我们觉得这种表示方式简洁又直观明了，而且与电子商务（e-Business，e-Commerce）、电子虚拟市场（e-Market）等概念对应。

关于网络营销的含义，我们认为：网络营销是营销主体以现代信息和计算机网络技术为手段，为了组织自身及利益相关者的利益，通过与顾客的互动，从而创造、传播、传递客户价值，管理客户关系的一系列过程。简单地讲，网络营销就是指利用现代电子技术进行的营销活动。

根据以上定义，我们可以从以下几个方面加深对网络营销的理解与认识。

1）网络营销是手段而不是目的

网络营销具有明确的目的和手段，但它本身不是目的，而是营造网上经营环境的过程，也就是综合利用各种网络营销方法、工具、条件并协调其间的相互关系，从而更加有效地实现企业营销目的的手段。

2）网络营销是企业整体营销战略的一个组成部分

在互联网时代，网络营销已成为企业营销战略中必不可少的内容，其作用也越来越重要，但不论其占主导地位还是占从属地位，网络营销活动都不可能脱离一般营销环境而独立存在。网络营销与网下营销是一个相辅相成、互相促进的营销体系。因此，一个完整的网络营销方案除了在网上做推广之外，还很有必要利用传统营销方法进行网下推广。

3）网络营销不等于网上销售

网络营销是为实现产品销售目的而进行的一项基本活动，它的目的并不仅仅是促进网上销售，还在于提升企业品牌价值、加强与客户之间的沟通、增加客户忠诚度、拓展对外信息发布的渠道、改善客户服务等。

4）网络营销不等于电子商务

网络营销和电子商务是一对紧密相关而又具有明显区别的概念。电子商务是指系统地利用电子工具，高效率、低成本地从事以商品交换为中心的各种活动的全过程。可以将电子商务简单地理解为电子交易，电子商务强调的是交易行为和方式。

企业在开展网络营销时，利用EDI、互联网实现交易前的信息沟通、交易中的网上支付和交易后的售后服务。显然，网络营销是企业电子商务活动中最基本的、最重要的互联网上的商业活动。无论是传统企业还是互联网企业，都需要网络营销，网络营销仅是企业整体营销战略的一个组成部分。网络营销本身并不是一个完整的商业交易过程，而只是促进商业交易的一种手段。因此，网络营销是电子商务的基础，开展电子商务离不开网络营销，但网络营销并不等于电子商务。

6.1.2 网络营销的产生与发展

网络营销是由科学技术发展、消费者价值观变革、商业竞争等综合因素促成发展起来的。

1）网络营销的技术基础——互联网的发展

随着网络技术的不断发展，互联网逐渐深入人们工作和生活的各个层面，引起整个社会的变化。很多企业已经先后引进网络为己所用，从企业的内部管理模式，到与合作伙伴的信息沟通，再到新的营销理念的产生，一种新的营销方式——网络营销开始走进人们的视野，并逐渐成为企业提升市场竞争力的重要手段之一。以互联网技术为基础的网络营销，是社会经济和网络技术发展的必然结果。

2)网络营销的观念基础——消费观念的转变

随着电子商务的日渐普及,人们的消费观念也在逐渐改变,网络消费的一些特征也逐渐被人们尤其是年轻群体所接受。网络消费者一般具有如下特征:

(1)注重自我

网络市场极大地刺激了消费者对个性和自我的追求,与众不同已成为一部分消费者的首要选择。

(2)头脑冷静、擅长理性分析

互联网为人们提供了方便的信息获取途径,使得消费者在网络购物时,可以方便地获得大量信息进行比较分析,最终作出有利于自己的购买决定。

(3)喜好新鲜事物,求知欲强

网络购物产生的历史不长,但发展十分迅速。对于喜欢不断尝试新事物的群体来说,这种方式充满了新鲜感。不断增长的求知欲促使他们成为稳定的网络消费者,并从中获得不少乐趣。

(4)好胜但缺乏耐心

现代生活节奏较快,很多人忙于工作,而不得不缩减休闲娱乐时间,快捷、方便的网络消费模式成为这部分人的首选。在节约了时间成本与体力成本乃至价格成本的同时还可以作出最佳的选择,满足自己的购物需求,获得实实在在的利益。对于惜时如金的现代人来说,网络消费成为必然的选择。

3)网络营销的现实基础——激烈的市场竞争

随着市场竞争的日益白热化,为了在竞争中占有优势,各家企业都使出了浑身解数,以便吸引客户,然而,传统的营销方法大多已经很难使企业在竞争中出奇制胜。市场竞争已不再是表层的营销手段的竞争,而是逐渐演化为更深层次上的经营组织形式的竞争。经营者迫切需要用更深层次的方法和理念来武装自己,以尽可能降低商品在从生产到销售的整个供应链上所占用的成本和费用比例,缩短运作周期。网络营销的产生,给企业的经营者带来了新的理念与创业天地。企业开展网络营销,可以节约昂贵的店面租金,减少库存商品资金占用,使经营规模不受时间、空间限制,方便采集和反馈客户信息等。所有这些都可以从根本上增强企业的竞争优势。

6.1.3 网络营销的特点

互联网将遍布全球的各种组织、企业和个人跨时空地联结在一起,使之相互间的信息交流变得“唾手可得”。互联网所创造的营销环境使得营销活动的范围变得更加广泛,方式变得更加灵活。网络营销是利用网络来开展企业的营销活动,可以突破传统营销媒体面临的局限,实现许多传统营销无法实现的功能。网络营销的独特性表现在以下几个方面。

1) 实时性和交互性

在网络环境中，企业通过电子布告栏、在线讨论广场和电子信函服务等方式，在营销的全过程中对消费者进行实时的信息搜集，与消费者进行实时交流，向潜在顾客提供具体的、必要的信息。这种双向互动的沟通方式，激发了消费者的参与积极性，也强化了企业营销的针对性，十分有助于实现企业的全程营销目标。

2) 经济性和高效性

网络营销可以降低企业的交易成本，同时提高企业运营的效率。首先，企业通过商业增值网络使用 EDI(电子数据交换)建立一体化的电子采购系统，实现实时采购，带来劳动力、打印和邮购等采购成本的降低。其次，互联网不仅为市场调查提供了全球性的空间，而且还大大降低了调查的各种费用。再次，有关公司、产品、渠道等的信息均储存在网络服务器中，企业可直接在线及时更新，顾客可随时在网上查询，从而降低促销成本。最后，在提高售后服务的效率的同时降低了企业的运作成本。

3) 定制化和个性化

网络营销的定制化是指企业利用网络优势，一对一向顾客提供独特化、个性化的产品或服务。网络营销可跟踪每个客户的消费习惯和偏好，并向其推荐相关产品或服务。通过网络营销，企业与顾客建立起学习型关系。学习型关系是指企业在通过网络向消费者传递信息的同时，也在积极地对消费者进行消费教育和引导。这样，顾客在自身需求得到满足的情况下，将与企业保持长期的联系，密切了企业与顾客的关系，提高了顾客的忠诚度。

4) 方便性和娱乐性

网络营销是集购物的便利性和娱乐性为一体的新型购物模式。售前，消费者可以在网上获得充分的产品或服务的信息及相关资料，便于对同类产品或服务的性能、价格等因素进行比较，以作出购买决定。例如，对于准备购买汽车的顾客，网络可以提供目前市面上所有品牌的汽车信息，并提供任意几个品牌汽车的各种性能、价格等指标的对比，且有大量消费者的"意见"供参考。售中，在网上不但省去了购物的路途麻烦，电子结算也省去了现金交款的麻烦，送货上门服务令消费者足不出户就可以完成购物。在售后服务方面，网络也给客户提供了最好的支持和帮助。总之，网络营销能最大限度地简化购物环节，节省消费者的时间和精力，使消费者真正地"乐在其中"。

6.1.4　网络营销与传统营销的关系

1) 网络营销对传统营销的冲击

网络营销作为一种全新营销理念，具有很强的实践性，它的发展速度是前所未有的。随着我国市场经济发展的国际化、规模化，国内市场必将更加开放，更加容易受到国际市场开放的冲击，而网络营销的跨时空性无疑是一发“重型炮弹”，将对传统营销产生巨大冲击。

(1)对传统营销策略的影响

①对传统产品品牌策略的冲击。

首先，是对传统的标准化产品的冲击。通过互联网厂商可以迅速获得关于产品概念和广告效果测试的反馈信息，也可以测试顾客的不同认同水平，从而更加容易地对消费者行为方式和偏好进行跟踪，从而针对不同的消费者提供不同的商品。怎样更有效地满足各种个性化的需求，是每个上网公司面临的一大挑战。

其次，适应品牌的全球化管理。对上网公司的一个主要挑战是如何对全球品牌和共同的名称或标志识别进行管理，是实行统一形象品牌策略还是实行有本地特点区域品牌策略，以及如何加强区域管理是上网公司面临的现实问题。

②对定价策略的影响。相对于目前的各种媒体来说，互联网先进的网络浏览和服务器会使变化不定的且存在差异的价格水平趋于一致。这对于执行差别化定价策略的公司来说是一个严重问题。

③对传统营销渠道的冲击。通过互联网，生产商可与最终用户直接联系，中间商的重要性因此有所降低。这造成了两种后果：一是由跨国公司所建立的传统国际分销网络对小竞争者造成的进入障碍将明显降低；二是对于目前直接通过互联网进行产品销售的生产商来说，其售后服务工作是由各分销商承担，但随着他们代理销售利润的消失，分销商将很有可能不再承担这些工作。

④对传统广告障碍的消除。首先，相对于传统媒体来说，由于网络空间具有无限扩展性，因此，在网络上做广告可以较少地受到空间篇幅的局限，尽可能地将必要的信息一一罗列。其次，迅速提高的广告效率也为网上企业创造了便利条件。

(2)对传统营销方式的冲击

随着网络技术迅速向宽带化、智能化、个人化方向发展，用户可以在更广阔的领域内实现声、图、像、文一体化的多维信息共享和人机互动功能。它将导致大众市场的终结，并逐步体现市场的个性化，最终应以每一个用户的需求来组织生产和销售。

另外，网络营销的企业竞争是一种以顾客为焦点的竞争形态，如何与散布在全球各地的顾客群保持紧密的关系并能掌握顾客的特性，再经由教育顾客与企业形象的塑造，建立顾客对于虚拟企业与网络营销的信任感，是网络营销成功的关键。

(3)对营销战略的影响

首先，对营销竞争战略有影响。互联网具有的平等、自由等特性，使得网络营销将降低跨国公司所拥有的规模经济的竞争优势，从而使小企业更易于在全球范围内参与竞争。另一方面，由于人人都能掌握竞争对手的产品信息与营销作为，因此胜负的关键在于如何适时获取、分析、运用这些网络上的信息，来研究并采用极具优势的竞争策略。同时，策略联盟将是网络时代的主要竞争形态，如何运用网络来组成合作联盟，并以联盟形成的资源规模创造竞争优势,将是未来企业经营的重要手段。

其次,对企业跨国经营战略有影响。任何渴望利用互联网的公司,都必须为其经营选择一种恰当的商业模式,并要明确这种新型媒体所传播的信息和进行的交易将会对其现存模式产生怎样的影响。

(4)对营销组织的影响

互联网(Internet)相继带动企业内部网(Intranet)的蓬勃发展,使得企业内外部沟通与经营管理均需要依赖网络作为主要的渠道与信息源。

2)网络营销与传统营销整合

网络营销作为新的营销理念和策略,凭借互联网特性对传统经营方式产生了巨大的冲击,但这并不等于说网络营销将完全取代传统营销,网络营销与传统营销是一个整合的过程。这是因为:首先,互联网作为新兴的虚拟市场,它覆盖的群体只是整个市场中某一部分群体,许多群体由于各种原因还不能或者不愿意使用互联网,如老人和落后的国家地区,因此传统的营销策略和手段则可以覆盖这部分群体。其次,互联网作为一种有效的渠道有着自己的特点和优势,但对于许多消费者来说,由于个人生活方式不愿意接受或者使用新的沟通方式和营销渠道,如许多消费者不愿意在网上购物,而习惯在商场上一边购物一边休闲。再次,互联网作为一种有效沟通方式,可以方便企业与用户之间直接双向沟通,但消费者有着自己的个人偏好和习惯,愿意选择传统的方式进行沟通,如报纸有网上电子版本后,并没有冲击原来的纸张印刷出版业务,相反还起到了相互促进的作用。最后,互联网只是一种工具,营销面对的是有灵活性的人,因此,一些传统的以人为主的营销策略所具有独特亲和力是网络营销没有办法替代的。随着技术的发展,互联网将逐步克服上述不足,在很长一段时间内网络营销与传统营销是相互影响和相互促进的局面,最后实现融洽的内在统一,在将来没有必要再谈论网络营销了,因为营销的基础之一就是网络。

网络营销与传统营销是相互促进和补充的,企业在进行营销时应根据企业的经营目标和细分市场,整合网络营销和传统营销策略,以最低成本达到最佳的营销目标。网络营销与传统营销的整合,就是利用整合营销策略实现以消费者为中心的传播统一、双向沟通,实现企业的营销目标。

6.2　网上市场调研

6.2.1　网上市场调研概述

市场调研是以科学的方法、系统地、有目的地收集、整理、分析和研究所有与市场有关的信息,从而把握市场现状及发展趋势,有针对性地制订营销策略。因特网的许多特性为实施网络营销的企业进行市场调研提供了便利的条件。由于网上市场调研有效率高、调查费用低、调查数据处理比较方便、不受地域和时间限制等优点，网上市场调研将从一股新生力量向主流形式发展，并将逐渐取代传统的入户调查和街头随时访问等调查方式，从而成为网络时代企业进行市场调研的主要手段。因此，网上市场调研是指基于互联网而系统地进行营销信息的收集、整理、分析和研究。

没有市场调研，就把握不了市场。网上调研利用互联网发掘和了解顾客需要、市场机会、竞争对手、行业潮流、分销渠道以及战略合作伙伴等方面的情况，通过调研可以获得竞争对手的资料，摸清目标市场和营销环境，为经营者细分网上市场、识别上网顾客需求、确定网上营销目标等提供相对准确的决策依据。

1)市场调研的重要性

①有利于实现对质量和顾客满意的不懈努力。

②有利于留住现有顾客。

③有利于持续了解变化的市场。准确地获得市场营销信息，企业才能进行正确的决策和计划；才能监督和调控企业的营销活动。因此，市场调研有利于管理人员了解持续变化的市场。

2)网络市场调研的特点

(1)网络信息的及时性和共享性

任何网民都可以在企业调研过程中随时参加投票，并能随时查看调研阶段性结果。

(2)网络调研的便捷性与低费用

可节省传统调查中所耗费的大量人力和物力。在网络上进行调研，只需要一台能上网的计算机即可。调查者在企业站点上发出电子调查问卷，网民自愿填写，然后通过统计软件对访问者反馈回来的信息进行整理和分析。网上调查在信息采集过程中不需要派出调查人员，不受天气和距离的限制，不需要印刷调查问卷，信息采集和录入工作将分布到众多网上用户的终端上完成。可以无人值守和不间断地接收调查填表，信息检验和信息处理工作均由计算机自动完成。

(3)网络调研的交互性和充分性

网络的最大好处是交互性。在网上调查时，被调查对象可以及时就问卷相关的问题提出自己更多的看法和建议，可减少问卷设计不合理而导致的调查结论偏差等问题。同时，被调查者还可以自由地在网上发表自己的看法，也没有时间限制的问题，例如，平常人们遇到的路上拦截调查，他们的调查时间不超过 10 分钟，否则被调查者肯定会不耐烦，因而对访问调查员的要求非常高。

(4)网络调研结果的可靠性和客观性

由于企业站点的访问者一般都对企业产品有一定的兴趣，没有人强迫浏览者填写问卷，都是自愿的行为，所以结果是客观真实的，在很大程度上反映了消费者的消费心态和市场发展的趋势。

(5)无时空限制

网络市场调研不受时间和地域的限制。调查可以在任何地点全天 24 小时进行,这是与传统市场调研的最大不同之处,也为调研工作提供了极大的便利,大大提高了网络市场调研信息的获取量和准确度。

(6)可检验性和可控制性

可有效地对采集信息的质量实施检验和控制。第一,附加全面规范的指标解释,消除调查员口径不一造成的调查偏差;第二,由计算机自动复核。

表 6-1　网上市场调研与传统市场调研对比表

比较项目	网上市场调研	传统市场调研
时空限制	无	有
调查费用	较低	昂贵
运作速度	很快(可以即刻看到统计结果)	慢,2~6 个月才可得出结论
统计准确性	准确	不太准确(易出现误差)
及时调整性	及时	不及时
针对性	强	一般
调查结果的可信性	相对真实可信	一般
适用性	长期大量样本调查或迅速得出结论的调查	面对面深度访谈(食品等需要感官测试的)
调查范围	样本数量庞大(全国甚至全世界)	受成本限制,调查地区和样本数量均有限

3)网上市场调研的步骤

(1)明确问题与确定调研目标

明确问题和确定调研目标对使用网上搜索的手段来说尤为重要,不要为之付出了不必要的时间和上网费的代价。因此,在开始网上搜索时,头脑里要有一个清晰的目标并留心去寻找。

(2)确定调研对象

网络市场调研的对象,需要按照调研问题及其最终确定的调研目标来确定,主要分为企业产品的消费者、企业的竞争者、企业的合作者和行业内的中立者四大类。

(3)制订调查计划

网上市场调研的第三个步骤是制订出最为有效的信息搜索计划。具体来说,要确定资料来源、调查方法、调查手段、抽样方案和联系方法。下面就相关的问题进行说明:

①资料来源:确定收集的是二手资料还是一手资料(原始资料)。

②调查方法:网上市场调查可以使用专题讨论法、问卷调查法和实验法。

③调查手段:在线问卷、交互式电脑辅助电话访谈系统、网络调研软件系统等。

④抽样方案:要确定抽样单位、样本规模和抽样程序。

⑤联系方法:采取网上交流的形式,如 E-mail 传输问卷、参加网上论坛等。

(4)收集信息

网络通信技术的突飞猛进使得资料收集方法迅速发展。Internet 没有时空和地域的限制,因此,网上市场调研可以在全国甚至全球进行。同时,收集信息的方法也很简单,直接在网上递交或下载即可。这与传统市场调研的收集资料方式有很大的区别。

如某公司要了解各国对某一国际品牌的看法,只需在一些著名的全球性广告站点发布广告,把链接指向公司的调查表就行了,而无须像传统的市场调研那样,在各国找不同的代理分别实施。诸如此类的调查如果利用传统的方式是无法想象的。

在问卷回答中访问者经常会有意无意地漏掉一些信息,这可通过在页面中嵌入脚本或 CGI 程序进行实时监控。如果访问者遗漏了问卷上的一些内容,其程序会拒绝递交调查表或者验证后重发给访问者要求补填。最终,访问者会收到证实问卷已完成的公告。在线问卷的缺点是无法保证问卷上所填信息的真实性。

(5)分析信息

收集信息后要做的是分析信息,这一步非常关键。“答案不在信息中,而在调查人员的头脑中。”调查人员如何从数据中提炼出与调查目标相关的信息,直接影响最终的结果。要使用一些数据分析技术,如交叉列表分析技术、概括技术、综合指标分析和动态分析等。目前国际上较为通用的分析软件有 SPSS、SAS 等。网上信息的一大特征是即时呈现,而且很多竞争者还可能从一些知名的商业网站上看到同样的信息,因此分析信息能力相当重要,它能使你在动态的变化中捕捉到商机。

(6)撰写报告

调研报告的撰写是整个调研活动的最后一个阶段。报告不是数据和资料的简单堆砌,调研人员不能把大量的数字和复杂的统计技术扔到管理人员面前,否则就失去了调研的价值。正确的做法是把与市场营销关键决策有关的主要调查结果报告出来,并以调查报告所应具备的规范格式书写。

作为对填表者的一种激励或犒赏,网上调查应尽可能地把调查报告的全部结果反馈给填表者或广大读者。如果限定为填表者,只需分配给填表者一个进入密码。对一些“举手之劳”式的简单调查,可以实施互动的形式公布统计的结果,效果更佳。

4) 网上市场调研应注意的问题

没有市场调研就没有市场。互联网是一个具有高效、快速、资源共享等特点的信息传播媒介。网络市场调研能够及时反映社会需求,因此网络市场调研是网络营销链中的重要环节。而网络市场调研的结果决定了企业产品能否成功销售。因此,我们在网上做市场调研时应注意以下问题:

①网上调研的内容是否合适。网上调研是面向广大网民群体的,不同的产品要有不同的方法及内容。如果是有关具体产品时,往往采用详细调研方法。

②网上调研的对象是否合适。网上调研要看具体的调研项目和被调研者的群体的定位。调研的网民要有一定的规模。

③样本分布是否均衡。样本分布不均衡可能造成调研结果的误差,因此,在对市场调研时要对调查的网络用户有一定的了解。

④调研质量监控。上网的人都能填写问卷,为了避免一个网民填写多份。我们应该设置一些口令或采用其他手段来监控。

⑤保护个人信息声明。在调研过程中,如果涉及被调查者个人信息的收集,对收集的个人信息须予以保护声明,保证个人信息不被未授权访问、使用或泄露。

6.2.2　网上市场调研方法

利用互联网进行市场调查(即网上市场调查)有两种方式,一种是利用问卷调查、论坛等方式收集一手资料,如海尔网站的新产品开发的调查就是在网上利用问卷直接进行调查,我们把这种方式称为网上直接调查;另一种方式是利用互联网的媒体功能,从互联网收集二手资料,如通过搜索引擎搜索有关网站的网址,然后访问并收集需要的信息,我们把这种方式称为网上间接调查。

1) 网上直接市场调查

网上直接市场调查通过互联网收集的原始资料或第一手资料,收集的信息是过去没有的,具有及时性的特点。直接调研的方法主要有 4 种:观察法、专题讨论法、网上问卷调查法、网上实验法。其中用得最多的是专题讨论法和在线问卷调查法。

(1) 观察法

观察法是调研人员通过观察被调研者的活动而取得一手资料的调研方法。在实际操作中,一般由调研人员采用耳听、眼看的方式或借助各种摄像录音器材。在调研现场直接记录正在发生的行为或状况。观察法是一种有效的收集信息的方法,与其他方法相比,观察法可以避免让调研对象感觉到正在被调研,被调研者的活动不受外在因素的干扰,从而提高调研结果的可靠性。但现场观察只能看到表面的现象,而不能了解到其内在因素和缘由,并且在使用观察法时,需要反复观察才能得出切实可信的结果。同时也要求调研人员必须具有一定的业务能力,才能看出结果。观察法的优点在于它是一种非介入式的收集信息,直接获取第一手资料的方式,可以避免由于语言交流中的误解、暗示以及人际交往中感情等因素对于信息真实性的干扰,尤其是可以避免在调研对象知道在被调研时就可产生的对于真实性、可信性干扰的情况。观察法也有它自己的缺点,如不能深入探讨原因、态度和动机,无法探讨调研对象的历史背景情况,对调研员的要求较高,调研费用也较高。在实际的操作中,不管采用何种观察调研方式,都应制订详细的观察计划和观察清单,进行有目的、有计划的观察。

【案例学习 6-1】

有一位富有的美国老太太,她的业余爱好是赌博。她经常抱着小赌怡情的态度光顾赌场,输点小钱从不放在心上。可是如果有一晚上输得太多,她也有可能会痛定思痛,从此戒赌。有一个下午她总是输,当她输的钱接近 900 美元的时候,一个服务员笑容可掬地走了过来:"看来您今天运气不太好啊。不如就玩到这吧,我们的牛排很不错,要不您跟您先生去吃顿晚饭?算我们请客!"

这位老太太可能连手机都不会用,但是她正在经历另一种数字化生存:她本人被数字化了。这家赌场实时地知道每一位顾客的赌博记录,他们根据这位顾客的年龄、收入和住址等个人信息以及赌博习惯,可以计算该顾客的"疼痛点":一晚上最多输多少钱下次还能再来玩。赌场一旦发现某位顾客今天输的钱接近"疼痛点",免费牛排之类的节目就出场了。

网络观察法可以利用网络工具来对与营销活动有关的网络活动进行观察,记录其活动的痕迹,并加以分析,Cookie 是最常见的网络跟踪工具,这个间谍式的程序可以记载调查对象的所有活动经历。

Cookie 是当你浏览某网站时,网站存储在你机器上的一个小文本文件,它记录了你的用户 ID、密码、浏览过的网页、停留的时间等信息,当你再次来到该网站时,网站通过读取 Cookie,得知你的相关信息,就可以做出相应的动作,如在页面显示欢迎你的标语,或者让你不用输入 ID、密码就可以直接登录等。例如,有些购物网站通过客户登录网站的时间给出个性化的问候,如"已经××天没有看到过您了",这会给客户一种亲切感,实际上这种方法还可以是对客户网络行为的一种观察和监测。

【案例学习 6-2】

网上书店会根据你以往买书的记录向你推荐你可能感兴趣的书,这个算法的准确性可以超过任何专家或朋友。世界最大的在线影片租赁服务商 Netflix 超过 2/3 的 DVD 是通过这种关联推荐被租借的。而正因为这个推荐系统,90%的电影每个月至少会被租借一次,实现所谓的"长尾"现象。

最可怕的是商家可以精确估算每一个顾客的价格敏感度,从而实现自古以来所有商店的梦想:给每个人看一个不同的定价。亚马逊就做过上述事情,同样一款商品,那些花钱大手大脚的顾客在网站看到的价格比精打细算的顾客看到的高。在顾客的抗议下亚马逊保证永远都不再这么做了,但商家有更好的办法,比如给对价格敏感的顾客寄减价券。

(2)专题讨论法

专题讨论即通过电子公告牌(BBS)或邮件列表(Mailing Lists)讨论组进行。近年来,流行的博客也是一种方法。步骤如下:

第一步,确定要调查的目标市场。

第二步,识别目标市场中要加以调查的讨论组。

第三步,确定可以讨论或准备讨论的具体话题。

第四步,登录相应的讨论组,通过过滤系统发现有用的信息,或创建新的话题,让大家讨论,从而获得有用的信息。通过电子公告牌或邮件列表讨论组进行。

图 6-1 QQ 社区

图 6-2　QQ 邮件列表

专题讨论可以通过多种方式实现。企业可以在相应讨论组中发布调研项目,邀请网民参与讨论,这种讨论法属于定向市场调研法,是传统小组讨论法在网络上的应用。有些网站会针对特定的客户召开网络讨论。例如,一些化妆品专营网站会在其网站论坛中发表某一话题的讨论帖,发动就这一话题的专题讨论,并对在讨论中提供信息最多或者在讨论中表现突出的参与者给予一定的奖励。这样既可以通过讨论获得希望调研的信息,又可以提高网站的活跃度。

(3)网上问卷调查法

网上问卷调查法是指研究者将其所要研究的事项制成问卷或表格在网上发布,被调查者通过 Internet 完成问卷的填答并提交的一种形式。问卷法一般有两种途径:一种是放置在网站上;另一种采用邮件的方式发给被调查者,由被调查者完成后将结果以邮件的方式返回。问卷是研究者用来收集资料的一种技术,它的性质重在对个人意见、态度和兴趣的调查。问卷的目的,主要是通过问卷的答案得知有关被测者对某项问题的态度、意见,然后比较、分析大多数人对该项问题的看法,以供研究者参考。在心理与教育方面,很多问题无法直接测量,只能通过问卷调查的方法进行间接测量。

一份完整的调查问卷一般包括标题、卷首说明、调研内容、结束语 4 部分。

手机市场需求调查问卷

您对手机有什么要求？您更喜欢怎样的手机？您理想中的手机应该是怎样的？为了了解目前您对手机的需求，我们希望您能协助填写这份调查问卷，非常感谢！

1. 您目前使用的手机品牌是什么？ *

○诺基亚　○三星　○索爱　○摩托罗拉　○苹果　○LG　○OPPO
○夏普　○多普达　○HTC　○天语　○魅族　○纽曼　○金立
○夏新　○酷派　○中兴　○海尔　○飞利浦　○联想　○其他

2. 您的手机价位是多少？ *

○1 000元以下
○1 000~1 999元
○2 000~2 999元
○3 000~4 999元
○5 000元以上

3. 您目前使用的是4G手机吗？ *

○是
○否

图 6-3　网络调查问卷

一份成功的调查问卷应具备两项功能:一是能将所调查的问题明确地传达给被调查者;二是设法取得对方的合作,使访问者能真实、准确地回复。一般要注意以下几点。

①遵循问卷设计的原则

第一,目的性原则:问题和调查主题密切相关。

第二,可接受性原则:问题要容易被调查者接受,有关个人隐私的问题不应出现在调查问卷中,以免引起被调查者的反感。

第三,简明性原则:询问内容要简明扼要,使被调查者易读、易懂,而且回复内容要简短。

第四,匹配性原则:应让回复的问题便于检查、数据处理、统计和分析。

②注意问卷设计的技巧与经验

第一,尽量设计成选择题。

第二,按照从简到难的顺序。

第三,考虑网民的耐心,问题不应设计得太多。

第四,注意保护被调查者的个人隐私。

第五,调查说明要清晰,对问题的描述不能造成歧义。

第六,问题设计要有实际价值。

第七,在线调查表的测试和修正。

第八,利用技术手段尽量减少无效问卷。

第九,吸引更多的人参与调查。

③考虑是否公布调研结果并答谢被调查者

④充分考虑其局限性

⑤对调查相关数据和结果进行备份

⑥跟踪调查进展,及时处理无效的调查数据

(4)网上实验法

网上实验法是研究各因素之间的因果关系的一种有效手段,它通过对实验对象和环境以及实验过程的有效控制,来达到分辨各因素之间的相互影响以及影响程度,从而为企业管理者的决策提供意见参考。它的缺点是只适用于对当前情况的分析,不适于进行趋势分析和预测,费用较高。实验法通常用于改变产品包装等企业视觉设计要素以及行为识别要素的效果调研。网上实验法可在网站流量相同的时间周期内,通过要素的不同组合,获得实验结果。

2)网上间接调研方法

网上直接市场调查有较强的针对性和适用性,但企业的决策只依靠这种调查方法是远远不够的。互联网作为一种有效的、信息含量丰富的载体,蕴含着大量有价值的商业信息,如各种招标公告、招商信息、经济数据等。这些信息经过加工和分析都可为企业所用。这些已经存在的信息称为二手资料,对二手资料的收集、整理、分析过程人们称为网上间接市场调查。

因特网虽有着海量的二手资料,但要找到自己需要的信息,却并不容易。因此,在因特网上查找资料主要通过 3 种方法:利用搜索引擎,访问相关的网站和网上数据库。

(1)利用搜索引擎

目前在互联网上可选择的搜索引擎有许多,像百度、Google、搜狗、必应等。

几乎所有的搜索引擎都有两种检索功能:

Baidu百度	高级搜索	
搜索结果	包含以下全部的关键词	百度一下
	包含以下的完整关键词	
	包含以下任意一个关键词	
	不包括以下关键词	
搜索结果显示条数	选择搜索结果显示的条数	每页显示10条 ▼
时间	限定要搜索的网页的时间是	全部时间 ▼
语言	搜索网页语言是	◉ 全部语言 ○ 仅在简体中文中 ○ 仅在繁体中文中
文档格式	搜索网页格式是	所有网页和文件 ▼
关键词位置	查询关键词位于	◉ 网页的任何地方 ○ 仅网页的标题中 ○ 仅在网页的URL中
站内搜索	限定要搜索指定的网站是	例如：baidu.com

图 6-4　百度搜索引擎(高级搜索)

翻译

©2011 - ICP证合字B2-20070004号

图 6-5　Google 搜索引擎

第一,主题分类检索。即通过各搜索引擎的主题分类目录查找信息。搜索引擎把收集到的信息资源按照一定的主题分门别类地建立目录,先建一级目录,一级目录下面包括二级目录,二级目录下面包括三级目录……如此下去,建立一层层具有概念包含关系的目录。用户查找信息时,先确定要查找的信息属于分类目录中哪一个主题或哪几个主题;然后对该主题采取逐层浏览打开目录的方法,层层深入,直到找到所需信息。当需要查找某一类主题的资料,但又不明确具体是哪一方面的资料时可以采用主题分类检索。

第二,关键词检索。用户通过输入关键词来查找所需信息的方法,称为关键词检索法。使用关键词法查找资料一般分 3 步：

①明确检索目标，分析检索课题，确定几个能反映课题主题的核心词作为关键词，包括它的同义词、近义词、缩写或全称等。

②采用一定的逻辑关系组配关键词，输入搜索引擎检索框，单击检索（或 Search）按钮，即可获得想要的结果。

③如果检索效果不理想，可调整检索策略，结果太多的，可进行适当的限制；结果太少的，可扩大检索的范围，取消某些限制，直到获得满意的结果。

（2）访问相关的网站收集资料

如果我们知道某一专题的信息主要集中在哪些网站，就可直接访问这些网站，获得所需资料。与传统媒体的经济信息相比，网上市场行情一般数据全、实时性强。

图 6-6 中国经济信息网网站首页

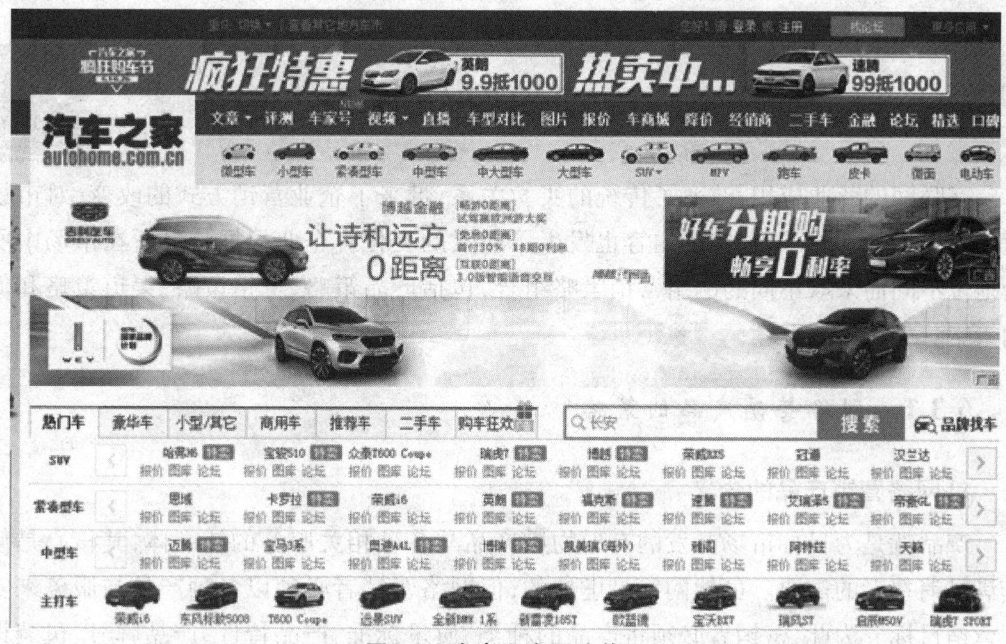

图 6-7　汽车之家网站首页

(3)利用相关的网上数据库查找资料

在因特网上,除了借助搜索引擎和直接访问有关网站收集市场二手资料外,第三种方法就是利用相关的网上数据库(即 Web 版的数据库)。外文网上数据库有 Dialog 系统、ORBIT 系统、ESA-IRS 系统、STN 系统等,中文网上数据库有中国知网、万方数据资源系统、超星图书馆等。

图 6-8　中国知网

6.3 网络营销策略

互联网的商业应用,改变了传统的买卖关系,带来了企业营销方式的改变,对市场营销提出了新的要求,营销的内容也发生了较大的变化。企业根据自身所在市场中所处地位不同而采取不同的网络营销策略组合,包括产品策略、价格策略、渠道策略和促销策略。

6.3.1 网络营销产品的策略

1)网络营销产品的含义

产品就是为目标市场开发的有形物质产品与各种相关服务的统一体,其核心是使其满足消费者的需要。虽然网络是虚拟的,但网络营销者必须以各种产品与服务来实现营销目标。为此,营销者必须将产品的种类、质量标准、产品特性、产品牌号、包装设计、商标品牌以各种服务措施等可控制因素组合并运用,来实现营销目标。

2)网络营销产品的层次

为了体现在网络营销环境下,顾客在产品营销运作上的作用,网络产品的层次在传统营销产品的基础上进一步扩展,除保留传统营销产品整体概念中已有的3个层次(核心产品、形式产品、附加产品)之外,又扩展出期望产品与潜在产品两个层次,如图6-9和图6-10所示。

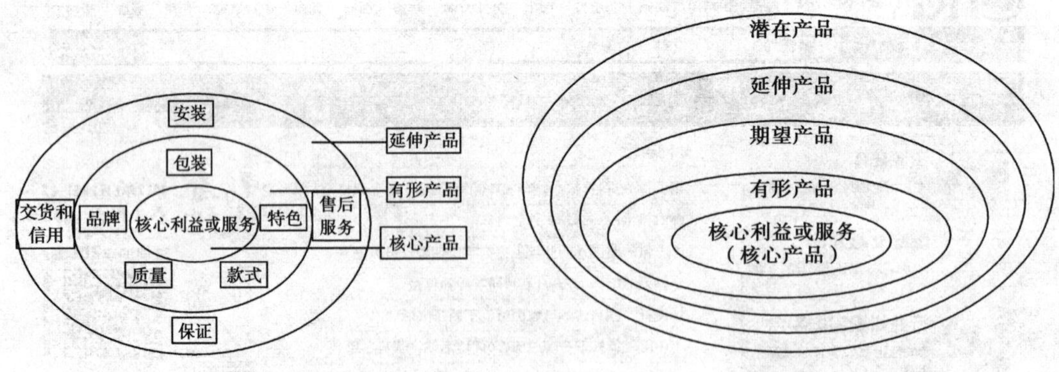

图6-9 传统营销产品层次　　图6-10 网络营销产品层次

(1)核心产品层次

核心产品层次是指产品能够提供给消费者的,也是消费者真正想要购买的最基本效用或益处。例如,消费者购买食品的核心是为了满足充饥和营养的需要;购买计算机,是为了利用它作为上网的工具等。同一种产品可以有不同的核心需要,如人们对服装、鞋帽的需要,有些以保暖为主;有些则以美观为主等。网络营销的突出特点是具有互动性,通过网络能充分地了解顾客的需求,更好地为顾客服务是网络营销的一大优势。因此,从事网络营销的企业,在进行产品的开发与设计时,要以顾客为中心,使自己的产品提供的基本效用符合顾客的需要。同时,由于不同类型的顾客对同种产品的核心需求存在差异,在营销过程中也应注意识别,可以针对不同的用户群特点,开发出适当的特色商品,甚至个性化定制产品。

(2)有形产品层次

有形产品层次是产品在市场上出现时的具体物质形态。有形产品是核心产品的物质载体,产品的基本效用只有通过有形产品的物质形态,才能反映与体现出来,主要表现在品质、特征、式样、商标、包装等。

(3)期望产品层次

期望产品是顾客在购买产品前对所购产品的质量、使用方便程度、特点等方面的期望值。这是网络营销产品整体概念中,在核心产品与形式产品之外增加了一个新层次,是网络营销产品特有的一种层次,而传统的营销产品是不具备的。

网络营销增强了企业与顾客的互动联系,与传统的营销方式相比,网络营销能更好地满足顾客的这种个性化与多样化的需求,满足其对期望产品的需要。期望产品对企业开发与设计核心产品和形式产品有指导作用。作为开展网络营销的制造企业,为了能快速生产出顾客提出的期望产品,要提高自身的设计、生产等环节的灵活性,并积极引导顾客参与上述环节。

(4)延伸产品层次

延伸产品层次是指顾客在购买产品时,从产品的生产者或经营者那里得到的附加服务,其主要作用是协助顾客更充分、更好地享受核心产品带来的基本效用。在网络营销中,对于物质产品来说,延伸产品层次主要包括售后服务、送货、质量保证、信贷等。

(5)潜在产品层次

潜在产品层次在延伸产品层次之外,也是网络营销产品整体概念所特有的一个层次,就是指企业向顾客提供的能满足其潜在需求的产品。与附加产品不同,潜在产品对顾客更好地使用核心产品而言,并不是必不可少的,它其实属于一种增值服务。

3)网络营销产品选择

由于网络营销活动的场所是一个虚拟的网络世界,网络营销所借助的网络也是一种虚拟的营销网络,具有不同于传统营销网络的特点,因此,在网络上销售商品的过程与传统的销售方式有所不同。在这里,已没有面对面的买卖方式,网络上的相互对话成为买卖双方交流的主要形式。消费者或客户通过卖方的主页考察商品,通过填写表格表达自己对商品品种、价格水平、购买数量的选择意愿,卖方则将面对面的交货改为邮寄商品或送货上门,因而网络对所营销的商品有一定的要求。那么,什么样的商品适合于网络营销呢?这实际上是一个网络营销市场的商品定位问题,认真研究商品的属性,科学筛选适应网络销售的商品,是网络营销组合中产品策略的重要一环,也是企业网络营销成功与否的重要因素。

(1)产品选择策略

从理论上来说,在网络上可营销任何形式的实物产品,但现阶段受各种因素的影响,网络还不能达到这一要求。一般而言,企业在网络营销时,可首先选择下列产品:

①具有高技术性能或与电脑相关的产品;

②市场需要覆盖较广地理范围的产品;

③不太容易设店的特殊产品;

④网络营销费用远低于其他销售渠道费用的产品;

⑤消费者可从网上取得信息,即作出购买决策的产品;

⑥网络群体目标市场容量较大的产品;

⑦便于配送的产品;

⑧名牌产品。

(2)选择产品时应注意的问题

①要充分考虑自身产品的性能

根据信息经济学对产品的划分,产品从大的方面可划分为两类,一类产品是消费者在购买时就能确定或评价其质量的产品,称为可鉴别性产品或标准性产品,如书籍、电脑等;一类是消费者只有在使用后才能确定或评价其质量的产品,称为经验性产品或个性化产品,如服装、食品等。一般说来,可鉴别性产品或标准化较高的产品易于在网络营销中获得成功,而经验性产品或个性化产品则难以实现大规模的网络营销。从该方面来考虑,企业在进行网络营销时,可适当地将可鉴别性高的产品或标准化高的产品作为首选的对象和应用的起点。

②要充分考虑实物产品的营销区域范围及物流配送体系

不可否认,网络消除了地域的概念与束缚,但是在实际的网络营销中,企业还必须考虑到自身产品在营销上的覆盖范围,以取得更好的营销效果。谨防利用网络营销全球性的特点,忽视企业自身营销的区域范围,使远距离的消费者在购买时出现无法配送的情况而使企业的声誉受到影响,或者在进行配送时,物流费用过高。

6.3.2　网络营销定价策略

1) 影响网络定价的因素

网络交易价格是指企业在网络营销过程中买卖双方成交的价格。它的形成机理是非常复杂的,要受来自企业内部及其企业外部多种不同因素的影响和制约。一般来说,以下 3 个方面是影响网络商品定价的主要因素。

(1) 成本因素

成本是商品交易价格的最低界线,对企业营销价格有很大的影响。产品成本是由产品在生产过程和流通过程中耗费的物质资料和支付的人员薪酬等形成的。一般由固定成本和变动成本两部分构成。在确定网络交易的价格时,首先必须要考虑成本因素。

(2) 供求关系

供求关系是影响企业产品价格的一个基本因素。一般而言,当商品供小于求时,企业产品的营销价格可能会高一些。反之,则可能低一些;供求基本一致时,商品售价多数为买卖双方能够接受的“均衡价格”。此外,在供求关系中,企业产品营销价格还受到供求弹性的影响。一般来说,需求价格弹性较大的商品,其营销价格相对较低,而需求价格弹性较小的商品,其营销价格相对较高。

(3) 竞争因素

竞争因素对价格的影响,主要考虑商品的供求关系及变化趋势等。竞争是影响企业产品定价的重要因素之一,在实际营销过程中,以竞争对手为主的定价方法主要有 3 种:一是低于竞争对手的价格;二是与竞争对手同价;三是高于竞争对手的价格。

在企业网络营销实践中,除了上述 3 个主要因素外,网络营销的其他组合因素,如产品特点、分销渠道、促销手段、消费者心理因素,以及本身企业的规模、声誉、品牌,国家政策等,都会对企业的营销价格产生不同程度的影响。企业在进行网络营销决策时,必须综合考虑上述因素,以便制订有效的定价策略。

2) 网络营销的定价策略

(1) 个性化定价策略

所谓的个性化定价策略就是指利用网络互动性的特征,根据消费者对产品外观、颜色等方面的具体需要,来确定商品价格的一种策略。网络的互动性使个性化营销成为可能,也使个性化定价策略有可能成为网络营销的一个重要策略。

(2) 声誉定价策略

在网络营销的发展初期,消费者对网上购物和订货还存在着许多疑虑,比如在网上所订购的商品,质量能否得到保证,货物能否及时送到等。对于形象、声誉较好的企业来说,在进行网络营销时,价格相应可高一些;反之,价格则低一些。

(3)自动调价,议价策略

根据季节变动、市场供求状况。竞争状况及其他因素,在计算收益的基础上,设立自动调价系统,自动进行价格调整。同时,建立与消费者直接在网上协商价格议价系统,使价格具有灵活性和多样性。

(4)使用定价策略

所谓使用定价,就是顾客通过 Internet 注册后可以直接使用某公司的产品,顾客只需要根据使用次数进行付费,而不需要将产品完全购买。例如,用友软件公司推出的网络财务软件,用户在网上注册后在网上直接处理账务,而无须购买软件和担心软件的升级、维护等非常麻烦的事情。再如,人们可以通过视频点播系统 VOD 来实现远程点播。

(5)网络促销定价策略

①免费。在因特网中,"免费(Free)"一词使用的频率是最高的,但"免费(Free)"在不同的地方有着不同的含义。在旗帜广告中,"免费"并不意味着要免费赠予物品或所有的服务,而是蕴涵着另一层意思,即浏览者可以自由点击旗帜广告,免费浏览网页内容,不必支付任何费用。在站点促销中,"免费"则意味着提供免费的产品、服务和应用工具软件等。

对于网上的信息服务商来说,免费是为了换取访问人数的增加,扩大自己网站的宣传效果。当他们的网站成为网上的重要媒体时,就可以寻找广告商和资助人,从而迅速发展壮大。Yahoo! 公司能够在四年里迅速成长为世界著名的信息服务公司,正是沿着这样一条道路成长的。

②折扣。折扣是个较广泛的概念,在网络营销中可以有价格折扣和优惠卡两种具体表现形式。

A.价格折扣,即让价。它是指企业对标价或成交价款实行降低或者减少部分收款的促销方法。在传统的促销活动中,折扣是历史最为悠久但如今仍颇为风行的一种极为重要的促销手段。在网络促销中,折扣手段也得到了广泛的应用。美国亚马逊网上书店对于许多种图书都实行了折扣销售,折扣率从 5%~40%不等。美国亚马逊网上书店将网络信息传递所节省的费用,通过折扣的形式转移到顾客身上,使顾客充分领略到现代交易方式的优越性,也使自己的书店成为世界上图书销售量最大的无国界书店。

B.优惠卡。优惠卡也是网络促销中常用的折扣方式。传统的促销方式中,常常使用优惠券。但是,优惠券往往是一次性的。在全球范围的网络促销中,很难多次给某些顾客邮寄优惠券,因此,网上商店大多采用优惠卡的办法。优惠卡是一种以低于商品或服务价格进行消费的凭证,也称为折扣卡。消费者可以凭此卡获得购买商品或享受服务的价格优惠,优惠卡的折扣率可以从5%~60%不等。优惠卡的使用范围可以只规定一款特定的商品或服务,也可以是同一品牌的系列商品,甚至可以是商店或企业的所有商品;有效期可以从几个月到一年甚至更长时间。

也有的网上商店为了培养“忠实的浏览者”,对每一位有意消费的消费者发放一张优惠卡。该优惠卡按消费者在网上消费金额的多少打分,再按分数的多少赠送礼品。这样做不仅可以把浏览者牢牢地吸引到自己的网站上,而且还可以加深在线商店与网民之间的感情。

6.3.3　网络营销渠道策略

渠道是指产品由生产领域向消费领域转移的过程中所经过的所有环节和中介机构。在市场经济条件下,无论是哪一个生产者生产出来的符合市场需要的产品,只有通过一定的渠道,才能在适当的时间、地点,以适当的价格销售给广大用户和消费者,满足他们的需要,从而实现企业的营销目标。

渠道的选择是整个市场营销组合策略的重要组成部分。合理的渠道,一方面可以最有效地把产品及时提供给消费者,满足用户的需要;另一方面也有利于扩大销售,加速物资和资金的流转速度,降低营销费用。有些企业的产品质量不错,价格也合理,但缺乏渠道或渠道不畅,无法扩大销售,这种例子是很常见的。

网络虚拟市场作为一种新型的市场形式,同样存在渠道的选择问题。对于从事网络营销的企业来说,熟悉网络渠道的结果,分析、研究不同网络渠道的特点,合理地选择网络渠道,不仅有利于企业产品顺利完成从生产领域到消费领域的转移,促进产品销售,而且有利于企业获得整体网络营销上的成功。

1)网络营销渠道的功能

(1)网络营销渠道具有信息发布和收集的功能

通过网络营销渠道,企业可以主动地发布各种信息,如企业的概况、产品的介绍、产品的种类、质量、价格等;同时企业还可以通过网络营销渠道收集市场反馈信息以及客户的需求信息,从而改进产品的设计和生产,满足市场的需求,使用户收益最大化。

(2)订货功能

由于互联网的各种特点,网络营销渠道的订货功能可以增加信息的透明度、提高信息传递的效率,从而可以最大限度地降低库存,减少营销成本。Dell的网络营销渠道直接面向最终用户,不但极大地减少了中间环节、各种营销和分销费用,还能直接获取消费者的需求信息,从而降低了产品成本、提供了客户需要的产品。由于信息共享,Dell的供货商所需要的零配件准备时间大大缩短,加快了生产速度并减少了库存。

(3)结算功能

同传统的营销渠道一样,网络营销渠道也具有结算功能。它主要是通过电子支付来实现的。网络营销渠道建立后,需要有一个能快速、方便实现结算的服务系统。电子支付的结算方式使得网络营销渠道的这一需求得到了满足。

(4)配送功能

配送实现了所有权从卖方到买方的转移。在网络营销中,营销渠道承担了配送功能。根据产品的不同特性,网络营销渠道在配送中承担的功能也不同。无论是有形产品还是无形产品,在网络化的今天都需要借助网络营销渠道实现产品和服务向消费者的转移。

(5)用户沟通功能

因特网不仅使营销渠道上的成本大幅度降低,还使得商品生产者与最终用户直接沟通成为可能。

(6)产品促销功能

因特网以各种方式增加了产品的促销价值,过去需要手工劳动的职能现在都可以通过自动化和智能化方式来实现。例如,过去的促销信息往往需要企业以纸面书信的形式发送给目标用户,不仅消耗了大量的人力和物力,而且无法根据消费者不同的需求来有选择地发送信息;而网络营销渠道使用了大量的现代化技术,可以自动收集用户信息,分析他们的需求,有针对性地发送电子邮件给不同的用户。

网络营销渠道还提高了整条供应链的效率。网络营销渠道使供应链上的所有环节都能共享市场和最终用户的需求信息,提高了反应速度和供货效率,从而使客户收益最大化。

(7)网络营销渠道使得产品定制化得以实现

在传统的营销渠道中,由于信息传递的速度慢、成本高,按照用户需求定制生产很难实现,特别是那些零售市场上的产品,几乎无法实现定制化生产,但是网络营销渠道使消费者和生产者之间信息的沟通变得快捷、便宜,企业也能快速地处理大量信息,按照客户需求进行生产成为可能。

2)网络营销渠道的结构

传统营销渠道按照有无中间商可以分为直接分销渠道和间接分销渠道。直接分销渠道是由生产者直接把商品卖给用户的营销渠道。凡是至少包括一个以上中间商的营销渠道则都称为间接分销渠道。根据中间商数量的多少,可以把营销渠道分为若干级别。由于直接分销渠道没有中间商,所以它又被称为零级分销渠道。间接分销渠道则包括一级、二级、三级甚至更多级的渠道。传统营销渠道的结构分类如图 6-11 所示。

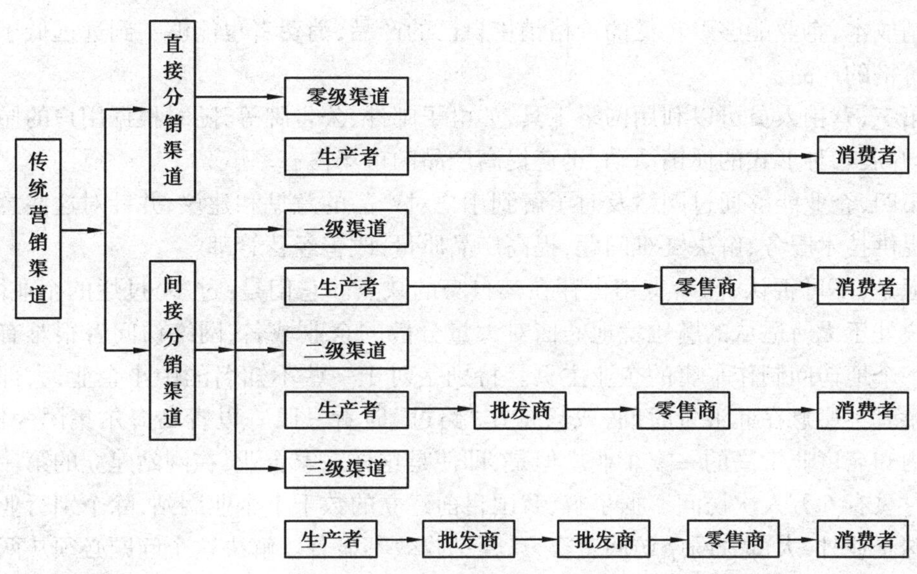

图 6-11　传统营销渠道结构

网络营销渠道也可以分为直接分销渠道和间接分销渠道,但是与传统营销渠道相比,网络营销渠道的结构要简单得多。网络营销渠道的结构分类如图 6-12 所示。

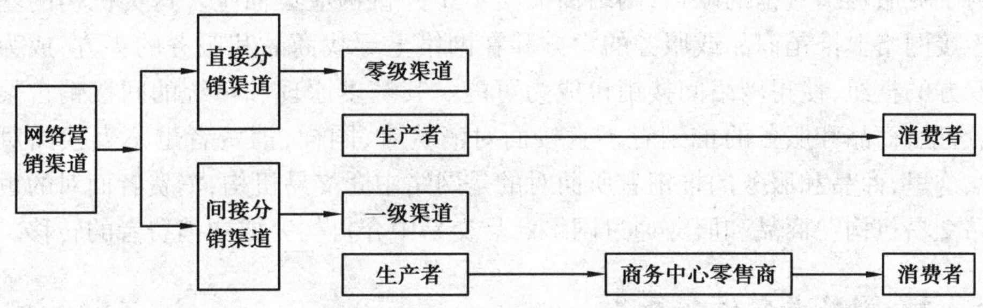

图 6-12　网络营销渠道结构

网络营销的直接分销渠道和传统营销的直接分销渠道都是零级分销渠道,在这个层次上彼此没有太大差别,但是就间接分销渠道而言,网络营销中只有一级分销渠道,即只有一个信息中介商(商务中心)来沟通双方的信息,而不存在多个批发商和零售商的情况,所以不存在多级分销渠道。

(1)网络直销的优点和缺点

网络直销是指生产厂家通过网络直接分销渠道直接销售产品。中间没有任何形式的网络中介商介入其中。网络直销有许多的优点,表现在:

第一,网络直销促成产需直接见面。企业可以直接从市场上搜集到真实的第一手资料,合理地安排生产。

第二,网络直销对买卖双方都有直接的经济利益。由于网络营销大大降低了企业的营销成本,企业能够以较低的价格销售自己的产品,消费者也能够买到远远低于现货市场价格的产品。

第三,营销人员可以利用网络工具,如电子邮件、公告牌等,随时根据用户的愿望和需要,开展各种形式的促销活动,迅速提高产品的市场占有率。

第四,企业能够通过网络及时了解到用户对产品的意见和建议,并针对这些意见和建议提供技术服务,解决疑难问题,提高产品质量,改善经营管理。

但是,不可否认,网络直销也存在其自身的缺点。它们是:过多、过烂的企业网站,使用户处于无所适从的尴尬境地。面对大量分散的企业域名,网络访问者很难有耐心一个一个地访问制作平庸的企业主页。特别是对于一些不知名的中小企业,大部分网络漫游者不愿意在此浪费时间,或只是在"路过"时看一眼。以青岛海尔集团为例,这是国内知名度非常高的一家企业。但是,即使是这样一家企业,在网站建立的第一年中也不过只有 6 万人次访问。据了解,我国目前建立的数千个企业网站,除个别行业和部分特殊企业外,大部分网站访问者寥寥,营销收效不显著。解决这个问题必须从两方面入手:一方面需要尽快组建具有高水平的专门服务于商务活动的网络信息服务站点;另一方面则需要从网络间接分销渠道中寻找出路。

(2)网络间接销售

为了克服网络直销的缺点,网络商品交易中介机构应运而生。这类机构的基本功能是连接网络上推销商品或服务的卖方和在网络上寻找商品和服务的买方,成为连接买卖双方的枢纽,使得网络间接销售成为可能。其基本原理和传统的间接销售渠道一样,在这里,商品和服务的推销者不直接面对消费者,同样,消费者也不直接面对推销者。在这里,商品和服务的推销者所面对的是网络中介交易机构,消费者面对的也是网络商品交易机构。商品和服务通过网络商品交易中介机构完成向消费者的转移。

6.3.4 网络营销促销策略

促销是指企业通过人员推销或非人员推销的方式,向目标顾客传递商品或劳务等信息,帮助消费者认识商品或劳务所带给购买者的利益,从而引起消费者的兴趣,激发消费者的购买欲望及购买行为的活动。网络促销是指利用现代化的网络技术向虚拟市场传递有关商品和劳务的信息,以激发需求,引起消费者购买欲望和购买行为的各种活动。

1)网络促销的特点

①网络促销是通过网络技术传递商品和服务的存在、性能、功效及特征等信息的,因此,网络促销不仅需要营销者熟悉传统的营销技巧,而且需要相应的计算机和网络技术知识,包括各种软件的操作和某些硬件的使用。

②网络促销是在因特网上进行的,在这个网络上形成了连接世界各国的虚拟市场,

在这个虚拟的网络社会中聚集了广泛的人群，融合了多种文化成分。因此，从事网上促销的人员需要跳出实体市场的局限性，采用虚拟市场的思维方法。

③因特网虚拟市场的出现，打破了传统的区域性市场的小圈子，使竞争发展到全球，而且在这个虚拟市场上，企业的大小、企业的规模、企业的类型等概念将日趋模糊。这迫使每个企业都必须学会在全球统一大市场上做生意的规则和技巧。否则，这个企业就会被淘汰。

2）网络促销与传统促销的区别

虽然传统的促销和网络促销都旨在帮助消费者认识商品，引导消费者对商品的注意力和兴趣，激发他们的购买欲望，并最终实现其购买行为。但由于因特网强大的通信能力和覆盖面积，网络促销在时间和空间观念上，在信息传播模式上以及在顾客参与程度上都与传统的促销活动发生了较大的变化。

（1）时空观念的变化

传统的商品销售和消费者群体都有一个空间地理半径的限制，网络营销大大地突破了这个原有的半径，使之在空间上成为全球范围的竞争；另外，传统的产品订货都有一个时间的限制，而在网络上，订货和购买可以在 24 小时、365 天内的任何时间进行。时间和空间观念的变化要求网络营销者能随时调整自己的促销策略和具体实施方案。

（2）信息沟通方式的变化

促销的基础是买卖双方信息的沟通。虽然在网络上所有的信息沟通都演化为经过线路传递这单一渠道，但是这种沟通又是十分丰富的。多媒体信息处理技术提供了近似于现实交易过程中的商品表现形式；双向的、快捷的、互不见面的信息传播模式，将买卖双方的意愿表达得淋漓尽致，也留给对方充分思考的时间。在这种环境下，网络营销者需要掌握一系列新的促销方法和手段，促进买卖双方达成交易。

（3）消费群体和消费行为的变化

在网络环境下，消费者的概念和客户的消费行为都发生了很大的变化。上网购物者是一个特殊的消费群体，具有不同于消费大众的消费需求。这些消费者直接参与生产和商业流通的循环，他们普遍实行大范围的选择和理性的购买。这些变化需要对传统的促销理论和模式充实新的理念和修订。

（4）促销手段的变化

网络促销与传统促销在推销商品的目的上是相同的，因此，整个促销过程的设计具有很多相似之处。对于网络促销手段的运用，一方面应当依赖现代网络技术，通过电子网络与客户交流思想和意愿达到推销商品的目的；另一方面则应当吸收传统促销方式的整体设计思想和行之有效的促销技巧，打开网络促销的新局面。

3）网络促销的形式

传统营销的促销形式主要有 4 种：广告、销售促进、宣传推广和人员推销。网络营销是在网上市场开展的促销活动,相应形式也有4种,分别为网络广告、销售促进、站点推广和关系营销。其中网络广告和站点推广是网络营销促销的主要形式。

网络广告主要是通过网上知名站点、免费电子邮件服务,以及一些免费的、公开的交互站点发布企业的产品信息,对企业及企业产品进行宣传推广。

网站推广是利用网络营销策略提高站点的知名度,吸引网上流量访问站点,起到宣传和推广企业及企业产品的效果。

销售促进是企业利用可以直接销售的网络营销站点,采用一些销售促进方法,如价格折扣、有奖销售、拍卖销售等方式宣传和推广产品。

关系营销主要是借助互联网作为媒体和沟通渠道,通过与企业利益相关者(包括供应商、顾客、经销商、雇员、社会团体等)建立良好的合作关系,为企业的经营管理营造良好的环境。

另外,基于网络的各种新型促销方式不断出现,例如口碑营销、病毒营销、网络事件营销、网络媒体软文营销、网络社区营销、博客推广等。

6.4 网络广告

6.4.1 网络广告概述

1)网络广告的定义

网络广告,又被称为网络广告、互联网广告等。它主要是指利用电子计算机连接而形成的信息通信网络作为广告媒体,采用相关的电子多媒体技术设计制作,并通过计算机网络传播的广告形式。

随着互联网的飞速发展,网络世界日新月异、气象万千。互联网以其跨时空、跨地域、图文并茂的双向传播信息的超凡魅力,创造了一个巨大的市场,网络广告便成为网络的衍生物之一。网络媒体与网络广告的兴起,给传统媒体及传统广告业带来巨大的冲击。网络广告已成为广告业新的经济增长点。它的出现使整个广告业的发展进入了一个崭新的历史时期。随着宽带网的进一步普及,新的广告形式还将层出不穷,网络广告的优点也将更加明显,网络广告的发展前途将是无可限量的。

2)网络广告的发展

世界上第一则网络广告出现在美国,1994年10月27日美国著名的*Hotwired*杂志推出了网络版的*Hotwired*,并首次在网站上推出了网络广告,立即吸引到AT&T、Sprint、MCI、ZIMA等最初的14家买主——这标志着网络广告的正式诞生。此后,网络广告被普遍认识并在全世界范围内飞速发展起来。

我国的网络广告发展起步于 1997 年，Chinabyte 1997 年 3 月在网站上出现了第一条商业性网络广告，标志着中国网络广告的诞生。它迅速地以独特优势成了传媒业的新宠，1998 年 6 月中国中网报道世界杯足球赛获 200 万元广告收入一事，使许多从未做过网络广告的广告主也愿意尝试网络广告，此举大大推动了中国网络广告的进程。经过短短二十几年的发展，网络广告的形式已被许多企业接受和采纳，而且取得了较好的广告效果。2017 年，中国网络广告规模超过 3 500 亿元，预计至 2018 年整体规模有望突破 4 000 亿元，在中国广告市场中占比将超过 50%。受网民人数增长，数字媒体使用时长增长、网络视听业务快速增长等因素推动，未来几年，报纸、杂志、电视广告将继续下滑，而网络广告市场还将保持较快速度增长。

3）网络广告的特点

促使广告主使用互联网做广告的原因是多方面的，网络的普及使得越来越多的人从电视转向互联网，这必然给广告主带来更多接触目标客户的机会。作为大众传播媒介，互联网的传播功能如今已经得到了广泛的认可。与传统媒体广告相比，网络广告所具有的特点显而易见。

（1）交互性

交互性是互联网络媒体最大的优势。网络广告凭借互联网的优势，可以做到一对一地发布以及一对一的信息反馈，可以使消费者随心所欲地选择自己感兴趣的广告信息，并及时作出反应。而且传播快速，发布和接收基本上是同步的。互动性网络营销广告的重心应在于互动信息的传递，而不是传统广告的印象创建与说服。

（2）广泛性

互联网的全球性，使互联网上发布的广告也是全球性的；并且网络广告可以不受电视广播广告的时间限制，也不受报纸广告的版面约束。网络广告内容极为丰富，一个站点的信息承载量可以大大超过公司所有的印刷宣传品，不仅可以详细介绍产品信息，还可以宣传公司。可以说，公司花很少的钱却提供了关于企业和产品的百科全书式的信息。

（3）针对性

目前已经出现可以分析网站访问者喜好，精确定位投放广告的技术。

（4）形式的多样性

网络广告在尺寸上可以采取旗帜广告、巨型广告等，在技术上还可以用动画、Flash、游戏等方式，在形式上可以用网络收听、收看、试玩、调查等手段，可以集各种传统媒体形式的精华，从而达到传统媒体没有的效果。这种以图、文、声、像的形式传递多感官的信息，让顾客如身临其境般地感受商品或服务，并能在网上预订、交易和结算，增强网络广告的实效。

(5)易于统计性

网络广告的发布次数和效果均可以由技术手段精确统计。可以精确统计出每个广告被多少用户看过,以及这些用户查阅的时间分布和地域分布,从而有助于广告客户正确评估广告效果,审定广告投放策略。

(6)经济性

与传统广告媒体比较,网络广告投入成本极为低廉。互联网虽不能让全国所有的人都看到,但它却更集中地让特定的用户看到,其千人成本虽然较高,但它的总体费用比电视广告要低得多。因此,网络广告在价格上具有极强的竞争优势。

表 6-2 网络广告与传统广告比较

项目	报纸杂志媒体	电视广播媒体	互联网媒体
时间	制作周期较长	制作周期较长, 播放时间受限	可以突破时间的限制
空间	版面容易受到限制	电视画面容易受到限制, 而且广播和电视 覆盖范围有限	可以突破时间的限制
价格	中	高	低
可统计性	不强	不强	强,统计结果及时、准确
反馈效果	及时反应能力弱	及时反应能力弱	具有交互性,反馈及时
检索能力	差	无	可以方便地多次检索到
宣传形式	文字、平面画面	画面、声音	文、图、声、像多媒体技术
受众的投入	一般	不强	高度集中

6.4.2 网络广告的主要形式

1)网络广告的类型

(1)按钮形广告

按钮形广告(Button)是出现在 Web 页面上任何地方的一个图标,这个图标可以是一个企业的标志,也可以是一个象形图标,有的就是一个按钮的形状,故称按钮广告。它们都采取与有关信息实现超链接的互动方式,用鼠标点击它时,可链接到广告主的站点或相关信息页面上。按照网络广告署(Internet Adv. Bureau, IAB)的标准,图标广告的尺寸一般为 120 像素×90 像素、120 像素×60 像素、125 像素×125 像素和 88 像素×31 像素。它们一般都是静态的形式,但是也可以是动态的。小按钮广告也被称为标识

(Logo)广告。

(2)旗帜形广告

网络媒体在自己网站的页面中分割出一定大小的画面(视各媒体的版面规划而定)发布广告,因其像一面旗帜,所以称为旗帜形广告(Banner)。它又称为横幅式广告或网幅广告,是目前最常见的广告形式。旗帜广告通常有 4 种形式:全幅,尺寸为 468 像素×60 像素;全幅加直式导航条,尺寸为 392 像素×72 像素;半幅,尺寸为 234 像素×60 像素;直幅,尺寸为 120 像素×240 像素。旗帜广告允许客户用极简练的语言、图片介绍企业的产品或宣传企业形象。

(3)文字广告

文字广告(Text)就是以文字的形式进行相关的宣传介绍以此扩大企业或产品的知名度。一般是企业的名称,单击后链接到广告主的主页上。文字链接形式的广告通常出现在网页的一些分类栏目中,也可以通过电子邮件的形式定期传送给客户,若宣传新产品,还可以采取在新闻组或电子公告板上发布的方式。

(4)弹出式广告

弹出式广告是当用户进入网页时,自动开启一个新的浏览器视窗,以吸引读者直接到相关网址浏览,从而达到宣传目的的网络广告形式。这类广告一般都通过网页的 JavaScript 指令来启动,但也有通过其他形式启动的。

(5)电子邮件广告

电子邮件广告是以电子邮件为传播载体的一种网络广告形式,电子邮件广告有可能全部是广告信息,也可能在电子邮件中穿插一些实用的相关信息,可能是一次性的,也可能是多次的或者定期的。通常情况下,网络用户需要事先同意加入该电子邮件广告邮件列表中,以表示同意接收这类广告信息,他才会接收到电子邮件广告,这是一种许可营销的模式。

(6)赞助式广告

赞助式广告确切地说是一种广告投放传播的方式,而不仅仅是一种网络广告的形式。它可能是通栏式广告、弹出式广告等形式中的一种,也可能是包含很多广告形式的打包计划,甚至是以冠名等方式出现的一种广告形式。赞助式广告的常见形式包括:内容赞助式广告、节目/栏目赞助式广告、事件赞助式广告、节日赞助式广告等。

(7)关键字广告

关键字(Keyword)广告与搜索引擎的使用紧密联系,通常在搜索引擎网站上的使用价值比较高。它是指网友在搜索引擎键入特定的关键字后,除了搜索结果以外,在上方的广告版位中还会出现预设的旗帜广告。这种广告形式充分利用了网络的互动特质,因此也被称为关联式广告(Co-related Advertising)。

(8)邮件列表广告

邮件列表广告(Mailing List)又名直邮(DM)广告,是指利用网站电子刊物服务中的电子邮件列表,将广告加在读者所订阅的刊物中发给相应的邮箱所属人。

(9)互动式游戏广告

互动式游戏广告(Wallpaper)是基于客户端软件的广告形式,在一段页面游戏开始、中间或结束时,广告都可随之出现,并且可以根据广告主的产品要求为之量身定做一款专门表现其产品的互动游戏。我国最大的网络游戏网站“联众网络游戏”开发出了基于客户端软件操作界面某块区域的广告形式,这要比同等尺寸网页上的广告引人注意得多。

(10)通栏广告

通栏广告以横贯页面的形式出现,该广告形式尺寸较大,视觉冲击力强,能给网络访客留下深刻印象。特点是吸引力更强,表现更突出,备受来访者关注。

(11)浮动广告

浮动广告就是在页面沿一定轨迹浮动的广告。其特殊的表现形式与传统的形式相比更能吸引网络访客的眼球,其影响力更胜一筹。

这种广告有着多种表现方式:(1)沿着某一固定的曲线飘动;(2)随着网友拖动网页页面的滚动条而做直线形上下浮动。该类型广告突破了传统广告的定式,不再固定在某一指定位置,而是随鼠标拖动而浮动,巧妙的设计会使得在不妨碍网友浏览的同时满足广告增加曝光率的需求。

2)网络广告的发布途径

广告主如何通过 Internet 发布企业的广告?从目前来看,一般有以下几种方式。企业可以根据自身的需求,从中选择一种或几种方式。

(1)主页形式

公司建立自己的主页宣传自己的产品,公司的主页地址也会像公司的地址、名称、电话一样,是独有的,是公司的标志,将成为公司的无形资产。

(2)网络内容服务商(ICP)

如新浪等,它们提供大量的 Internet 用户感兴趣并需要的免费信息服务,包括新闻、评论、生活、财经等内容,因此,这些网站的访问量非常大,是网上最引人注目的站点。目前,这样的网站是网络广告发布的主要阵地。

(3)专类销售网

这是一种专业类产品直接在 Internet 上进行销售的方式。登录这样的网站,消费者只要在一张表中填上自己所需商品的类型、型号、制造商、价位等信息,然后点一下搜索键,就可以得到所需要商品的各种细节资料,如 www.alimama.com 等。

(4)免费的互联网服务

比如免费的 E-mail 服务,利用这一优势,能够帮助企业将广告主动送至使用免费服务的用户手中。

(5)黄页形式

互联网上有一些专门用以查询检索服务的网站,如 www.yahoo.com 等。这些站点就如同电话黄页一样,按类别划分,便于用户进行站点查询。

(6)企业名录

这是由一些 Internet 服务商或政府机构将一部分企业信息融入他们的主页中,如香港商业发展委员会的主页中就包括汽车代理商、汽车配件商的名录。

(7)网上报纸或杂志

国内外一些著名的报纸和杂志纷纷在互联网上建立了自己的主页,更有一些新兴的报纸或杂志放弃了传统的“纸”质媒体,完完全全地成为一种“网络报纸”或“网络杂志”。

(8)虚拟社区和公告栏(BBS)以及新闻组(Newsgroup)

这是比较流行的交流沟通渠道,发表与公司产品相关的评论和建议,可以起到非常好的口碑宣传作用。

6.4.3　网络广告计费方式

一个网络媒体(网站)包含数十个甚至成千上万的页面,网络广告所投放的位置和价格就会牵涉到特定的页面以及浏览人数的多寡。这好比平面媒体(如报纸)的版位、发行量,或者电波媒体(如电视)的时段、收视率的概念。

1)点击成本(Cost-Per-Click, CPC)

按照广告每次点击成本收费的模式是互联网广告最早的计费方式,1994 年出现的第一支广告就是采用此计费方式。由于广告的点击非常容易作弊,因此 CPC 计费方式产生的后果就是媒体大量地生成虚假点击欺骗广告主,同时,由于广告主更熟悉、更接受电视广告的宣传模式,因此出现了 CPD 的计费模式,向电视宣传模式靠齐。如果不考虑作弊,单从效果角度考量的话,CPC 计费方式比 CPD 计费方式更加有利。百度竞价以及 Google 竞价均采用 CPC 的计费模式(也称 PPC 模式,Pay-Per-Click)。

2)按天付费(Cost Per Day, CPD)

此种模式完全参考电视广告的宣传方式,重展现,讲究品牌曝光的范围(更广的地域或人群)及深度(到达频次),也以电视广告的指标来衡量效果,比如 IGRP 等。但采用此种计费方式的媒体必须有强大的用户群体支撑,而且必须具有很高的知名度及美誉度,否则广告主并不买账,因此也只有几个门户网站采用这种计费方式。对于垂直类媒体以及广告网络而言,采用了 CPM 的计费方式。

3)按照千人印象成本收费(Cost Per Thousand Impressions, CPM)

按照千人印象成本收费即广告主为它的广告显示 1 000 次所付的费用。需要说明的是,CPM 中的 M 指的是 Mille,即希腊文中“千”的意思。互联网行业是长尾法则发挥作用的行业,除了少数的大广告主可以 hold 住 CPD 的计费方式外,大量的中小广告主往往因为价格的原因放弃网络广告的投放。有需求就会有解决方案,CPM 计费的方式就应运而生了。CPM 方式与 CPD 方式的核心区别在于按量投放、按量计费,广告主只需要为自己需要采购的播放量付费。这解决了中小广告主的价格困局,因此受到市场的欢迎,CPM 是目前垂直类媒体以及广告网络的主流计费方式。

CPM 的 M 不一定是广告的展现,因为我们要按照广告形式来区分。如果是基于网页的固定位置展现的广告,如 Banner、PIP 等形式,M 指的是页面的 PV 量,至于访客是否真正看到了广告,则并不一定。如果是浮动类的广告,此时 M 的值指的就是广告的展现量。

4)按照每行动成本收费(Cost Per Action, CPA)

CPA 是指由广告所带来的用户产生的每次特定行为的费用,即根据每个访问者对网络广告所采取的行动收费的定价模式。对于用户行动有特别的定义,包括形成一次交易、获得一个注册用户、产生一次下载行为等。

网络广告的计费方式随着市场的变化而变化。随着网络游戏、电子商务的兴起以及重视长尾流量的网盟的发展,CPA 的计费模式也随之产生了。此模式直指游戏、电商广告主最核心的需求——产生注册及订单。从定义上来讲,A 是投放前广告主和媒体协商制订的,因此 A 可以是注册,可以是下单或者点击某一个特定按钮、可以是提交问卷等多种形式,只要定义好,双方认可,并且双方都可以监测到相应数据即可。

5)销售计费方式(Cost Per Sale, CPS)

CPS 是基于广告引入用户所产生的成功销售而收取一定比例佣金的商业合作方式。CPS 模式是 CPA 模式的一种特定形式,在国内常用作电商广告投放时的计费方式,意思是只有在电商获得订单时,媒体才会得到推广费用。CPS 有两种收益计算方法,一是按照订单额的比例计算,一是不区分订单额,每个订单有固定价值,订单固定价值乘以订单量即为广告主的收益。

6)投资收益率(Return on Investment, ROI)

ROI 是现在多用于电商、游戏类用户考核广告效果的标准,其一般计算方法是由广告产生的收益额除以投放额。ROI 方式是 CPS 方式的另一种表示方法。举例来讲,如果一个电商的合作 ROI 是 1∶2,其意思就是广告主愿意支出其订单额的 50%付给媒体。作为约定俗成的做法,当电商网站和联盟合作时,会要求用 CPS 结算,一般比例在 10%以下,而和门户网站以及有一定品牌价值的媒体合作时,会要求用 ROI 结算,一般比例为 1∶2或者 1∶1,甚至会有 1∶0.8 的比例,可以看出广告主让利比例非常大,因为此时有品牌宣传的考虑在里面。

7) 按时长计费

这种计价方式以广告发布位置、广告形式为基础对广告主按时长征收固定的费用，而不是与显示次数和访客行为挂钩。在这一模式下，广告主可以按照自己的需要来选择合适的广告时长，新浪、网易、搜狐等综合门户广告主要采用这种计价方式，通过把网络频道划分成不同的等级，然后按照不同等级频道的位置和广告形式计费。另外，还有很多网站是依照“一个月多少钱”这种固定收费模式来收费的，许多中小网站都采用的是包月制。

8) 关键词竞价

关键词竞价排名是一种按效果付费的网络推广方式。企业在购买该项服务后，通过注册一定数量的关键词，其推广信息就会优先出现在网民相应的搜索结果中。关键词竞价排名完全按照给企业带来的潜在用户访问数量计费，没有客户访问就不计费，企业可以灵活地控制推广力度和资金投入，提高投资回报率。

以上为目前国内网络广告市场主流计费方式的说明，除了这些方式以外，还有 CPE (Cost-Per-Engagement)、DCPM(dynamic CPM)等一些方式。

6.4.4 网络广告效果评估

网络广告的效果评价关系到网络媒体和广告主的直接利益，也影响到整个行业的正常发展。广告主总希望了解自己投放广告后能取得什么回报，那么究竟怎样来全面衡量网络广告的效果呢？

1) 对比分析法

对比分析法(Comparative Analysis Approach)，也称比较分析法，是按照特定的指标体系将客观事物加以比较，以认识事物的本质和规律并作出正确的判断或评价。对比分析法通常是把两个(或更多)相互联系的指标数据进行比较，从数量上展示和说明研究对象规模的大小、水平的高低、速度的快慢，以及各种关系是否协调。在对比分析中，选择合适的对比标准是十分关键的步骤，这样才能作出客观的评价，选择不合适，评价就可能得出错误的结论。

网络广告对比分析法就是对比网络广告发布前后的各种指标进行对比分析，以此来判断网络广告的效果。网络广告对比分析主要有以下几种方式：对比发布网络广告前后企业收到的电子邮件数量；对比发布网络广告前后企业收到的咨询产品或服务的信函数量；对比网络广告发布前后企业的销售额和利润。

2) 加权计算法

所谓加权计算法是指在投放网络广告后的一定时间内，对网络广告产生效果的不同层面赋予权重，以判别不同广告所产生的效果之间的差异。这种方法实际上是对不同广告形式、不同投放媒体或者不同投放周期等情况下的网络广告效果的比较，而不仅仅是反映某些广告投放所产生的效果。

第一种情况，假定在A网站投放的旗帜广告在一个月内取得的效果为：产品销售100件（次），点选数量5 000次。

第二种情况，假定在B网站投放的旗帜广告在一个月内取得的效果为：产品销售120件（次），点选数量3 000次。

分别赋予产品销售和取得的点选数量权重。通常，每100次点选可形成2次实际购买，实际购买的权重可设为1.00，每次点选的权重为0.02，计算广告主可以获得的总价值。

第一种情况，总价值为100×1.00+5 000×0.02＝200

第二种情况，总价值为120×1.00+3 000×0.02＝180

第二种情况的直接销售比第一种要好，但从长远来看，第一种情况更有价值。这个例子说明，除了反映在直接购买上的广告效果外，反映在品牌形象或者用户认知上的广告效果也同样重要。

其中，权重的设定对加权计算法的计算结果影响较大。因此，权重需要在大量统计资料分析的前提下，确定用户浏览数量与实际购买之间的比例后才确定。

3）点击率和转化率

网民点击网络广告的次数就称为点击次数。点击次数可以客观准确地反映广告效果，而点击次数除以广告曝光次数，就可得到点击率（CTR），这项指标也可以用来评估网络广告效果，是广告吸引力的一个指标。

点击率是网络广告最基本的评价指标，也是反映网络广告最直接、最有说服力的量化指标。因为一旦浏览者点击了某个网络广告，说明他已经对广告中的产品产生了兴趣，与曝光次数相比，这个指标对广告主的意义更大。不过随着人们对网络广告了解的深入，点击率这个数字会越来越低。因此，在某种程度上，单纯的点击率已经不能充分反映网络广告的真正效果了。

“转化率”（Conversion）概念最早由美国的网络广告调查公司Adknowledge在《2000年第三季度网络广告调查报告》中提出，Adknowledge将“转化率”定义为受网络广告影响而形成的购买、注册或者信息需求。他们对多个网络广告项目进行了为期半年的跟踪研究，得到了这样的调查结果：尽管没有点击广告，但是全部转化率中的32%是在观看广告之后形成的。该调查还发现一个有趣的现象：随着时间的推移，由点击广告形成的转化率在降低，而由观看网络广告形成的转化率却在上升。由点击广告形成的转化率从30分钟内的61%下降到30天内的8%，而由观看广告形成的转化率则由11%上升到38%。这项调查报告得到了两个结论：

①网络广告潜在的投资回报率（ROI）比以前的估计要大得多，因为此前广告商仅

仅考虑了与点击有关的销售量,而忽视了品牌效益(Branding Effect)对销售的影响。

②仅仅依赖点击量进行决策的话,广告商可能无法对他们的广告项目影响效果进行正确判断。

6.5 常用的网络营销方法

尽管网上营销模式还处于探索和创新中,但许多营销方法已经被证明是行之有效的,如搜索引擎营销、许可 E-mail 营销、博客营销、病毒性营销、网络广告、会员制营销、事件营销、软文营销、社区营销等。下面简单介绍一下常见的几种营销方法。

6.5.1 搜索引擎营销

1)搜索引擎营销概述

搜索引擎(Search Engine)是一种基于互联网上的信息查询系统,它根据一定的策略,运用特定的计算机程序从互联网上搜集信息,在对信息进行组织和处理后,为用户提供检索服务,将用户检索的相关信息展示给用户。

搜索引擎的基本工作原理包括如下 3 个过程:首先在互联网中发现、收集网页信息;其次对信息进行提取和组织建立索引库;再由检索器根据用户输入的查询关键字,在索引库中快速检出文档,进行文档与查询的相关度评价,对将要输出的结果进行排序,并将查询结果返回给用户。

在互联网发展的初期是没有搜索引擎的,但是随着互联网上信息的繁复多样,1994 年 7 月,世界上出现了最早的真正意义上的搜索引擎——Lycos。同年 4 月,美国斯坦福大学的两位博士生 DavidFilo 和美籍华人杨致远共同创建了 Yahoo!,并成功地使搜索引擎的概念深入人心,从此搜索引擎进入了快速发展时期。目前,互联网上的搜索引擎数量达到数千个,能检索的信息量也与以前相比不可同日而语。

搜索引擎营销(Search Engine Marketing, SEM),就是根据用户使用搜索引擎的方式,利用用户检索信息的机会尽可能将营销信息传递给目标用户。它是一种网络营销的模式,目的在于推广网站,提高知名度,以最高的性价比、最小的投入,获得最大的来自搜索引擎的访问量,并产生商业价值,主要用于网站推广、网络品牌建设、产品促销等方面。

2)我国搜索引擎营销现状

随着中国互联网的迅速发展,搜索引擎正日益成为人们网络生活中的重要组成部分,成为各个企业比较认可的网络推广手段之一,也成为网络营销服务商最主要的服务项目。搜索引擎营销目前最活跃的群体是中小企业。搜索引擎营销服务市场以关键词广告和网站登录广告等形式的搜索引擎广告产品销售为主。

根据中国互联网络信息中心 CNNIC 发布的《第 38 次中国互联网络发展状况统计报告》数据显示，截至 2016 年 6 月，我国搜索引擎用户规模约 5.93 亿，较 2015 年年底增长 4.7%。其中，手机搜索用户数达 5.24 亿，较 2015 年年底增长 9.7%。在整体网民、手机网民中，搜索引擎都是第二大互联网应用，仅次于即时通信应用。数据表明，我国的搜索引擎营销进入了一个稳定高速发展的阶段。

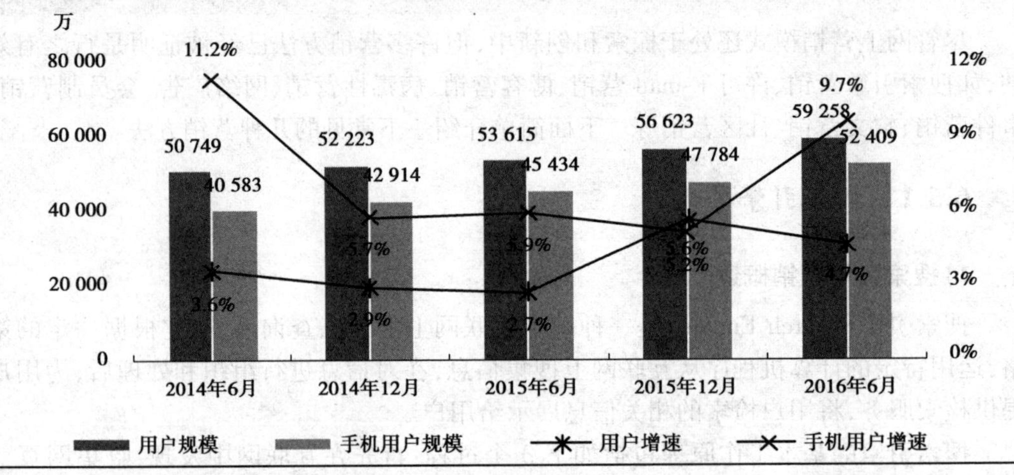

图 6-13　2014—2016 年搜索引擎用户、手机搜索引擎用户规模与增速

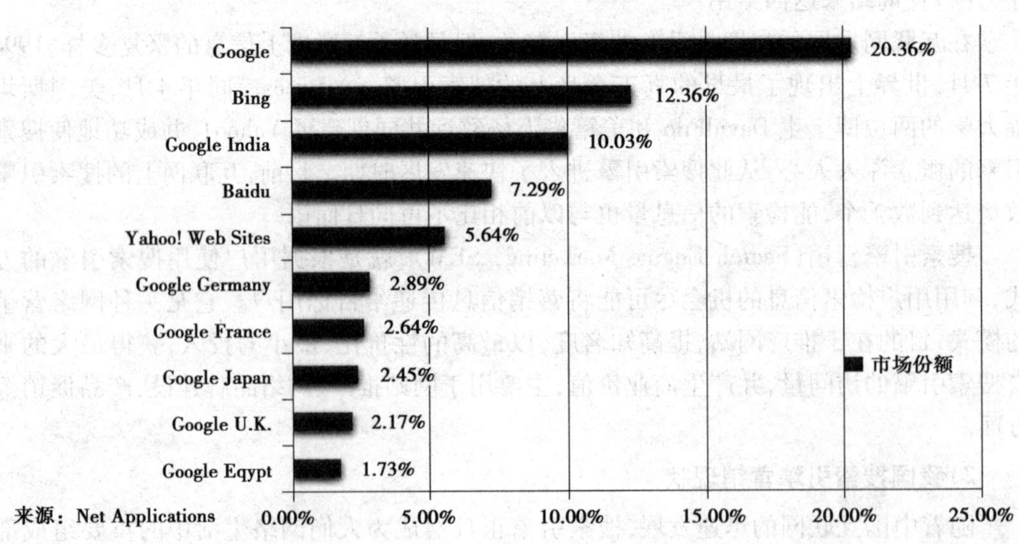

图 6-14　2016 年全球搜索引擎市场份额

3) 搜索引擎营销的特点

搜索引擎被应用于网络营销的假设前提:用户在搜索信息时所使用的关键字在一定程度上反映出用户对该问题或产品的关注,这种注意力正是商家所需要的。这些来自搜索引擎的访问量,很有可能为其带来商业价值。与其他网络营销方式不同,搜索引擎营销独具特色。对这些特点的全面了解将有助于商家选择合适的网络营销方式,更有效地开展搜索营销。

(1)搜索引擎营销的效果取决于企业网站建设程度

帮助企业进行网站推广、吸引更多的访问者是搜索引擎营销的主要目的之一,而建立专业、高品质的企业网站是企业有效地开展搜索引擎营销的前提条件。企业网站的内容布局合理将给访问者及时找到相关信息提供便利,同时也可吸引访问者停留更长的时间,而且更容易被搜索引擎收录。换言之,对搜索引擎友好的网站将更容易被用户搜索到。

(2)搜索引擎营销是一种用户处于主导地位的网络营销方式

搜索引擎营销活动的发起点是用户主动实施的信息搜索行为,用户根据自己的喜好设定搜索关键字,这一切都是用户根据自己的意愿决定的,而且用户对搜索结果的选择及此后的点击、选择网页浏览等行为,都包含着其独立的判断,不受其他因素的影响。因此,广告主的意愿并不能通过搜索引擎营销活动本身强加给用户。

(3)搜索引擎营销具有精准营销的效果

搜索引擎营销的主要特点之一是通过对用户搜索行为进行准确分析,能较高程度地挖掘用户搜索背后的需求,将与用户所搜索的关键字高度相关的商业信息反馈在搜索结果页面中,提高营销信息被目标客户关注的概率,从而实现精准营销的效果。

(4)搜索引擎营销是有效的网络营销工具。

搜索引擎营销是有效帮助企业实现品牌推广、销量提升、汇聚网站流量的网络营销工具。一般而言,品牌传播更为大中型企业广告主所青睐,这类企业追求曝光率高的营销方式。因广告费预算宽裕,可以选择侧重图形类的广告形式,即便选择关键字广告,投放策略也会更为激进;销售促进则更适合长尾中小企业,这类企业应选择可以精准定位潜在消费者的营销方式,如网盟推广、关键字广告等。对于自有网站的企业来说,通过搜索引擎带来目标流量的提升至关重要,这类企业可以选择搜索引擎优化(SEO)的方式,侧重于对企业网站的建设、内容的优化,以期增强自身网站对搜索引擎的友好度,争取提升企业在自然搜索结果中的排名。需要特别说明的是,网站流量的增加未必能带来收益的增加,因为转化率的高低不仅仅取决于搜索引擎营销活动本身的效果,还取决于其他一些因素。

(5)搜索引擎营销模式需要与时俱进

搜索引擎营销是在一定的网络技术发展阶段对搜索引擎的具体应用,因此当搜索引擎技术和企业营销环境等发生变化时,搜索引擎营销模式也应相应地进行调整。搜索引擎营销模式只有与网络营销服务环境相匹配,才能帮助企业较好地达到营销效果。

4)搜索引擎营销的主要模式

(1)免费登录分类目录

免费登录分类目录是最传统的网站推广手段,方法是企业登录搜索引擎网站,将自己企业网站的信息在搜索引擎中免费注册,由搜索引擎将企业网站的信息添加到分类目录中(如上文中文搜狐网站引擎免费登录注册的方法)。现如今,免费登录分类目录的方式已经越来越不满足实际的需求,将逐步退出网络推广的舞台。

(2)付费登录分类目录

付费登录分类目录是网站缴纳相应费用之后才可以获得被收录的资格。固定排名服务是在付费登录基础上展开的。此类模式与网站本身的设计基本无关,主要取决于费用,但其营销效果也存在日益降低的问题。

(3)搜索引擎优化

搜索引擎优化(Search Engine Optimization,SEO)是按照一定的规范,通过对网站功能和服务、网站栏目结构、网页布局和网站内容等网站基本要素的合理设计,增加网站对搜索引擎的友好性,使得网站中更多的网页能被搜索引擎收录,同时在搜索引擎中获得较高的排名,从而通过搜索引擎的自然搜索尽可能多地获得潜在用户。SEO 的着眼点不仅考虑搜索引擎的排名规则,而且更多地考虑如何为用户获取信息以及服务提供方便,此外,还要考虑细分目标客户群,分析消费者心理,研究他们对关键词的界定,帮助企业在关键词的选择上有的放矢。

(4)关键词竞价排名

竞价排名即网站缴纳费用后才能被搜索引擎收录,费用越高者排名越靠前。竞价排名服务,是由客户为自己的网页购买关键词排名,然后按点击计费的一种服务。通过修改每次点击付费的价格,用户可以控制自己在特定关键词检索结果中的排名,也可以通过设定不同的关键词捕捉到不同类型的目标访问者。

竞价排名的见效快,只要充值并设置关键词价格后即刻进入搜索引擎排名前列,但 SEO 的效果较慢,一般要 3 个月以上才能见效。另外,竞价排名具有精准投放和关键词无限量等优势,但其同时也存在费用高和有可能被竞争对手和广告公司恶意点击等缺点。

竞价排名和网站优化各有优势,对预算充足的公司可以先做竞价排名,与此同时进行 SEO,当 SEO 工作结束,排名达到要求后,再停止竞价排名,这样可以顺利过渡也不会对营销造成影响。

(5)固定排名

固定排名是一种收取固定费用的推广方式,企业在搜索引擎购买关键词的固定排位，当用户检索这些关键词信息时，企业的推广内容就会出现在检索结果的固定位置上。这种方式可以避免非理性的关键词价格战，但当某一关键词变成“冷门”时，可能会使企业资源浪费。

（6）购买关键词广告

购买关键词广告即在搜索结果页面显示广告内容，实现高级定位投放，用户可以根据需要更换关键词，相当于在不同页面轮换投放广告。关键词广告显示的位置与搜索引擎密切相关，有些出现在检索结果的最前面，有些出现在检索结果页面的专用位置。

6.5.2 E-mail 营销

1）E-mail 营销的概念

互联网上最早的赚钱方式，既不是网上销售，也不是网上拍卖，当然也不是网络广告，最早赚钱的也不是什么著名网络公司，而是两个律师！在 E-mail 和 WWW 得到普遍应用之前，新闻组（Newsgroup）是人们互相交流的主要方式之一，新闻组也是早期网络营销的主要场所，是 E-mail 营销得以诞生的摇篮。1994 年 4 月 12 日，美国亚利桑那州两位从事移民签证咨询服务的律师 Laurence Canter（劳伦斯·坎特）和 Martha Siegel（玛莎·西格尔）（两人为夫妻）把一封“绿卡抽奖”的广告信发到他们可以发现的每个新闻组。随后两位律师在 1996 年合作写了一本书——《网络赚钱术》，书中介绍了他们的这次经历：通过互联网发布广告信息，只花费了 20 美元的上网通信费用就吸引来 25 000 个客户，赚了 10 万美元。他们认为，通过互联网进行 E-mail 营销是前所未有，且几乎无须任何成本的营销方式。

电子邮件并非为营销而产生，但当电子邮件成为大众的信息传播工具时，其营销价值也就逐渐显示出来。“E-mail 营销”这一概念听起来并不复杂，但将 E-mail 作为专业的网络营销工具，实际上并非那么简单，E-mail 从普通的通信发展到营销工具需要具备一定的环境条件，如：①一定数量的 E-mail 用户；②有专业的 E-mail 营销服务商，或者企业内部拥有开展 E-mail 营销的能力；③用户对于接收到的信息有一定的兴趣和反应（如产生购买、浏览网站、咨询等行为，或者增加企业的品牌知名度）。当这些环境逐渐成熟之后，E-mail 营销才成为可能。

2）E-mail 营销的分类

按照发送信息是否事先经过用户许可来划分，可以将 E-mail 营销分为许可 E-mail 营销和未经许可的 E-mail 营销。未经许可的 E-mail 营销也就是通常所说的垃圾邮件（Spam），正规的 E-mail 营销都是基于用户许可的。

如果发信人随意发送大量的商业邮件，即使可以达到自己的目的，但却让他人或者社会的利益受到损害，因此，这种行为不可能得到社会的认可。于是关于 E-mail 营销就存在是否首先经过收件人许可的问题，获得收件人的许可而发送的邮件，不仅不会受到指责,而且收件人对邮件内容关注的程度也较高。

E-mail 营销得到系统研究,是从对“未经许可的电子邮件”的研究开始的,到了“许可营销”概念的提出,E-mail 营销思想才开始逐步获得广泛认同。但是,为什么 E-mail 营销需要收信人的许可,而传统直邮广告却没有这种要求呢?这正是 E-mail 营销与直邮广告的重要区别之处,尽管目前仍有部分人对此有不同看法,但正规的 E-mail 营销必须实现经过用户许可,这已经形成了基本的行业规范,是否事先获得用户许可是 E-mail营销与垃圾邮件的本质区别。许可营销也就是许可 E-mail 营销。许可营销的主要方法是通过邮件列表、新闻邮件、电子刊物等形式,在向用户提供有价值信息的同时附带一定数量的商业广告。例如,一些公司在要求你注册为会员或者申请某项网络服务时,会询问你“是否希望收到本公司不定期发送的最新产品信息”,或者给出一个列表让你选择自己希望收到的信息。

6.5.3 博客营销

1)博客和博客营销的定义

博客营销就是利用博客这种网络应用形式开展网络营销。要说明什么是博客营销,首先要从什么是博客说起。

博客就是网络日志(网络日记),英文单词为 Blog(Web Log 的缩写),博客这种网络日记的内容通常是公开的,自己可以发表自己的网络日记,也可以阅读别人的网络日记,因此可以理解为 Blog 是以网络作为载体,简易、迅速、便捷地发布自己的心得,及时、有效、轻松地与他人进行交流,再集丰富多彩的个性化展示于一体的综合性平台,一种个人思想、观点、知识等在互联网上的共享。由此可见,博客具有知识性、自主性、共享性等基本特征,正是博客这种性质决定了博客营销是一种基于个人知识资源(包括思想、体验等表现形式)的网络信息传递形式。因此,开展博客营销的基础问题是对某个领域知识的掌握、学习和有效利用,并通过对知识的传播达到营销信息传递的目的。

博客营销本质在于通过原创专业化内容进行知识分享争夺话语权,建立起信任权威,形成个人品牌进而影响读者的购买意向。

2)博客营销的基本形式

博客营销主要表现为以下 3 种基本形式。

①利用第三方博客平台的博客文章发布功能开展的网络营销活动。

②企业网站自建博客频道,鼓励公司内部有写作能力的人员发布博客文章以吸引更多的潜在用户。

③有能力运营维护独立博客网站的个人,可以通过个人博客网站及其推广,达到博客营销的目的。

3) 微博营销

微博是一种通过关注机制分享简短信息的广播式的社交网络平台。微博营销就是借助微博这一平台进行的包括品牌推广、活动策划、个人形象包装、产品宣传等一系列的营销活动。

微博营销以微博作为营销平台,每一个听众(粉丝)都是潜在营销对象,每个企业利用更新自己的微型博客向网友传播企业、产品的信息,树立良好的企业形象和产品形象。每天的更新内容可以跟大家交流,或者有大家感兴趣的话题,这样就可以达到营销的目的,这样的方式就是微博营销。

4) 微博营销与博客营销的区别

博客营销和微博营销在本质上的区别有 3 种。

(1) 两种方式的信息在表现形式上的差异

博客营销的信息主要以博客文章的价值为基础,其模式以个人观点表述为主,而且每篇博客文章表现为独立的一个网页,因此对文章的内容和质量有一定的要求。而微博的内容则精练短小,主要表达发生了什么有趣或有价值的事情,而不是系统、严谨的企业新闻或者产品介绍。

(2) 两种方式的信息在传播模式上的差异

微博的传播比较注重时效性。例如,微博发布三天后,其信息基本就无人关注了。微博的传播渠道除了相互关注的好友直接浏览之外,还可以通过好友的转发向更多人群传播,因此微博是一个快速传播简短信息的方式。

博客需要用户直接进入网站或者 RSS 订阅浏览,或者通过搜索引擎获得持续的浏览。因此,博客的时效性不高。博客可以获得多个渠道用户的长期关注,因此建立多渠道的传播对博客营销是非常有价值的,而对于未知群体进行没有目的“微博营销”通常是没有任何意义的。

(3) 两种方式的用户获取信息及行为的差异

博客营销主要以信息为核心,体现信息本身的价值。微博以信息的发布者为核心,体现了人的核心地位。

6.5.4　病毒性营销

1) 病毒性营销的概念

病毒性营销也称“病毒式网络营销”,是通过用户的转载介绍、口碑宣传等方式进行网络传播,信息像病毒一样传播和扩散,利用快速复制的方式传向数以千计、数以百万计的受众。

病毒性营销是一种常用的网络营销方法,常用于网站推广、品牌推广等。其信息传递策略是通过公众将信息廉价复制，告诉给其他群众，从而迅速扩大自己的影响。由于这种传播是用户之间自发进行的，因此几乎是不需要费用的网络营销手段。和传统营销相比，受众自愿接受的特点使得成本更低、收益更多、效果更加明显。

2）如何成功实施病毒性营销

病毒性营销一直是网络营销人员津津乐道的话题。病毒性营销的价值是巨大的，一个好的病毒性营销计划远远胜过投放大量广告所获得的效果，病毒性营销并不是随便就可以做好的，有些看起来很好的创意，或者很有吸引力的服务，最终并不一定能获得预期的效果。

如何才能取得病毒性营销的成功呢？在实施病毒性营销的过程中，一般都需要经过方案的规划和设计、信息源和传递渠道的设计、原始信息发布、效果跟踪管理等基本步骤，只有认真对待每个步骤，病毒性营销才能最终取得成功。

第一，应该进行病毒性营销方案的整体规划，确认病毒性营销方案符合病毒性营销的基本思想，即传播的信息和服务对用户是有价值的，并且这种信息易于被用户自行传播。

第二，病毒性营销需要独特的创意，并且精心设计病毒性营销方案（无论是提供某项服务，还是提供某种信息）。最有效的病毒性营销往往是独创的。独创性的计划最有价值，跟风型的计划有些也可以获得一定效果，但要做相应的创新才更吸引人。同样一件事情，同样的表达方式，第一个是创意，第二个是跟风，第三个做同样事情的则可以说是无聊了，甚至会遭人反感，因此，病毒性营销的吸引人之处就在于其创新性。在方案设计时，一个特别需要注意的问题是，如何将信息传播与营销目的结合起来？如果仅仅是为用户带来了娱乐价值（如一些个人兴趣类的创意）或者实用功能、优惠服务而没有达到营销的目的，这样的病毒性营销计划对企业的价值就不大了，反之，如果广告气息太重，可能会引起用户反感而影响信息的传播。

第三，信息源和信息传播渠道的设计。虽然说病毒性营销信息是用户自行传播的，但是这些信息源和信息传递渠道需要进行精心的设计，例如，要发布一个节日祝福的Flash，首先要对这个Flash进行精心策划和设计，使其看起来更加吸引人，并且让人们更愿意自愿传播。仅仅做到这一步还是不够的，还需要考虑这种信息的传递渠道，是在某个网站下载（相应地，在信息传播方式上主要是让更多的用户传递网址信息），还是用户之间直接传递文件（通过电子邮件、IM等），或者是这两种形式的结合？这就需要对信息源进行相应的配置。

第四，原始信息的发布和推广。最终的大范围信息传播是从比较小的范围内开始的，如果希望病毒性营销方法可以很快地得到传播，那么对于原始信息的发布也需要经过认真筹划，原始信息应该发布在用户容易发现并且用户乐于传递这些信息的地方（如活跃的网络社区），如果有必要，还可以在较大的范围内去主动传播这些信息，等到自愿参与传播的用户数量比较大之后,才让其自然传播。

第五,对病毒性营销的效果也需要进行跟踪和管理。当病毒性营销方案设计完成并开始实施之后(包括信息传递的形式、信息源、信息渠道、原始信息发布),对于病毒性营销的最终效果实际上自己是无法控制的,但并不是说就不需要进行这种营销效果的跟踪和管理。实际上,对于病毒性营销的效果分析是非常重要的,不仅可以及时掌握营销信息传播所带来的反应(如对网站访问量的增长),也可以从中发现这项病毒性营销计划可能存在的问题,以及可能的改进思路,将这些经验积累下来,为下一次病毒性营销计划提供参考。

3)病毒性营销与口碑营销的区别

口碑营销是企业或相关单位在买方市场条件下,对自己的产品或服务进行某一方面或某几方面的口碑设计,使得非生产人员(如消费者、经销商等)在消费或接触这些产品时所获得的实际利益超过他们的预期,通过他们向别人介绍这些产品而促进产品销量增加的一种营销方式。

由于传播形式的类似,人们往往会把病毒性营销与口碑营销画等号,但两者有着本质上的区别:病毒性营销更注重如病毒般扩散的营销过程,一个以兴趣作为出发点的提高产品知名度的过程;而口碑营销则更加注重产品的美誉程度,传播者出于信任自发对产品进行传播而非兴趣。

6.5.5 软文营销

1)软文营销概述

软文是指通过特定的概念诉求、理论联系实际的方式,利用心理冲击来使消费者理解企业设定的概念,从而达到宣传效果的营销方式。简单地说,软文就是一种文字广告,可能通过一篇新闻稿、实例故事、使用心得等,巧妙地插入自己的广告。

相对硬广告,软文广告最大的特点就是“软”。一篇好的软文广告是在当用户读了以后,才发现这其实是一篇软文,但又极想去试着点击或尝试广告的商品。

软文广告的成本比硬性广告低廉,但是效果却比硬性广告好得多。如果说硬广告是外家的少林功夫,那么软文则是绵里藏针、以柔克刚的武当拳法,软硬兼施、内外兼修。

软文营销是最有力的营销手段,不仅仅是因为它的性价比高,更是因为它是论坛营销、博客营销、事件应急营销的基础关键工具。

2)软文营销的要素

软文包含5个要素,只有这5个要素环环相扣,紧密结合,才能达到营销目的。

①眼软:会看——企业采用软性渗透的广告形式进行品牌宣传,吸引消费者的注意

力。(只有眼光停留了、徘徊了,才有机会)

②心软:会留——宗旨是制造信任。(只有相信你了,才会付诸行动)

③脑软:会记——关键要求是把产品卖点说得明白透彻。(有了印象,还要了解清楚,否则脑子还是硬邦邦的)

④嘴软:会说——着力点是兴趣和利益。(拿人家的手软,吃人家的嘴软)

⑤耳软:会听——重要特性是口碑传播性。(朋友推荐的,更愿意倾听)

3) 软文营销的主要形式

①悬念式:也可称设问式。核心是提出一个问题,然后围绕这个问题自问自答。

②故事式:通过讲一个完整的故事带出产品,使产品的"光环效应"和"神秘性"给消费者心理造成强暗示,让销售成为必然。

③情感式:情感一直是广告的一个重要媒介,软文的情感表达由于信息传达量大、针对性强,当然更可以让人心灵相通。

④恐吓式:恐吓式软文属于反情感式诉求,情感诉说美好,恐吓直击软肋。

⑤新闻式:所谓事件新闻体,就是为宣传寻找一个由头,以新闻事件的手法去写,让读者认为仿佛就是昨天刚刚发生的事情。

⑥诱惑式:实用性、能受益、占便宜这 3 种属于诱惑式,这 3 种软文的写作手法是抓住消费者爱占便宜的心理,吸引读者。

6.5.6 网络社区营销

1) 网络社区营销的概念

网络社区是指包括 BBS、论坛、贴吧、公告栏、群组讨论、在线聊天、在线交友、个人空间、无线增值服务等形式在内的网上交流空间,同一主题的网络社区集中了具有共同兴趣的访问者。网络社区经过多年的发展,用户规模保持稳定增长,已经成为主流网络应用之一。据 CNNIC 的统计,论坛、BBS、讨论组,应用普及度仅次于 E-mail;来自艾瑞市场咨询的数据也显示,截至 2016 年 6 月,中国互联网市场目前已经拥有 7.1 亿用户,450 多万家网站,其中 80%的网站都拥有论坛和博客等形式的网络社区。超过 95%的社区网民平均每天在社区至少花费 1 个小时。由于有众多用户的参与,社区的营销价值也开始显现,现在网络社区已不仅仅是一个网友交流的空间,实际上也成为一种网络营销场所。

2) 网络社区构成要素

(1)社区内容

社区内容是吸引社区用户参与、分享的关键,是服务于社区用户特定的共同兴趣爱好的,富有吸引力的内容能促进社区成员的相互沟通、相互关联、相互影响。社区内容中的经验分享、社会热点事件和在线活动及促销话题是社区创造力和生命力的重要支柱。

(2)社区用户

网络社区的魅力在于互动,互动的关键在于用户。有研究表明,网络社区的内容生产也符合“二八原则”,即 20%的用户贡献生产 80%的内容,这部分活跃用户通常是网络社区的意见领袖。网络社区的互动营销策划要注重对意见领袖的引导,从而提高社区用户的参与度和黏性。

(3)社区平台

社区平台为社区用户提供了一个便捷的交流、互动平台,其具体形式可以是论坛、即时通信、博客、社会性网络,等等。做好网络社区营销的前提是选择合适的社区平台,“合适”意味着平台用户与产品目标消费群体有较高重合度、平台文化与品牌理念较契合、平台传播具有较高的性价比,等等。

3)网络社区营销的优势和缺点

网络社区营销的优势主要体现在下述几个方面。

(1)广告投放更加精准

网络社区通过一根网线跨越了地理阻隔,连接了互联网上天涯海角气味相投的网友,做到了“物以类聚,人以群分”,使得在社区中的广告投放与传统网络广告相比更为精准;企业可以通过网络社区更准确地寻找到自己的目标客户群,并不受地域、时间等客观因素的约束,与他们进行沟通。

(2)营销互动性强

社区用户在参与性、分享性方面与其他类型网站相比更具优势,社区作为网民之间沟通最为充分的网络平台,其互动性成为社区营销的一大亮点。

(3)口碑价值

网民使用产品后在社区中分享经验已成为其习惯性行为,在社区中其他消费者所发表的观点和经验,正自觉不自觉地影响着圈子中其他社区用户的消费理念和消费行为。

(4)营销可信度增强

社区中的人群在一定时空内有着共同志趣或目的,并形成了相对稳定的社会关系,因此,在社区之间引发的传播在可信度和影响力上大大优于传统广告宣传方式。当今社会,受众每天经受着无数广告的狂轰滥炸,体内都早已产生了丰富的“广告免疫抗体”,而面对跟他们关系密切的人群传达的信息,他们的警惕性和反抗性会大大降低。真正对购买决策起决定作用的或许是哥们儿一句话或社区中一个评论产品的帖子,而并非铺天盖地的广告语。

(5)低成本

相比电视媒体动辄上百万元、上千万元的投入来说,社区营销的成本可谓九牛一毛,价格低廉,成为社区营销的另一大优势。

网络社区营销也存在着缺陷和不足。

(1)同质化现象严重

目前网络社区营销方式都大同小异,用单一的路径来引导用户参与,用户参与的积极性不高。比如,类似很多活动都是依靠博文大赛来获取奖品之类的。这样的形式一开始很有创意、很受欢迎,但如果反复用,效果就不好了。很可能一些潜在目标群体因为参与惰性而遗憾流失。但目前国内社区型网站的营销手段大多是以方案式和植入式为主,缺乏标准化、产品化,难以实现规模效益。

(2)网络社区营销活动的效果难以评估

社区的天然属性决定了社区营销不可复制的优越性,但现在还是有很多企业抱着观望的态度,很有可能是因为社区营销缺少可靠的效果评估手段。社区营销目前还是主要通过口碑、关键词、流量等相关因素来评估社区营销活动的效果,但这样的评估方法是否合理还存在一定争议。社区营销活动更适合塑造或者强化企业品牌,而非促销等销售活动。因此,社区营销活动效果的展现事实上需要时间等待,而很多非规模企业更看重短期对品牌形象提升和产品销售的促进。

(3)网络营销的反作用

在互联网上有这个劣根性,就是"好事不出门,坏事传千里"。如果选择的平台或人群不对,又或者营销的手段不恰当,都会产生反作用,不仅营销不成反而还损害了企业的形象。

【案例学习 6-3】

社交网络营销:先下手为强,后下手遭殃

大家关于如何成功开展社交营销讨论颇多。搜索"社交营销",你会发现各种各样的成功案例。同时,还有不计其数的社交平台管理工具,帮助广告主管理社交平台上的营销活动。与此同时,广告主甘愿花费数百万以换取粉丝数。

什么造就了成功的社交网络营销?是工具?是技巧?是花费?令人大跌眼镜的是,根据 BI Intelligence 最新的一份研究报告显示,真正决定输赢的,是谁在社交网络中首先占有一席之地,并保持活跃。可是从目前来看,大多广告主却都在观望,看最新兴起的某个社交网络热潮能否成为下一个 Facebook、Instagram,或者微博、微信。事实证明,这一做法远不如一开始就投入新兴的社交网站。

BI 通过对 83 个面向消费者的全球知名品牌与其在 Twitter 和 Facebook 上的粉丝数

量、基于品牌投入社交营销的时间，对营销表现进行比较分析。以下是几点重要结论：

①在社交媒体中，存在积极的“早期采用者效应”。对于大多数品牌来说，早投入，就意味着相对于后来者有更多的粉丝。简单的统计数字、散点图和趋势线，都显示在热门社交网中，活跃时间与粉丝规模有明确的相关性。

②“早期采用者效应”的显著与否，受到品牌知名度高低的影响。超级大品牌存在逆势情况：一些家喻户晓的全球品牌，无论其加入早晚，无处不能迅速积累起大量粉丝；相反地，“早期采用者效应”对于那些不那么知名的品牌更加重要。品牌在社交网络的活跃时间与粉丝数量之间的关系，在二线顶级品牌上表现最显著。这些并非家喻户晓的品牌，更需要尽早投入社交网络，占领先机。尽管如此，即便是大品牌也不宜过多地踌躇犹豫，因为其有能力承受平台告吹之后的损失。

③当然，早投入并非意味着万无一失。研究中涉及的早期投入品牌，也并未获得较好的营销效果，粉丝数量低于平均值。不过分析表明，早期采用者将有更大的机会超越顶级品牌实现的营销效果。

国内微博兴起于 2009 年，时至今日已发展八年有余，所谓“先机”之说早已不再。根据中国互联网络信息中心 CNNIC 的企业调查显示，2016 年微博企业账号已达 130 万。另外，早在 2012 年世界 500 强企业中就有超过三成开通了官方微博。在这种情况下，伴随着近日来关于微博活跃粉丝数、原创微博数量的种种负面消息，企业的微博营销应当尽快摆脱重营销轻服务的现状。

本章小结

本章主要介绍了网络营销的含义、特点及网络营销与传统营销的关系，网络市场调研的步骤及方法，分析了网络营销策略，包括网络营销产品策略、网络营销价格策略、网络营销渠道策略和网络营销促销策略，介绍了网络广告的主要形式及收费方式，以及常见的网络营销方法和工具。

通过本章的学习，读者主要掌握网络调研的步骤与方法，通过利用搜索引擎、访问相关网站、设计在线调查问卷及运用电子邮件调查等方法，收集信息。掌握网络营销策略，通过网络广告、销售促进、站点推广和关系营销等方式对公司网站及产品开展网络营销。

【本章学习与思考】

1.简述网络营销的基本概念和特点。

2.什么是市场调研？市场调研的方法主要有哪些？

3.网络营销策略包含哪些？各自有什么特点？

4.网络广告的特点和计费方式是什么？

5.常用网络营销手段有哪些？

6.以各大电商“双 11”活动为例，从网络营销角度谈谈怎样做才能提高营销活动的关注度。

7.分析淘宝商城 2017 年节假日举行的大型营销活动策划的目的，实施的效果。

【技能操作训练】

1.在中国互联网络信息中心网站下载中心下载《中国互联网络发展状况统计报告》第 1 次、第 10 次、第 20 次、第 30 次、第 35 次、第 38 次，比较各次报告的数据变化，结合你对互联网的理解分析其发展的趋势。

2.请根据自身所处的环境，自定题目，撰写一份调研问卷。

第7章
电子商务网站建设

【教学目标】

1.掌握电子商务网站的概念、功能和分类;

2.了解电子商务网站建设的总体思路和前期规划的基本步骤;

3.掌握网页设计语言HTML的基本规范和常用标记;

4.掌握主要的电子商务网站宣传与推广方法。

【教学重点、难点】

1.掌握根据电子商务网站前期规划的基本步骤,编写《网站建设项目任务书》;

2.能够使用HTML编写基本的网页文件;

3.能够运用所学的网络推广方式推广电子商务网站。

【案例导入】

2013年12月,汪洋同志在京东总部参观时,巧遇一名京东的配送员,便与其进行了亲切的交谈,得知京东的配送员收入可观、有六险一金,还有各种培训时非常高兴。

京东集团CEO刘强东表示,截至2013年年底,京东有3.6万名员工,其中有52%以上都是基层的务工人员,他们包括配送员、仓储员工、客服中心员工等。这些基层员工在高速发展的京东获得了就业机会,也实现着自己的个人和家庭梦想。

在听到京东2013年交易额突破1 000亿元、十年增长10 000倍时,汪洋同志引用了两句诗词来形容京东十年前后的巨变:十年以前京东是"蜀道难,难于上青天",现在京东则"会当凌绝顶,一览众山小"。当然,这还不是顶峰,仍然还在布局。

中央领导鼓励电子商务发展,对电子商务在改善民生、解决就业、促进产业转型等方面的积极作用予以肯定,将进一步激励京东在变革传统行业、带给消费者实惠放心与便利、不断提升客户体验等方面作出更大努力。

思考:

1.京东网都有哪些板块?主要涵盖哪些方面的内容?

2.通过网站的搭建,能给企业的经营带来哪些好处?

7.1 电子商务网站建设概述

互联网给全世界带来了非同寻常的机遇。全球社会、政治、经济、科技、教育、生活等方方面面都已与互联网紧密联结在一起。互联网依托网站所提供的信息和各种服务已深刻、全方位地影响和改变着我们的生活。

20世纪80年代,人们上网主要是浏览BBS、查看信息、发布留言。进入20世纪90年代后,人们还可以在网上"安家",建立个人网站。从20世纪90年代中后期以来,越来越多的个人和企业认识到通过网络进行商务活动的重要性,企业纷纷建立门户网站,许多个人也到交易网站注册自己的网上商店,越来越多的企业和个人从事着电子商务活动。

7.1.1 建立电子商务网站的意义

电子商务网站是指一个企业或机构开展电子商务的基础设施和信息平台,通过在互联网上建立站点,达到宣传企业形象、发布产品信息、加强与客户沟通、提供服务、提高经济效益等目的。

1)有利于提高企业形象

当今的市场是以顾客为中心的市场,企业除了制造和销售产品外,更需强化品牌和形象,借助Internet的特性可使企业形象的推广变得更有成效。通过精心的网页设计,可以深刻表达企业的形象与经营理念,及时传播企业的基本状况、近期规划、发展远景、产品信息、技术咨询、售后服务等各种信息,这些都有助于企业贴近自己的客户,与其达成更多的共识,建立起相互信赖的关系。目前,国内许多企业及机构建设网站的主要目的就是进行形象宣传。

2)全面详细地介绍企业及产品信息

电子商务网站的一个基本功能就是能够全面、详细地介绍企业及企业产品。企业可以把任何想让人们知道的信息放入网址,比如企业简介、重要人物、企业大事记、企业重要客户、企业产品、企业地址及联系方式等。

3)加强与客户的沟通联系

和客户保持关系的畅通是一个企业培养忠实客户与树立企业形象的重要方式,把所有的新产品和新服务信息,以及企业、行业的新闻及时发布在网上,有利于客户随时了解企业,了解产品和服务,更有利于树立企业在客户心目中的形象。

4)降低交易成本

通过互联网络开展的电子商务,节约了大量的电话、信件、纸张、传真等费用,实现了“无纸贸易”,节约了信息处理的费用。

买卖双方通过网络直接沟通和联系,无须中介方的参与,减少了交易环节,提高了效率。

企业通过在网上进行产品宣传,节约了许多线下的做广告、印发宣传手册等营销费用。

企业通过互联网及时地与采购商、供应商保持信息畅通,大大地降低了采购和库存成本,实现了“按需采购”和“零库存”。

5)获取潜在客户,创造新的市场机会

互联网可以每周 7 天,每天 24 小时运行,几乎没有时间的限制,它的影响范围辐射全世界每一个角落。利用网络从事营销活动可以到达传统销售所不能触及的市场。比如,一家重庆的企业,它在传统的营销活动中可能只是在重庆市的范围内作宣传和营销,市场当然也只局限在重庆或周边的地区,而在东北可能没人知道这个企业。但是通过互联网,这个企业可以把市场做到全国,甚至是国外,企业的影响扩大了,自然会有更多的客户和新的市场机会。

7.1.2　电子商务网站定义及功能

电子商务网站是指一个企业、机构或公司在互联网上建立的站点,是企业、机构或公司开展电子商务的基础设施和信息平台,是实施电子商务的公司或商家与客户之间的交互界面,是电子商务系统运行的承担者和表现者。

电子商务网站强调“信息流动、沟通和处理的过程”。这些信息涵盖了产品信息、产品促销信息、公司或者顾客的公告、销售记录及企业内部的信息流动。电子商务网站同时又要能整合这些信息,结合企业内部的信息管理模式、对外的内容及对往来客户的维护,满足客户、厂商、员工、主管和经营者 5 个层次的使用者对电子商务的需求。

一个完整的电子商务网站要具备以下功能:

(1)企业形象宣传功能

在市场经济条件下,塑造良好的企业形象对企业发展是相当重要的。现代企业的竞争不只是产品和价格的竞争,更重要的是形象的竞争。企业形象是企业对外界的一种展示和宣传。企业形象一般可以概括为精干高效的服务形象、品质超群的产品形象、严明和谐的管理形象、优美整洁的环境形象及真诚奉献的服务形象。这些形象完全可以通过企业网站展示出来。

(2)产品展示功能

正如企业产品目录一样,企业在网络上也要建立数字化的企业产品目录。不同于传统产品目录,数字化的产品目录更加灵活,可以使用视频、音频、3D 等各种多媒体手段,还可以用标签对产品进行标注,进行更松散的管理。具体产品展示如图 7-1 所示。

图 7-1　网易严选的产品展示

(3)网上订购功能

网上订购是对个人而言的,它是 B2C 模式在实际当中的具体应用。网上订购在技术上是通过网上交互进行的。厂商或者大型零售商在网页上面提供有关商品的详细信息,并且附有订购信息的处理手段,让用户与厂商直接进行交互,当用户提交完订购单后,系统会回复确认信息,以保证订购信息的准确。当然,安全保密措施也是必不可少的。

(4)网上支付功能

用户填完订单之后,付款是当然的事情。目前付款方式各有不同,但是电子商务网站的发展必然会促进新型付款方式的形成。比如,2013 年异军突起的微信支付,可以基于移动平台完成网上支付功能。另外,手机支付、第三方支付、快捷支付等综合网上支付手段不仅方便迅速,还可以节省大量人力、物力及时间。

支付过程在商务活动中占有重要地位,网上支付必须解决好网站安全问题,否则后果不堪设想。在管理上,电子商务网站要加强对诸如欺骗、窃听、冒用等非法行为的惩处力度;在技术上,则要加强对诸如数字凭证、身份验证、加密等技术手段的应用。安全是一个非常值得关注的问题,需要管理者认真对待。

(5)搜索引擎优化功能

搜索引擎优化功能(Search Engine Optimization, SEO)已被证明是目前网络推广中效率较高的营销方式之一,主要分为购买关键字广告和搜索引擎优化两种形式。找准合适的网站关键字对网站进行优化,同时,在各大主要搜索引擎中购买关键字广告,使企业的目标客户在第一时间找到该企业。目前,SEO 正处于发展阶段,它将成为今后专业网站乃至电子商务发展的必经之路。搜索引擎关键字广告的例子如图 7-2 所示。

图 7-2　百度搜索引擎关键字广告

(6)网络售后服务功能

网络售后服务主要是借助互联网进行网上互动式的售后服务,以便捷方式满足客户对产品技术支持及使用维护的需求。它是网络营销中增加顾客满意度的一种理想选择。随着上网企业的日益增多及网上销售业务的迅速扩大,网上售后服务的作用越来越明显地表现出来。例如,设计“常见问题”页、提供“免费下载”或“软件库”、网上论坛、在线客服等,都是企业为客户提供的网络售后服务。其实例如图 7-3 所示。

图 7-3 长安汽车“客户服务”页面

做电子商务网站,其目的是为企业或者组织带来利益。成功的电子商务网站必须充分利用网络工具的先进技术优势,并将其应用到企业的电子商务业务中,帮助企业在电子商务中取得竞争优势。电子商务在企业竞争优势产生上具有比较明显的作用,如能够帮助企业节约运营成本、加速产品创新、提高管理水平、增加企业内部的信息优势等。因此,不管是独立运营网站还是挂靠平台,只有具有这些职能,才能算是电子商务。

7.1.3 电子商务网站的分类

1)按照商务目的和业务功能分类

按照商务目的和业务功能,我们可以将电子商务网站分为基本型商务网站、宣传型商务网站、客户服务型商务网站和完全电子商务运作型网站。

(1)基本型商务网站

建立这种类型商务网站的目的是通过网络媒体和电子商务的基本手段进行公司宣传和客户服务。这种网站适用于小型企业,以及想尝试电子商务效果的大中型企业,其特点是网站构建的价格低廉,性价比高,具备基本的商务网站功能。该类型商务网站可搭建在公众的多媒体网络基础平台上,并外包给专业公司构建,这样比自己从硬件到软件进行全面建设的投入要少。

(2)宣传型商务网站

这种类型的商务网站建立的目的是通过宣传产品和服务项目,发布企业的动态信息,提升企业的形象,扩大品牌影响,拓展国内外市场。这种网站适用于各类企业,特别是已有外贸业务或意欲开拓外贸业务的企业。其特点是具备基本的网站功能,能够突出企业宣传效果。该类型商务网站一般可构建在具有很高知名度和很强扩展性的网络基础平台上，一边在未来的商务运作中借助现金的开发工具增加应用系统模块，升级为客户服务型或完全电子商务运作型网站。

(3)客户服务型商务网站

这种类型的商务网站建立的目的是通过宣传公司形象与产品，达到与客户实时沟通及为产品或服务提供技术支持的目的，从而降低成本、提高工作效率。这种网站适用于各类企业，其特点是以企业宣传和客户服务为主要功能。网站建设者可以将该类型的网站构建在具有很高知名度和很强扩展性的网络基础平台上，如果有条件，也可以自己构建网络平台和电子商务基础平台，以便通过简单的改造升级为完全电子商务运作型网站。

(4)完全电子商务运作型网站

这种类型的商务网站建立的目的是通过网站展示公司整体形象并推广产品及服务，并着力实现网上客户服务和产品在线销售，从而直接为企业创造效益、提高企业的竞争力。这种网站适用于各类有条件的企业，其特点是具备完全的电子商务功能，并能够突出公司形象宣传、客户服务和电子商务功能。

2)按照交易对象分类

按照交易对象的不同分类，我们可以将电子商务网站划分为B2B电子商务网站、B2C电子商务网站、C2C电子商务网站和B2G电子商务网站。

3)按照站点拥有者的职能分类

按照站点拥有者的职能分类，我们可以将电子商务网站分为生产型电子商务网站和流通型电子商务网站。

(1)生产型电子商务网站

这类电子商务网站由生产产品和提供服务的企业或个人提供，旨在推广、宣传其产品和服务，实现在线采购、在线产品销售和在线技术支持等商务功能。作为最简单的电子商务网站形式，企业可以在自己网站的产品页面上附上订单，浏览者如果对产品比较满意，则可直接在页面上下订单，然后汇款，企业收款，完成整个销售过程。这种电子商务网站页面比较实用，主要特点是信息量大，并提供大额订单服务。生产型企业要在网上实现在线销售，则必须与传统的经营模式紧密结合，分析市场定位，调查用户需求，制订合适的电子商务发展战略，设计相应的电子商务应用系统架构，在此基础上设计企业电子商务网站页面，并使用户界面(User Interface，UI)良好、操作简便。联想商城和格力商城就是很好的例子。

(2)流通型电子商务网站

这种类型的电子商务网站由流通企业建立，旨在宣传和推广其销售的产品与服务，使顾客更好地了解产品的性能和用途，促使顾客进行在线购买。这种电子商务网站侧重于对产品和服务的全面展示，能够较好地展示产品的外观与功能，电子商务网站的页面制作都十分精美、动感十足，很容易吸引浏览者。流通企业要在网络上实现在线销售，也必须与传统的商业模式密切结合，在充分研究、分析与电子商务架构设计的基础上，设计与构建电子商务网站的页面，并充分利用网络的优越性，为客户提供丰富的商品、便利的操作流程和有效的交流平台。家电流通企业国美和苏宁就是很好的例子。

4）按照产品线宽度和深度分类

按照产品线宽度和深度分类，可以将电子商务网站划分为水平型电子商务网站、垂直型电子商务网站、专门型电子商务网站和公司电子商务网站 4 种类型。

（1）水平型电子商务网站

这类电子商务网站是能提供多行业产品的网商经营的网站。该类网站又称“聚合电子商务门户”，聚集了大量产品，类似于网上购物中心，旨在为用户提供产品线宽、可比性强的商务服务。其优势在于其产品线的宽度，顾客在这类网站上不仅可以买到自己所能接受的价格水平的商品，而且很容易实现“货比三家”。其不足是在深度和产品配套性方面有所欠缺；处于中间商的位置，在产品价格方面处于不利地位。阿里巴巴、环球资源、企汇网等就属于这种类型的电子商务网站。

（2）垂直型电子商务网站

这类电子商务网站提供某一个行业或细分市场深化运营的电子商务模式。例如，销售汽车整车、汽车零配件、汽车装饰品、汽车保险等产品服务的网站，为顾客提供一步到位的服务。这类网站较为复杂，实施难度较大，途虎养车就属于这种类型的电子商务网站。

（3）专门型电子商务网站

这类电子商务网站能提供某一行业的最优服务，类似于专卖店，通常提供品牌知名度高、品质优良、打折产品的销售。除直接面对消费者外，该类网站也面对许多垂直型和水平型电子商务网站的供应商。聚美优品、唯品会等都属于专门型电子商务网站。

（4）公司电子商务网站

该类电子商务网站是指以本公司产品或服务为主的网站，相当于公司的“网上店面”，以销售本公司产品或服务为主。其致命的缺点在于除少数品牌知名度极高、市场份额较大的公司（如苹果公司）外，可扩展性不足。但从产品的形态看，金融服务、电子产品、旅游、传媒等行业在开展电子商务方面拥有较明显的优势。这些行业的一个共同特点是产品的电子化，不存在产品的实体物流，不需要相应的配送体系，因而特别适合在网上开展业务。途牛网及各大商业银行网站都属于公司电子商务网站。

可见，企业需要依据其业务职能、自身实力、战略目标和所处区域的商务环境等，制订自己的电子商务发展战略，进而构建适合其发展的电子商务网站。

7.2　电子商务网站整体规划和建设流程

网站规划是指网站建设前对市场进行分析、确定网站目的和功能,并根据需要对网站建设中的技术、内容、费用、测试、维护等作出规划。在需求调研和可行性分析的基础上,准确、严密的网站规划对网站建设起到计划和指导的作用,对网站的内容和维护起到定位作用。网站规划书的写作要科学、认真、实事求是,应尽可能涵盖网站规划中的各个方面,要求全面、完整、系统地体现网站开发过程中各项工作的要求和标准。

同时,细致、全面、充分地落实网站规划书中的各项内容,进行页面细化和实施工作,以及在建设完成后开展必要的后期维护,也直接影响到企业电子商务网站建设的最终成效。

7.2.1　电子商务网站的整体功能设计

1)主页

电子商务网站的主页要尽可能地将本站所有内容和功能栏目展现出来,将主页做成整个网站的缩略图,使得用户只要浏览过主页,就能对网站有一个比较清晰的印象。主页还要提供通向各个主要栏目模块的链接和会员、管理员登录的入口,特别是要在主页上清晰表明客户比较关注的支付与物流配送服务的说明。

在主页的风格设计中,色彩的使用也非常重要。在选择色彩时,既不能太过鲜艳,让人觉得刺目难受,也不能过于沉闷,让人提不起精神。当然这也要结合具体的产品性质以及客户群体的性质进行关联设计。

在主页的结构设计中,可将主页划分成几个部分分别设计,供读者参考。例如,可将主页分为上、中、下 3 部分,再把中间部分分为两块来设计。

①主页的上部是网站标题和网站标语图片或主要广告,网站的多数栏目模块的链接也会放在上部,使用户可以很方便地在网页上部就能进入所需要的页面中。

②网页的中间部分一般是网站各个功能页面的简化版本组合,例如,介绍几条最新、最有吸引力的新闻,放上几个最新产品图片与文字介绍,或放置简单的分类浏览等。一般中间部分占页面的比例较大,还可以分为左右两部分。左边为小标题,右边为小标题连接的内容。

③主页下部可设计为给出联系方式、版权信息和其他链接内容,为静态内容。

例如,在淘宝网的主页(图 7-4)设计中,上部是网站 Logo、Banner 广告、通向网站各个栏目模块的导航条、注册和登录入口等;中部是各种产品的图片及相关最新促销信息、特色栏目等;下部是帮助指南、阿里其他业务网站的链接、联系方式等。

图 7-4　淘宝网首页(上部、中部、下部)

2) 网站主要栏目设计

网络主要栏目设计包括各个栏目的主页和二级功能页面设计。栏目主页要包括该栏目的主要内容介绍以及到各个二级功能页面的接口(链接),要使浏览者一进入该页面,就能知道本栏目提供哪些服务,可以浏览哪些内容。二级功能页面是根据内容和功能需要使用的页面,可以在制作时具体确定,只要注意提供返回栏目主页面和网站主页的链接即可。

一般来说,中小网站的主页以 6~8 个一级栏目为宜,大型网站也不宜超过 15 个一级栏目。如果内容确实很多,可以采用再设二级、三级或四级栏目的方法解决。

3) 导航与交互设计

(1) 导航设计

导航设计要解决的问题是页面位置、去向、路径、返回方法,以方便客户寻找与使用信息。导航设计有以下 3 种类型:

①超文本链接。非顺序的内容通过超文本链接起来,可使用户按使用的顺序和意愿浏览信息。

②导航栏。放置在固定位置的多个标题的超链接,可以是文字或图片。

③网站地图。以图形或文本超链接的方式显示网站中所有的页面、栏目部分和内容分类列表等。显示的是网站的逻辑结构,逻辑结构是网站在运行时抽象出来的拓扑结构,它建立在物理结构之上。网站地图一般专门提供一个链接的页面。

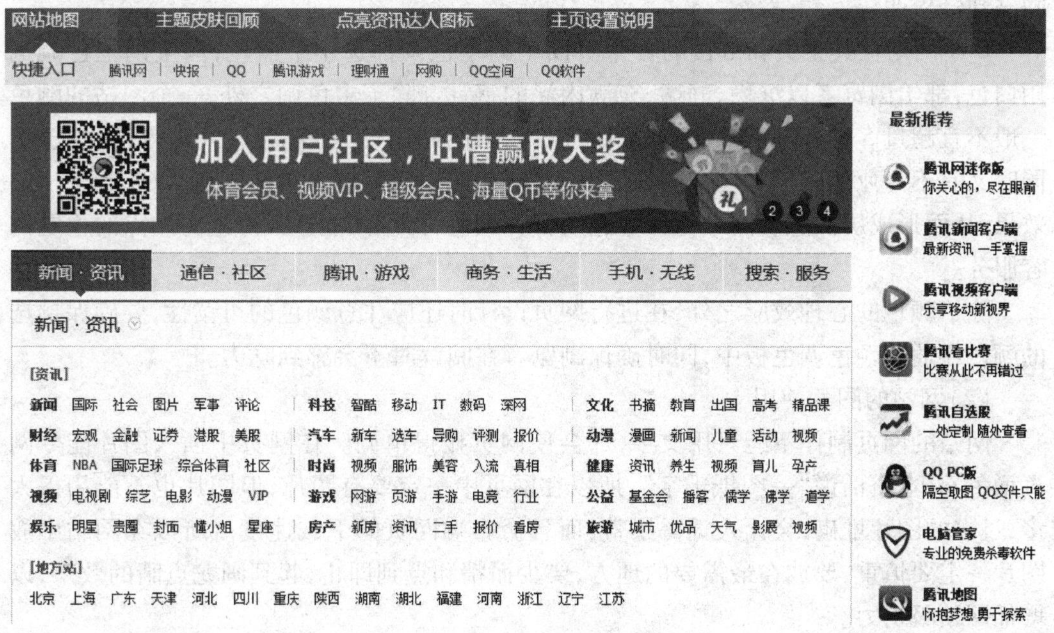

图 7-5　腾讯网站地图

(2)交互设计

电子商务网站中涉及大量的买卖双方的网上信息交互,因此交互设计要解决互相作用、互相交流的方式问题,以及信息传递和选择性问题。人机交互设计要注意交互的简易性(让计算机多做工作)与友好性(操作简单、交互容易),还要注意交互的灵活性、明确性、一致性、容错性、反馈性与图形化。

人机交互的常用方式有问答式、菜单式、功能键、图符、查询语言界面、自然语言界面。要注意菜单层数(菜单交互功能深度)不能太多,菜单宽度不能过大。

4)网站的整体风格设计

(1)网站的色彩运用

由于色彩富于感情性,因此会对浏览者产生一定的心理效应。网页的色彩要为主题内容服务,一个网站应该而且只能有一种主色调。

有一个关于山岳的旅游景点网站,网页的主色调为绿色,而绿色又有不同的类型,如深绿、浅绿、翠绿、黄绿等。期初选用了深绿色为主色调,原以为这样会显得更有内涵。但当整个网站完成后,却发现呈现出来的是一种令人压抑的氛围,本来想要传达的生机勃勃、自然明快的内涵,在深绿色的主色调下荡然无存。于是进行一次全面返工,把图片、文字、Logo、Banner 等各元素的色彩重新设置,改成明绿色的主色调,再与修改前的各页面进行对比,虽然各元素的位置、大小、内容等都没有任何改变,只是整体色调的变化,但却如同两个网站一样:修改前的网站令人压抑,给人沉闷的感觉;而修改后的网站却轻松明快、绿意盎然。

Dell 网站在其主页和链接的各个页面中的主色调都选用了蓝色,淘宝网主色调选用白色,都给浏览者以沉稳、静谧、充满内涵的感觉。除了主色调之外,一个网站的颜色一般不宜超过 5 种(不包括图片的颜色)。如果网站用色太多,会让人觉得杂乱花哨,同时又有不专业的感觉。淘宝网在主色调外,还选用橙色作为网站导航,以起到突出的效果,从而形成层次感。网站上无论选用哪种颜色,都应该能够很好地为站点的主题内容服务。

除了颜色的心理效应之外,在进行网页设计时还应注意颜色的可读性,要确保挑选的颜色在通用颜色调色板中,同时确保浏览者在阅读时不会感到吃力。

(2)网站的图片使用

网站的网页制作不能只用文字,那会使网页显得单调。在网页中插入图片能令网页增色不少,俗话说"一图抵千字",所以在网页中一定要有图片,但图片也不能用得太多,过多的图片堆砌,会让人觉得累赘,而且会影响网页的下载速度。所以在网站中放图片一定要慎重,要放在最需要的地方,要少而精和点到即止,起到画龙点睛的效果,以增加网站吸引力。

网页中的图片要美观、重要、符合网站的内容,同时在保证质量的前提下要尽可能地减小图片的大小。

网页中合理地运用动画会使网页更有生气。常见的动画格式有 GIF 和 Flash，Flash 动画可以很精彩，变化效果也可以更加复杂美观，而且图片大小还可以控制在相对较小的范围内，但它需要安装插件才可浏览；GIF 的兼容性很好，但它的颜色和帧数不能太多，否则图片文件会很大。当然，动画图片在一个网站中也不宜使用太多。

(3)网页的版面布局

网页版面的布局应该统一网站所有页面的布局，网页的排版要完整地考虑网站中的各个构成元素，分清重点、理顺层次、合理安排。首先要考虑将最重要的内容放在该页的顶部，而那些稍次要的内容，可以安排在页面的下部，这样就做到了重点突出。

页面的安排要错落有致，这很大程度上依赖于图片和文字的合理搭配，以及不同段落的巧妙安排，使用色块或分隔线把不同主题的内容分开，可以达到错落有致的效果。

7.2.2　电子商务网站的建设流程

1)需求调研

(1)企业网站需求调研的含义

需求调研是需求分析的关键步骤。需求分析来自软件工程概念，是指对要解决的问题进行详细的分析，弄清楚问题的要求，包括需要输入什么数据、要得到什么结果、最后应输出什么。企业网站项目的确立是建立在各种各样的需求上面的，这种需求往往来自客户的实际需求或者出于公司自身发展的需求。面对网站建设所涉及的公司的客户，项目负责人对客户需求的理解程度，在很大程度上决定了此类网站开发项目的成败。因此如何更好地了解、分析、明确用户需求，并且以准确、清晰的文档形式表达给参与项目开发的每个成员，保证开发过程按照满足用户需求为目的的正确项目开发方向进行，是每个网站开发项目管理者需要面对的问题。为了有效进行需求分析，必须做好需求调研工作。

(2)企业网站需求调研的意义

需求调研是企业网站开发的开始阶段，通过需求调研产生的需求分析报告是网站设计阶段的输入。需求调研的质量对于企业网站建设来说，是极其重要的，决定了企业网站的质量。怎么从客户中听取用户需求、分析用户需求就成了调研人员最重要的任务。只有明确了网站建设所要实现的功能及想要达到的目的，才能使后续的网站规划与设计有基本的依据。

网站的需求调研主要解决的问题是明确网站的使用者、建设网站的主要目的、核心的业务流程、网站建设的技术条件、用户群之间的关系等。在这里，网站的使用者是多种多样的,可能是消费者、企业,也可能是行业领导机构。即使是企业,也会因为分工不同而有不同的使用者。各种不同的使用者对网站建设都有不同的期望,他们希望得到什么或者网站能提供什么都是他们所关心的,也是在调研阶段应该明确的。

(3)企业网站需求调研的步骤

①制订调研计划。

A.制订调研目标。调研应该是十分明确的,但在实际工作中企业网站的需求调研并不是一次就可以完成的,有时还需要分阶段进行。另外,调研目标也是不断深入与细化的,这就需要分阶段制订调研的目标,解决详细的需求问题。一般情况下,前期的调研着眼于网站的总体框架,后期的调研才注重各种具体需求。

B.确定调研对象。调研对象是指电子商务网站的使用者、管理者和相关群体,调研对象应该越明确越好。因此,如果调研是面向某个单位的,应该让这个单位尽可能细化,明确要调研的部门或者员工,只有通过调研人员与调研对象的直接沟通,才能获得第一手的资料。

C.确定调研方法。目前被广泛采用的调研方法有许多种,如问卷调查、访谈、约谈、查阅企业的有关资料、现场考察与实践等。为了达到调研的总体目标,应该根据每次调研的目标、调研对象等因素采用不同的调研方法。在互联网高度发达的今天,有些调研项目可以通过网站的形式来完成。

D.确定调研时间、人员、资金预算。为了有效地进行调研,必须十分重视调研时间表的制订,而调研时间表的制订必须与调研对象沟通才能确定下来。调研时间表包括调研计划的制订、调研准备、调研、资料整理、撰写调研报告以及向领导汇报等的时间安排。调研人员数量根据调研工作量与调研时间表安排确定。通常,由领导、调研员、需求分析人员等组成调研小组。项目小组每个成员、客户甚至是开发方的部门经理的参与是必要的。调研的资金预算主要包括调研所需要的交通费、人力资源费用、耗材费等。

E.设计调研表。当调研正式开始之前,应该设计好具有针对性的调研问题列表。对于每一个调研对象,分别列出需要调研的问题。

②实施需求调研。

A.调研准备。在制订调研计划的基础上,对调研小组的每个成员进行分工,让每个调研人员了解调研计划与分阶段的调研目标,由此制作出调研的相关表格。

B.需求调研。需求调研是将调研计划付诸实践的行为,这一工作就是以调研计划为指导,将事先设计好的调研表中所列的问题与调研对象进行沟通,明确业务流程与调研对象的期望,收集相关的文字资料与数字材料。在这一过程中,需要反复与调研对象就调研内容和时间进行沟通与协调,以提前准备好需要调研小组讲解的内容,以保证调研工作的正常进行。

C.调研资料的整理。由于调研过程中收集的资料是杂乱的,或者是重复无用的,这就需要将资料按照调研目的进行归类整理,使资料系统与条理化。这一过程需要运用多种技术手段与统计方法,去粗取精,从大量资料中找出有价值的信息。

③撰写调研报告。

调研报告是对调研成果的书面反映,其主要内容包括调研目标、调研过程、调研方法、调研总结,也就是对网站建设相关问题的现状与建设期望进行描述,让需求分析与网站设计人员有基本依据。调研报告除了正文外,应该将调研过程中各种详细记录以附件的形式作为调研报告的一部分,因为这些记录中包含各种原始需求信息,应作为需求分析的重要参考。

值得注意的是,企业网站需求调研往往需要分多次完成,每次调研的目标、方法与成果都不同,需要每次制订相应的调研计划,经过具体的调研并通过整理形成调研报告,在此基础上再形成需求分析说明书。在调研的基础上,分析人员可以开展对网站的需求分析。通过分析,要发现网站建设者最关注的需求,确立需求的优先级别,并可以制作用户界面原型,使用户对建成后的网站有更直观的了解。

2)可行性分析

(1)技术可行性分析

①网站建设技术的选择。目前的网站建设技术有很多,除了原有的HTML技术外,出现了许多动态网站建设技术。早期的动态网页主要采用公用网关接口(Common Gateway Interface, CGI)技术,可以使用不同的程序编写适合的CGI程序,如Visual Basic、Delphi或是C/C++等。虽然CGI技术已经发展成熟而且功能强大,但由于编程困难、效率低下、修改复杂,所以有逐渐被新技术取代的趋势。目前流行的新技术主要有PHP(Hypertext Preprocessor)、ASP(Active Server Pages)、ASP.NET、JSP(Java Server Pages)等。以上几种技术在制作动态网页上各有特色。作为微软.NET框架的重要组成部分,ASP.NET已逐步代替ASP成为网站建设中常用的动态网页技术。

②服务器操作系统的选择。服务器操作系统一般指的是安装在网站服务器上的操作系统软件,是企业IT系统的基础架构平台。服务器操作系统主要分为三大流派:Windows、UNIX和Linux。

Windows服务器操作系统是由全球最大的操作系统开发商——Microsoft公司开发的。其服务器操作系统重要版本有Windows XP、Windows 10、Windows 2012 Server,是目前市面上应用最多的服务器操作系统。

UNIX服务器操作系统由AT&T公司和SCO公司共同推出,主要支持大型的文件系统服务、数据服务等应用。由于一些出众的服务器厂商生产的高端服务器产品中只支持UNIX操作系统,因而在很多人的眼中,UNIX甚至成为高端操作系统的代名词。

Linux服务器操作系统是在POSIX和UNIX基础上开发出来的,支持多用户、多任务、多线程、多CPU。Linux开放源代码政策,使得基于其平台的开发与使用无须支付任何单位和个人的版权费用,成为后来很多操作系统厂家创业的基石,同时也成为目前国内外很多保密机构服务器操作系统采购的首选。

③数据库的选择。目前主流的数据库技术主要有 Access、SQL Server、Oracle、DB2 4 种,这 4 种数据库各有千秋,其中 Access 适合小型企业,SQL 适合大中型企业,Oracle 和 DB2 适合大型企业。同时,在选择数据库时,也要结合网站建设技术,一般而言,两者采用的组合为 PHP + MySQL、ASP.NET/ASP + Access/MSSQL、JSP + MySQL/Oracle/MSSQL。

(2)经济可行性分析

企业网站经济可行性是指对企业网站建设与运行阶段的投入与产品进行评估。企业网站在建设过程中需要投入大量的人力、物力和财力。人员、技术、设备和材料等的投入构成了企业网站的成本,其中在规划、分析、设计与构建过程中的投入是投资的主要部分。一般情况下,电子商务网站的成本分为构建开发成本与运行管理成本两部分。表 7-1 是企业网站的成本构成。

表 7-1　企业网站的成本构成

构建开发成本	开发费用	调查研究费用
		业务分析费用
		方案设计费用
		设计制作费用
		人员培训费用
	设备费用	域名、主机费用
		软、硬件费用
运行管理成本	运行费用	网站推广与人员费用
		安全保障费用
		设备折旧与耗材费用
		技术资料与咨询费用
	维护费用	数据更新维护费用
		系统纠错维护费用
		完善性维护费用
	管理费用	行政管理费用
		监督审查费用

企业网站构建的费用主要包括域名使用的费用、硬件的费用、主机托管的费用、系统软件的费用、开发工具及开发费用等。网站的开发费用是比较难以准确计算的。一般来说,开发费用的成本是按照员工工资、各项费用和利润来计算的,即总价=工资+费用+利润。

目前,网站开发费用有多种计算方法。如果参考服务商的报价,网站开发费用常见的计算方法有 3 种:套餐法、时间法和项目评估法。套餐法也称页面法,即指定明确的页面数、图像数、链接数和功能等。这种办法最通用,但不是一种较好的计算方法。因为按照页面计价,开发商对有关开发费用的解释很含糊。时间法就是按照每小时成本计算的方法。这种方法也经常遭到质疑和拒绝,因而实行起来比较困难。项目评估法是将整个项目分解成一个一个小的工作项目,评估每个工作的技能难度,计算其完成的时间,再根据每小时成本计价。表 7-2 列出了某网络公司页面报价单,表 7-3 列出了某网络公司程序设计报价单。

表 7-2　某网络公司页面报价单

项　目	内　容	价格/元
网站形象设计	以树立企业良好形象为主的首页视觉设计	500~2 000
网站优惠套餐	基本型套餐(适合小型企业)	1 000
	标准型套餐(适合中小型企业)	3 000
	豪华型套餐(适合大中型企业)	6 000
	定制型套餐(适合各种企业)	按需定价
静态页面制作	标准页(包括图片、文字,A4 纸大小)	50/页
Banner 广告条	静态(468 像素×60 像素)	100/个
	动态(468 像素×60 像素)	200/个
Flash 动画效果	标准效果	150/s
	纯手工绘制	250/s
Java 或 JavaScript 程序效果	例如导航条下拉、图片切换等	100/个
图片处理	扫描、处理成可用于网页中的格式	10/张

(3)企业网站可实施性分析

企业网站的可实施性分析主要是从项目的社会环境、法律环境依据、企业管理水平、各级领导重视程度、对实施项目的技术人员的要求等方面作出分析。可实施性分析主要还是采用定性分析方法进行。

表 7-3　某网络公司程序设计报价单

项　目	内　容	价格/元
在线会员注册和管理系统	该功能可以收集网站浏览潜在客户的基本信息,数据库将记录浏览者的基本信息,以便于网站统计分析	2 000~3 000
产品发布及查询系统	分门别类地展示,产品有图文介绍,网站管理员可以通过图形化界面方便的对产品的类别、详细介绍进行管理	2 000~4 000
客户反馈系统	用户可以通过填写表格在线发送产品订购信息、商务要求和建议反馈;信息反馈到后台,前台无法浏览	500~1 000
邮件订阅系统	邮件订阅使企业信息快速发布,使最新产品等更快发到客户的邮箱。通过邮件订阅系统,客户可以迅速了解到他们各自订阅的内容	2 000~4 000
网上购物系统	网上购物系统是在网络上建立一个虚拟的购物商场,集会员、产品、订购、新闻等系统于一身	800~15 000
网上调查系统	用户调查是企业实施市场策略的重要前提之一。通过开展行业问卷调查,可以迅速了解社会不同层次、不同行业的人员需求,客观的收集需求信息	500~3 000
网上招聘系统	本系统可以使客户在其网站上增加在线招聘的功能,通过后台管理界面将企业招聘信息加入数据库,再通过可定制的网页模板将招聘信息发布	1 000~2 000
留言本系统	留言本系统是企业实现与客户信息交流的基本手段,使客户可以及时地与企业交流信息,企业可以收集到来自客户的宝贵意见	500~1 000
计数器	计数器相对于访问统计系统更简单、运行更稳定,计数器针对的是网站的刷新流量	免费
其他定制服务	根据客户需求	按需定价

3)网站规划书

网站规划是指网站建设前对市场进行分析,确定网站目的和功能,并根据需要对网站建设中的技术、内容、费用、测试、维护等作出规划。网站规划对网站建设起到计划和指导的作用,对网站的内容和维护起到定位作用。网站规划书的写作要科学、认真、实事求是，应尽可能涵盖网站规划中的各个方面，要求完整、全面、系统地体现网站开发过程中各项工作的要求和标准。网站规划书包含的内容如下：

(1)项目概述

说明项目的要点，介绍整个项目的大体情况，包括以下内容：

①项目名称。

②项目背景：需求和迫切性。

③项目的目标。

④项目的内容：实现的主要功能和采用的相应技术。

⑤项目的投资规模、建设周期。

⑥项目的收益。

(2)项目需求分析

根据需求调研得到的结果，从企业、市场、行业等方面分析电子商务能为企业解决哪些问题，带来哪些商业机会，说明企业开展电子商务的必要性。

①企业业务分析：从企业自身业务角度分析电子商务的需求情况。

企业简介：简要介绍企业的概况，包括企业名称、主要业务、所属行业、行业的概况、特点及发展趋势、企业拥有的资源和优势、商务模式、业务流程等情况。

存在的问题：企业目前存在哪些方面的问题，可从工作效率、信息传递速度、客户服务效果等方面考虑。

企业的电子商务需求：说明电子商务能否解决企业目前存在的问题，产生新的商机，以及企业自身有哪些电子商务需求。

②市场分析：从企业目标客户角度分析电子商务的需求情况。

企业的目标市场：说明企业目标市场的范围。

目标市场的特点：分析企业目标客户的特点，如个人客户的上网情况，企业客户的信息化情况。

目标市场的电子商务需求：说明目标市场有哪些电子商务需求，电子商务是否更能满足目标客户的要求，稳固现有客户群，是否能发掘新的目标客户群，潜力有多大。

③竞争对手分析：列出主要的竞争对手，分析其电子商务的开展情况及效果，说明竞争对手可供借鉴的内容，以及本企业的竞争优势。

(3)项目可行性分析

从技术、经济和业务等方面分析项目实施的可行性。

①技术可行性：根据当前技术发展状况，结合项目特点，从技术角度分析项目的可行性。

②经济可行性：定性或定量分析项目带来的经济价值，结合企业可使用的资源状况，分析项目运作的经济可行性。

③业务实施可行性:说明项目实施对企业商务活动、目标客户以及合作伙伴(供应商、代理商)会产生哪些影响,分析这些影响是否会成为项目实施的障碍。

(4)项目总体规划

①网站目标定位:说明网站的业务领域和服务对象,以及网站建设所要达到的目的,明确网站不同阶段要达到的目标。网站的目标应重点体现出其价值,对创业型网站还应体现出其新颖性。

②网站运营模式。

商务模式:描述电子商务采用的商务模式。

主要业务流程:以流程图的方式表示电子商务下的核心业务流程,并加以文字说明。

营利方式:说明电子商务方式下企业如何营利。

③网站技术规划:

系统体系结构:说明网站的基本组成部分、逻辑层次结构及其相互关系。

技术路线选择:比较目前主流的技术路线并根据项目的特点加以选择。

网站域名规划:设计若干个与企业目标和特点相适应的备选域名。

(5)网站平台系统设计

①网站网络结构设计:说明网站的网络结构,绘制拓扑结构图。

②网站安全设计:说明网站在安全保障方面的考虑和措施。

③硬件选型方案:说明网站使用的各种硬件、网络设备选型。

④软件选型方案:说明网站使用的各种软件选型。

(6)项目实施方案

①网站实施的任务:按照工作程序和类别将整个项目分解为实施过程中的任务,描述各项任务包括的具体内容,可以从业务流程改造、域名注册、合作伙伴选择、网站平台建设、应用系统开发、网站测试与验收、网站初始内容建设、人员培训等方面考虑。

②网站实施人员组织:确定项目实施各项任务的执行部门或单位及其职责划分。

③网站实施进度计划:确定项目实施各项内容的时间,并以图表方式表示出来。

(7)项目运营管理计划

①网站推广计划:网站推广使用的方法和措施。

②网站组织管理计划:保证系统正常运行的组织结构、岗位职责、管理制度等。

③网站系统管理计划:网站软硬件、网络系统的管理、维护工作。

④网站安全管理计划:确保网站安全运行的管理措施。

(8)项目预算

实施本项目的总体预算及明细列表。

(9)项目评估

从技术、经营、管理、市场等方面评估系统实施可能面临的风险,以及可以获得的收益,并对面临的风险提出改进的策略。

4)页面细化和实施

网页的设计制作是一个复杂而细致的过程,一定要按照“先大后小,先简单后复杂”的顺序来进行。所谓“先大后小”,是指在制作网页时,先把大的结构设计好,然后再把小的部分逐渐设计出来并完善;所谓“先简单后复杂”,是指先设计出简单的内容,然后再将复杂的内容设计出来并完善。这样,在出现问题时便于修改。如果有一个好的网站策划和分工,后台程序可以和美工设计同时开展。

页面实施主要由网站制作者或建站公司完成。由于存在多样化的网站制作工具和技术,这就需要设计者决定使用何种网页设计的语言和工具。常见的网页设计工具有 HTML 编辑器、Dreamweaver、Flash 和 FrontPage 等。

此外,个人网站制作者还需了解 W3C 的 HTML 规范、CSS 层叠样式表的基本知识、JavaScript 和 VBScript 的基本知识。对于常用的一些脚本程序,如 ASP、CGI、PHP,也要有适度的了解,还要熟练使用图形图像处理工具和动画制作工具以及矢量绘图工具,并能熟练使用 FTP 工具,以及拥有相应的软硬件和网络知识。

网页中需要多种多样的按钮、背景,还需要各种各样的图形、图片。如果这些图都靠自己完成,既浪费时间又浪费金钱,而且还需要掌握强大的图形、图像制作技术。为了省却这些麻烦,网站制作者可以从网上下载各种精美实用的图片、按钮、背景等免费且无版权争议的素材。

网站发布前要进行细致周密的测试,以保证网页能够正常浏览和使用。测试结果正常以后,可以将网站发布或推广。测试内容主要包括文字与图片是否有错误,程序及数据库测试,链接是否有错误,测试浏览器的兼容性,等等。

5)建成后的日常管理

建成后的日常管理主要由企业专门的维护人员、网站制作者或建站公司负责。动态信息的维护通常由企业安排相应人员进行在线更新管理;静态信息可由专业公司进行维护。

网站维护的主要内容有服务器及相关软硬件的维护;内容的更新、调整;数据库维护;制订相关网站维护的规定,将网站维护制度化、规范化。

很多网站的人气很旺,这与网站内容的频繁更新是分不开的。也有很多网站由于种种原因,数月才更新一次,这就违背了网站最基本的商业目的。网站与购买一件商品不同,其会随着时间的推移而贬值,只有不断地加入新的内容,推陈出新,才会具有创造力,才能发挥网站的商业潜能。

7.3 电子商务网站的基础——HTML 语言

HTML 即超文本标记语言,它是构成和表示 Web 页面的符号标记语言。当我们畅游互联网时,我们透过浏览器所看到的网站是由 HTML 语言构成的,其通过浏览器来识别由 HTML 按照某种规则写成的 HTML 文件,并将 HTML 文件翻译成人类可识别的信息,即浏览者所见到的网页。这种语言无须编译,可以直接被浏览器执行。

7.3.1 HTML 基础

1)HTML 概述

HTML 是英文 HyperText Markup Language 的缩写,中文意思为“超文本标记语言”。用 HTML 编写的文件(文档)的扩展名是.html 或.htm,它们是可供浏览器解释浏览的文件格式,可以使用记事本、写字板或 Dreamweaver 等编辑工具来编写 HTML 文件。HTML 语言采用“标记”(Tag)的方法编写,将影像、声音、图片、文字等链接显示出来,既简单又方便,它通常用<标记名></标记名>来表示标记的开始和结束(如<html></html>双标记)。因此,在 HTML 文档中,这样的双标记都必须是成对使用的。

2)HTML 基本结构

一个典型的 HTML 文档的结构如下:

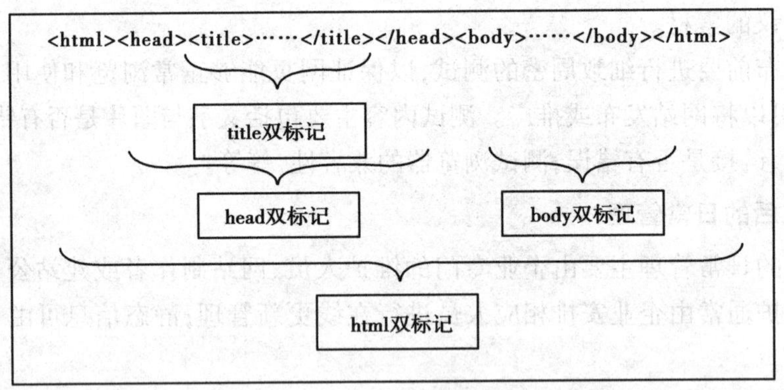

每部分的含义为:

<html>表示网页文件格式;

<head>用于记录文件基本资料,如作者、编写时间、标题等;

<title>为网页标题,显示在浏览器的标题栏,必须在<head>标记内使用;

<body>为主体区,就是在浏览器中看到的页面内容。

习惯上,一个网站的首页名称通常设定为 index.htm 或 index.html,这样只要浏览网

站,浏览器就会自动找出首页文件。

7.3.2　HTML 基本标记

1) HTML 结构标记

(1)开始与结束标记

HTML 语言中的<html></html>用来标记 HTML 语言的开始与结束。当浏览器遇到<html>标记时,就开始用 HTML 的语言规范对接下来的内容进行解释,并将解释的内容显示在浏览器的特定位置,遇到</html>标记时,解释结束。

(2)头部标记

头部标记是<head></head>,<head>表示头部结构的开始,</head>表示头部结构的结束。这一部分在浏览器的文档窗口不显示,只是网页标题显示在浏览器标题栏中。示例:

```
<head>
<title>
这句话显示在浏览器标题栏
</title>
</head>
```


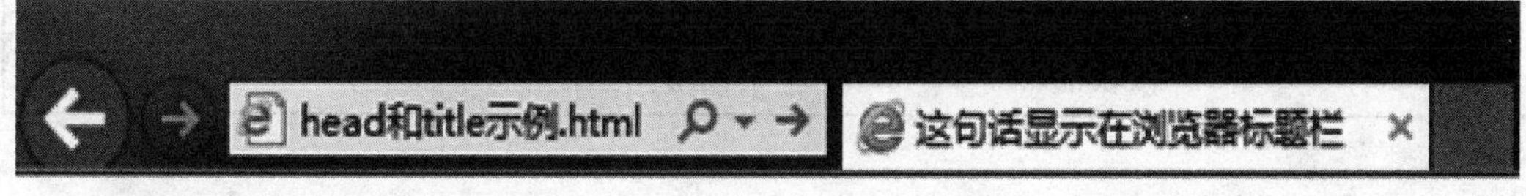

(3)网页主体标记

网页主体是网页最主要的部分,这一部分直接显示在浏览器的文档窗口中,它以<body>标记开始,以</body>标记结束。我们可以使用单标记
在文档中换行,示例:

```
<body>
这句话显示在浏览器文档窗口中
<br>
使用 &lt;br&gt;可以换行
</body>
```

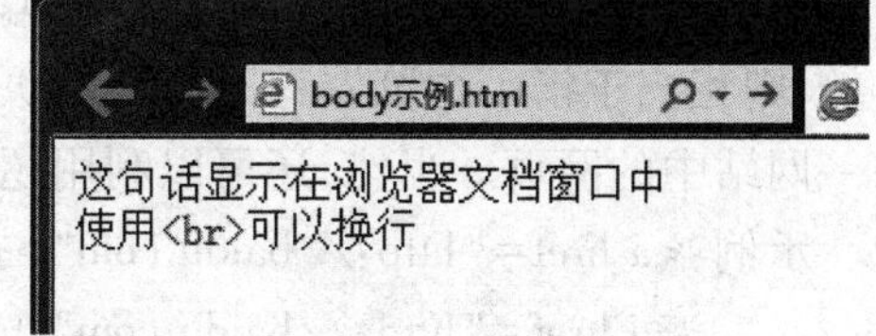

2) 格式标记

(1)标题格式标记

HTML 用<h1>到<h6>这几个标签来定义正文标题,从大到小,每个正文标题自成一段。示例：

```
<body>
<h1>h1 标题样式</h1>
<h2>h2 标题样式</h2>
<h3>h3 标题样式</h3>
<h4>h4 标题样式</h4>
<h5>h5 标题样式</h5>
<h6>h6 标题样式</h6>
</body>
```

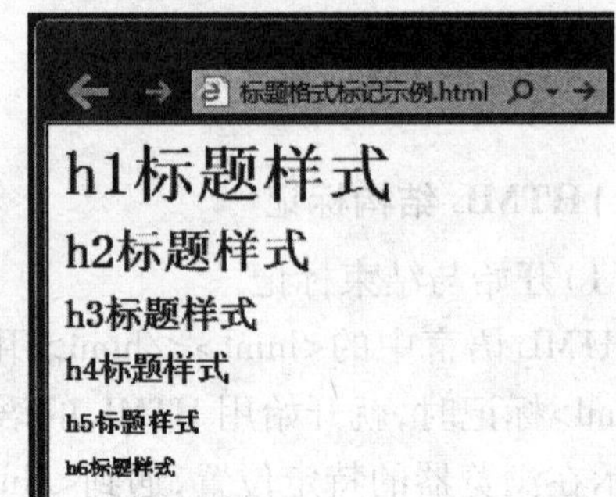

(2)常用的格式和文本标记

标记	标记说明
<b></b>	粗体
<i></i>	斜体
<u></u>	下画线
<del></del>	删除线
	下标
	上标
<font color= red face="微软雅黑"></font>	使用红色的微软雅黑字体

除了这些一般的格式标记外,文本格式在文本标记内设置,图像格式在图像标记中设置,还有其他网页对象,都可以分别设置格式。

(3)超链接标记

超链接是一种网页对象,它以特殊编码为文本或图形定义链接的属性,如果单击该链接,则相当于指示浏览器移至同一网页内的某个位置,或打开一个新的网页,或打开另一网站中的网页。当然,还可以利用超链接打开某一应用程序。

示例:<a href="http://baidu.com">打开百度首页</a>

<a href="http://baidu.com" target=_blank>在新窗口中打开百度首页</a>

<a href="#A1">打开本网页的 A1 位置</a>

(需提前在网页中设置 A1 位置:<a name="A1">A1 位置</a>)

<a href="mailto:1234567@ qq.com">向 1234567@ qq.com 发送邮件</a>

(4)图像标记

使用<img src="xxx">在网页中显示图片,既可以显示本地的图片,也可以显示网络上的图片。如需要居中显示百度图标，设置一个粗边框，示例如下：

<img src = " " http://baidu.com/img/bdlogo.gif align = center border = 5>

(5)其他标记

除了上述的 4 种主要标记外，常用的 HTML 标记还有表格、框架、表单等。

7.4　电子商务网站的宣传与推广

电子商务网站在发布以后，为了扩大影响力与知名度，应该做好宣传与推广工作。网站的宣传与推广工作主要包括向搜索引擎注册电子商务网站、在线推广、离线推广等途径。其中，向搜索引擎注册电子商务网站从理论上也算在线推广，但由于其功能较特殊，故经常将其划分为单独的一类方法。

除向搜索引擎注册外，在线推广主要是通过电子邮件、论坛、交换链接、在线广告发布等方式进行。离线推广主要是通过广播、电视、报纸、杂志等线下媒体和公司办公用品等方式进行。

整合营销属于网站系统营销概念，要求充分认识用来制订整个营销计划时所使用的各种传播手段。例如，普通广告、直接反应广告、销售促进和公共关系等，然后将所有这些手段进行整合，提供具有良好清晰度、连贯性的信息，使传播影响力最大化。

大多数情况下，电子商务网站为了生存和发展，需要招揽一些广告业务。此时，需要设计网站提供广告形式，并明确每种广告形式的特点、要求与定价细则，使在网站投放广告的企业能够清楚地理解并选择网站所提供的广告业务。

7.4.1　向搜索引擎注册电子商务网站

全世界现有数十亿的网页，而且还在快速增长。作为互联网上最有效的信息查找工具和网站推广工具，搜索引擎通常会给一个网站带来 30% ~ 80% 的访问量。因此，在网络营销中，应该重视搜索引擎的作用，了解搜索引擎的功能、特点及使用方法，充分使用搜索引擎来为营销服务。企业通过搜索引擎寻找用户的信息，用户通过搜索引擎寻找产品和企业信息，实现双向沟通。另外，网站正式发布后，应尽快提交到主要的搜索引擎，并关注企业网站是否被搜索引擎注册或登录，是否在相关关键字搜索时获得比较靠前的排名位置。

目前数十家国内外的中文搜索引擎和分类导航网站均允许企业在其上进行登记，如著名的百度、Google、Hao123 等。这些网站的受欢迎程度和访问量都很高，在这些站点上登记后，可以从中分流出一部分目标受众链接到企业的站点中去。事实上，利用搜索引擎进行营销已经成为目前中小企业网站推广的首要方法。

7.4.2 在线推广电子商务网站

1)通过电子邮件推广网站

电子邮件广告是企业通过互联网,以电子邮件等形式,将广告信息直接发送给个人。一般可使用的形式有电子邮件、邮件列表和电子刊物。这种方式具有针对性强、费用低廉的特点,且广告内容不受限制,但这种网络广告最大的问题是很多网民会认为广告邮件属于垃圾邮件,而采取直接删除的方式来对待它。

将电子邮件促销付诸实施一般有以下两种方法:

①利用软件进行邮件群发。这种方法对于邮件发送者来说很省力,但要特别注意邮件设计的技巧,以免引起邮件接收者的反感。

②对个人单独寄发电子邮件。这种方法效果相对较好,尤其是对企业的邮件列表用户。据有关资料统计,这种方式可能会收到50%~80%的反馈。

电子邮件促销同其他活动一样,也应注意一些事项,如通常忌没有目标地随意发送、忌频繁发送、忌不及时回复、忌对潜在顾客抬高价格等。同时,写电子邮件也应依照一定的网络规则进行,如通常使用纯文本格式,内容应简单明了,忌隐藏发件人姓名、忌邮件无主题或主题不明确,应注意礼貌等。

2)通过论坛推广网站

论坛又称 BBS,是一种以文本为主的网上讨论组织,它以文字的形式,通过网络聊天、发表文章、阅读和通信等形式进行。要注意的是,在讨论组中发布营利性质的广告一般会被认为是粗野和无礼的,在讨论组中发布信息要短小精悍,主题要鲜明且与讨论组的主题相符,要互相尊重、互通有无。

论坛广告信息发布的方式主要有 3 种:

①在某个组中单独挑起一个话题。

②选中一个话题,巧妙地切入。

③选择某个组的适当位置,单纯的粘贴广告。

国内主要的论坛网站有 QQ 论坛、新浪论坛、搜狐论坛、网易论坛,以及百度贴吧、天涯社区等。

3)通过在线广告推广网站

网络广告是以付费方式在其他网站上发布广告的一种信息传播活动。当浏览者有意或无意地点击广告时,就会进入广告投放者指定的页面或展示特定的信息,这样就达到了宣传网址或发布广告信息的目的。

在线广告主要应起到告知、说服、接受反馈、创造需求与增长并稳定销售的作用。通过在线广告推广,应做好以下 3 个方面的工作。

(1)确定网络广告目标

网络广告目标应建立在有关的目标市场、市场定位及营销策略组合计划的基础上，通过对市场竞争状况充分的调查分析来确定广告目标。企业在不同的发展时期应有不同的广告目标，比如是形象广告，还是产品广告。即使对于产品广告，在产品的不同发展阶段，广告的目标也可以区分为提供信息、说服购买和提醒使用等不同目标。

(2)确定网络广告预算

除了利用内部广告资源和合作伙伴交换广告资源等形式之外，网络广告通常利用专业服务商的广告投放资源，也就是要购买广告空间。因此，为实现一定的广告目标，需要认真做好广告预算。如果支出太少，则达不到宣传的目的，效果不明显，不但影响了市场拓展的机会，而且是一种浪费；如果支出太多，则可能造成投放收益率的降低。因此，企业应该根据广告目标，为每个产品作出合理的广告预算。

(3)广告信息决策

根据广告的目标、企业的发展阶段、产品生命周期和竞争者状况分析等信息，确定广告诉求重点，设计网络广告。广告活动会因为不同的创意而产生很大差异，因此，创意因素要比所费资金重要得多，广告只有在引起观众注意后，才能有助于提高网站的形象和产品的销售量。

4)通过网络分类信息推广网站

网络分类信息是一种全新的网络信息服务形式，它聚合了海量个人信息和商家信息，为广大网民提供实用、丰富、真实的消费和商务信息资源，满足企事业单位和商户在互联网上发布各类产品和服务的需求。

分类信息主要由发布信息、查找信息和信息反馈等主要功能组成，它不仅是商家的广告，普通网民也可以在这个平台上自由发布自己的需求，将自己在生活中遇到的困难发布在网上寻求帮助。网民不只是信息的浏览者，也是信息的制造者。

在国外，分类信息网站已相当成熟，成为网民必不可少的生活工具。到目前为止，已经有无数的网民通过分类信息网站解决了自己在生活中遇到的难题。

分类信息网站涵盖了众多地区各行各业的产品服务信息，这些信息是分类信息网站指定的代理商经过编辑整理的真实信息。用户可通过设定的易于理解的生活化分类，浏览这些信息，也可以通过关键字搜索查找。

相对于平面媒体分类信息，网络分类信息的分类丰富、发布和浏览方便、更新及时、信息不易丢失、查找方便快捷、投放针对性强、保存时间长、成本低廉，是更先进的分类形式，也是未来分类信息的主流发展方向。

一般应选择规模大、知名度高的分类信息网站，因为其行业分类相对而言较完善、科学，地域覆盖广泛，开通的地区和城市频道较多。而且，这类分类信息会依托其主网站较大的访问量，发挥自身媒体优势，提供较多的实用信息并获得较高的访问量。

7.4.3 离线推广电子商务网站

1)通过广播和电视推广网站

广播电台是传播非常迅速、及时的媒体。在广告媒体中,电台广告制作最为方便。一般从写稿、录音到播放,用较短的时间就能完成。这对发布时效性强的广告和临时修改补充广告稿都十分方便。广播的区域之广、受众之多,也都明显超越其他广告媒体。而且广播广告的费用是广告媒体中最低廉的,各个地方电台在黄金时段平均每分钟的广告费为1 000~5 000元,这个数字远远低于电视广告的费用,特别适合一些将目标市场定位在当地的中小企业。尤其是在广大农村和新媒体普及度不高的中西部地区,广播广告有着巨大的市场。广播是广告媒体中互动性最强的,可以通过在广播节目中开通热线电话、举办专家讲座等形式第一时间对产品进行介绍。

相对于广播媒体,电视媒体的优势非常明显。电视广告能够对传播内容进行动态演示。它既有影像又有声音,易于让人受到情绪上的感染,给人留下的印象最深刻,并容易记忆,注意率高,所以它是一种最便于接受的情感型媒介,具有极强的感染力。电视传播不受时空制约,传递迅速,覆盖面广,收视率高。目前,无论是在城镇还是在乡村,电视几乎都已深入每个家庭,那些通过印刷媒体宣传不到或宣传后印象不深的群众,都可以被电视吸引。电视媒体具有巨大的影响力和权威性,用电视媒体传播广告信息可以得到大多数人的认可。

电视媒体的巨大魅力吸引着无数的商家,但也不应过分看重和依赖电视媒体,不顾自身的实力和需要,一窝蜂地去做电视广告。其实电视广告的风险是很大的,因为它的费用比其他媒体高出很多,稍有不慎就会导致企业资金的大量浪费。

选择广播广告还是电视广告,必须要考虑网站的目标市场和网站的性质。总之,广告媒体策划者面对广播广告和电视广告,必须作多方面的分析、比较和考察,只有选择各方面都比较理想的广告媒体做广告,才能取得较好的广告效果。

2)通过报纸和杂志推广网站

报纸与杂志是人们获取信息的重要传统渠道,消费总额非常巨大。传统报纸的新闻具有报道深入、发行量大、传播范围广和信息量足的优势。

如果计划在报纸上发布广告,就需要从报社获得广告的价目表。这个价目表包括具体的价格、对广告的具体要求和刊发日期等信息。你可以根据自己的需要选择发布什么样的广告,以及在什么时候发布。

一般而言,报纸广告的费用取决于它需要占据多大的版面,以及报纸的发行量有多大。如果要发布的广告版面很大而且是在比较知名的报纸上发布广告,那费用就会比较高。如果需要特别为广告指定版面,那价格也会比较高;反之,价格则会比较低。

在通过报纸和杂志推广时,一定要确保在广告中展示你的网址。要将查看网站作为广告的辅助内容,提醒用户浏览网站将获得更多相关信息。不要忽视在一些定位相对较窄的杂志或贸易期刊上刊登广告,有时这些广告会更加精准、有效。

3)通过办公用品推广网站

通过办公用品推广网站是一个很有效的方法,也是企业识别系统(CIS)的一个方面。企业自身要有随时推广网站的意识:在任何出现公司信息的地方都加上公司的网址,如名片、宣传材料、信封、手提袋、茶具、文具、印刷品、纪念品、贺卡、员工制服、车辆、房屋等。网站应该利用各种可能的有形物来加深人们对网站的印象。

在通过办公用品推广网站时,应确认网址拼写正确。建议"http://"部分省略,只写"www.×××.com"部分,一般情况下,为了达到更好的视觉效果,网站的图标也可以附在办公用品上。

在推广过程中,应注意相关的创意与设计,应巧妙地将网址、网站图标与办公用品上的其他图案融合。相关的设计应该以美术设计人员为主,并考虑风格与色彩的和谐。

4)通过户外媒体推广网站

户外广告与电视、广播、报纸、杂志、网络等其他媒体不同,通常情况下,它只承载广告,不向受众提供其他设置广告信息的节目频道或版面。

随着传播环境的日渐复杂,各种大众传播渠道的竞争日渐激烈,户外广告的竞争也逐渐浮出水面。一方面,传统大众媒体成本不断增加,效果却逐渐下降,而与传统的大众媒体广告相比,户外广告以较低的成本和较好的传播效果日益赢得了广告客户和广告公司的青睐;另一方面,由于户外广告开发和经营的丰厚利润潜力,使户外广告成为广告公司的热门经营项目,专业运营户外广告的广告公司迅速出现,并迅猛地进行资本运作,依托其强大的资金支持及社会关系背景不断开发新的户外广告形式。

当代户外广告发展的一个重要变化就是户外广告形式不断创新,如灯箱广告、射灯广告牌、车身广告、候车亭广告、机场广告等。这其中有以占据显著位置为特点的户外广告形式,如大厦楼顶设置的大型广告牌等;有以城市交通系统为接触点的候车亭广告、地铁广告等;有以灯光性能为元素而达到传播效果的霓虹灯广告、灯箱广告等;有依托其移动特性的车身广告;有以新科技为支持的电子屏广告等。这些广告形式的出现不仅丰富了户外广告的类型,而且使户外广告的形式、内容和规模不断发展壮大,俨然已形成和传统大众媒体分庭抗礼的趋势。

7.4.4　整合营销电子商务网站

1)网站整合营销的意义

整合营销传播(IMC)又称整合推广,美国广告公司协会(4As)对其的定义是:"整合营销传播是一个营销传播计划概念,要求充分认识用来制订综合计划时所使用的各种带来附加值的传播手段(如普通广告、直接反应广告、销售促进和公共关系),并将各种传播手段结合,提供具有良好清晰度、连贯性的信息,使传播影响力最大化。”这一定义侧重从促销组合的角度,强调综合使用各种促销工具使传播的影响力最大化的过程。

美国著名学者舒尔茨早期对整合营销传播的定义是:“整合营销传播是一个业务战略过程,它是指制订、优化、执行并评价协调的、可测度的、有说服力的品牌传播计划,这些活动的受众包括消费者、顾客、潜在顾客、内部和外部受众及其他目标。”这个定义强调整合营销是“以消费者为核心重组企业行为和市场行为,综合协调地使用各种形式的传播方式。它以统一的目标和统一的传播形象,传递一致的产品信息,实现与消费者的双向沟通,迅速树立产品品牌在消费者心目中的地位,建立产品品牌与消费者长期密切的关系,更有效地达到广告传播和产品行销的目的。”

这一定义与其他定义的不同之处在于,它将重点放在企业的商业运作过程上,强调整合营销对品牌传播与塑造的作用,认为应该深入分析消费者的感知状态及品牌传播情况,通过各种手段的整合达到在消费者心中树立品牌形象的目的。最重要的是,它隐秘地提供了一种可以评价所有广告投资活动的机制,因为它强调消费者及顾客对组织的当前及潜在价值。

在早期对整合营销传播界定的基础上,近年来舒尔茨又对整合营销的定义做了进一步的完善和发展,提出“整合营销就是一种适合所有企业进行信息传播及内部沟通的管理体制,而这种传播与沟通就是尽可能与其潜在的客户和其他一些公共群体(如雇员、立法者、媒体和金融团体)保持一种良好的、积极的关系”。整合营销既是一种营销手段、理念和营销模式,又是一种沟通手段和管理体制。

2)网站整合营销战略的内涵

从整合营销含义的演变过程可以看出,其提出者已经赋予了整合营销新的内涵,结合整合营销理论的最新进展,可以将其分为以下几个层面:

①整合营销既是一种新的营销思想和理念,又是一种管理思想和理念,更是企业发展战略和经营战略的重要部分。通过整合企业内外部的各种资源和要素,实现企业真正从“以生产为核心”向“以营销为核心”的方向转变。

②整合营销是一种管理体制和手段。作为一种管理体制,就是将整合营销从市场营销部门的行为提高到整个公司的行为,使其成为企业经营战略的基础。确定企业经营战略的核心就是通过合理有效的机制,统一协调企业的内外部资源,使企业对内、对外的沟通与传播机制完全建立在整合营销的思想之上,实现企业对内部管理信息的整合和企业对外传播信息渠道的整合。它要求企业的信息传递具有一致性,包括纵向一致和横向一致。纵向一致是要求企业的经营战略、策略、企业的价值观及大众传媒所传递的信息在相当长时间内要协调一致;横向一致是指企业在同一时期内通过各种渠道

所传递的信息要一致。作为一种管理手段，就是要通过建立相应的组织机构和管理渠道，使企业与所有利益相关者都能够进行有效沟通，即与消费者、员工、投资者、竞争对手等直接利益相关者和社区、大众媒体、政府及各种社会团体等间接利益相关者进行密切、有效的传播活动，了解他们的需求，并通过合理的渠道和恰当的方式，快速将他们的需求反映到企业经营战略中，持续一贯地提出对策。

③整合营销是一种新的营销理念和模式。整合营销是在产品同质化、市场营销手段相互模仿、市场趋于饱和、消费者难以分辨优劣的背景下，企业实现差异化并吸引更多顾客的营销理念和模式。作为营销理论，其中心思想就是企业通过与消费者进行有效的沟通，以满足消费者需要的价值取向，确定企业统一的促销策略，同时协调使用不同的传播手段，发挥不同传播工具的优势，以较低的成本形成强大的宣传攻势和促销高潮。

3) 网站整合营销战略的关键层次

在实施网站整合营销的过程中，有以下 4 个关键层次需要把握：

①第一层次：协调营销传播中所有可管理的部分，如广告、公共关系、人员直销和促销等，将之调整为一个连贯的、统一的整体。将重点放在提高及加强运作效力和外向型传播的传送上。因此，对所有产品、所有市场对外传播的各种手段和渠道的整合是整合营销的核心。

②第二层次：企业内部的连贯性和一致性是营销传播一致性的保证，因此，需要对企业的内部资源进行整合，使企业从"以公司和运作为导向"转向"以客户、消费者和最终用户为导向"。为此，企业必须建立相应的组织机构，从组织上保证整合营销的实施。同时，应确立使客户识别品牌的"关键点"所在。这些"关键点"可以使客户或者潜在客户了解这个品牌、产品类别以及商品或服务提供商的基本信息。除品牌的传播效力外，产品、价格、渠道、促销的主要措施以及雇员制度、方便实用的用户手册、产品包装、投诉解决程序、询问回应时间、忠诚认可度、信誉调整、清楚明白的接触通道等，都会影响企业的增长机会，特别是以员工作为营销传播目标是第二层次的一个关键方面。如果内部营销传播计划不支持外部营销传播计划或与外部营销传播计划不一致，可能会使最多达 40%的营销传播成本被浪费掉。

③第三层次：企业应利用已确立的组织机构和技术能力，建立合理的内部信息传播通道和客户信息管理系统，主要包括两种形式：一种是企业内部信息以最优方式被传递给客户、潜在客户和其他目标人群；另一种是通过数据库的使用，将有关的客户和潜在客户信息通过数据库实现有效管理。

数据库的应用包括以下几方面：

a.经验式客户信息。企业所拥有的数据库不只要包括客户和消费者的姓名、地址、电话和一些简单的统计信息，关键是还要掌握消费者过去购买行为的能力，如过去的交易历史。数据库包含的信息越多,分析购买和再购买类型的能力就越强。

b.通过客户的行为数据与个人态度数据使企业的发展从总体产出转移到实际的经济效益上来。为了更好地满足客户的偏好、需要和期望,交易数据的使用可以使企业更好地成为一个学习型组织,帮助一线工人预先知道客户需求,从而跟随市场,不断满足市场需求。

c.应有一套分析工具,使企业能够使用广泛的统计方法和工具来评价客户和潜在客户。

d.企业要提高传播的有效性,还要依据经济标准对之进行区分,并对不同人群传递特定的信息,特别要将企业营销资源和优先权转移到对企业最有价值的客户和潜在客户的个性化营销上来。

④第四层次:推动企业的战略决策与财务整合,主要解决企业的资源分配和企业合作问题。

4)网站整合营销战略的实施

网站整合营销战略的实施主要有以下几个步骤:

(1)设立整合营销中心,协调营销传播中所有可管理的部分

分管其下属的企划公关、产品研发、销售服务三大职能部门,负责具体市场营销工作,如广告、公共关系、人员直销、促销等,将之调整为一个连贯的、统一的整体。同时,以营销为中心,协调各个部门之间的工作为营销服务,发挥各类资源优势,推动全员营销局面的形成。

(2)规划企业的内部资源,建立相应的组织机构,从组织上保证整合营销的实施

通过部门整合,将原先分散于数个部门中相互关联的岗位和部门整合为一个职能部门,避免部门和岗位的重复设置及水平沟通障碍;消除政出多门的现象,减少沟通环节,提高工作效率。同时,将品牌价值扩展到内部供应链每一环节的管理上,如果内部营销传播计划与外部营销传播计划不相一致,可能会使大量的营销传播成本被浪费掉。

(3)建立合理的信息管理系统

使整个企业的循环建立在以信息为核心的基础上,根据信息系统提供的准确信息,由决策系统进行决策,然后根据决策和相关信息,由相关部门制订相应计划,再由执行部门根据计划下达指令给相应机构去实施,最后由执行部门反馈情况给相关部门,及时进行检查和反馈。通过决策系统、计划系统、执行系统和检查反馈系统实现对信息的共享和充分利用,以此来完成整个循环。

(4)推动企业财务与战略决策系统整合

通过关注顾客,获取顾客价值信息,使企业能以可评估的“投资回报率”为基础来进行营销传播投资,企业可以得知整合营销传播能为自己带来的价值。这就使企业从每一个方面(如产品质量、人力资源、售后服务等)进行战略、组织等方面的全面改造,

以真正发挥整合营销的作用。

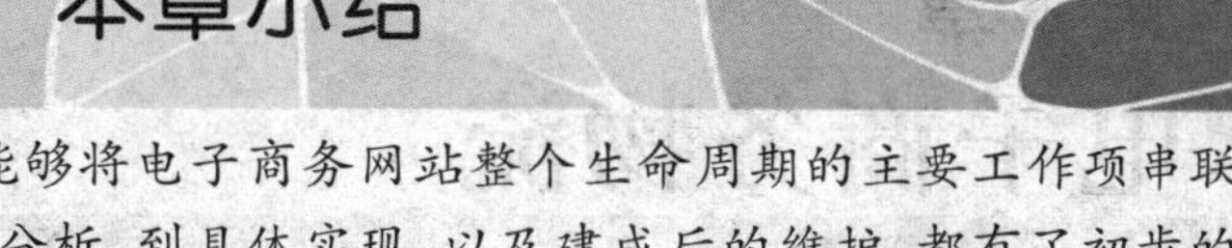

本章小结

通过本章内容的学习，我们能够将电子商务网站整个生命周期的主要工作项串联起来，从初期的需求调研、可行性分析，到具体实现，以及建成后的维护，都有了初步的认识。

电子商务网站在发布以后，为了扩大影响力与知名度，应该做好宣传与推广的工作。网站的宣传与推广主要有向搜索引擎注册电子商务网站、在线推广和离线推广等途径。应明确电子商务网站建设在不同阶段的主要工作任务，为今后具体的电子商务网站操作类任务打下基础。

【本章学习与思考】

1.请举出一个客户服务型网站的例子，试分析其优点与不足。

2.在电子商务网站建设的需求调研阶段，需要注意哪些问题？

3.你打算建立一个什么样的电子商务网站？你会通过哪些方式宣传这个网站？

4.在企业电子商务网站上放置第三方广告，你如何看待这一现象？

【技能操作训练】

假设你要为一家鲜花销售网站进行宣传推广并管理广告业务，请完成以下任务：

1.在搜索引擎注册电子商务网站。

2.在线推广电子商务网站。

3.离线推广电子商务网站。

4.整合营销电子商务网站。

5.管理电子商务网站的广告业务。

第8章
电子商务物流

【教学目标】

1.掌握物流的概念;
2.掌握物流活动的各个要素;
3.理解电子商务与物流的关系;
4.了解物流配送中心;
5.理解物流信息技术在生活中的应用;
6.了解供应链管理的发展趋势。

【教学重点、难点】

1.物流活动各个环节要素的作用;
2.物流在电子商务活动中的应用。

【案例导入】

货车帮:改变中国公路物流业态

因为货车帮,全国公路物流空驶率降低6%、油费节省300亿元以上、碳排放减少近2 700万吨、一个万亿级的市场呼之欲出。但在带来巨大经济和社会效益的同时,以货车帮为代表的一批新兴企业却面临着新的管理规则体系建设滞后等问题。

● 实现车辆与货源精准匹配

据介绍,货车帮目前主要有两款软件,一个是"货车帮 App",供全国170多万货车司机使用,另一个是"物流 QQ",供30多万货主使用。

目前,货车帮整合了大量的个体户司机。打开手机App,这些司机就能找到返程的货源。而在货源端,货主会先将货物送到物流公司,物流公司整合货物数量、目的地、运输价格等信息后,发布到"物流 QQ"上。在后台,货车帮运用大数据对信息进行处理,就近就地实现车辆与货源的精准匹配。

走进贵阳货车帮物流园区大厅,记者看到,两边墙壁大屏幕上实时滚动播放着出发地、到达地、车型与车长要求等货源信息。

来自山东的货车司机李立恒说:“以前,空驶乱跑、趴窝等待是常有的事。现在,打开手机进入货车帮平台,有没有货、货在哪、停车场有没有空位,一清二楚。看到合适的信息,我们就会与货主联系,有时几分钟就能达成协议。”

“货车帮每天减少约 1 000 万 km 的货车空驶消耗,仅 2015 年就为全国公路物流降低空驶率达 6%。”货车帮首席运营官罗鹏算了一笔账:目前,每台车单趟平均千米数为 1 000 km,按照空载率 10%计算,空跑 100 km。一年下来,单台车行驶约 17 万 km,空跑约为 1.7 万 km,按照每千米 2.04 元的油费计算,单台车可节省燃油费 34 680 元,按照 2015 年平台注册货车 15 万辆计算,年节省油费 300 亿元以上、减少碳排放近 2 700 万 t。

货车帮 CEO 戴文建说,货车帮平台目前拥有货车司机会员超过 200 万,按照每台车每年运行成本 100 万元计算,一个万亿级的市场等待着货车帮去挖掘。“我们的目标是在‘货车帮’平台上实现新货车团购和二手车交易抵押贷款、货车保险等金融业务。通过全产业金融渗透,打造基于大数据、物流风控体系下的供应链金融闭环。目前,二手货车交易服务已经上线运行,同时,已向国家有关部委申请第三方支付、保险公估等互联网金融资质。”

● 改变中国公路物流业态

找货—运货—卸货—再找货,这是中国货车司机的传统工作模式。而今,“货车帮”正在改变中国公路货运物流业态。

根据每天实时、“新鲜”的货运数据,货车帮与阿里云共同开发了“全国公路物流指数”。在货车帮物流园区大厅中间屏幕上记者看到,货物类型、日发货吨位、日交易额、车型分布、城市运力指数、货运活跃指数等一目了然。

贵阳货车帮园区负责人赵强介绍,全国公路物流指数可全面反映我国公路物流货物运输流向、分布以及车辆分布情况等,既能为研究物流运行与国民经济的关联性奠定基础,也能为企业生产经营与投资提供强大的数据支撑。其中,透过“货运指数”,可以掌握城市和区域公路进出港情况,判断该区域公路物流能力和短期活跃度;通过“货物类型”,可以了解到某区域进出港物品分类情况,从而为该地区经济发展、民生问题提供数据分析支撑。而“运力指数”则通过分析城市与城市之间的运载数量和速度,了解各个城市的公路物流发展乃至经济的发展状况。

此外,罗鹏介绍说,货车帮还将与云南省合作,整合面向东南亚的货源信息,发展跨境物流业务。“由于语言不通等原因,长期以来,从云南开往东盟国家的货车回来时找不到货,因此运费全部按双倍收取。货车帮将通过信息共享,助力东盟区域经济一体化。我们的最终目标是形成南连东盟,北出中亚的‘一带一路’货运体系。”

8.1 电子商务物流概述

8.1.1 物流的概念

关于“物流”的概念,不同的国家、地区以及行业机构在不同时期都有不一样的认识和理解,关于物流活动的最早文献记载是在英国。1918 年,英国犹尼利弗的哈姆勋爵成立了“即时送货股份有限公司”,目的是在全国范围内把商品及时送到批发商、零售商和用户手中。“二战”期间,美国从军事需要出发,在战时对军火进行的供应中,首先采用了“物流管理”(Logistics Management)这一词,并对军火的运输、补给、屯驻等进行全面管理。“二战”后,“物流”一词被美国人借用到企业管理中,被称为“企业物流(Business Logistics)”。企业物流是指对企业的供销、运输、存储等活动进行综合管理。1998 年美国物流管理协会对它的定义是:物流是供应链活动的一部分,是为满足顾客的需要而对商品、服务和相关信息从生产地到消费地的流动和储存而进行计划、执行和控制,以满足客户需求的过程。

我国在 2001 年 7 月颁布的《中华人民共和国国家标准物流术语》中将“物流”定义为:物流是“物品从供应地向接收地的实体流动过程。根据需要,将运输、储存、装卸搬运、包装、流通加工、配送、信息处理等基本功能实施有机结合。”

在当今的电子商务时代,全球物流产业有了新的发展趋势。现代物流服务的核心目标是在物流全过程中以最少的综合成本来满足顾客的需求。

电商的快速崛起和行业的需求,对于仓储物流配送这一重要环节的需求和要求也在不断提高,而像智工厂这样专注于电商仓储物流的第三方公司在市场行业中也扮演着越来越重要的角色,甚至能够协助商家在终端和渠道端提供广泛的服务。这类企业的服务不仅仅是简单的发货,更重要的是需要站在商家的角度去做好仓储库存物流配送的环节,使电商整体流程形成良性发展。

现代物流具有以下 4 个特点:

①电子商务与物流的紧密结合;

②现代物流是物流、信息流、资金流和人才流的统一;

③电子商务物流是信息化、自动化、网络化、智能化、柔性化的结合;

④物流设施、商品包装的标准化,物流的社会化、共同化也都是电子商务时代物流模式的新特点。

进入 21 世纪以来,中国物流业总体规模快速增长,物流服务水平显著提高,发展的环境和条件不断改善,为进一步加快发展中国物流业奠定了坚实基础。

【案例学习 8-1】

物流成本高昂,260 亿元被吞噬在路上

物流成本问题,在近来我省对服务业发展滞后的检讨中变得“刺眼”。

近日,省商务厅《关于加快发展面向生产和民生的服务业的构想》第三稿亮相,其中物流业发展滞后的瓶颈效应最为直观:“目前四川社会物流成本占 GDP 比重为 21.5%,较全国平均水平高 3.1 个百分点。”

“如果物流成本降低到全国平均水平,相当于四川经济一年新增 260 亿元利润。”对此,省现代物流协会秘书长文德华毫不讳言。在他看来,扭转全社会“重生产,轻服务”的观念,在物流业尤显迫切。

● 物流能力:好比矮子搬高货

全省重装工作会透露,我省大件运输通道能力越来越不能满足需求,超过 500 t 的重大装备单件无法出川——这成为四川装备制造业发展的上限。

一马当先的东方电气集团已触及“天花板”。企业负责人表示:“随着产品外形尺寸和重量不断增加,四川大件运输能力已严重制约企业发展。”

抛开装备制造业的独特性,高物流成本已成为影响川企竞争力的普遍因素。“一个 40 英尺货柜从成都运至广西防城港,走铁路每箱运输成本为 8 000~9 000 元,走公路每箱运输成本为 23 000~26 000 元。”若在沿海地区,这些成本大都可转为利润。

物流滞后已引起省政府高度关注。在 6 月出台的《关于加快发展生产性服务业的实施意见》中,现代物流业被列为首要重点。

● 成本高昂:“宿命”可否动摇

四川的物流成本高在哪里?川内有“宿命论”和“效率论”之说。

数据表明,四川每万人拥有铁路里程、公路交通密度远低于全国平均水平,航空网络和航道网尚不完善,14 条出川大通道仅打通 4 条。

改善基础设施也许只是时间问题。但是持“宿命论”观点的人认为,这并不能缩短四川与远方市场的空间距离。

四川杜臣物流董事长杜华就认为,“即使与同等区位条件的省、市、区比较,四川物流仍不占优势,这才是 260 亿元反映的真正问题!”

“现代物流的范畴涵盖仓储、运输、包装、配送甚至通关服务各环节,运输成本只占总成本的 3 成。与其说距离远导致了四川物流成本高于全国平均水平,毋宁相信是四川物流低效率所致。”文德华说。

物流业壮大,有赖于大型生产企业把自己的物流资源社会化;物流市场规范,有赖于大型物流企业发挥市场主导作用;物流市场繁荣,有赖于大型企业对物流服务提出更多需求!

8.1.2 物流活动的要素

物流活动的要素是指物流活动所具有的基本能力。通过对物流各要素的有机结合,形成物流的总体功能,进而实现物流的经济目标。

1)运输

运输是用设备和工具将物品从一地点向另一地点运送的物流活动,其中包括集货、分配、搬运、中转、装入、卸下、分散等一系列操作。

运输的任务是对物品进行较长距离的空间移动。运输的主要方式有铁路运输、公路运输、水路运输、航空运输和管道运输等几种方式。运输应选择经济、便捷的运输方式和运输路线,以达到安全、迅速、及时和经济的管理要求。运输工具和设备如图 8-1 所示。

图 8-1 运输工具和设备

2)存储

存储功能包括储存、保管、保养及维护等活动。存储是以改变物的时间状态为目的的活动,克服产需之间的时间差异而获得更好的效用。仓储是物流过程中的重要环节,就其地位而言,仅次于运输,是物流系统的两大支柱之一。物流系统需要仓储设备来保证市场分销活动,同时要以始终与最低的总成本相一致的最低限度的存货来实现所期望的顾客服务。

3)装卸搬运

(1)装卸搬运的概念

在同一地域范围内,改变物的存放、支撑状态的活动称为装卸,改变物的空间位置的活动称为搬运,两者合并称为装卸搬运。装卸与搬运作业的基本动作包括交通工具的装卸、堆垛、出入库以及连接上述各项动作的短程输送,是随运输和保管等活动而产生的必要活动。相对于运输,装卸搬运是短距离的商品移动,是仓储作业和运输作业的桥梁和纽带,实现了物流的空间效益。

(2)装卸的合理化原则

装卸合理化的主要目标是节省时间、节约劳动力、降低装卸成本,主要体现在以下几个方面:

①提高装卸搬运活性。装卸搬运活性的含义是指把物品从静止状态转变为装卸搬运状态的难易程度。

②防止无效装卸。无效装卸造成装卸成本的浪费,且装卸质量受损可能性增大,同时降低物流速度,因此要尽量防止无效装卸。

③充分利用重力或消除重力影响,减少装卸的消耗。在装卸时考虑重力因素,可以利用货物本身的重量,进行有一定落差的装卸,以减少或根本不消耗装卸的动力,这是合理化装卸的重要方式。

4)包装

(1)包装的概念

包装是在物流过程中为了保护产品、方便运输、促进销售,按一定技术和方法采用容器、材料及辅助物将物品予以适当装潢并作标记的工作总称。在社会再生产过程中,包装处于生产过程的最后和物流过程的开头,既是生产的终点又是物流的起点。物流研究表明,包装与物流的关系,比之与生产之间的关系要密切得多,其作为物流起点的意义比之作为生产终点的意义要大得多。因此,包装应归结于物流功能要素当中。物流包装材料如图 8-2 所示。

图 8-2　物流包装材料

(2)包装的作用

①保护物品。保护物品不受损伤,是包装的主要目的。其中要防止物品在运输、装卸过程中受到各种冲击、震动、压缩、摩擦等外力的损害,并要防止物品在运输,特别是保管过程中发生受潮、发霉、生锈、变质等化学变化,还要防止有害生物对物品的破坏。

②方便流通、方便消费。物品经过适当的包装能为搬运、装卸作业提供方便,加快了装卸速度;从储运容器考虑包装尺寸、形状的设置,能大大提高运输效率;包装物的各种标志,便于仓库管理的识别、存取、盘点,合理的单元包装也方便了消费者的使用。

③刺激消费、促进销售。产品包装的装潢设计是促销手段之一。精美的包装能唤起人们的消费欲望,同时包装的外部形态可用来对商品作介绍、宣传,使人们了解这种

商品，购买这种商品。

5）流通加工

指在物流过程中，为了达到促进销售，保护产品质量和提高物流效率等目的，对商品进行的加工，从而使商品发生物理、化学或形态上的变化，以满足消费者的多样化需求，提高商品的附加值。流通加工主要是为了弥补生产加工的不足，提高劳动生产率与物料利用率，以及方便配送。

实现流通加工合理化主要考虑以下几个方面：

①加工和配送结合；

②加工与配套结合；

③避免盲目设置流通加工环节。

流通加工业务是现代物流企业提供的增值服务，既会提高流通商品的附加价值，实现物流企业的经济效益，也给供需双方带来方便与效率，因此它有强劲的发展前途。

6）配送

《国家标准物流术语》中对配送的定义是：指在经济合理区域内，根据用户要求，对物品进行拣选、加工、包装、分割、组配等作业，并按时送达指定地点的物流活动。

7）信息处理

物流信息是反映物流各种活动内容的知识、资料、图像、数据和文件的总称。信息处理包括进行与上述各项活动有关的各项活动的计划、预测及对物流动态信息和与其相关的费用、生产、市场信息的收集、加工、整理和提炼等活动。不准确的信息会阻碍物流工作，信息处理质量和及时性是物流工作的关键因素。

8.1.3 物流的种类

社会经济领域中的物流活动无处不在，对于各个领域的物流，虽然其基本要素都存在且相同，但由于物流对象不同、物流目的不同、物流范围不同，形成了不同的物流类型。在对物流的分类标准方面目前还没有统一的看法，主要的分类方法有以下几种：

1）按物流的作用分类

（1）供应物流

供应物流是企业为保证本身生产的节奏，不断组织原材料、零部件、燃料、辅助材料供应的物流活动。这种物流活动对企业生产的正常、高效进行有着重大作用。企业供应物流的目标是以最低成本、最少消耗、最大保证来组织物流活动。但在实际操作中，由于受条件限制，要实现这一目标往往有很大难度。为此，企业供应物流就必须有效解决供应网络、供应方式、零库存的问题。

(2)销售物流

销售物流是企业为保证自身的经营效益,不断伴随销售活动,将产品所有权转给用户的物流活动。

(3)生产物流

生产物流指企业在生产工艺中的物流活动。这种物流活动伴随整个生产工艺过程而生,已构成了生产工艺过程的一部分。

(4)回收物流

企业在生产、供应、销售的活动中总会产生各种边角余料和废料,这些物料的回收是需要伴随物流活动的。在一个企业中,如果回收物品处理不当,往往会影响整个生产环境,甚至影响产品的质量,也会占用很大的空间,造成浪费。

(5)废弃物物流

废弃物物流是指对企业排放的无用物进行运输、装卸、处理等的物流活动。废弃物物流虽然没有经济效益,但是具有不可忽视的社会效益。

2)按物流系统性质分类

(1)社会物流

社会物流是全社会物流的总和,所以也称宏观物流。社会物流是指超越一家一户的以一个社会为范畴,以面向社会为目的的物流。

(2)行业物流

同一行业中的企业是市场上的竞争对手,但是在物流领域中常常互相协作,共同促进行业物流系统的合理化。

(3)企业物流

从企业角度上研究与之有关的物流活动,是具体的、微观的物流活动的典型领域。企业物流又可以分为以下具体的物流活动:供应物流—生产物流—销售物流—回收与废弃物流。

3)按照物流活动的空间分类

(1)地区物流

地区物流的地区可按行政区域、经济圈、地理位置划分。

(2)国际物流

国际物流是相对国内物流而言的,是不同国家之间的物流。它是国内物流的延伸和进一步扩展,是跨国界的、流通范围扩大的物的流通,它是国际贸易的必然组成部分。

8.1.4　电子商务与物流的关系

随着电子商务与物流的发展态势,二者之间的关系也越来越密切,逐渐呈现出一种相互促进、相互制约、共同发展的态势。具体表现在以下两个方面:

1)物流是电子商务的重要组成部分

电子商务的本质是商务,商务的核心内容是商品的交易,而商品交易涉及 4 个方面:商品所有权的转移、货币的支付、有关信息的获取与应用、商品本身的转交,也即商流、资金流、信息流、物流。

2)物流是实现电子商务的保证

物流作为电子商务的重要组成部分是实现电子商务的重要保证。离开了现代物流,电子商务的过程就不完善。

(1)物流保证生产的顺利进行

无论在传统的贸易方式下,还是在电子商务下,生产都是商品流通之本,而生产的顺利进行需要各类物流活动的支持。合理化、现代化的物流,能通过降低费用从而降低成本、优化库存结构、减少资金占压、缩短生产周期,保障了现代化生产的高效运行。相反,缺少了现代化的物流,生产将难以顺利进行,无论电子商务是多么便捷的贸易形式,仍将是无米之炊。

(2)物流服务于商流

在商业活动中,商品所有权在购销合同签订的同时,便由供方转移到了需方,而商品实体并没有因此而到达需方。在电子商务条件下,顾客通过网络购物,完成了商品所有权的交割过程,但电子商务活动并未结束,只有商品和服务真正到达顾客手中,商务活动才告终。在整个电子商务中,物流实际上是以商流的后续者和服务者的姿态出现的。没有现代化的物流,轻松的商务活动也无法实现。

(3)物流是实现以"顾客为中心"理念的根本保证

电子商务的出现,在最大限度上方便了最终消费者。他们不必到拥挤的商业街挑选自己所需的商品,而只要坐在家里,上网浏览、查看、挑选,就可以完成购物活动。但试想,他们所购商品迟迟不能到货,或商家送货非自己所购,那消费者还会上网购物吗?物流是电子商务实现以顾客为中心理念的最终保证,缺少现代化物流技术与管理,电子商务给消费者带来的便捷等于零,消费者必然会转向他们认为更为可靠的传统购物。

【案例学习 8-2】

价格战演变为物流战

2011 年,可以说是电商企业全力进军物流业的一年。1 月,阿里巴巴宣布,将投资 200 亿~300 亿元人民币,逐步在全国建立起一个立体式的仓储网络体系。2 月,京东商城 CEO 刘强东宣称,将把募集来的 15 亿美元中的大部分资金投入物流体系建设。5 月,沃尔玛与 1 号店达成战略合作协议。沃尔玛拥有全球化的经验和先进的供应链系统,1 号店仓库管理系统将借鉴沃尔玛经验,提高自动化程度,形成专业的流水线运作,一个原来日订单承载量 2 万单的仓库提高到 5 万~6 万单。7 月，麦考林在吴江兴建近 14 万平方米的全球运营中心，并且斥巨资引进美国“红色草原”供应链信息系统。11 月，苏宁电器在合肥建立的首个第三代大型物流基地正式投入使用。

8.2 电子商务物流配送

8.2.1 物流配送的概念

配送是物流中一种特殊的、综合的活动形式，是商流与物流紧密结合，包含了商流活动和物流活动，也包含了物流中若干功能要素的一种形式。我们可以从以下两个方面认识配送的概念。

①从经济学资源配置的角度对配送在社会再生产过程中的位置和配送的本质行为予以表述：配送是以现代送货形式实现资源的最终配置的经济活动。这个概念的内涵包含了以下 4 点。

A.配送是资源配置的一部分，是经济体制的一种形式。

B.配送的资源配置作用，是“最终配置”，因而是接近顾客的配置。接近顾客是经营战略至关重要的内容。美国兰德公司对《幸福》杂志所列的 500 家大公司进行的一项调查表明“经营战略和接近顾客至关重要”，证明了这种配置方式的重要性。

C.配送的主要经济活动是送货，这里面强调现代送货，表述了和我国旧式送货的区别，其区别以“现代”两字概括，即靠现代生产力、劳动手段支撑，依靠科技进步，实现“配”和“送”有机结合的一种方式。

D.配送在社会再生产过程中的位置，是处于接近用户的那一段流通领域，因而有其局限性，它是一种重要的方式，有其战略价值，但是它并不能解决流通领域的所有问题。

②从配送的实施形态角度表述如下：按用户订货要求，在配送中心或其他物流节点进行货物配备，并以最合理的方式送交用户。这个概念的内容概括了以下 5 点。

A.整个概念描述了接近用户资源配置的全过程。

B.配送实质是送货。配送是一种送货，但和一般送货有区别：一般送货可以是一种偶然的行为，而配送却是一种固定的形态，甚至是一种有确定组织、确定渠道，有一套装备和管理力量、技术力量，有一套制度的体制形式。因此，配送是高水平送货形式。

C.配送是一种“中转”形式。配送是从物流节点至用户的一种特殊送货形式。

D.配送是“配”和“送”有机结合的形式。配送与一般送货的重要区别在于，配送利用有效的分拣、配货等理货工作，使送货达到一定规模，以利用规模优势取得较低的送货成本。

E.配送以用户要求为出发点。在定义中强调“按用户的订货要求”明确了用户的主导地位。

F.概念中“以最合理的方式”的提法是基于这样一种考虑:过分强调“按用户要求”是不妥的,用户要求受用户本身的局限,有时实际会损失自我或双方的利益。对于配送者而言,必须以“要求”为据,但是不能盲目,应该追求合理性,进而指导用户,实现共同受益的商业原则。

8.2.2 配送功能要素

1)备货

备货是配送的准备工作或基础工作,备货工作包括筹集货源、订货或购货、集货、进货及有关的质量检查、结算、交接等。配送的优势之一,就是可以集中用户的需求进行一定规模的备货。备货是决定配送成功的基础,如果备货成本太高,会大大降低配送的效益。

2)储存

配送中的储存有储备和暂存两种状态。配送储备是按一定时期的配送经营要求,形成对配送的资源保证。另一种储存形态是暂存,是在具体执行配送时,按分拣配货要求,在理货场地所做的少量储存准备。

3)分拣及配货

分拣及配货是配送不同于其他物流形式的功能要素,也是关乎配送成败的一项重要支持性工作。有了分拣及配货就会大大提高送货服务水平,因此,分拣及配货是决定整个配送系统水平的关键要素。

4)配装

配装是配送系统中具有现代特点的功能要素,也是现代配送不同于以往送货的主要区别之处。这种方式主要用于在单个用户配送数量不能达到车辆的有效载运负荷时,进行搭配装载以充分利用运能、运力的问题。

5)配送运输

配送运输是较短距离、较小规模、额度较高的运输形式,一般使用汽车作运输工具。其特点是使配装和路线进行有效搭配,达到最佳的配送运输效果。

6)送达服务

配好的货运输到用户还不算配送工作的完结,还要讲究卸货地点、卸货方式等。送达服务也是配送独具的特殊性。

7)配送加工

配送加工是流通加工的一种,但配送加工有其自身的特点,即配送加工一般取决于用户的要求，其加工的目的较为单一。

8.2.3　物流配送的类型

1) 物流配送的类型

(1) 配送中心配送

配送中心配送的组织者是以配送为专职的配送中心，通常规模比较大，种类、储量比较多，专业性强，和用户有固定的配送关系。工作流程如图 8-3 所示。

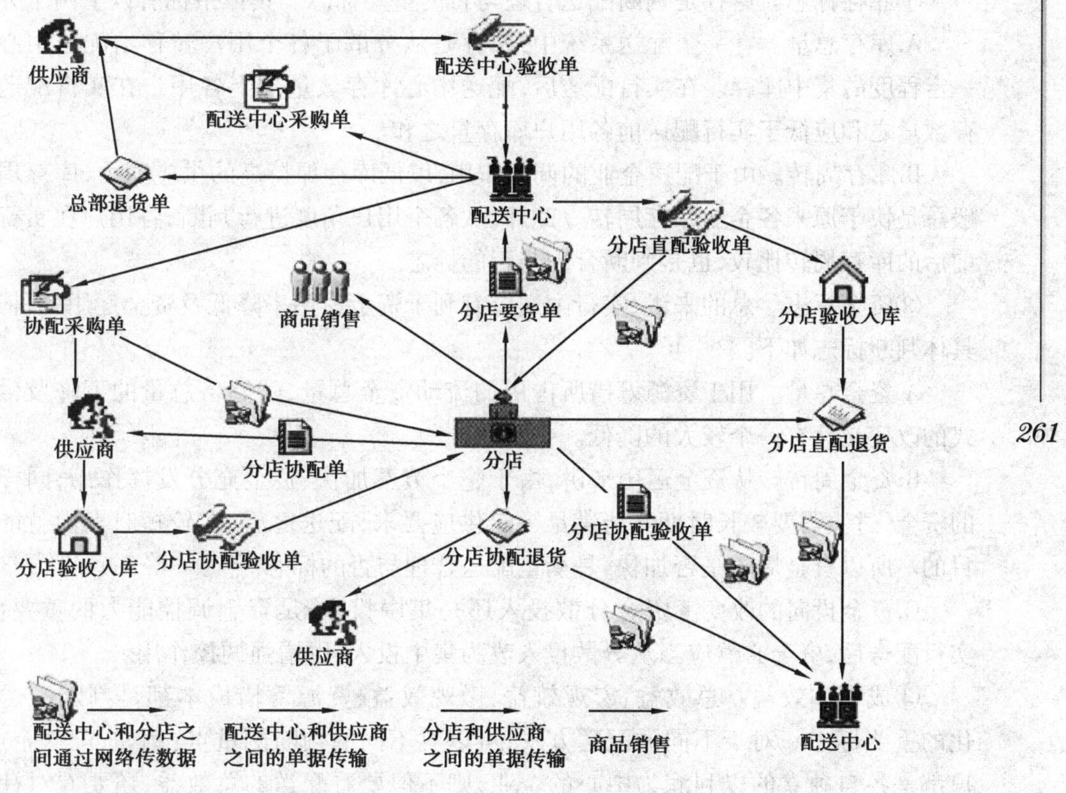

图 8-3　物流配送中心的工作流程

(2) 生产企业配送

生产企业配送的组织者是生产制造加工企业，有的是进行多种生产的企业。这些企业可以通过自己的配送系统进行配送，而不需要将产品发运分配到配送中心进行配送。

(3) 仓库配送

仓库配送是以仓库为物流节点组织的配送。它既可以将仓库完全作为配送中心，也可以在保持仓库仓储功能的基础上再增加一部分配送职能。

(4)商店配送

商店配送的组织者是商品零售经营者或者物流经营网点。这些经营者或者网点的主营业务是零售,一般规模都比较小,但经营品种齐全,容易组织配送。

2)配送合理化

(1)配送合理化的判断标志

对于配送合理与否的判断是配送决策系统的重要内容,目前,国内外尚无一定的技术经济指标体系和判断方法。按一般认识,以下若干标志是应当纳入的。

①库存标志。库存是判断配送合理与否的重要标志。具体指标有以下两个方面。

A.库存总量。在一个配送系统中,库存是从分散于各个用户转移给配送中心实行一定程度的集中库存。在实行配送后,配送中心库存数量加上各用户在实行配送后库存数量之和应低于实行配送前各用户库存量之和。

B.库存周转。由于配送企业的调剂作用,以低库存保持高的供应能力,库存周转一般总是快于原来各企业库存周转。此外,从各个用户角度进行判断,各用户在实行配送前后的库存周转比较,也是判断合理与否的标志。

②资金标志。总的来讲,实行配送应有利于资金占用率降低及资金运用的科学化。具体判断标志如下。

A.资金总量。用于资源筹措所占用的流动资金总量,随储备总量的下降及供应方式的改变必然有一个较大的降低。

B.资金周转。从资金运用来讲,由于整个节奏加快、资金充分发挥作用,同样数量的资金,过去需要较长时期才能满足一定供应要求,配送之后,在较短时期内就能达此目的。所以资金周转是否加快,是衡量配送合理与否的标志。

C.资金投向的改变。资金分散投入还是集中投入,是资金调控能力的重要反映。实行配送后,资金必然应当从分散投入改为集中投入,以增强调控作用。

③成本和效益。总效益、宏观效益、微观效益、资源筹措成本都是判断配送合理化的重要标志。对于不同的配送方式,可以有不同的判断侧重点:例如,配送企业、用户都是各自独立的以利润为中心的企业,则不但要看配送的总效益,还要看对社会的宏观效益及两个企业的微观效益,不顾及任何一方,都必然出现不合理。又例如,如果配送是由用户集团自己组织的,配送主要强调保证能力和服务性,那么,效益主要从总效益、宏观效益和用户集团企业的微观效益来判断,不必过多顾及配送企业的微观效益。

由于总效益及宏观效益难以计量,在实际判断时,常按国家政策进行经营,完成国家税收及配送企业及用户的微观效益来判断。

对于配送企业而言(即在满足用户要求,投入确定了的情况下),则企业利润反映配送合理化程度。

对用户企业而言,在保证供应水平或提高供应水平(产出一定)的前提下,供应成本的降低,反映了配送的合理化程度。

④供应保证标志。实行配送,各用户的最大担心是害怕供应保证程度降低,这并不简单是个心态问题,更是可能要承担风险的实际问题。配送的重要一点是必须提高而不是降低对用户的供应保证能力,才算实现了合理化。供应保证能力可以从下述方面判断。

A.缺货次数。实行配送后,必须下降才算合理。

B.配送企业集中库存量。对每一个用户来讲,其数量所形成的保证供应能力高于配送前单个企业保证程度。

C.即时配送的能力及速度。即时配送的能力及速度是用户出现特殊情况的特殊供应保障方式,这一能力必须高于未实行配送前用户紧急进货能力及速度才算合理。

特别需要强调一点,配送企业的供应保障能力,是一个科学、合理的概念,而不是无限的概念。具体来讲,如果供应保障能力过强,超过了实际的需要,属于不合理。所以加强供应保障能力也是有限度的。

⑤社会运力节约标志。末端运输是目前运能、运力使用不合理,浪费较大的领域,因而人们寄希望于配送来解决这个问题。这也成为判断配送合理化的重要标志。

运力使用的合理化是依靠送货运力的规划和整个配送系统的合理流程及与社会运输系统合理衔接实现的。送货运力的规划是任何配送中心都需要花力气解决的问题,可以简化判断如下:社会车辆总数减少,而承运量增加;社会车辆空驶减少;一家一户自营运输减少,社会化运输增加。

⑥用户企业仓库、供应、进货人力物力节约标志。配送的重要作用是以配送代劳用户。因此,实行配送后,各用户库存量、仓库面积、仓库管理人员,用于订货、接货、供应的人员减少才算合理表现。真正解除了用户的后顾之忧,配送的合理化程度则可以说是达到高水平了。

⑦物流合理化标志。配送必须有利于物流合理。这可以从以下几方面判断:是否降低了物流费用;是否减少了物流损失;是否加快了物流速度;是否发挥了各种物流方式的最优效果;是否有效衔接了干线运输和末端运输;是否不增加实际的物流中转次数;是否采用了先进的管理方法及技术手段。

物流合理化的问题是配送要解决的大问题,也是衡量配送本身的重要标志。

(2)不合理配送的表现形式

对于配送合理与否,不能简单判定,也很难有一个绝对的标准。例如,企业效益是配送的重要衡量标志,但是在决策时常常考虑各个因素,有时要做赔本买卖。在决策时要避免由于不合理配送造成的损失,但有时某些不合理现象是伴生的,要追求大的合理,就可能派生小的不合理,因此,作决策时要全盘考虑,防止绝对化。

①资源筹措不合理

配送是利用较大批量筹措资源,通过筹措资源达到规模效益来降低资源筹措成本,使配送资源筹措成本低于用户自己筹措资源成本,从而取得优势。如果不是集中多个用户需要进行批量筹措资源,而仅仅是为某一两户代购代筹,对用户来讲,就不仅不能降低资源筹措费,相反却要多支付一笔配送企业的代筹代办费,因而是不合理的。资源筹措不合理还有其他表现形式,如配送量计划不准,资源筹措过多或过少,在资源筹措时不考虑建立与资源供应者之间长期稳定的供需关系等。

②库存决策不合理

配送应充分利用集中库存总量低于各用户分散库存总量,从而大大节约社会财富,同时降低用户实际平均分摊库存负担。因此,配送企业必须依靠科学管理来实现一个低总量的库存,否则就会出现单是库存转移,而未取得库存总量降低的效果。配送企业库存决策不合理还表现在储存量不足,不能保证随机需求,失去了应有的市场。

③价格不合理

总的来讲,配送的价格应低于不实行配送时,用户自己进货时产品购买价格加上自己提货、运输、进货之成本总和,这样才会使用户有利可图。有时候,由于配送有较高服务水平,价格稍高,用户也是可以接受的,但这不是普遍的原则。如果配送价格普遍高于用户自己进货的价格,损害了用户利益,就是一种不合理表现。价格过低,使配送企业处于无利或亏损状态下运行,会损伤销售者,也是不合理的。

④配送与直达的决策不合理

一般的配送总是增加了环节,但是这个环节的增加,可降低用户平均库存水平,以此不但抵销了增加环节的支出,而且还能取得剩余效益。但是如果用户使用批量大,可以直接通过社会物流系统均衡批量进货,较之通过配送中转送货则可能更节约费用,所以,在这种情况下,不直接进货而通过配送,就属于不合理范畴。

⑤送货中不合理运输

配送与用户自提比较,尤其对于多个小用户来讲,可以集中配装一车送几家,这比一家一户自提,可大大节省运力和运费。如果不能利用这一优势,仍然是一户一送,而车辆达不到满载(即时配送过多、过频时会出现这种情况),则就属于不合理。此外,不合理运输若干表现形式,在配送中都可能出现,会使配送变得不合理。

⑥经营观念的不合理

在配送实施中,有许多是经营观念不合理,使配送优势无从发挥,相反却损坏了配送的形象。这是开展配送时尤其需要注意克服的不合理现象。例如,配送企业利用配送手段,向用户转嫁资金、库存困难;在库存过大时,强迫用户接货,以缓解自己的库存压力;在资金紧张时,长期占用用户资金;在资源紧张时,将用户委托资源挪作他用获利等。

3) 配送合理化可采取的措施

基于以上的一些不合理现象,可以采取相应的措施和手段进行补救和改善,具体有以下一些方法。

(1) 推行一定综合程度的专业化配送

通过采用专业设备、设施及操作程序,取得较好的配送效果并降低配送过分综合化的复杂程度及难度,从而追求配送合理化。

(2) 推行加工配送

通过加工和配送结合,充分利用本来应有的这次中转,而不增加新的中转求得配送合理化。同时,加工借助于配送,加工目的更明确,与用户的联系更紧密,也避免了盲目性。这两者有机结合,投入不增加太多却可追求两个优势、两个效益,是配送合理化的重要经验。

(3) 推行共同配送

通过共同配送可以最近的路程、最低的配送成本完成配送,从而追求合理化。

(4) 实行送取结合

配送企业与客户建立了稳定、密切的协作关系,不仅成了客户的供应代理人,而且承担客户储存据点的作用,甚至成为产品代销人。在配送时,配送企业将客户所需的物资送到,再将该客户生产的产品用同一车运回,这种产品也成了配送中心的配送产品之一,或者作为代存代储,免去了生产企业库存包袱。这种送取结合,使运力充分得到利用,也使配送企业功能有更大程度的发挥,从而追求合理化。

(5) 推行准时配送系统

准时配送是配送合理化重要内容。配送做到了准时,客户才有资源把握,可以放心地实施低库存或零库存,可以有效地安排接货的人力、物力,以追求最高效率的工作。另外,保证供应能力,也取决于准时供应。从国外的经验看,准时供应配送系统是现在许多配送企业追求配送合理化的重要手段。

(6) 推行即时配送

作为计划配送的应急手段,即时配送是最终解决客户企业担心断供之忧、大幅度提高供应保证能力的重要手段。即时配送成本虽然较高,但它是整个配送合理化的重要保证手段。此外,用户实行零库存,即时配送也是重要手段保证。

8.2.4　物流配送中心

1) 物流配送中心概述

物流配送中心是接收并处理末端客户的订货信息,对上游运来的多品种货物进行分拣,根据客户订货要求进行拣选、加工、组配等作业,并进行送货的设施和机构。

在电子商务时代,物流配送中心的特征可归纳为以下几点。

(1)反应速度快

在电子商务条件下,物流配送服务提供者对上游、下游的物流配送需求的反应速度越来越快,前置时间越来越短,配送时间越来越短,物流配送速度越来越快,商品周转次数越来越多。

(2)功能集成化

物流配送着重于将物流与供应链的其他环节进行集成,包括物流渠道与商流渠道的集成、物流渠道之间的集成、物流功能的集成、物流环节与制造环节的集成等。

(3)服务系列化

在电子商务条件下,物流配送除强调物流配送服务功能的恰当定位与完善化、系列化,除了传统的储存、运输、包装、流通加工等服务外,还在外延上扩展至市场调查与预测、采购及订单处理,向下延伸至物流配送咨询、物流配送方案的选择与规划、库存控制策略建议、货款回收与结算、教育培训等增值服务,在内涵上提高了以上服务对决策的支持作用。

(4)作业规范化

在电子商务条件下的物流配送强调功能作业流程,作业、运作的标准化和程序化,使复杂的作业变成简单的易于推广与考核的运作。

(5)目标系统化

物流配送从系统角度统筹规划一个公司整体的各种物流配送活动,处理好物流配送活动与商流活动及公司目标之间、物流配送活动与物流配送活动之间的关系,不求单个活动的最优化,但求整体活动的最优化。

(6)手段现代化

电子商务条件下的物流配送使用先进的技术、设备与管理措施为销售提供服务,生产、流通和销售规模越大、范围越广,物流配送技术、设备及管理措施越现代化。

(7)组织网络化

为了保证对产品促销提供快速、全方位的物流支持,物流配送要有完善、健全的物流配送网络体系,网络上点与点之间的物流配送活动保持系统性和一致性,这样可以保证整个物流配送网络有最优的库存总水平及库存分布,运输与配送快捷、机动,既能铺开又能收拢。分散的物流配送单体只有形成网络才能满足现代生产与流通的需要。

(8)经营市场化

物流配送的具体经营采用市场机制,无论是企业自己组织物流配送,还是委托社会化物流配送企业承担物流配送任务,都以“服务、成本”的最佳配合为目标。

(9)流程自动化

物流配送流程自动化是指运送规格标准、仓储货、货箱排列装卸、搬运等按照自动化标准作业,商品按照最佳路线配送等。

(10)管理法制化

管理法制化是物流配送企业有序、健康竞争和运营的基本保障。宏观上,要有健全的法规、制度和规则;微观上,新型物流配送企业要依法办事,按章行事。

2) 物流配送中心的类型

物流配送中心的类型按照不同的标准有不同的类型,可以按照运营主体、配送区域的范围、配送货物种类等进行分类,我们这里主要讲述按照运营主体不同所进行的分类。

物流配送中心按运营主体的不同,大致有以下 4 种类型。

(1) 以制造商为主体的配送中心

这种配送中心的商品是由制造商生产制造,用以降低流通费用、提高售后服务质量和及时地将预先配齐的成组元器件运送到规定的加工和装配工位。这种配送中心从商品制造到生产出来后条码和包装的配合等多方面都较易控制,所以按照现代化、自动化的配送中心设计比较容易,但不具备社会化的要求。

(2) 以批发商为主体的配送中心

商品从制造者到消费者手中之间的传统流通有一个环节称为批发。一般是按部门或商品类别的不同,把每个制造厂的商品集中起来,然后以单一品种或搭配向消费地的零售商进行配送。这种配送中心的商品来自各个制造商,它所进行的一项重要的活动是对商品进行汇总和再销售,而它的全部进货和出货都是社会配送的,社会化程度很高。

(3) 以零售商为主体的配送中心

零售商发展到一定规模后,就可以考虑建立自己的配送中心为专业商品零售店、超级市场、百货商店、建材商场、粮油食品商店、宾馆饭店等服务。其社会化程度介于前两者之间。

(4) 以仓储运输业为主体的配送中心

这种配送中心最强的是运输配送能力,地理位置优越,如港湾、铁路和公路枢纽,可迅速将到达的货物配送给用户。它提供仓储储位给制造商或供应商,而配送中心的货物仍属于制造商或供应商所有,配送中心只是提供仓储管理和运输配送服务。这种配送中心的现代化程度往往较高。

8.3　物流信息技术

8.3.1　物流技术概述

1) 物流技术的概念

物流活动中所采用的自然科学与社会科学方面的理论方法,以及设施、设备、装置与工艺的总称。它包括在采购、运输、装卸、流通加工和信息处理等物流活动中所使用的各种工具、设备、设施和其他物质手段，以及由科学理论知识和实践经验发展而成的各种方法、技能以及作业程序等。

2）物流技术的分类

物流技术包括硬技术和软技术两个方面。物流硬技术是指组织物资实物流动所涉及的各种机械设备、运输工具、站场设施及服务于物流的电子计算机、通信网络设备等方面的技术。物流软技术是指组成高效率的物流系统而使用的系统工程技术、价值工程技术、配送技术等。

3）物流活动中各环节的技术应用

（1）运输技术

运输工具朝着多样化、高速化、大型化和专用化方向发展，对节能环保要求严格。铁路运输发展重载、高速、大密度行车技术。一些和企业生产关系密切的载重汽车其发展方向是大型化、专用化，同时为了卸货和装货方便，有低货台汽车以及带有各种附带装卸装置的货车等，另外还有大型超音速飞机、大型油轮等。

（2）库存技术

库存是由单纯保管存储发展成的对物流的调节、缓冲。现代化仓库已成为促进各物流环节平衡运转的物流集散中心。仓库结构的代表性变化是高度自动化的保管和搬运结合成一体的高层货架系统，货架可为 30～40 米高，具有 20 万～30 万个货标，同计算机进行集中控制，自动进行存取作业。货架的结构各式各样，还进一步发展了小型自动仓库，如回转货架仓库，可以更灵活地布置，方便生产，可用计算机实行联网控制，实现高度自动化。仓库的形式还有重力货架式，以及其他形式，如图 8-4 所示。

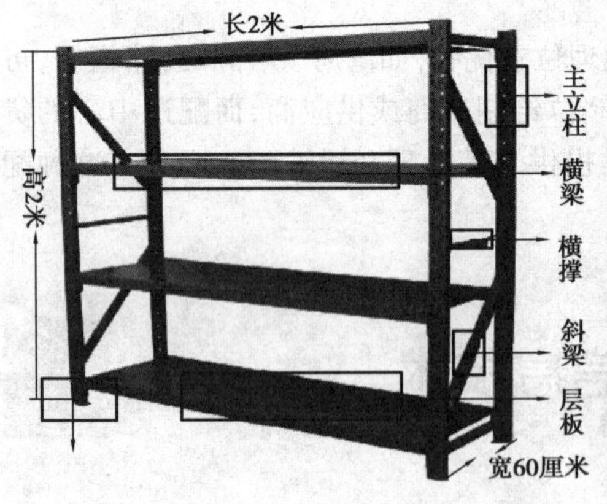

图 8-4　仓库货架

（3）装卸技术

装卸连接保管与运输具有劳动密集、作业发生次数多的特点。因此，推行机械化以减轻繁重的体力劳动非常必要。由于装卸作业的复杂性，装卸技术和相应的设备也呈现出多样化的特点，使用最为普遍的是各式各样的叉车、吊车（包括行吊、汽车吊等）以及散料装卸机械等。

（4）包装技术

包装技术是指使用包装设备并运用一定的包装方法，将包装材料附着于物流对象，使其更便于物流作业。目前，业界对包装技术的研究主要包括包装设备、包装方法和包装材料 3 部分。

包装材料常常是包装改革的新内容，新材料往往导致新的包装形式与包装方法的出现。对于包装材料的要求是：比重轻，机械适应性好；质量稳定，不易腐蚀和生锈，本身清洁；能大量生产便于加工；价格低廉。常用的包装材料有纸与纸制品、纤维制品、塑料制品、金属制品以及防震材料等。包装还涉及防震、防潮、防水、防锈、防虫和防鼠等技术。

（5）集装箱化技术

集装箱化是指采用各种不同的方法和器具，把经过包装或未经包装的物流对象整齐地汇集成一个便于装卸搬运的作业单元。这个作业单元在整个物流过程中保持一定的形状，以集装单元来组织物流的装卸搬运、库存、运输等物流活动的作业方式称为集装箱化作业。

（6）装卸技术

集装箱化技术就是物流管理硬技术（设备、器具等）与软技术（为完成装卸搬运、储存、运输等作业的一系列方法、程序和制度等）的有机结合，它的出现使传统的包装方式和装卸搬运工具发生了根本变革。集装箱被称为物流史上的一次革命，之所以被称为是一次“革命”，是因为其在整个物流作业中发挥了巨大的作用。在整个物流过程中，物流的装卸搬运出现的频率大于其他作业环节，所需要的时间多，劳动强度大，占整个物流费用比重大。采用集装单元化技术可使物流的储运单元与机械等装卸搬运手段的标准能保持一致，从而使装卸搬运劳动强度降低，减少货物破损和环境污染，提高保管质量，提高搬运灵活性，加速物流周转，降低物流费用。

（7）物流信息技术

物流信息技术是物流现代化极为重要的领域之一，计算机网络技术的应用使物流信息技术达到更高的水平。物流信息技术是物流现代化的重要标志。

物流信息技术也是物流技术中发展最快的领域，从数据采集的条码系统、仓储管理系统、到办公自动化系统中的计算机，各种终端设备等硬件、软件等都在日新月异地发展并得到了广泛应用。

8.3.2　物流信息技术

物流信息技术是指广泛运用于物流各环节中的信息技术。根据物流的功能及特点，物流信息技术包括如计算机技术、网络技术、信息分类编码技术、条码技术、射频识别技术、电子数据交换技术、全球定位系统(GPS)、地理信息系统(GIS)等。

1)物流信息技术简介

(1)条码技术

条码技术是在计算机的应用实践中产生和发展起来的一种自动识别技术，为我们提供了一种对物流中的货物进行标识和描述的方法。

条码是实现POS系统、EDI、电子商务、供应链管理的技术基础，是物流管理现代化、提高企业管理水平和竞争能力的重要技术手段。

(2)电子数据交换技术

电子数据交换技术(Electronic Data Interchange，EDI)是指通过电子方式，采用标准化的格式，利用计算机网络进行结构化数据的传输和交换。

构成EDI系统的3个要素是EDI软硬件、通信网络以及数据标准化。工作方式大体如下：用户在计算机上进行原始数据的编辑处理，通过EDI转换软件(Mapper)将原始数据格式转换为平面文件(Flat File)，平面文件是用户原始资料格式与EDI标准格式之间的对照性文件。通过翻译软件(Translator)将平面文件变成EDI标准格式文件。然后在文件外层加上通信信封(Envelope)，通过通信软件[EDI系统交换中心邮箱(Mailbox)]发送到增值服务网络(VAN)或直接传送给对方用户，对方用户则进行相反的处理过程，最后成为用户应用系统能够接收的文件格式。

(3)射频识别技术

射频识别技术(Radio Frequency Identification，RFID)是一种非接触式的自动识别技术，它通过射频信号自动识别目标对象来获取相关数据。识别工作无须人工干预，可工作于各种恶劣环境。短距离射频产品不怕油渍、灰尘污染等恶劣的环境，可以替代条码，例如用在工厂的流水线上跟踪物体。长距射频产品多用于交通上，识别距离可达几十米，如自动收费或识别车辆身份等。

(4)地理信息系统

地理信息系统(Geographical Information System，GIS)是多种学科交叉的产物，它以地理空间数据为基础，采用地理模型分析方法，适时地提供多种空间的和动态的地理信息，是一种为地理研究和地理决策服务的计算机技术系统。其基本功能是将表格型数据(无论它来自数据库、电子表格文件，还是直接在程序中输入)转换为地理图形显示，然后对显示结果浏览、操作和分析。其显示范围可以从洲际地图到非常详细的街区地图，显示对象包括人口、销售情况、运输线路和其他内容。

(5)全球定位系统

全球定位系统(Global Positioning System，GPS)具有在海、陆、空进行全方位实时三维导航与定位能力。

GPS 在物流领域可以应用于汽车自定位、跟踪调度，用于铁路运输管理，用于军事物流。

2）物流信息技术的应用

在国内，各种物流信息应用技术已经广泛应用于物流活动的各个环节，对企业的物流活动产生了深远的影响。

（1）物流信息技术自动化设备技术

物流自动化设备技术的集成和应用的热门环节是配送中心，其特点是每天需要拣选的物品品种多，批次多、数量大。因此在国内超市、医药、邮包等行业的配送中心部分地引进了物流自动化拣选设备。一种是拣选设备的自动化应用，如北京市医药总公司配送中心，其拣选货架（盘）上配有可视的分拣提示设备，这种分拣货架与物流管理信息系统相连，动态地提示被拣选的物品和数量，指导着工作人员的拣选操作，提高了货物拣选的准确性和速度。另一种是物品拣选后的自动分拣设备。用条码或电子标签附在被识别的物体上（一般为组包后的运输单元），由传送带送入分拣口，然后由装有识读设备的分拣机分拣物品，使物品进入各自的组货通道，完成物品的自动分拣。分拣设备在国内大型配送中心有所使用，但这类设备及相应的配套软件基本上是由国外进口，也有进口国外机械设备，国内配置软件。立体仓库和与之配合的巷道堆垛机在国内发展迅速，在机械制造、汽车、纺织、铁路、卷烟等行业都有应用。例如昆船集团生产的巷道堆垛机在红河卷烟厂等多家企业应用了多年。国产堆垛机在其行走速度、噪声、定位精度等技术指标上有了很大的改进，运行也比较稳定。但是与国外著名厂家相比，在堆垛机的一些精细指标如最低货位极限高度、高速（80 m/s 以上）运行时的噪声，电机减速性能等方面还存在不小差距。

（2）物流信息技术设备跟踪和控制技术

物流设备跟踪主要是指对物流的运输载体及物流活动中涉及的物品所在地进行跟踪。物流设备跟踪的手段有多种，可以用传统的通信手段如电话等进行被动跟踪，可以用 RFID 手段进行阶段性的跟踪，但目前国内用得最多的还是利用 GPS 技术跟踪。GPS 技术跟踪利用 GPS 物流监控管理系统，它主要跟踪货运车辆与货物的运输情况，使货主及车主随时了解车辆与货物的位置与状态，保障整个物流过程的有效监控与快速运转。物流 GPS 监控管理系统的构成主要包括运输工具上的 GPS 定位设备、跟踪服务平台（含地理信息系统和相应的软件）、信息通信机制和其他设备（如货物上的电子标签或条码、报警装置等）。在国内，部分物流企业为了提高企业的管理水平和提升对客户的服务能力也应用这项技术，例如，沈阳等地方政府曾要求下属交通部门对营运客车安装 GPS 设备工作进行了部署，从而加强了对营运客车的监管。

（3）物流信息技术动态信息采集技术

企业竞争的全球化发展、产品生命周期的缩短和用户交货期的缩短等都对物流服务的可得性与可控性提出了更高的要求，实时物流理念也由此诞生。如何保证对物流过程的完全掌控，物流动态信息采集应用技术是必需的要素。动态的货物或移动载体本身具有很多有用的信息，例如货物的名称、数量、质量、出产地，或者移动载体(如车辆、轮船等)的名称、牌号、位置、状态等一系列信息。这些信息可能在物流中反复地使用，因此，正确、快速读取动态货物或载体的信息并加以利用可以明显地提高物流的效率。流行的物流动态信息采集技术应用中，一、二维条码技术应用范围最广，其次还有磁条(卡)、语音识别、便携式数据终端、射频识别(RFID)等技术。

①一维条码技术：一维条码是由一组规则排列的条和空、相应的数字组成，这种用条、空组成的数据编码可以供机器识读，而且很容易译成二进制数和十进制数。这种技术广泛地应用于物品信息标注中。因为符合条码规范且无污损的条码的识读率很高，所以一维条码结合相应的扫描器可以明显提高物品信息的采集速度。加之条码系统的成本较低，操作简便，又是国内应用最早的识读技术，所以在国内有很大的市场，国内大部分超市都在使用一维条码技术。一维条码表示的数据有限，条码扫描器读取条码信息的距离也要求很近，而且条码上损污后可读性极差，限制了它的进一步推广应用，同时一些其他信息存储容量更大、识读可靠性更好的识读技术开始出现。条码识读设备如图 8-5 所示。

图 8-5　条码识读设备

②二维条码技术：由于一维条码的信息容量很小，如商品上的条码仅能容纳几位或者十几位阿拉伯数字或字母，商品的详细描述只能依赖数据库提供，离开了预先建立的数据库，一维条码的使用就受到了局限。基于这个原因，人们发明一种新的码制，除具备一维条码的优点外，同时还有信息容量大(根据不同的编码技术，容量是一维的几倍到几十倍，从而可以存放个人的自然情况及指纹、照片等信息)，可靠性高(在损污 50% 的情况下仍可读取完整信息)，保密防伪性强等优点。这就是在水平和垂直方向的二维空间存储信息的二维条码技术。二维条码继承了一维条码的特点，条码系统价格便宜，识读率强且使用方便，所以在国内银行、车辆等管理信息系统上开始应用。

一维条码和二维条码如图 8-6 所示，它们的异同如表 8-1 所示。

(a)一维条码　(b)二维条码

图 8-6　一维条码和二维条码

表 8-1　一维条码和二维条码的异同

名称 / 特点	一维条码	二维条码
显示内容	英文、数字、简单符号	英文、中文、数字、符号、图形
信息密度	低	高
储存数据量	小	大
保密性	不高	高,可加密
访问数据库	需要	不需要
用途	标识物品,带载流转信息	描述物品,携带信息
识读速度	快	慢
识读设备成本	低	高

③磁条技术:磁条(卡)技术以涂料形式把一层薄薄的由定向排列的铁性氧化粒子用树脂黏合在一起并黏在诸如纸或塑料这样的非磁性基片上。磁条从本质意义上讲和计算机用的磁带或磁盘是一样的,它可以用来记载字母、字符及数字信息。其优点是数据可多次读写,数据存储量能满足大多数需求,由于其黏附力强的特点,使之在很多领域得到了广泛应用(如信用卡、银行 ATM 卡、机票、公共汽车票、自动售货卡、会员卡等),但磁条卡的防盗性能、存储量等性能比起一些新技术如芯片类卡技术还是有差距的。

④声音识别技术:声音识别技术是一种通过识别声音达到转换成文字信息的技术,其最大特点就是不用手工录入信息。这对那些采集数据同时还要完成手脚并用的工作场合,或键盘上打字能力低的人尤为适用。但声音识别技术的最大问题是识别率不高,要想连续地高效应用有难度,因此更适合语音句子量集中且反复应用的场合。

⑤视觉识别系统:视觉识别系统是一种能够对限定的标志、字符、数字等图像内容进行信息采集的视觉符号系统。视觉识别技术的缺点是对于一些不规则或不够清晰图像的识别率较低而且数据格式有限,通常要用接触式扫描器扫描,随着自动化的发展,视觉技术也会朝着更细致的方向发展。

⑥接触式智能卡技术:接触式智能卡技术是一种将具有处理能力、加密存储功能的集成电路芯板嵌装在一个与信用卡一样大小的基片中的信息存储技术。通过识读器接触芯片可以读取芯片中的信息。接触式智能卡的特点是具有独立的运算和存储功能,在无源情况下,数据也不会丢失,数据安全性和保密性都非常好,成本适中。接触式智

能卡与计算机系统相结合，可以方便地满足对各种各样信息的采集传送、加密和管理的需要，它在国内外的许多领域如银行、公路收费、水表煤气收费等得到了广泛应用。

⑦便携式数据终端：便携式数据终端（PDT）一般包括一个扫描器、一台体积小但功能很强并有存储器的计算机、一个显示器和供人工输入的键盘，是一种多功能的数据采集设备。PDT是可编程的，允许编入一些应用软件。PDT存储器中的数据可随时通过射频通信技术传送到主计算机。

⑧射频识别技术（RFID）：射频识别技术是一种利用射频通信实现的非接触式自动识别技术。RFID标签具有体积小、容量大、寿命长、可重复使用等特点，可支持快速读写、非可视识别、移动识别、多目标识别、定位及长期跟踪管理。RFID技术与互联网、通信等技术相结合，可实现全球范围内物品跟踪与信息共享。从上述物流信息应用技术的应用情况及全球物流信息化发展趋势来看，物流动态信息采集技术应用正成为全球范围内重点研究的领域。中国已在物流动态信息采集技术应用方面积累了一定的经验，如条码技术、接触式磁条（卡）技术的应用已经十分普遍，但在一些新型的前沿技术（如RFID技术等领域）的研究和应用方面还比较落后。

3）物流信息技术的发展趋势

（1）RFID将成为未来的关键技术

专家分析认为，RFID技术应用于物流行业，可大幅提高物流管理与运作效率，降低物流成本，如图8-7所示。另外，从全球发展趋势来看，随着RFID相关技术的不断完善和成熟，RFID产业将成为一个新兴的高技术产业群，成为国民经济新的增长点。因此，RFID技术有望成为推动现代物流加速发展的新型润滑剂。

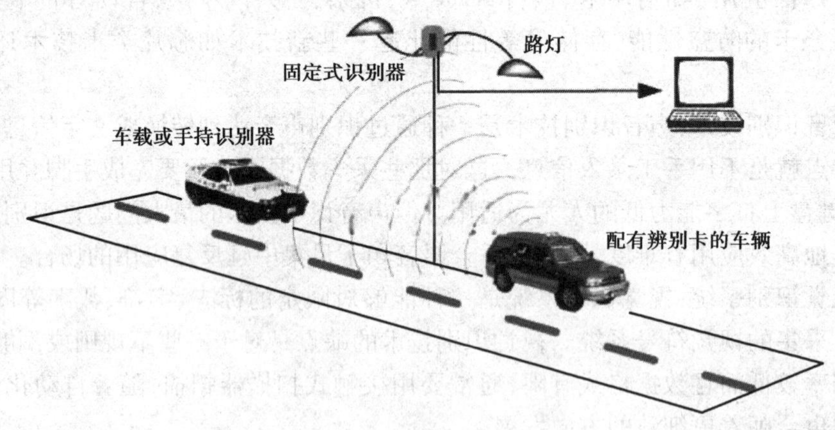

图8-7　远距离RFID在公交领域的应用

（2）物流动态信息采集技术

在全球供应链管理趋势下，及时掌握货物的动态信息和品质信息已成为企业盈利的关键因素，但是由于受到自然、天气、通信、技术、法规等方面的影响，物流动态信息采集技术的发展一直受到很大制约,远远不能满足现代物流发展的需求。借助新的科技手段,完善物流动态信息采集技术,成为物流领域的下一个技术突破点。

(3)物流信息安全技术

借助网络技术发展起来的物流信息技术,在享受网络飞速发展带来巨大好处的同时,也时刻饱受着可能遭受的安全危机,例如网络黑客无孔不入地恶意攻击、病毒的肆虐、信息的泄密等。应用安全防范技术,保障企业的物流信息系统或平台安全、稳定地运行,是企业将长期面临的一项重大挑战。

8.4　电子商务物流与供应链

8.4.1　供应链管理的含义与内容

1)供应链的含义

供应链是组织结构的网络结构,通过结构中上行正向和下行反向的衔接,以不同的运作过程和业务活动,产生以最终用户获得产品和服务的形式表现出来的价值。其主要由供应商、制造商、分销商、零售商以及客户几个要素组成。

2)供应链管理的含义

供应链管理是一种集成的管理思想和方法,它执行供应链中从供应商到最终用户的物流的计划和控制等职能。例如,伊文斯(Evens)认为:供应链管理是通过前馈的信息流和反馈的物料流及信息流,将供应商、制造商、分销商、零售商,直到最终用户连成一个整体的管理模式。菲利浦(Phillip)则认为供应链管理不是供应商管理的别称,而是一种新的管理策略,它把不同企业集成起来以提高整个供应链的效率,注重企业之间的合作。最早人们把供应链管理的重点放在管理库存上,作为平衡有限的生产能力和适应用户需求变化的缓冲手段,它通过各种协调手段,寻求把产品迅速、可靠地送到用户手中所需要的费用与生产、库存管理费用之间的平衡点,从而确定最佳的库存投资额,因此其主要的工作任务是管理库存和运输。现在的供应链管理则把供应链上的各个企业作为一个不可分割的整体,使供应链上各企业分担的采购、生产、分销和销售的职能成为一个协调发展的有机体。

2001 年,我国发布的《中华人民共和国国家标准物流术语》中将供应链管理定义为:利用计算机网络技术全面规划供应链中的商流、物流、信息流、资金流等,并进行计划、组织、协调与控制。

供应链管理与合作关系的内容主要涉及 4 个领域:供应、生产计划、物流、需求。供应链管理依托于互联网信息网络,以同步化、集成化生产计划为指导,围绕供应、生产计划、物流和满足需求来实施。供应链管理主要包括计划、合作、控制从供应商到用户的物料和信息，其目标是在于提高用户服务水平和降低总的交易成本，寻求两个目标间的平衡。影响供应链管理成功实施的因素有很多，其中起关键作用的因素主要有库存、成本、信息、客户服务和合作关系。

3）供应链管理的基本原则

①以消费者为中心的原则。此原则将消费者按照履约要求进行分类并努力调整业务运营以满足消费者的要求。

②贸易伙伴之间密切合作、共享利益和共担风险的原则。供应链企业之间的关系是合作伙伴之间的关系，如果没有这种战略伙伴关系，供应链的一体化就难以实现。贸易伙伴之间应密切合作、共享利益和共担风险。

③促进信息充分流动的原则。整合销售与运营计划，确保企业内部销售部门和运营部门之间，供应链合作伙伴之间对于客户需求的信息的实时沟通。

④制订客户驱动的绩效指标。引导供应链上所有企业的行为并对每个企业的表现进行评价和跟踪。

4）供应链管理的程序

（1）分析市场竞争环境，识别市场机会

分析市场竞争环境就是识别企业所面对的市场特征，寻找市场机会。企业可以根据波特模型提供的原理和方法，通过市场调研等手段，对供应商、用户、竞争者进行深入研究；也可以通过建立市场信息采集监控系统，并开发对复杂信息的分析和决策技术。

（2）分析顾客价值

所谓顾客价值是指顾客从给定产品或服务中所期望得到的所有利益，包括产品价值、服务价值、人员价值和形象价值等。供应链管理的目标在于不断提高顾客价值，因此，营销人员必须从顾客价值的角度来定义产品或服务的具体特征，而顾客的需求是驱动整个供应链运作的源头。

（3）确定竞争战略

从顾客价值出发找到企业产品或服务定位之后，企业管理人员要确定相应的竞争战略。根据波特的竞争理论，企业获得竞争优势有 3 种基本战略形式：成本领先战略、差别化战略以及目标市场集中战略。

（4）分析本企业的核心竞争力

供应链管理注重的是企业核心竞争力，强调企业应专注于核心业务，建立核心竞争力，在供应链上明确定位，将非核心业务外包，从而使整个供应链具有竞争优势。

（5）评估、选择合作伙伴

供应链的建立过程实际上是一个合作伙伴的评估、筛选和甄别的过程。选择合适的对象（企业）作为供应链中的合作伙伴，是加强供应链管理的重要基础，如果企业选择合作伙伴不当，不仅会减少企业的利润，而且会使企业失去与其他企业合作的机会，抑制了企业竞争力的提高。评估、选择合作伙伴的方法很多，企业在实际具体运作过程中，可以灵活地选择一种或多种方法相结合。

(6)供应链企业运作

供应链企业运作的实质是以物流、服务流、信息流、资金流为媒介，实现供应链的不断增值。具体而言，就是要注重生产计划与控制、库存管理、物流管理与采购、信息技术支撑体系这 4 个方面的优化与建设。

(7)绩效评估

供应链节点企业必须建立一系列评估指标体系和度量方法，反映整个供应链运营绩效的评估指标主要有产销率指标、平均产销绝对偏差指标、产需率指标、供应链总运营成本指标、产品质量指标等。

(8)反馈和学习

信息反馈和学习对供应链节点企业非常重要。相互信任和学习，从失败中汲取经验教训，通过反馈的信息修正供应链并寻找新的市场机会成为每个节点企业的职责。因此，企业必须建立一定的信息反馈渠道，从根本上演变为自觉的学习型组织。

5)实施供应链管理的意义

供应链管理模式是顺应市场形势的必然结果，供应链管理能充分利用企业外部资源快速响应市场需求，同时又能避免自己投资带来的建设周期长、风险高等问题，赢得产品在成本、质量、市场响应、经营效率等各方面的优势，可以增强企业的竞争力。

(1)供应链管理能提高企业间的合作效率

现代社会，大部分产品需要各种企业的分工协作才能完成。在这些合作生产的过程中，众多的供应商、生产商、分销商、零售商构成了供应链冗长、复杂的流通渠道，企业之间的合作效率极低。供应链管理的实质是跨越分隔顾客、厂家、供应商的有形或无形的屏障，把它们整合为一个紧密的整体，并对合作伙伴进行协调、优化管理，使企业之间形成良好的合作关系。

(2)供应链管理可提高客户满意度

供应链从客户开始，到客户结束。供应链是真正面向客户的管理。从前的生产是大批量生产，但随着客户越来越多个性化需求的出现，现在的生产要求满足客户的不同需求。供应链管理把客户作为个体来进行管理，并及时把客户的需求反映到生产上，能够做到对客户需求的快速响应。因而不仅满足了客户的需求，而且还能挖掘客户潜在的需求。

(3)供应链管理是企业新的利润源泉

供应链管理思想与方法目前已在许多企业中得到了应用，并且取得了很大的成就。调查表明，通过实施供应链管理，企业可以降低供应链管理的总成本，提高准时交货率，缩短订单满足提前期,提高生产率,提高绩优企业资产运营业绩,降低库存等提高企业经济效益。

8.4.2 供应链管理方法

供应链管理理论的产生远远落后于具体的技术与方法。供应链管理最早多是以一些具体的方法出现的。

常见的供应链管理方法如下所述。

1)快速反应

快速反应(Quick Response,QR)是指物流企业面对多品种、小批量的买方市场,不是储备了"产品",而是准备了各种"要素",在用户提出要求时,能以最快速度抽取"要素",及时"组装",提供所需服务或产品。QR 是美国纺织服装业发展起来的一种供应链管理方法。

2)有效客户反应

有效客户反应(Efficient Consumer Response,ECR)是 1992 年从美国的食品杂货业发展起来的一种供应链管理策略,也是一个由生产厂家、批发商和零售商等供应链成员组成的,各方相互协调合作,更好、更快并以更低的成本满足消费者需要为目的的供应链管理解决方案。有效客户反应是以满足顾客要求和最大限度地降低物流过程费用为原则,能及时作出准确反应,使提供的物品供应或服务流程最佳化的一种供应链管理战略。

3)QR 与 ECR 的比较

(1)QR 与 ECR 的差异

QR 主要集中在一般商品和纺织行业,其主要目标是对客户的需求作出快速反应,并快速补货。这是因为食品杂货业与纺织服装业经营的产品的特点不同:杂货业经营的产品多数是一些功能型产品,每一种产品的寿命相对较长(生鲜食品除外),因此,订购数量过多(或过少)的损失相对较小。纺织服装业经营的产品多属创新型产品,每一种产品的寿命相对较短,因此,订购数量过多(或过少)造成的损失相对较大。

ECR 主要以食品行业为对象,其主要目标是降低供应链各环节的成本,提高效率。

①侧重点不同。QR 侧重于缩短交货提前期,快速响应客户需求;ECR 侧重于减少和消除供应链的浪费,提高供应链运行的有效性。

②管理方法的差别。QR 主要借助信息技术实现快速补发,通过联合产品开发缩短产品上市时间;ECR 除新产品快速有效引入外,还实行有效商品管理、有效滚动。

③适用的行业不同。QR 适用于单位价值高,季节性强,可替代性差,购买频率低的行业;ECR 适用于产品单位价值低,库存周转率高,毛利少,可替代性强,购买频率高

的行业。

④改革的重点不同。QR 改革的重点是补货和订货的速度，目的是最大限度地消除缺货，并且只在商品需求时才去采购；ECR 改革的重点是效率和成本。

（2）共同特征

两者均表现为超越企业之间的界限，通过合作追求物流效率化。具体表现在如下3个方面：

①贸易伙伴间商业信息的共享。

②商品供应方进一步涉足零售业，提供高质量的物流服务。

③企业间订货、发货业务全部通过 EDI 来进行，实现订货数据或出货数据的传送无纸化。

8.4.3　供应链管理发展趋势

随着市场环境的改变，不断发展和完善供应链管理已成为企业提高自身市场竞争力的新型手段。供应链管理也在实践中出现了一些新的发展趋势：

1）全球化供应链

经济全球化的浪潮使国际市场竞争日益激烈，企业面临着严峻的生存和发展问题，以往那种企业与企业之间单打独斗的竞争形式已不复存在，取而代之的是以协同商务、协同竞争和双赢原则为商业运作模式的、由消费者“供应商”、研发中心、“制造商”、经销商和服务商等合作伙伴组成的供应链与供应链之间的竞争，或者是一个跨国集团和一个跨国集团之间的竞争。适应这种趋势，全球化供应链管理越来越受到重视。

2）敏捷化供应链

敏捷性是美国学者于 20 世纪 90 年代初提出的一种新型战略思想，当时提出这种战略思想主要是针对制造技术领域，目标是提高制造系统对外部环境变化的应变能力。

敏捷供应链的提出是在 90 年代末期。所谓敏捷供应链，是指以核心企业为中心，通过对资金流、物流、信息流的控制，将供应商、制造商、分销商、零售商及最终消费者用户整合到一个统一的、无缝化程度较高的功能网络链条，以形成一个极具竞争力的战略联盟。

敏捷供应链以增强企业对市场需求的适应能力为导向，以动态联盟的快速重构为基本着眼点，致力于支持供应链的迅速结盟、优化联盟运行和联盟平稳解体。强调从整个供应链的角度考虑、决策和效绩评价，使企业与合作者共同降低产品价格，并追求快速反应市场需求，提高供应链各环节边际效益，实现利益共享的双赢目标。

敏捷供应链是一种全新理念，它将突破传统管理思想，从以下几个方面为企业带来全新竞争优势，使企业能够在未来经济生活中大展宏图。

(1)速度优势

网络经济时代,企业实行敏捷供应链战略的一个重要竞争优势就在于速度。企业如果按敏捷供应链观念组织生产,其独特的订单驱动生产组织方式,在敏捷制造技术支持下,可以最快速度响应客户需求。

(2)顾客资源优势

企业在实行敏捷供应链战略的过程中,会通过对客户的电子商务环节提供个性化订购服务,客户可在网页上根据公司对产品组件和功能的介绍,自己选择零部件,自己设计产品的款式、颜色、尺寸,顾客的需求信息直接反映到产品设计、规划阶段,成为企业最直接也是最有价值的信息资源。通过尽量迅速、准确地满足顾客个性化、多样化的需求,不断地培养并提高顾客的忠诚度,从而拥有较为稳定的顾客资源。

(3)个性化产品优势

依靠敏捷制造技术、动态组织结构和柔性管理技术 3 个方面的支持,敏捷供应链解决了流水线生产方式难以解决的品种单一问题,实现了多产品、少批量的个性化生产,使个性化产品生产成为现实。

(4)成本优势

通常情况下,产品的个性化生产和产品成本是一对负相关目标,从事传统产业经营的人员对这一点体会更为深刻。然而在敏捷供应链战略的实行中,这一对矛盾却得以成功解决,在获得多样化产品的同时,由于零库存成本和零交易成本,使企业获得了低廉的成本优势。

3)绿色化供应链

近年来,围绕生态环境问题,人类社会提出了可持续发展战略——经济发展要考虑自然生态环境的长期承载能力,使环境和资源既能满足经济发展的需要,又使其作为人类生存的要素之一满足人类长远生存的需要,从而形成了一种综合性的发展战略。有鉴于此,实施绿色供应链管理(Green Supply Chain Management,GSCM),将“绿色”或“环境意识”理念融入整个供应链管理过程,使整个供应链的资源消耗和对环境的负面影响最小,是现代企业实现可持续发展的一种有效途径,于是绿色供应链管理应运而生。

绿色供应链是指从社会和企业可持续发展的角度出发,引入全新的设计思想,对产品从原材料购买、生产、消费,直到废物回收再利用的整个供应链进行生态设计,通过链中各个企业内部部门和各企业之间的紧密合作,使整条供应链在环境管理方面协调统一,达到系统环境最优化。目前,国外一些汽车制造商如大众、通用等,正在重新整合传统的供应链,要求供应商按“绿色”模式进行供货,来重建新型供应链——绿色供应链。

4)柔性化供应链

供应链管理中存在高度的不确定性,从市场情况、消费需求的多变到系统内部的各项运作管理，都是管理的难点。其中有一些因素是可以通过人为的努力将其化解的，而另一些则是无法预测的，只能采取一些措施和设计相应的管理模式加以规避，以取得最好的效果。在这种情况下，则要求供应链的管理要灵活、开放、有效、动态和敏捷，而建立柔性供应链(FSC)就是解决问题的重要途径之一。

所谓柔性是指企业快速地响应变化的环境的能力。柔性管理是以柔性理论为基础，通过提高企业各种资源的柔性实现灵活、敏捷的经营机制。以柔性的组织管理、柔性的人员和柔性的生产系统提高企业的市场竞争能力。在供应链管理的环境下，柔性策略的运用将使系统的运作更能适应快速变化的市场需求。

5）集成化供应链

集成是人们按照某种目的把若干个单元集合在一起，使之成为具有某种功能的系统，供应链是以核心企业为中心包括上游企业和下游企业在内的多个企业组成的系统，系统具有集合性和相关性特征。

供应链集成化管理的目的在于通过合作伙伴之间的有效合作与支持，提高整个供应链中物流、工作流、信息流和资金流的通畅性和快速响应性，提高价值流的增值性，使所有与企业经营活动相关的人、技术、组织、信息以及其他资源有效地集成，形成整体竞争优势。在市场竞争中，各成员把主要精力用在凝聚自身的核心竞争能力上，达到强强联合的效果。从这个方面，供应链管理是一种基于核心能力集成的竞争手段。在竞争中，各成员都可以从整体的竞争优势中获得风险分担、利益共享的好处。

【案例学习 8-3】

徐工供应获“中国供应链管理最佳实践案例”荣誉称号

2016 年 10 月 21 日，由中国物流与采购联合会、美国供应链管理协会联合主办的 2016 中美采购与供应链高峰论坛在上海隆重举行。此次峰会以“供给侧改革背景下：重塑产业链、供应链、价值链”为主题，共有数百家企业参与，徐工供应凭借“基于战略采购的平台型企业供应链体系建设”从众多行业翘楚中脱颖而出，被评选为“中国供应链管理最佳实践案例”并接受了现场颁奖。

作为徐工集团的国际化供应链平台，徐工供应始终秉承“绿色、智慧、创新、共赢”的文化理念，致力于成为供应链增值服务的卓越领航者。近年来，徐工供应锐意进取，扎实苦干，一方面不断扩大集采与物流服务范围，为企业发展提供更广泛的业务支撑；另一方面对组织体系不断地进行总结凝练，从管理创新着手，为企业稳步健康发展提供更完善的制度保障。徐工供应先后获得“第十八届江苏省企业管理现代化创新成果一等奖”“国家级第十九届企业管理现代化创新成果二等奖”。本次被评为“中国供应链管理最佳实践案例”再次证明了徐工集团供应链平台能够通过不断地改革创新实现自我超越,达到行业领先水平。今后,徐工供应将在继续做好稳固发展的同时,深挖管理创新,从供应链端为生产制造提供服务,为徐工集团“珠峰登顶”提供助力!

本章小结

物流作为电子商务的一个重要组成部分,越来越受到业界的重视。通过本章的学习,学生应该理解什么是物流,它具备什么功能和特点,并且通过物流方式的划分,应该对物流的运作模式有所了解。在此基础上,学生对电子商务和物流的关系应该有一个正确的认知,对电子商务物流发展趋势有所了解,因为电子商务需要通过物流来实现它最终的运作价值。

【本章学习与思考】

1.什么是物流?

2.物流对电子商务活动的影响有哪些?

3.电子商务环境下的物流有哪些特征?

4.物流在电子商务供应链中的作用有哪些?

5.什么是电子商务物流配送中心? 简述电子商务物流配送中心的流程。

6.什么是供应链管理? 常见的供应链管理方法有哪些?

【技能操作训练】

1.仔细观察和分析淘宝网在物流运作中的具体细节,加深对电子商务物流体系的理解。

2.浏览中国物通网、物流信息网、顺丰快递网、申通快递网等网站,增强对物流配送业务和工作流程的理解。

第3篇
发展保障篇

第9章 电子商务法律

【教学目标】

1.了解电子商务法的概念与性质；

2.理解电子商务法法律体系中知识产权和隐私保护的重要性；

3.掌握电子商务交易相关的法律法规；

4.掌握电子商务安全相关的法律法规。

【教学重点、难点】

1.知识产权和隐私保护的掌握；

2.电子商务交易的法律规范；

3.电子商务安全的相关法律规范。

【案例导入】

盘点2015年几大电商投诉事件

近几年的3·15投诉中，电商平台一直是被投诉的热点。据2016年3·15晚会启动后的数据显示，网络购物相关的投诉占全部投诉量的25%。回想2015年的热点事件，多家电商因投诉问题引起业内的关注。下面，回顾一下2015年几大电商投诉热点事件。

● 淘宝：卖假货遭古驰等奢侈品牌起诉

2015年5月15日，法国开云集团旗下多个奢侈品品牌在纽约曼哈顿联邦法院对阿里巴巴提起诉讼，称阿里巴巴帮助造假者在全球范围内销售假货，违反了与商标和诈骗有关的法律规定，要求获得损失赔偿，并向被告发出禁令。

● 工行融e购商城欺骗消费者

2016年3月3日，央视财经频道推出《3·15在行动》特别节目曝光了工行融e购商城欺骗消费者，拿玻璃当宝石卖。还指出融e购虚假宣传山茶油、宋茗安吉白茶等饮品，宣传称山茶油包治百病，宋茗安吉白茶预防心脑血管病、癌症等。

• 京东:售烂水果遭作家六六炮轰

2015年7月11日,作家六六在京东上订的天天果园的水果,收到后却腐烂。与京东客服方面沟通无果之后,作家六六怒发微博强烈谴责并投诉,最终由天天果园出面表示会全额退款。

• 唯品会:被曝售假茅台　暂停所有白酒业务

2015年12月,消费者投诉在唯品会大型酒类促销活动中买的几瓶茅台和五粮液存在质量问题。这些酒在贵州茅台酒厂打假办及五粮液产品真伪鉴定部门进行专业鉴别后,均被鉴定为假酒。

• 58赶集骗局:买名贵宠物却收到土猫土狗

消费者小张在58同城网和赶集网上,发现不少正在出售宠物的信息,找到其中一家和对方商定以2 700元的价格成交,结果却寄过来一只黑色带着杂毛的小土猫。小张立即就跟卖家联系,却被诬告把猫故意调包来讹诈他们。

• e租宝:非法集资500多亿元致90万人受害

2016年1月14日,备受关注的"e租宝"平台事件的21名涉案人员被北京检察机关批准逮捕。该平台一年半内非法吸收资金500多亿元,受害投资人遍布全国31个省市自治区。

9.1　电子商务法律概述

9.1.1　电子商务法律的基本定义

电子商务作为新兴的交易方式,充分利用了现代信息技术及网络技术。由于网络的虚拟性、无形性、快捷性,使电子商务较传统的交易方式有很大的不同。在享受其带来的便利性的同时,也面对着如信用缺失、交易安全、隐私保护等现实问题。因此,该种商业贸易行为在互联网环境下形成的独立调整对象,便衍生了新的部门法——电子商务法。

1) 电子商务法的内涵

电子商务关系是因互联网在经济活动中的应用而产生的一种新型社会关系,这种新型社会关系交叉于实体社会与虚拟社会之间,因此电子商务法如同电子商务关系本身,它是一个新兴的立法领域。目前从国内外的法律法规文件或论著来看,对电子商务法这一概念的认识仍存在不同的观点,主要表现在概念的广义与狭义、形式意义与实质意义之分。

①电子商务法的广义与狭义之分。广义电子商务法与广义的电子商务关系相对

应,其内容涉及广泛,以1996年联合国制定并通过的《电子商务示范法》为例,它是调整通过各种电子信息传递方式进行的商务活动中发生的社会关系的法律法规的总和。狭义的电子商务法对应于狭义的电子商务关系,是指调整通过计算机网络进行数据电文传递而建立商事活动所产生的社会关系的法律规范总和;我国《合同法》中关于数据电文的规定、《刑法》中关于计算机犯罪的规定等。

②电子商务法的形式意义与实质意义之分。这种观点认为,形式意义的电子商务法是指体系化的制定于一个法律文件内的电子商务法,与上述广义的电子商务法的角度一致;而实质意义上的电子商务法是指电子商务法律规范的总称意义上的电子商务法,接近于狭义的电子商务法观点。

从目前国内外电子商务立法活动的实践来看,主要着力于解决在互联网进行货物贸易和服务交易过程中产生的问题。因此,本书采用狭义电子商务法概念:电子商务法是调整以数据电文为交易手段而形成的因交易形式所引起的商事关系的规范体系。

2)电子商务法的作用

随着近年来互联网技术的日益成熟,电子商务的应用也迎来了发展的高峰期。因此,电子商务法对电子商务活动起着保驾护航的重要作用。

(1)电子商务法为电子商务的可持续发展提供有力保障

电子商务是市场经济和信息技术发展并相互作用的必然产物。电子商务活动在未来能可持续发展,就必须使其规范操作、有法可依、有据可查。因此,如何为电子商务创造一个良好的法制环境,并以此来规范电子商务交易各方在虚拟网络下进行交易的规则,保证整个交易活动的有序进行,是电子商务法的根本任务。

(2)电子商务法是新科学技术在电子商务中广泛应用的助推器

电子商务法旨在保护交易的参与者有效利用现代信息技术手段进行便捷、安全的交易。因此,电子商务法平等、开放地对待基于书面文件的用户和基于数据电文的用户,鼓励参与者为电子商务的普及和发展不断注入新的科技研发成果。

(3)电子商务法能有效遏制侵犯电子商务交易安全的行为

信息的安全性是当前发展电子商务亟待解决的问题之一。电子商务活动的安全性不仅要靠科学技术的更新和完善,更重要的是能通过电子商务立法来规范。电子商务法能直接、有效地打击各种危害电子商务安全的违法犯罪行为,规范电子商务交易主体的行为,保护电子商务交易双方的合法权益不受侵害。

3)电子商务法律关系

(1)电子商务法律关系的含义

在电子商务活动中,鉴于参与者由于参与目的和方式不同,形成了不同的经济关系。通过电子商务法律法规的调整,可以确立他们之间的权利义务关系,从而形成不同的电子商务关系。具体地说,就是指电子商务参与者(如网络消费者、网络商家等)与网络服务提供商相互之间在电子商务活动过程中依法产生的权利和义务关系。因此，电子商务法律关系是指在电子商务活动中形成的、由相关法律法规进行调整的以权利和义务为内容的社会关系。

(2)电子商务法律关系的要素

电子商务法律关系的要素是指构成电子商务法律关系的必备因素，包括主体、客体以及内容 3 个方面。

①电子商务法律关系的主体要素。法律关系主体是法律关系的参与者，即在法律关系中，享有一定权利和义务的承担者。因此，电子商务法律关系的主体是指参加电子商务法律关系，享受权利和承担义务的具有民事主体资格的法人、自然人或其他组织。具体体现为电子商务交易者、电子商务服务提供者（如网络服务提供商 ISP、网络接入提供商 IAP、在线服务提供商 OSP、应用服务提供商 ASP 和网络内容提供商 ICP 等）、电子商务认证机构（如数字证书、电子签名等）、电子商务监管者（如工商行政管理机关等政府职能部门）等电子商务参与者。

②电子商务法律关系的客体要素。法律关系客体是指法律关系主体之间的权利和义务所指向的对象，它是确立权利、义务的性质和内容的客观依据。因此，电子商务法律关系客体，是指电子商务法律关系主体享有的权利和承担的义务所指向的对象。具体包括以下几方面内容：有形与无形商品、在线商务行为（如互联网的上传、下载行为、网络广告等）、智力产品与无形财产（如知识产权等）、信息财产（如移动支付方式等）。

③电子商务法律关系的内容。法律关系的内容是指法律关系主体所享有的权利和承担的义务，参与者之间的权利和义务是对等的。因此，电子商务法律关系的内容包括当事人，即电子商务关系的主体享有的权利和承担的义务。

9.1.2　电子商务法律的性质与地位

1) 电子商务法律的性质

电子商务法律的调整对象是以电子商务活动为内容的商事关系的规范性体系，也就是说包括了活动过程中所产生的各种社会关系。因此，调整对象的多样性、复杂性与广泛性决定了电子商务法律的综合性。

(1)私法与公法的结合

电子商务经济本身是交易自由和交易安全两种价值冲突的产物，因此，电子商务法的内容同时兼具私法规范与公法规范两方面。私法以意思自治为核心，显而易见，电子商务的交易主体具有充分的选择权，这种选择的任意性说明在电子商务法中的电子商务交易法充分体现了交易主体自治的特性，所以电子商务具有私法的性质；与此同时，在互联网上进行交易又需要安全保障，国家的必要干预是维护电子商务交易安全的有力措施,所以电子商务法以具有公法的性质。也就是说,违反电子商务法律责任,不仅要承担民事责任,还有行政责任和刑事责任,这也是电子商务法律融私法和公法于一体的最好印证。

(2)制定成文的表现方式

以联合国国际贸易法委员会制定的《电子商务示范法》为例,电子商务法律的主要表现形式是制定法。近年来,不仅以法国、德国为代表的大陆法系国家以传统的制定法来成文其电子商务法律法规,而以判例法为特点的英国、美国、加拿大等英美法系国家也都先后制定了成文的电子商务法。此外,如前所述的联合国国际贸易委员会等很多国际组织也制定通过了成文的电子商务规范。由此可见,以制定法的形式表现电子商务法已是大势所趋,制定法是电子商务法的又一特点。尽管如此,并不意味着电子商务法律法规是单指某一部法律,应该是由一系列成文的法律规范所组成的,它是调整电子商务活动的法律规范的总称。

(3)具有国际性的国内法

电子商务具有不受地域限制的全球性特征,因此,使得任何一个国家或组织在构建相应的电子商务法律体系时,都必须考虑其国际经济往来的适用性,也就是说必须充分考虑国际间的协调和认可。目前,包括中国、美国、加拿大、澳大利亚、法国在内的50多个国家和地区皆以联合国国际贸易法委员会制定的《电子商务示范法》为蓝本,结合本国国情制定了相应的电子商务法律规范;而诸如国际商会、世界贸易组织、经合组织等国际性组织也相继从不同的角度对电子商务进行立法规范,这些法律法规在一定程度上影响和协调了电子商务立法的国际一致性。因此,可以说电子商务法律是具有国际性的国内法。

2)电子商务法律的地位

电子商务法律的地位是指电子商务法在我国的法律体系中所处的位置。当前,关于电子商务法隶属于哪个法律部门的归属问题有以下几种观点。

(1)归于民法

这种观点认为民法调整的是平等主体之间的财产关系和人身关系,而电子商务活动本身具备当事人在互联网上进行交易活动的自治原则,因此,电子商务法应当归属于民法法律部门。

(2)归于商法

这种观点认为电子商务法律主要规范的是主体从事的商事活动,所以应属于商法的一部分。它与第一种观点的差异性在于民商合一还是民商分立。

(3)归于经济法

这种观点认为电子商务法律中即有经济主体的经济行为,也有国家强制干预的成分,因此为体现出国家对经济行为的干预保障,电子商务法应属于经济法范畴。

(4)独立的法律部门

判断电子商务法律应当从属于法律体系中的某一个法律部门,还是作为一个新兴的独立法律部门存在,应当取决于其调整对象的性质。编者认为,首先电子商务法的调整对象的共性在于依托于计算机网络或信息技术进行的活动,这一独特性是其他法律部门的调整对象中并不具备的;其次,电子商务法与民商法、经济法的关系虽然非常密切,但无法实现单一归属的完全匹配:如电子商务法中的电子商务安全和税收征管等问题已远远超过了传统民商法的调整范围;再次,如商法从普通私法体系中独立出来一样,电子商务被认为将成为21世纪最主要的交易方式,从整个电子商务发展的宏观环境来看,将电子商务法作为一个独立的法律部门,更符合历史的发展趋势。

9.1.3　电子商务法律的特点与基本原则

1)电子商务法律的特点

作为规范电子商务活动的法律规范,电子商务法律具有以下几个方面的特点:

(1)主体的无边界性与虚拟性

信息技术日新月异地进步,推动着经济全球化和市场一体化的进程,电子商务已突破传统地域边界的束缚发展成为一种世界性的经济活动,因此边界限制的淡化成为电子商务活动的显著特征。这就使得需要制定国际上能相互认同、彼此通用的电子商务法律规则来解决法律问题和明确相关的法律责任。更显而易见的是,在网络电子商务活动中,参与的主体只要通过网络联系即可实现交易各环节的任务,因此电子商务法律的主体已虚拟成网络上的数据电文信息或符号。

(2)客体的广泛性与多样性

网上电子商务参与双方权利、义务指向的客体主要包括商品和服务。其中商品又可分为有固定的、实物形态的有形商品,如食品、衣服、书籍等;也包括具有价值和使用价值却无实体形态的无形商品,如音乐、电影、电子读物等。服务体验主要包括如聊天交友、资料查询、网络广告发布、域名注册等。随着网络和电子通信技术的发展以及电子商务安全性的逐步完善,电子商务应用的领域正在不断扩大,电子商务法律的客体也将更加丰富。

(3)内容具有程序性与安全性

电子商务中以数据信息作为交易内容的法律问题较传统交易问题更加复杂化和多样化:如有关电子通信方式的法律效力,是否归属于某人;电子签名是否具有效力,与交易的性质是否相适应;认证机构的资格如何,其在证书的颁发与管理中应承担何种责任等问题。因此电子商务法的产生主要是通过调整当事人之间因使用新型交易形式所引起的权利义务关系,来对传统法律难以调整、规范的问题进行原有基础上的补充性规定。这些规范的主要作用是为电子商务的开展提供一个形式上的安全交易平台,将传统纸质环境下所形成的法律关系,适用于无纸化的电子商务环境中。

(4)法律规范具有开放性与优化性

电子商务法是关于数据电文等方式进行意思表示的法律制度体系,数据电文的形式呈现多样化,新的技术手段与信息媒介不断被开发应用于电子商务活动中。因此,必须以开放的态度对待任何技术手段与信息媒介,制定开放型的法律规范,使有利于电子商务发展的技术创新都能容纳进来。同时,由于电子商务是全新的商务形态,许多制度如其本身一样,还处于不断探索和完善的优化过程中,因此电子商务法律规范也应当具备与时俱进的特征。

2)电子商务法律的基本原则

电子商务法律的基本原则是电子商务法基本理念、价值以及立法宗旨的综合反映,它科学地反映了电子商务关系的本质和电子商务活动的本质规律,是对电子商务行为具有一般指导意义和普遍约束力的基础性法律规范。同时,电子商务是新兴的立法领域,除了遵循法律的一般原则外,还应符合网络环境的规范原则。

(1)中立原则

电子商务立法推行的基本目标,就是要在电子商务活动中建立公平公正的交易规则,这也是商法的交易安全原则在电子商务法上的必然反映。因此,为鼓励不断涌现的各种新技术、新媒介不断创新和发展,就要达到参与各方利益的平衡,实现公平原则就应从以下几方面给予重视:技术中立、媒介中立、实施中立和同等保护。

(2)意思自治原则

意思自治体现在电子商务交易过程中,当事人通过电子化手段在交易中自由表达和实现自己的意愿,并最终完成电子商务交易。也就是说电子商务主体应当不受其他因素干扰,有权决定自己是否进行交易、和谁交易及如何进行交易。如联合国国际贸易委员会颁布的《电子商务示范法》第4条明确规定了当事人可以协议变更的条款。

(3)功能等同原则

功能等同原则也称证据平等原则,是指在符合一定的技术规范及法定要件的前提下,赋予电子文档、数据电文、电子签章与传统书面文件、手写签名和盖章同等的法律效力。因此,"功能等同"是立足于分析传统的书面要求的目的和作用,以确定如何通过电子商业技术来达到这些目的或作用的。

(4)安全性原则

电子商务安全决定了电子商务未来的可持续性发展。电子商务快速、高效、便捷的优势都建立在互联网络应用和信息技术开发的基础上,它不仅需要技术层面上的安全防范,也需要法律上的规范。因此,电子商务法律首要的任务就是为电子商务交易营造一个安全交易的环境。可以说电子商务法从对数据电文法律效力的承认,再到反映电子商务技术性特点的操作规范,都贯穿了安全原则和理念。

9.1.4　国内外电子商务立法概况

1) 国际社会电子商务的立法概览

依托以互联网为载体的电子商务交易，突破了传统经济贸易的时空限制，已成为 21 世纪推动世界经济前往的强大动力。同时，电子商务的急速跨越式发展，也不可避免地对传统法律体系带来了新的挑战，依靠传统的法律体系已经无法应对电子商务所带来的挑战。因此，为有效应对网络经济所带来的挑战，世界各国及公约组织纷纷着手制定或修改相关法律法规以适应电子商务的发展。以下将概览比较有影响力的国际社会电子商务的立法情况。

(1) 联合国国际贸易委员会

自 20 世纪 80 年代以来，联合国国际贸易法委员会(UNCITRAL)就十分关注计算机技术和互联网商业应用对现有法律体系所带来的冲击，并致力于在该领域协调各国立场，避免因各国国内法的差异，构成对电子商务这一新兴贸易形式的障碍。该委员会先后制定并推行了《电子商务示范法》《电子签名示范法》和《国际合同使用电子通信公约》的电子商务法律规范；确立了技术中立原则、功能等同原则等一系列电子商务法的基本原则或规则，这也成为世界各国立法机关制定本国电子商务立法的重要参考，为推动世界各国电子商务立法做出了突出贡献。

1996 年 12 月 16 日，联合国国际贸易法委员会制定的《电子商务示范法》在联合国第 51 次大会获得通过。《电子商务示范法》分为两部分共 17 条：第一部分即第 1~15 条涉及电子商务总的方面；第二部分即第 16~17 条涉及特定领域的电子商务，主要是电子商务中货物运输的法律规定。示范法旨在为一些国家对因使用计算机或其他现代信息技术而涉及的某些商事关系领域的法律进行评估时，树立模范，以促进世界各国建立一个新的适用于互联网发展的法律环境。因此，联合国国际贸易法委员会在《电子商务示范法的颁布指南》中指出："《电子商务示范法》的目的是要向各国立法提供一套国际公认的规则，说明怎样去消除此类法律障碍，如何为所谓'电子商务'创造一种比较可靠的法律环境。"

随着电子商务实践的发展，数字签名等现代电子认证技术得到了普遍使用，为保障电子商务交易的安全和推动电子商务的发展，2001 年联合国国际贸易法委员会制定并通过了《电子签名示范法》。《电子签名示范法》共 12 条，分别规定了电子签名的适用范围、定义、解释、经由协议的改动、符合签字要求、认证服务提供人的行为等内容。

2005 年 11 月，联合国国际贸易法委员会制定的《国际合同使用电子通信公约》(以下简称《公约》)在联合国大会通过，并于 2006 年 1 月 16 日起开放签署。《公约》是联合国国际贸易法委员会根据《电子商务示范法》和《电子商务签名示范法》的基本原则制定的，是迄今为止联合国框架内制定的第一个电子商务全球性国际公约，也是世界范

图 9-1　联合国国际贸易法委员会《电子商务示范法》内容概要

围内最为重要的一份电子商务法律文件。

(2)欧盟

在全球性电子商务发展的浪潮中，欧盟一直致力于在欧洲范围内建立统一的电子商务法律框架。为达此目标，欧盟委员会运用指令的形式确立了电子商务的调整框架，以消除成员国现有法律对电子合同的障碍。

1997 年 4 月 15 日，欧盟委员会提出了著名的《欧洲电子商务行动方案》，为规范欧洲电子商务活动制订了框架；同年，欧洲议会及欧盟理事会通过了《关于远程合同中消费者保护的指令》，旨在“使通过远程通信手段购买货物和服务的消费者的地位等同于在实体商店购买商品和服务的消费者的地位”。

为统一各成员国之间关于电子商务的法律，欧洲议会和欧盟理事会于 1999 年 11 月通过了《电子签名统一框架指令》(以下简称《电子签名指令》)，共由 15 条和 4 个附件组成，规定了电子记录和签名不得仅仅因其电子形式而失去法律效力。因此，《电子签名指令》的目的在于促进电子签名的应用和法律承认，主要规范电子签名技术在欧盟成员国的适用，协调各成员国在规范电子签名技术方面所采用的不同方式，以此保证欧盟内部市场的正常运行。2000 年 5 月又制定并通过了《关于内部市场中与电子商务有关的若干法律问题的指令》(以下简称《电子商务指令》)。《电子商务指令》更加全面地规范了关于开放电子商务的市场、电子交易、电子商务服务提供者的责任等关键问题。可以说，《电子签名指令》与《电子商务指令》两部法律文件协调与规范了电子商务立法的基本内容，构成了欧盟国家电子商务立法的核心和基础。

总之，在欧盟委员会和成员国的努力下，用于在欧盟范围内规范电子商务活动的法律框架已基本成熟，通过欧盟指令和各成员国立法共同构成了在成员国整体范围内协调一致的电子商务法律环境。

(3)世界主要国家的电子商务立法

国际组织从事的电子商务立法促进了电子商务在全球范围内的健康有序发展,世界各国也产生了巨大的反响。

①美国。纵观全球,美国可以说是电子商务的发源地,其电子商务开展的时间最早,发展也最快。因此,为了使电子商务在法律的保护和规范下持续发展,美国早在20世纪90年代中期就开始酝酿有关电子商务的立法准备工作。众所周知,美国是联邦制国家,联邦和州两级均有立法权。很多商务法律包括电子商务领域的立法也就涉及了州立法和联邦立法两个不同层面,如1995年犹他州率先颁布了全世界范围的第一部全面确定电子商务运行规范的法律文件《数字签名法》。但由于美国各州规定的电子商务法的具体规范、调整范围参差不齐,给电子商务的发展带来了很大的不便。因此,为了消除电子商务活动的障碍,美国统一州法委员会及美国法律学会在《统一商法》(UCC)的基础上,增加了有关调整电子商务的法律规则的内容,其修订的最重要成果是1999年7月出台的《统一计算机交易法》(UCITA);在制订UCITA的同时,美国统一州法委员会及美国法律学会又于同年7月29日公布了《统一电子交易法》(UETA)。UCITA和UETA一样,均属于示范法,没有直接的法律效力,能否转化为生效法律仍然取决于各州是否愿意通过立法途径对其予以采纳。

两部示范法出台后,1999年10月,美国国会审议讨论了《全球及全国商务电子签名法》(E-SIGN),且由前总统克林顿于2000年6月签署通过。E-SIGN与UCITA和UETA的不同在于,它是在全美生效的联邦正式法律,它为在美国跨州商务环境中电子签名的使用奠定了法律基础,是协调美国各州电子商务立法冲突的重要法律文件。

此外,美国还出台了一系列与电子商务相关的法律和政策,包括1996年的《电子信息自由法》、1997年的《全球电子商务框架》、1998年的《数字千年版权法》、2001年的《网络安全研究和发展法》、2002年的《网络空间安全强化法》、2005年的《个人数据隐私与安全法》等。

②马来西亚。马来西亚是亚洲国家中最早进行电子商务立法的国家,早在20世纪90年代中期,马来西亚就提出了建设“信息走廊”的宏伟计划,并于1997年正式颁布了《数字签名法》。该法致力于解决电子商务中的签名问题。

2006年为促进电子商务的发展,马来西亚颁布了《电子商务法》。该法旨在说明任何电子形式的信息都不应该否定其法律效力、有效性和可执行性。为了进一步推动电子政务的发展,2007年马来西亚政府颁布了《电子政府活动法》,共计6章36条,主要致力于解决电子政务活动中电子文件、电子签名等的效力问题。2010年4月,为了解决因侵犯个人资料而引起的纠纷,马来西亚通过了《个人资料保护法》,强调了对个人网上信息提供保护的重要性,对私人部门使用个人信息资料提出了要求并进行了限制。

③新加坡。在亚太国家中,新加坡的电子商务发展速度是比较快的。新加坡政府高度重视规划信息化远景,自联合国国际贸易委员会1996年颁布《电子商务示范法》

后,新加坡即开始了相关的立法研究与起草工作。

为推动本国电子商务的发展,1998 年新加坡制定并颁布了《电子交易法》。该法主要涉及与电子商务有关的 3 个核心法律问题:电子签名问题、电子合同效力问题和网络提供者的责任问题。由于颁布的时间比欧盟和美国的相关法律要早,而且在内容和体例上具有独到之处,因此在世界范围内产生了较大影响。

为适应电子信息技术的新发展,新加坡在充分吸取 2005 年联合国《国际合同使用电子通信公约》的成果基础上,于 2010 年重新修订了《电子交易法》和《电子交易(认证机构)规则》。其目的在于满足国内电子商务的日趋成长和国民对电子政府的需求,使国内立法与国际趋势相适应,并使新加坡能发展成为全球的资讯中心。

2)我国电子商务的法制化建设

据中国互联网络信息中心(CNNIC)2016 年 9 月发布的《第 38 次中国互联网发展状况统计报告》显示,截至 2016 年 6 月,我国网民规模达到 7.10 亿,增长率为 3.1%;我国互联网普及率为 51.7%,超过全球平均水平 3.1 个百分点。而 2016 年天猫"双 11"全球购物狂欢节的相关数据显示,仅仅 52 秒的交易额就达 10 亿元人民币;截至 2016 年 11 月 11 日 24 时交易总额超 1 207 亿元人民币,交易覆盖了 235 个国家和地区,再创世界电子商务销售纪录。面对快速增长的电子商务经济,我们也必须清楚地意识到,经济发展与法制建设二者相辅相成、相互促进,只有在良好的法制条件下,电子商务才能更快、更好地向前发展。因此,我国政府紧跟世界电子商务立法的步伐,制定了一系列电子商务的法律、法规及规范性文件。

(1)我国有关电子商务的法律

我国电子商务立法主要针对互联网络的管理、安全和经营。在国家立法层面,关于电子商务的内容还较少。我国目前专门调整电子商务的法律只有 2005 年颁布的《电子签名法》《合同法》及《关于维护互联网安全的决定》。

1999 年 3 月我国的《合同法》增加了"数据电文"的规定:承认数据电文为书面形式、确定电子合同的到达时间和确定电子合同的成立地点。上述规定的目的在于使电子合同能够在现有的合同法框架下得以展开。

2000 年 12 月,全国人大常委会第 19 次会议通过了针对信息网络安全的《关于维护互联网安全的决定》。该决定主要针对保障互联网的运行安全,维护国家安全和社会稳定,维护社会主义市场经济秩序和社会管理秩序,保护个人、法人和其他组织的人身、财产等合法权利等内容作了具体规定。同时,也对利用互联网实施的违法行为规定了相应的法律责任。

2004 年 8 月,第十届全国人大常委会第 11 次会议表决通过了《电子签名法》,并于 2005 年 4 月 1 日正式生效。该法共 5 章 36 条,分为总则、数据电文、电子签名与认证、法律责任和附则,它赋予了可靠电子签名与手写签名或盖章具有同等的法律效力,并明确了电子认证服务的市场准入制度。《电子签名法》是我国第一部真正意义上的电子商务法，是我国电子商务发展的里程碑。

我国其他法律中也包含了一些关于电子商务的规定。如 2000 年新修订的《海关法》确定了电子数据报关单的法律地位，承认其具有与纸质报关单同等的法律效力；在《刑法》第 285、286、287 条对破坏作为网络交易基础设施的计算机系统或者利用计算机网络系统进行犯罪的行为，作出了处罚规定；在 2001 年修订的《著作权法》第 10、41、47 条对信息网络传播中的争议问题给予了明确说明。

(2)我国调整电子商务的国家政策性文件

我国目前面对尚未出台电子商务基本法的法律环境，国家相继出台的电子商务相关政策成为其发展的有力推动力。

2005 年 1 月 8 日，国务院办公厅《关于加快电子商务发展的若干意见》(以下简称《意见》)颁布。该《意见》是我国政府颁布的首个专门指导电子商务发展的政策性文件，文件指出："推进电子商务是贯彻科学发展观的客观要求，有利于促进我国产业结构调整，推动经济增长方式由粗放型向集约型转变，提高国民经济运行质量和效率，形成国民经济发展的新动力，实现经济社会的全面协调可持续发展；加快电子商务发展是应对经济全球化挑战、把握发展主动权、提高国际竞争力的必然选择，有利于提高我国在全球范围内配置资源的能力，提升我国经济的国际地位；推广电子商务应用是完善我国社会主义市场经济体制的有效措施，将有力促进商品和各种要素的流动，消除妨碍公平竞争的制约因素，降低交易成本，推动全国统一市场的形成与完善，更好地实现市场对资源的基础性配置作用。"此外，《意见》对如何发展电子商务提出了六大举措，也对政府在发展电子商务中的"推动"角度作了准确的定位和阐释。

2006 年 5 月 8 日，中共中央办公厅、国务院发布了《2006—2020 年国家信息化发展战略》(以下简称《发展战略》)。《发展战略》立意高远，力导创新，提出了我国信息化发展的战略目标、具体目标和战略重点。同时指出："营造环境、完善政策，发挥企业主体作用，大力推进电子商务；到 2020 年，综合信息基础设施基本普及，信息技术自主创新能力显著增强，信息产业结构全面优化，国家信息安全保障水平大幅提高，国民经济和社会信息化取得明显成效，新型工业化发展模式初步确立，国家信息化发展的制度环境和政策体系基本完善，国民信息技术应用能力显著提高，为迈向信息社会奠定坚实基础。"

2012 年工业和信息化部制定了《电子商务发展"十二五"规划》(以下简称《规划》)，将"积极发展电子商务"作为一项重要的任务提出来。《规划》强调："到 2015 年，电子商务进一步普及深化，对国民经济和社会发展的贡献显著提高。电子商务在现代服务业中的比重明显上升，电子商务制度体系基本健全，初步形成案例可信、规范有序的网络商务环境。"

2016 年 12 月，围绕网购消费者如何维权、个人隐私如何保护等问题，我国电子商务法律草案日前已提请第十二届人大常委会第二十五次会议初审。值得关注的是,草案中提出的信用评价、跨境电子商务综合服务提供者等条款内容均为全球首创,其内容概要如图 9-2 所示。

图 9-2　我国电子商务法草案内容概要

(资料来源:新华网。)

(3)我国电子商务立法尚存的不足

如前所述,我国正在逐步完善与电子商务有关的立法,并取得了一定的实质性成果,为我国电子商务的发展提供了一定的法律基础。但是纵观整个电子商务的立法体系,也清楚地看到完整的相关法律体系还没有形成,尚存一些亟待解决的问题:

首先,当前立法所涵盖的范围过于单一。从立法涉及的范围来看,我国电子商务立法大多还只涉及电子商务发展的一些边缘化问题,如基础设施建设、信息服务的提供、行政管理等。而在核心的电子商务运行部分,除电子签名的立法外,诸如电子合同、电子交易、消费者权益保护问题都还缺乏更全面、更细致的规范。

其次,当前立法的层次较低。电子商务立法的现状是一目了然的,除了《电子签名法》的颁布外,缺乏统一的电子商务基本法的构建,并且其他大多数的相关立法都属于层次较低的行政法规、部门规章等,这就使得电子商务法律规范效力欠缺,难以产生强有力的监管效果。

最后,我国电子商务立法的务实性还需完善。目前我国一些电子商务法律法规还局限于概念上的规定,着重于原则性的强调,而在实际操作上显得苍白无力。国外成熟的立法都会针对具体情形作出不同的规定,更具有现实意义。

[编者注:2018年8月31日,十三届全国人大常委会第五次会议表决通过了《中华人民共和国电子商务法》。]

3)未来电子商务立法的趋势

电子商务立法的全球化:电子商务是以网络化、数字化技术环境为依托进行商务活动的一种全新方式。一方面,经济全球化推动了电子商务在全球范围内的普及;另一方面,电子商务以其独特的优势加强了国际民商事间的交往,为国际贸易的开展提供了便利,进而推动全球化的进一步深化。因此,在电子商务立法方面,电子商务的全球化决定了其立法的全球共同性,较之其他领域的立法,电子商务立法更趋全球化。

电子商务立法的统一化:为了支持并促进电子商务的全球性发展,就必须建立一套符合其发展规律的国际性统一的法律框架。电子商务立法如同电子商务发展一样虽然历史不长,但各国和国际组织均看好其未来的发展,通过立法形成共识是国际社会对电子商务法统一化的表达。

立法的法典化:"法典化"一词在西方常常同时指"过程"(制定行为)和"结果"(制定的法典)。据不完全统计,世界上已有71个国家和地区制定了电子商务综合性立法,其规定了电子交易的基本原则、电子交易规则、数字签名和认证、电子商务安全等电子商务的基本规则。从法典化的制定过程的意义上来说,全球电子商务立法法典化趋势正在形成。

9.2　电子商务知识产权与隐私权保护

9.2.1　电子商务中知识产权的保护

电子商务克服了传统商贸活动中普遍存在的费用高、处理速度慢、信息不对称、地域局限等缺点,近几年发展非常迅速。越来越多的企业选择了电子商务这种商贸方式,相应地,越来越多的消费者接受了这种消费方式,网上购物成为新消费方式的热点。同时,在电子商务活动中不可避免地存在着与传统的知识产权法律保护问题的冲突。

从广义上来讲,知识产权所包含的内容非常广泛,但与电子商务密切相关的主要包括版权(在我国称著作权)、专利权、商标权等。由于计算机网络技术的迅速发展,导致了数据信息共享的强烈需求,并发生了与知识产权固有特性的冲突。知识产权最突出的特点之一就是具有"专有性",而网络上的信息则是公开的、公用的,很难受到严格的控制。“地域性”是知识产权的又一特点,而网络传输的特点则是“无国界性”。知识产权与电子商务这些相反的特性导致了两者间的矛盾和冲突。目前,为解决这些矛盾和冲突,世界大多数国家主张通过缔结国际公约来进一步强化对知识产权“专有性”的保护。

1)版权

所谓版权,有时也称作者权,在我国被称为著作权,是基于特定作品的精神权利以及全面支配该作品并享受其利益的经济权利的合称。一般来讲,版权的客体是指版权法所认可的文学、艺术和科学等作品。

在电子商务活动中,版权的侵权行为主要有:

①未经许可将传统的版权作品进行数字化,制作成为数据库或在网络上传输。由于在数字化转换过程中,并没有进行创造性的工作,数字化后的作品并没有改变原作品的根本属性,因此是一种非法复制行为,即未经许可将作品数字化侵犯了作者的复制权。

②未经许可将数字化后的作品上传到网络上。一旦将作品上传到网络中,在世界上任何地点、任何时间,都可以通过与网络相连接的计算机得到该作品。这显然很容易使该作品作者的合法利益受到侵害,侵犯了该作品的版权。

③在网站的网页或广告中使用受版权保护的图像或音乐作为背景。这种行为具有商业目的,显然是对该作品版权的侵犯。

④未经许可下载或转载网络上传输的作品,并用于商业目的,也应视为对版权的侵权行为。

⑤网络服务业者(ISP)的侵权行为。作为网上重要的信息传播中介,ISP 业者支持着因特网上几乎所有的信息通信。如果 ISP 业者只提供计算机网络的技术环境,而没有控制信息内容并获取相应的报酬,也不必对用户的版权侵权行为负责;但如果 ISP 业者从作品的传播收入中获得一定比例的报酬,则应负责信息的组织、筛选和加工、侵权行为的预防等,有责任在发现侵权作品后采取一定措施将其清除,对用户的版权侵权行为承担共同的侵权责任。

【案例学习 9-1】

起点中文网状告纵横中文网获赔 300 万元

原告:上海玄霆娱乐信息科技有限公司(起点中文网运营商)

被告:北京幻想纵横网络技术有限公司(纵横中文网运营商)

据了解,2010 年 1 月 18 日,原告与文字作品《永生》的作者王钟(笔名:“梦入神机”)签署了《白金作者作品协议》。根据协议内容,在协议生效之日起 4 年内王钟所创作的所有作品在全球范围内的信息网络传播权及电子形式的其他权利永久转让给原告。同日,双方签署了附属合同,约定在协议期间内王钟创作的作品著作权以及相关的一切衍生权利完全排他的归属于原告。同年7月,原告发现王钟在被告经营的纵横中文网上发表了《永生》作品,后经诉讼法院作出生效判决确认原告享有《永生》作品的著作权。之后,被告在明知原告是《永生》作品著作权人的情况下,未经原告许可继续在其经营的纵横中文网上非法传播上述作品,更擅自授权案外人在手机阅读基地和畅听网上使用该小说。

原告认为,被告严重侵犯了原告对《永生》作品享有的信息网络传播权等合法权益,非法获利数额巨大,遂诉至法院,请求判令被告立即停止侵权,赔偿原告经济损失人民币1 200万元和原告支出的合理费用51 500元。

被告辩称,被告是"纵横中文网"的运营商,其有权在自己的网站上传播《永生》作品,在生效判决作出之前,被告的一切对外授权经营行为均属合法,原告的赔偿诉请过高。请求法院驳回原告诉请。

法院审理认为,被告未经许可在纵横中文网上传播《永生》作品以及授权案外人使用《永生》作品的行为侵害了原告作品的信息网络传播权,应当承担停止侵权、赔偿损失的民事责任。关于本案的赔偿问题,法院认为,已经有证据证明被告的获利超过了著作权法规定的法定赔偿数额的上限50万元,法院综合全案的证据情况,结合涉案作品商业价值、被告侵权的主观恶意等事实因素,最终在法定赔偿最高限额之上酌情合理确定赔偿数额为300万元。由于优秀网络文学作品为市场带来的巨大经济效益,侵权行为一旦发生,将会为原告带来巨大的经济损失,未来我国对单部文字作品信息网络传播权的判罚可能会更高。

2)专利权

专利,是专利权的简称,指的是一种法律认定的权利。它是指对于公开的发明创造所享有的一定期限内的独占权。专利制度并非一成不变,它必须随着科学技术的发展所出现的新问题不断变化。网络技术对专利领域也提出了大量问题。例如,计算机软件能否成为专利制度保护的客体;因特网的广泛性和开放性对专利"三性"(新颖性、创造性、实用性)中的"新颖性"特点提出了挑战。此外,专利的电子申请方式中涉及的法律问题等,都是在网络环境中需要讨论和解决的问题。专利法一般都规定,授予专利的发明创造必须具有新颖性,新颖性是授予发明或实用新型专利的实质要件之一。

传统的专利法并没有规定在Internet上公开发明创造应采取什么样的原则,因此在Internet上公布的发明是否还具有新颖性就是一个值得探讨的问题。专利的电子申请在网络环境下也有了新的问题。电子申请就是以电子文件的形式,向国家知识产权主管行政机关提交有关专利的申请。而传统的做法是以纸质文件为载体进行的。世界知识产权组织(WIPO)起草的《专利法案条约(草案)》和《专利合作条约》细则的修改中,已确认了电子申请的合法性。日本专利局已于1990年12月开始接受专利的电子申请。韩国已经着手进行通过Internet申请专利的实验。美国、日本、欧洲三个专利局正在进行通过Internet联机申请专利的准备，并把实现专利文献无纸化作为今后的发展方向。

【案例学习9-2】

磐安县丰源工艺礼品厂（下称“丰源厂”）、王鑫平诉金华市雅之达工贸有限公司（下称“雅之达公司”）侵害三外观设计专利纠纷案

王鑫平诉称其享有展示架（39）（专利号：ZL201130120654.5）、展示架（fy72832）（专利号：ZL201030272035.3）、展示架（fy6055）（专利号：ZL201030272112.5）外观设计专利权，丰源厂为该三件专利的独占实施人。雅之达公司在阿里巴巴上销售王鑫平拥有这三件外观设计专利权的产品，王鑫平、丰源厂委托某律师事务所向公证处申请对雅之达公司在阿里巴巴网上经营的网络店铺侵权页面进行了网页证据保全，并在线下委托他人去雅之达公司购买侵权产品并进行证据保全，要求雅之达公司停止侵权，并要求赔偿三个案子的经济损失及合理开支将近15万元。笔者代理雅之达公司提出现有技术抗辩，将涉案外观设计图片在淘宝网网站论坛“我秀我家”页面的“帖子”搜索到的“创意搁板室内设计”的帖子和“创意搁板——很好很强大”的帖子进行了网络证据保全，淘宝注册用户发布的这两则帖子内分别出现的图片与王鑫平的外观设计专利相符，而且帖子形成的时间在其申请专利之前，另外递交了合法出版物《家居空间设计1001例·卧室·书房》与《沙发背景墙》用以证明王鑫平在涉案产品申请专利之前已经在国内出版物上公开，构成现有设计。最终，王鑫平、丰源厂向金华市中级人民法院撤诉结案。

本案涉及专利侵权案件中现有技术抗辩的问题。律师代理雅之达公司进行现有技术抗辩中，递交了一份网页公开证据和两本合法出版物上的公开证据，虽然该案件原告王鑫平、丰源厂可能基于出版物公开证据撤诉，但本案中递交的淘宝论坛中的网页证据是否构成公开值得大家深思和探究。

3）域名和商标权

域名是一种资源标志符号，是因特网主机的IP地址，由它可以转换成特定主机在因特网中的物理地址。域名作为一种在Internet上的地址名称，在区分不同的站点用户上起着非常重要的作用。域名是作为一种技术性手段建立起来的，它在本质上并不是一种知识产权，因此域名并不能像商标那样被作为知识产权受到保护。但是，随着域名商业价值的不断增强，法律已经开始将某些知识产权的权利内容赋予域名，以保护权利人利益。我国的商标法只规定可受保护标识为“文字、图案或其组合”，而没有把在网上出现的某一动态过程作为商标来保护。在网络环境下的商业活动，使人们感到用

"视觉感知"去认定,比起用"文字、图案"认定商标更能适应商业活动的发展需要。

当前,我国最突出的问题是:在网络环境下,"域名注册"与商标权的冲突。虽然 1997 年 5 月国务院部门发布了《中国互联网络域名注册暂行规定》,但其中只规定了"不得使用不属于自己的已注册商标申请域名注册",并没有禁止以他人的商标和商号抢注域名。"域名"已实际上成为商誉乃至商号的一部分并作为无形资产被交易着。

域名具有唯一性,即它在全球范围内是独一无二的,但同时域名通常又都是按照"登记在先"的原则来进行登记的,因此一旦有人先对某个名字进行了注册,其他人就不得再使用该名字来命名其网址。因为域名具有较高的商业价值,抢注者希望借助于被抢注者的良好名誉得到网络用户的访问,一旦抢注成功,网络用户将无法访问到该域名真正代表的被抢注企业的站点,而是访问到抢注者的站点。法律应当制止这种恶意抢注行为,保护被抢注者的域名名称或商标利益。

9.2.2　电子商务中网络隐私权的法律保护

经常上网的人或许会有这种经历,一打开自己的 E-mail 信箱,就会有五花八门的广告邮件蜂拥而至,有些甚至来自从来没有访问过的网站。消费者不但要费时费力地处理这些垃圾邮件,而且一些重要邮件还可能会因垃圾邮件过多,占满了 ISP 提供的信箱空间而延误。消费者不禁要问,销售商是如何知道自己的 E-mail 地址、消费需求、购物品位的呢?网络技术的迅猛发展使得电子商务以其便利、快捷的优势,逐渐为人们所接受。据 Internet Retailer 发布的《全球 1 000 强报告:全球电商零售的革新》称:2015 年全球消费者的电商零售支出达 1.74 万亿美元,过去三年,平均每年的增长速度约为 20%。但是,由于电子商务较之传统的商业运作更具开放性,网络资源滥用的情况层出不穷,消费者的隐私权也难以避免地受到了威胁。对隐私权受到侵害的担忧,成为阻碍消费者参与电子商务活动的重要因素。在电子商务环境下,如何保护隐私权成为法学界、经济界、技术界普遍关注的问题。

隐私权是自然人享有的对其个人与公共利益无关的个人信息、私人活动和私有领域进行支配的一种人格权。随着信息化社会的到来,互联网技术的发展与普及,以电子商务活动为载体,对个人权利进行侵犯的行为日益频繁,这就给网络隐私权的法律保护带来了新的挑战。

1) 网络隐私权的定义及主要的侵权方式

①网络隐私权是指公司在网络中(包括局域网、广域网和互联网)享有的个人信息、网上个人活动依法受到保护,不被他人非法侵犯、知悉、搜集、复制、公开、传播和利用的一种人格权。

②网络隐私权的主要侵权方式包括以下几方面:未经授权进入他人系统收集获得资料、在网络上公开或转让他人隐私;未经授权截获或复制他人正在传递的电子信息;

制造、传播计算机病毒及从事其他侵犯网络和他人合法权益的活动；广告商的大量垃圾邮件侵入；网络提供商的侵权行为以及网络监视及窃听。

2)我国网络隐私权保护的相关法律规范

(1)网络隐私权受《宪法》保护

我国《宪法》以根本大法的形式为隐私权提供了法律保护，如第38条规定"中华人民共和国公民的人格尊严不受侵犯。禁止用任何方法对公民进行侮辱、诽谤和诬告陷害。"第40条规定"中华人民共和国公司的通信自由和通信秘密受法律的保护。除因国家安全或者追查刑事犯罪的需要，由公安机关或者检察机关依照法律规定的程序对通信进行检查外，任何组织或者个人不得以任何理由侵犯公民的通信自由和通信秘密。"

(2)网络隐私权受《民法》保护

《民法通则》第101条规定：公民和法人享有名誉权，公民的人格尊严受法律保护；第140条规定：以书面、口头等形式宣扬他人隐私的行为，为非法行为。

(3)网络隐私权受《刑法》保护

我国《刑法》中设定了"非法搜查罪""非法侵入住宅罪""侵犯通信自由罪"和"私自开拆、隐匿、毁弃邮件罪"4个与隐私权相关的罪名。

(4)网络隐私权受《诉讼法》保护

我国《民事诉讼法》第68、134条，《刑事诉讼法》第183条，以及《行政诉讼法》第30、45条，都有"涉及个人隐私案件不公开审理"的规定。

【案例学习9-3】

某些Web站点会在用户的硬盘上用文本文件存储一些信息，这些文件被称为Cookie。Cookie包含的信息与用户的爱好有关。例如，如果用户在某家航空公司的站点上查阅了航班时刻表，该站点可能就创建了包含用户的旅行计划的Cookie。它也可能记录下用户在该站点上曾经访问过的Web页，由此帮助该站点在用户下次访问时根据用户的情况对显示的内容进行调整。现在的许多网站在每个访客进入网站时将Cookie放入访客电脑，不仅能知道用户在网站上买了些什么，还能掌握该用户在网站上看过哪些内容，总共逗留了多长时间等，以便了解网站的流量和页面浏览数量。只要网站愿意，它可一直保留这样的信息。这样，访客下次再进入这个网站时，就会被辨认出来，如此网站管理人员就可以知道访客的"忠诚度"了。另外，网络广告商也经常用Cookie来统计广告条幅的点击率和点击量，从而分析访客的上网习惯，并由此调整广告策略。一些广告公司还进一步将所收集到的这类信息与用户在其他许多网站的浏览活动联系起来。这显然侵犯了他人的隐私。由于访客资料是一笔宝贵的财富，某些经营情况困难的网站会将这些收集来的资料出售给买主，以此牟利。

9.3　电子商务交易的法律规范

为了保护电子商务中消费者的合法权益,我国已经形成了以《消费者权益保护法》为基本法,以《民法通则》《合同法》《反不正当竞争法》《计算机信息网络国际联网安全保护管理办法》等法律规范为补充的法律体系。

9.3.1　电子合同的法律问题

"无纸化"的形态和"数字化"的订立过程是电子商务的出现而产生的新的合同形式。随着计算机的普及和互联网的蓬勃发展,电子合同逐渐被各国法律承认并广泛使用。

1) 电子合同的概念与特点

(1)电子合同的概念

电子合同,又称电子商务合同。广义的电子合同是指通过电传、传真、电报、电子数据交换、电子邮件等方式订立的合同,这类合同都是以电子脉冲形式传递信息;狭义的电子合同通常是指以交易为目的,通过计算机,网络形式订立的明确相互权利义务关系的协议。这里主要针对狭义的电子合同定义展开。

(2)电子合同的特点

电子合同也是合同,它既具有传统合同的概念特点,也表现出自身的独特特点:

虚拟性与广泛性。区别于传统商业交易形式,作为互联网时代的产物,可以说电子合同的交易主体涵盖了居住在地球上的任何自然人和法人及其组织;而从电子合同的订立过程,电子合同交易主体间的交易行为(如交易谈判等)是采用电子信息技术形式(如电子邮件等方式)达成的,打破了传统交易的时空限制。

技术性与标准性。电子合同如电子商务一样是通过计算机网络进行的,因此电子合同与传统合同的订立方式、谈判形式及整个交易过程都需要一系列国际国内统一的技术标准予以规范,如电子签名、电子认证等。如果没有这些相关的基础技术与标准,电子合同是无法实现和存在的。

易变动性与易受攻击性。电子合同所依赖的电子数据本身具有易受攻击性和易变动性的特点。由于电子数据的传播是以计算机程序的分解、转化为基础的,因此,在其路径上就易被截取、篡改;当电子数据的保存形态也属于无形物,其改动、伪造也易操作且不易留痕迹。

2) 电子合同的订立与效力

①电子合同的订立,是指电子合同订约当事人就合同的主要条款作出意思表示并

达成合意的行为和过程。一般情况下,电子合同的成立时间就是电子合同的生效时间,同时也是对双方当事人产生法律效力的时间。我国现行《合同法》第 12、13 条均对此有相应说明和明确规定。

②电子合同的效力,是指已经成立的电子合同在当事人之间产生了一定的法律拘束力,也就是法律效力。电子合同的法律效力并不等同于法律本身,它强调的是对电子合同当事人之间的拘束性,主要表现为对当事人的拘束力和对第三方的拘束力两方面。

3) 电子合同的履行

履行合同是实现合同目的最重要和最关键的环节,我国《合同法》第60 条第1 款规定:"当事人应当按照约定全面履行自己的义务。当事人应当遵循诚实信用的原则,根据合同的性质、目的和交易习惯履行通知、协助、保密等义务。"以目前电子商务交易的方式来看,主要有以下 4 种电子合同的履行方式:在线支付与在线下载;在线支付与离线交货;在线支付给第三方平台,收货验货后确认支付货款以及离线支付与货到付款。

【案例学习 9-4】

浙江阿里巴巴小额贷款股份有限公司诉郑某某借款合同纠纷案

原告:浙江阿里巴巴小额贷款股份有限公司

被告:郑某某

2010 年 6 月 29 日,原告、被告通过网络在线订立一份《贷款合同》,合同编号为 10012010062900002S。合同约定:授信额度为人民币 35 万元;授信期限为 2010 年 6 月 29 日至 2010 年 12 月 29 日;日利率为 0.047%,罚息利率为贷款利率上浮 50%;借款人同意浙江阿里巴巴小额贷款股份有限公司(以下简称"阿里小贷公司")将每次申请的贷款划入支付宝公司的结算账户,再由支付宝公司将贷款的 20%划入指定的支付宝账号,80%划入指定银行账号;借款人指定支付宝账号:152××××××63,指定中国农业银行卡号:622××××××××××××××19;使用支付宝账号和密码登录阿里小贷公司网站的所有行为均视为借款人行为,包括但不限于订立本合同、申请贷款、归还贷款等;还款方式为按月付息,到期还本,即每月偿付当月实际产生的利息,到期归还全部贷款本金;贷款人连续或累计三期未能按本合同约定还本付息的,阿里小贷公司有权提前终止合同,阿里小贷公司发出还款通知的第三日即贷款到期日;双方同意本合同使用互联网信息技术以数据电文形式订立并认同其效力。

在授信期限内,被告分 9 笔向原告申请支用贷款总计人民币 35 万元。借款到期后,截至 2011 年 3 月 9 日,被告已有 7 笔贷款到期未清偿。2011 年 3 月 10 日,原告向被告发出《贷款提前到期通知函》,宣布剩余 2 笔贷款提前到期,到期日为 2011 年 3 月 13 日。截至 2011 年 3 月 9 日,被告通过其支付宝账户已向原告支付利息 24 222 元。

原告于 2011 年 3 月 16 日诉至法院,请求判令被告偿还贷款本金 35 万元,并支付利息 20 340.97 元(该利息计算至 2011 年 3 月 9 日,自 2011 年 3 月 10 日起的利息按合同约定另计,并计算至被告实际清偿时为止)。

案例分析

网络贷款是通过互联网技术在线签订合同、发放贷款等全程网络化操作的一种贷款模式。杭州市滨江区人民法院经审理认为:原告、被告同意使用互联网信息技术以数据电文形式订立合同,并根据通过公证提取的《贷款合同》,由第三方出具的电子回单、还款记录等,其所含的数据电文在功能上已经具有原件的证据效力。因此,本院对《贷款合同》以及付款记录等内容予以确认;而被告未在约定的期限内归还借款,已构成违约,应承担违约责任。据此,本案判决如下:被告郑某某于本判决生效后 5 日内归还原告浙江阿里巴巴小额贷款股份有限公司借款人民币 35 万元,并支付利息损失(借款期限内的利息,按日利率 0.047%计算,逾期还款的罚息,从逾期之日到实际付清为止,按照合同约定的贷款利率计算,但以不超出中国人民银行同期同类贷款基准利率 4 倍为限)。

9.3.2　电子支付的法律问题

近年来,我国的电子支付随着电子商务的快速普及发展非常迅速,新兴电子支付工具(如支付宝、Apple Pay、微信支付等)不断出现,电子支付交易量不断提高,逐步成为我国零售支付体系的重要组成部分。但电子支付过程中的问题也层出不穷,交易安全成为交易各方十分关注的问题。

1)电子支付法律关系的定义与特征

电子支付法律关系是指在电子商务活动中,由电子商务交易活动事实引起的,参与者双方在电子支付方面所产生的权利义务关系。但电子支付法律关系有别于一般意义的民事法律关系,其表现出以下特征:

①电子支付法律关系以电子商务法律规范为前提。电子支付作为电子商务交易活动的重要组成部分,而电子商务法律规范是以调整一切电子商务活动的行为准则。电子支付法律关系作为电子商务活动的一部分,是无法脱离电子商务法律规范的调整单独存在的。

②电子支付法律关系是平等主体之间的权利义务关系。在电子支付法律关系中,各主体之间依法享有权利并承担法定义务,拥有平等的法律地位。

③电子支付法律关系是电子支付主体自治意思的表示。电子支付法律关系成立的前提是,支付当事人具有完全意义上的真实意思表示。也就是说,任何以胁迫、欺诈等背离电子支付当事人真实意思的行为,都不能形成电子支付法律关系。

④电子支付法律关系是由法律强制力予以保障的社会关系。电子支付实质上仍是

一种由人参与的社会活动,因此,国家需要以法律的强制力来保证电子支付法律关系,以提升电子商务活动的可信度,从而更好地保证国家的金融秩序和经济发展。

2)电子支付中的法律责任

(1)电子支付中的民事责任问题

因为支付与经济利益密切联系在一起,所以在支付方面很容易产生经济纠纷的问题。通过对网上支付过程中的民事法律责任相关问题的探讨,可以辅助民事责任的认定及经济纠纷问题的解决。

民事责任方式,是指违反约定或者法定义务的行为人承担民事责任的具体方式。在电子支付法律关系中主要从银行、客户和认证机构或者其他参与主体这三方面来进行责任的划分。可以用于电子支付的民事责任方式为返还财产、恢复原状、赔偿损失、支付违约金以及《民法通则》第110条规定的"要求履行或者采取补救措施"。

(2)电子支付中的刑事责任问题

电子支付的刑事责任是指在支付过程中建立在刑事法律基础之上的,满足认定刑事责任要素的犯罪当事人应承担的法律责任。虽然我国的《刑法》中尚未单列针对电子支付犯罪行为的处罚条款,但不乏有许多相关条款可以使用。

如果涉及电子支付过程中的计算机犯罪,可参照《刑法》第286、287条的规定进行处罚,包括破坏网上银行的计算机系统数据和应用程序的犯罪,制作、传播计算机破坏性程序的犯罪等。如果涉及与计算机犯罪有关的网上支付犯罪,可参照《刑法》第196、224、264、266和287条进行处罚,包括利用计算机实施网上金融诈骗、盗窃、贪污、挪用公款的犯罪,在履行电子合同过程中骗取当事人财物的犯罪,进行信用卡等电子货币诈骗犯罪等。

【案例学习9-5】

永嘉市某公司网银动态口令升级受骗案

受害人:浙江省永嘉市某公司

2013年6月22日,浙江省永嘉市某公司财务人员康女士接到一条短信,称其单位的中国银行网银账户需要升级,需登录某网站进行相关操作。康女士信以为真,按短信提示登录网站,输入网银账号、密码和动态口令,完成了"网银升级"。6月26日,康女士在查询公司账户时,才发现账户内的300万元被取光。永嘉市警方接警后立即展开调查,侦查员发现300万元早已被层层转账、取现,而所谓的升级网站其实是钓鱼网站。

警方在侦查中发现类似的案件不是第一次出现了。在辗转浙江、福建、广东、安徽、陕西等地调查取证后,8月18日、19日,在公安部以及各地警方的协助下,永嘉市警方在涉案各地同时行动,抓获了以林某为首的来自福建、香港、广东、安徽、陕西等地的17

名嫌疑人。

据初步审查,林某等人利用银行网银系统的漏洞,发送虚假短信,让被害人登录其事先设立的钓鱼网站升级网银。该网站已植入盗号木马程序,用以盗取用户的账号、密码及动态口令。团伙成员远程获取用户的身份信息、银行卡号、密码等资料后,立即打开真实银行网站,输入被害人的账号密码,迅速将账户内的余额全部提走。

案例分析

近年来,随着网上支付的快速发展,越来越多的人选择网银这种快捷支付方式,但随之而来的是危机重重:一种新型银行诈骗方式——“网络钓鱼”横空出世,一些不法犯罪分子从中牟利。网络钓鱼(Phishing)是通过大量发送声称来自银行或其他知名机构的欺骗性垃圾邮件,意图引诱收信人给出敏感信息(如用户名、口令、账户 ID、ATM PIN 码或信用卡详细信息)的一种攻击方式。这种以“内容欺诈”为主要特征的钓鱼网站攻击,通常整个攻击过程具有隐蔽性强、迷惑度高且速度快等特点,故受害者容易放松警惕。根据 360 安全中心统计数据显示,近年来,钓鱼网站呈迅猛发展态势,需广大网民加强防范。

9.3.3　消费者权益保护的相关法律规范

1) 电子商务中消费者主体的界定

根据我国《消费者权益保护法》第 2 条的规定,消费者是指为生活消费目的的购买、使用商品或者接受商业服务的,由国家专门法律保护其消费者权益的个体社会成员。那么,电子商务中消费者主体应为出于生活消费目的采用电子商务购买、使用商品或接受商业性服务的个人。因此,在目前常见的 3 种电子商务交易模式(B2B、B2C、C2C)中,B2B 模式是不具有网络消费者主体资格的。

2) 电子商务消费者的权利及其法律保护

消费者权利是指包括消费者财产权、人身权等多种民事经济权利在内的综合权利,结合我国消费者权益保护的实践,在电子商务法律环境下,网络消费者应当享有安全权、知情权、公平交易权、求偿权等。

(1)安全权

安全权是指消费者在购买、使用商品和接受服务时享有的人身安全、财产安全不受侵害的权利。电子商务消费者人身安全、财产安全权以及隐私权的一般性保护可适用《民法通则》《消费者权益保护法》《产品质量法》等法律法规的有关规定。电子商务经营者应根据其对消费者造成的损害性质、情节和危害程度承担相应的民事责任、行政责任和刑事责任。

(2)知情权

知情权是指消费者有知悉其购买、使用的商品或接受的服务的真实情况的权利。在电子商务中,由于消费者和经营者是在虚拟的网络环境中进行交易的,消费者的信息来源完全倚仗于经营者提供的信息,这种信息的不对称或缺失极易造成对消费者的人身或财产损失。我国对电子商务消费者知情权的保护,主要现行法律依据是以《消费者权益保护法》为核心,以《合同法》《广告法》《产品质量法》等为辅助参考。

(3)公平交易权

公平交易权是指消费者享有公平交易的权利。因此,对电子商务合同条款的规制成为网上消费者公平交易权保护的主要问题。目前,网络消费类合同中普遍采用的是格式合同形式,大多数交易条款或服务条款是经营者事先拟定好的,消费者一般只能选择接受或拒绝。而经营者的格式合同中,就可能存在着较高的隐蔽性的减轻、免除自己责任的条款,消费者一旦接受就会对其利益造成损害。

(4)求偿权

求偿权又称赔偿权,是指消费者在购买、使用商品或接受服务受到人身或财产损害时,享有依法获得赔偿的权利。实际就是法律赋予消费者在利益受损时享有的一种救济权。在电子商务交易中,消费者索赔权的保护存在着诸多现实障碍,如举证困难、诉讼成本高等问题。因此,如何保证网络消费者在遭受侵权后迅速、方便地寻求救济,成为电子商务立法面临的新问题。

【案例学习 9-6】

打击网购恶意刷单有"法"治

34 岁的秦某原是数家淘宝店店主,为了在"商业竞争"中取得优势,他雇佣一名在校大学生晋某到其竞争对手中的一家网店上刷单 1 500 余笔,随后"闪电"退货。很快,淘宝官方追踪到这场虚假交易,遂对该网店商品进行搜索降权处罚。这种处罚与"封杀"网店无异,导致该竞争对手生意一落千丈。随后,遭受损失的网店向公安机关报警,江苏省雨花台区人民法院判决二人犯破坏生产经营罪,并追究刑事责任。2016 年 12 月 27 日,南京市中院维持了对二人的定罪。这个案件也成为全国首例以破坏生产经营罪入刑的恶意刷单案。

案例分析

近年来,网购的繁荣不仅促进了经济的发展,而且为人们的日常生活提供了极大的便利。而在网购中,消费者一般难以接触到商品实物,网店的信用评级对于消费者的选择无疑起着至关重要的作用。同时,电商信用体系也在很大程度上消除了网络空间给买卖双方带来的不信任,减少了社会交易成本。

人们之所以选择在某家网店消费，正是因为这家网店通过以往的服务获得了能够打动消费者的信用记录。人们之所以选择在某家电商平台中的网店购物，正是因为这家平台所构建的信用体系，能够为消费者所信赖。

可以说，信用记录对于网店而言，是立命之本；完善的信用体系亦是电商平台的生存之根；电商信用体系更是整个网购经济的生命线。正是因为信用对于网店极为重要，网店信用也成了多方利益的交织之地。一些无良者开始拿着自己乃至他人的信用做文章，甚至不惜触及法律底线，演绎出了不同形式的恶意刷单行为。

9.3.4　电子商务税收法

税收是一个国家财政收入的主要来源，国家通过税法的制定和实施，规范税收活动以保证税收目的的实现。由于电子商务在经济贡献上的突出作用，其相关的涉税问题在我国及全世界范围内都引起了广泛关注。随着2016年我国由财政部、海关总署及国家税务总局联合正式发布的《关于跨境电子商务零售进口税收政策的通知》，更是让电子商务税收问题引起了社会的广泛讨论。总的来看，电子商务未来将会被纳入我国税收体系，成为我国税收体系的一个重要部分，依法纳税也将成为符合条件的电商应税主体应尽的义务。

1）我国电子商务的税收规则

我国电子商务的税收政策，既要促进电子商务的发展，为电子商务营造一个宽松的外部环境，又要采取一定措施，防止企业通过互联网偷漏税款。因此，结合我国实际情况，借鉴国际先进经验，应加强以下几方面有关电子商务的税收规则。

（1）制定相关税收对策的原则

由于电子商务环境下的交易对象是数字化的，传统的税收政策难以应对，但也不是对传统税收政策的全盘否定后重新对网络交易开征新税或附加税，而是应该通过一些概念、范畴的重新界定和对现有税制的修补来处理电子商务引发的税收问题。

（2）适当优惠原则

发达国家普通采取对电子商务暂时的税收优惠政策，如WTO组织成员国对互联网采取零关税的政策。我国为促进更多的企业开展网络交易，促进电子商务在我国进一步发展，推动网络经济的持续发展，使其能应对世界范围内的竞争，就应对从事网上交易的企业实行一定程度的优惠税率征税。

（3）居民管辖和地域管辖并重原则

在税收管辖权问题上，我国应坚持居民管辖和地域管辖并重的原则，再通过结合网上交易的特征，在我国现行的增值税、消费税、关税条例中完善对网上交易征税的相关条款。

①加快实施电子征税。利用现代化技术和网络技术，通过电子方式进行申报纳税。

这种新型的申报方式对纳税机关来说可以提高申报效率和质量,同时对纳税人而言突破了时空的限制后,也更加便利快捷。

②建立健全电子征管模式。构建电子征管模式应从建立统一的纳税人识别号;建立由中央、省(区、市)、地(市)、县(市)四级计算机网络;加快税金工程建设几方面入手。

③加大税收稽查力度。主要涉及认证制度的建立、电子发票的规范、电子银行合作、建立密匙管理系统、加强国际交流和加强税收稽查资源整合几个方面。

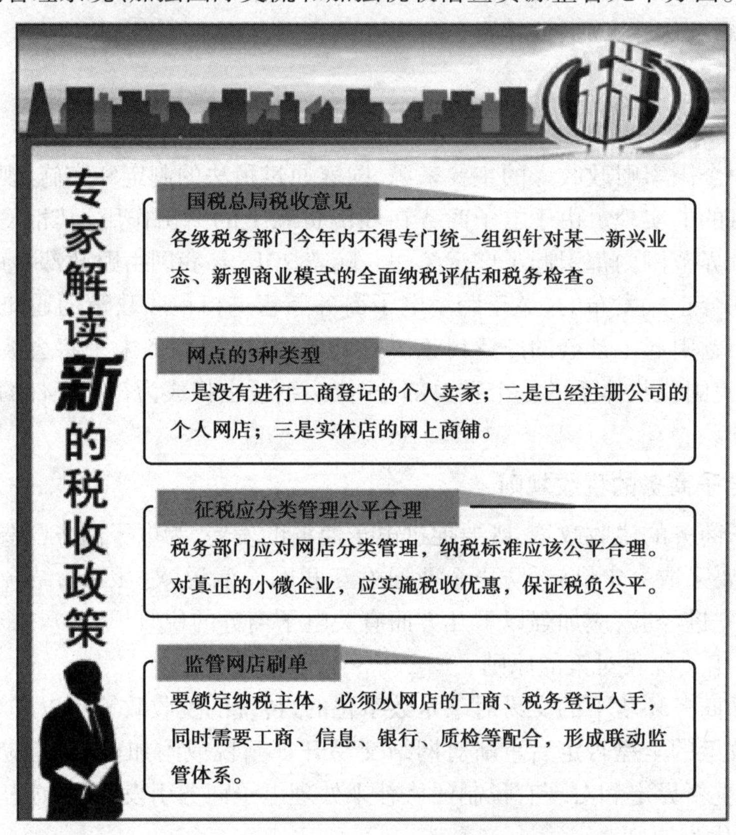

图 9-3　我国电子商务税收政策解读

2)电子商务税收政策实施的难点

(1)税收征管难度较大

传统的税收征管模式是建立在各种票证和账簿的基础上的,而电子商务无纸化的交易过程无疑让征管对象增加了可变性和不确定性的特征;同时,电子商务的流动性和无边界性,也决定了很难确定纳税地点。

(2)避税概率提升

由于电子商务打破了传统的地域限制,不仅一些大公司,而且进行经营的中小企业或个人足不出户都可在避税港建立“虚拟公司”进行网上交易,从而使得规避税收征管变得更容易。

(3)税收管辖权的冲突加剧

电子商务由于网络空间的难以确定和追踪性等原因,使来源地很难确定,这给行使地域税收管辖权带来很大困难,尤其体现在国际税收管辖权之争上更是愈演愈烈。

【案例学习9-7】

我国自4月8日起实施跨境电子商务零售进口税收政策并调整行邮税政策

为营造公平竞争的市场环境,促进跨境电子商务健康发展,经国务院批准,自2016年4月8日起,我国实施跨境电子商务零售(企业对消费者,即B2C)进口税收政策,并同步调整行邮税政策。

目前,个人自用、合理数量的跨境电子商务零售进口商品在实际操作中按照邮递物品征收行邮税。行邮税针对的是非贸易属性的进境物品,将关税和进口环节增值税、消费税三税合并征收,税率普遍低于同类进口货物的综合税率。跨境电子商务零售进口商品虽然通过邮递渠道进境,但不同于传统非贸易性的文件票据、旅客分离行李、亲友馈赠物品等,其交易具有贸易属性,全环节仅征收行邮税,总体税负水平低于国内销售的同类一般贸易进口货物和国产货物的税负,形成了不公平竞争。因此,政策将对跨境电子商务零售进口商品按照货物征收关税和进口环节增值税、消费税。

在对跨境电子商务零售进口商品按照货物征税的同时,考虑到大部分消费者的合理消费需求,政策将单次交易限值由行邮税政策中的1 000元(港澳台地区为800元)提高至2 000元,同时将设置个人年度交易限值为20 000元。在限值以内进口的跨境电子商务零售进口商品,关税税率暂设为0%,进口环节增值税、消费税取消免征税额,暂按法定应纳税额的70%征收。超过单次限值、累加后超过个人年度限值的单次交易,以及完税价格超过2 000元限值的单个不可分割商品,将均按照一般贸易方式全额征税。为满足日常征管操作需要,有关部门将制定《跨境电子商务零售进口商品清单》并另行公布。

考虑到现行监管条件,暂时将能够提供交易、支付、物流等电子信息的跨境电子商务零售进口商品纳入政策实施范围。不属于跨境电子商务零售进口的个人物品以及无法提供有关电子信息的跨境电子商务零售进口商品,仍将按现行规定执行。

同时,为优化税目结构,方便旅客和消费者申报、纳税,提高通关效率,我国将同步调整行邮税政策,将目前的4档税目(对应税率分别为10%、20%、30%、50%)调整为3档,其中,税目1主要为最惠国税率为零的商品,税目3主要为征收消费税的高档消费品,其他商品归入税目2。调整后,为保持各税目商品的行邮税税率与同类进口货物综合税率的大体一致,税目1、2、3的税率将分别为15%、30%、60%。

两项政策的实施，将有利于支持新兴业态与传统业态、国外商品与国内商品公平竞争，提高市场效率，促进共同发展。政策实施后，将为国内跨境电子商务的发展营造稳定、统一的税收政策环境，引导电子商务企业开展公平竞争，有利于鼓励商业模式创新，推动跨境电子商务健康发展，并将有利于提升消费者客户体验，保护消费者合法权益。

跨境电子商务企业对企业(B2B)进口，线下按一般贸易等方式完成货物进口，仍按照现行有关税收政策执行。

9.4 电子商务安全的法律规范

电子商务安全主要是指电子商务平台和交易双方身份的真实性和交易信息的安全性。今天，如何营造一个安全、便捷的电子商务应用环境，对信息提供足够的保护，是网络平台提供者、使用者和有关部门关心的重大问题。

由于传统签名自身存在的不足及电子通信技术的迅速发展和日益成熟，电子签名和电子认证成为一种重要的文件认证手段。电子签名与电子认证关乎电子商务的安全，在交易过程中有重要的作用，因此，为了弥补因为网络虚拟身份、匿名造成的事后否认、欺诈等行为，针对电子签名和电子认证出台了相应的法律制度。

1)电子签名的定义与作用

(1)电子签名的定义

我国《电子签名法》通过借鉴国际组织与发达国家对电子签名立法的研究成果，结合我国电子商务的实际情况认为："电子签名，是指数据电文中以电子形式所含、所附用于识别签名人身份并表明签名人认可其中内容的数据。"

(2)电子签名的作用

电子签名在本质上是一种起着与传统签名功能相同的数据，其作用主要表现为以下三个方面：证明文件的来源(即识别签名人)、表明签名人对文件内容的确认以及作为构成签名人对文件内容的正确性和完整性负责的根据。

2)电子签名的法律效力

电子签名的法律效力主要表现为电子签名合法使用的效力，是指其签名拥有人完全遵守了法律规范和交易惯例的要求，以电子签名对交易数据电文的签署。因此，电子签名的法律效力包括以下几方面：

(1)对签署人的效力

一是签署人对自我身份的认定；二是签署人承认、认可、证实了数据电文的内容，就应履行相应义务，承担相应责任。

(2)对数据电文内容的效力

以电子签名签署的数据电文,在交易当事人之间作为原件对待,发生争议时可作为原始证据向法庭提交。

(3)对法律行为的效力

当以电子签名签署的要约、承诺本身符合合同法的基本规范时,那么对该要约或承诺的电子签名的签署就决定了合同成立与生效的时间、地点等重要的法律因素。

3)电子认证的定义与特征

(1)电子认证的定义

电子认证是以电子认证证书(又称数字证书)为核心的加密技术,它以公钥基础设施(PKI)技术为基础,对互联网上传输的信息进行加密和解密、数字签名和签名验证。电子认证是电子鉴别技术在商事交易中的一种具体应用,目的在于证明电子商务交易有关各方身份的真实性与合法性。同时,电子认证在实际操作中,往往需要交由从事电子认证服务许可证的第三方加以确认,具有权威性和公正性的第三方就是电子商务认证机构(CA)。

(2)电子认证的特征

①真实性:确保电子商务参与双方身份的真实、信息内容的真实,以及交流信息过程的真实。

②完整性:确保电子商务参与双方的信息完整性与原始性。

③机密性:确保交换数据、电文、信息的隐蔽性。

④不可否认性:一旦要从第三方角度,按照法律的要求取证,在整个交流交易的过程中,需要不可否认性。

4)电子签名与电子认证的关系

电子签名和电子认证都是关于解决电子商务交易过程中产生的问题,但二者之间有着明显的区别。电子签名解决的是文件归属与身份辨识的问题,即交易的主体是谁的问题;电子认证解决的可信度问题,即交易对方是否就是签署名字所代表的人,是由公正权威的第三方来保证签名者的身份;电子签名侧重从信息技术的角度来处理问题,而电子认证则是从制度角度来进行保证。因此,电子签名是电子认证产生的前提条件,电子认证则是电子签名的有效保障。

【案例学习9-8】

手机短信作为证据"电子签名法第一案"判决

原告:杨某　　被告:韩某

2004年1月,杨先生结识了女孩韩某。同年8月27日,韩某发短信给杨先生说:

"我需要5 000元,刚回北京做了眼睛手术,不能出门,你汇到我卡里。"杨先生随即将钱汇给了韩某。一周后,杨先生再次收到韩某借6 000元的短信。因都是短信来往,两次汇款杨先生都没有索要借据。此后,因韩某一直没提过借款的事,而且又再次向杨先生借款,杨先生产生了警惕,但一直索要未果,于是起诉至北京市海淀区法院。

庭审中,杨先生除向法院提供了两张银行汇款单存单外,还提交了自己使用的号码为"1391166××××"的手机,其中记载了部分短信息内容。后经法官核实,杨先生提供的发送短信的手机号码拨打后接听者是韩某本人。而韩某本人也承认,自己从2003年七八月份开始使用这个手机号码。

案例分析

本案涉及的主要问题是手机短信能否作为借款的证据,也即手机短信是否可以作为书面证据而享有直接的证明力。依据《中华人民共和国电子签名法》中的规定,法院对杨先生提供的移动电话短信息生成、储存、传递数据电文方法的可靠性;保持内容完整性方法的可靠性;用以鉴别发件人方法的可靠性进行审查,认定短信内容作为证据的真实性。根据证据规则的相关规定,录音录像及数据电文可以作为证据使用,但数据电文直接作为认定事实的证据,还应有其他书面证据相佐证。

杨先生提供的通过韩女士使用的号码发送的短信内容中载明的款项往来金额、时间与中国工商银行个人业务凭证中体现的杨先生给韩女士汇款的金额、时间相符,且短信内容中亦载明了韩女士偿还借款的意思表示,两份证据之间相互印证,可以认定韩女士向杨先生借款的事实。因此,法院对杨先生要求韩女士偿还借款的诉讼请求予以支持。此案被认为是"电子签名法第一案"。

本章小结

受网络环境、政策法律环境、消费者意识及市场经济环境等因素影响,电子商务在给消费者带来诸多便利的同时,还存在许多现实问题亟须解决。因此,为使电子商务这个新兴的经济模式能在我国顺利地从快速发展期过渡到成熟平稳期,电子商务法律制度的制定与实施对鼓励、规范和促进电子商务持续健康发展显得格外重要。

本章重点阐述了电子商务法律的概念为,调整以数据电文为交易手段而形成的因交易形式所引起的商事关系的规范体系;因为其调整对象的多样性、复杂性与广泛性,所以电子商务法律具有综合性;电子商务法律对电子商务活动起着保驾护航的重要作用,具体体现在:它为电子商务的可持续发展提供有力保障;它是科学新技术在电子商务中广泛应用的助推器以及它能有效遏制侵犯电子商务交易安全的行为。

本章同时将目前国内外电子商务立法的概况进行了梳理总结,从国际层面来看对全世界各国电子商务立法产生直接和巨大影响的是联合国国际贸易委员会颁布的《电子商务示范法》;而在我国电子商务法律基本法尚未出台,唯一一部真正意义上的电子商务法律规范是《中华人民共和国电子签名法》,它对我国电子商务法律建设发展起着里程碑式的引领作用。

本章还概述了与我国企业、国民等在应用电子商务过程中常见的电子商务法律法规问题如电子合同、电子签名、电子支付等。最后,对我国现行的与电子商务主体利益休戚相关的电子商务法律法规进行了介绍。

【本章学习与思考】

1.电子商务法律关系的定义是什么?电子商务法律关系主要包括哪些内容?

2.电子商务法律的定义是什么?请简述电子商务法律的特点和制定基本原则。

3.请简述目前我国电子商务立法尚存的不足之处主要体现在哪些方面。

4.请简述我国网络知识产权的相关法律及规定。

5.对于网络隐私侵权应如何应对?

6.请简述我国电子商务法律法规中电子签名的法律效力体现在哪些方面。

7.常见的模式中,哪种形态不属于电子商务消费中的主体范围?我国对电子商务消费者权益保护主要是从哪几方面进行法律规范的?

【技能操作训练】

1.登录知名企业网站或网上商城,如联想、海尔、苏宁易购等,查看其法律公告和隐私保护页面,研究其在消费者权益和隐私保护上具体有哪些条款。

2.登录政府网站,查看其在互联网法律法规上有哪些政策。

第10章
移动电子商务

【教学目标】

1.掌握移动电子商务的概念及特点；

2.掌握移动电子商务的优势及分类；

3.掌握移动电子商务的营销模式与服务类型；

4.了解移动电子商务对我们生活的影响；

5.了解移动电子商务的发展现状及未来前景。

【教学重点、难点】

1.掌握移动电子商务商业模式与营销模式的特点和作用；

2.结合身边的案例对移动电子商务的应用与服务进行分析。

【案例导入】

2016年的“双11”已经结束，正在读大一的王某这几天都在忙碌地接着电话，收着大大小小的包裹。这些包裹都是王某利用他的智能手机在课后休息、与同学玩耍、吃饭和走路等零碎时间打拼出的赫赫“战绩”。王某在“双11”还没有开始之前就给手机购买了3个G的4G流量包，为的就是随时随地进行货比三家，确定最终抢购目标。“双11”当天开始不到5分钟，王某就抢到了大大小小十几件心爱之物，开心得不得了。2016年的11月11日当天，天猫“双11购物狂欢节”总交易额达到1 207.49亿元，远超2015年的912.17亿元。与此同时，有另外一组数据让我们不得不注意，“双11”天猫移动端交易额占比达82%，超过2015年的68%。这些数据意味着移动电子商务已经步入一个高速发展的阶段，它正改变着人们的生活，这一具有开拓意义的、飞速推进的商务模式正式步入正轨。

思考：

1.相比实体店购物和传统网上购物，移动购物的优势有哪些？

2.移动互联网与移动智能终端的普及，是如何影响着我们的生活的？

10.1　移动电子商务概述

随着我国互联网和移动通信技术的迅猛发展,智能手机市场份额逐步提升,手机上网成为现代人生活中一种重要的上网方式,人们正逐渐利用手机等移动智能终端设备进行网上支付、个人信息服务、网上银行业务、网络购物、手机订票、娱乐服务等,这种移动数据终端设备参与商业经营的移动电子商务正在迅速崛起。截至 2017 年 12 月,中国网民规模达 7.72 亿,中国手机网民规模达 7.53 亿,较 2016 年年底增加 5 734 万人。网民中使用手机上网人群占比由 2016 年年底的 95.1%提升至 97.5%,通过笔记本电脑接入互联网的比例为 38.5%;移动平板电脑上网使用率为 30.6%。到 2018 年,移动终端网民赶超了 PC 网民,成为互联网的最大用户群体。这一系列数据充分说明,我国移动电子商务市场潜力之巨大。不仅如此,2013 年以来,3G 的大面积覆盖和 4G 的大范围推广,以及 WiFi 技术的成熟,提高了移动互联网数据传输的速率和效率,意味着大流量消费时代的到来,催熟了移动电子商务市场商业化的环境。

根据 Analysys 易观发布的《中国移动网购市场季度监测报告 2016 年第 3 季度》数据显示,2016 年第 3 季度,中国移动网购市场交易规模达 9 619.1 亿元,同比增长 83.5%。如图 10-1 所示,移动网购交易规模增速继续保持放缓趋势,占网上零售总额的比重进一步提升至 74.1%。2016 年第 3 季度市场份额方面,整体格局保持稳定,手机淘宝+天猫市场以 85.8%的市场份额稳居首位,手机京东市场份额为 10.2%位居第二,位居第三位的为手机唯品会,其市场份额达到 2.4%。在这样的契机之下,越来越多商家的经营理念与模式也在不断地发生转变。国内运营商纷纷涉足移动电子商务领域,微信推出了微信钱包的业务,传统的行业也开始涉足移动电子商务,如 2014 年 8 月万达集团与百度、腾讯合作成立了万达电子商务公司。移动电子商务已经成为众多商家必争的新型商务模式之一。移动电子商务的发展已经势不可当,其将会与人们的生活越来越紧密,发展移动电子商务也将是未来电子商务的必然趋势。

10.1.1　移动电子商务的概念

移动电子商务(M-Commerce),它由电子商务(E-Commerce)的概念衍生而来,电子商务以 PC 机为主要界面,是有线的电子商务;而移动电子商务,也称无线电子商务,是在无线网络平台上实现的电子商务。与传统通过电脑(台式 PC、笔记本电脑)平台开展的电子商务相比,移动电子商务是通过接入互联网,依赖因特网、移动通信技术、短距离通信技术及其他信息处理技术,使用手机、PDA(个人数字助理)等移动通信设备与互联网有机结合的,可随时随地实现 B2B、B2C 或 C2C 的电子商务活动,它是无线通信

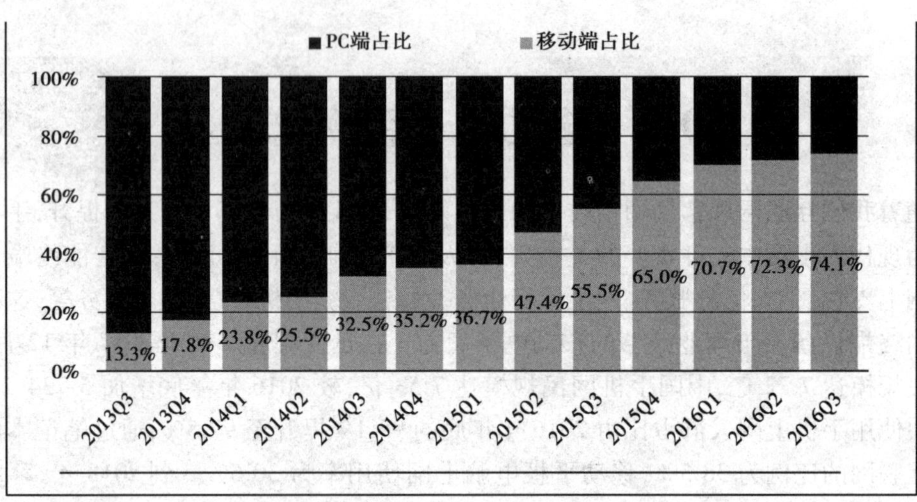

图 10-1　2013 年第 3 季度—2016 年第 3 季度中国网上零售与移动购物占比图

技术和电子商务技术的有机统一体。其概念包含 3 个方面的含义:移动通信、移动互联网和电子商务。有人预言,移动电子商务将决定 21 世纪新企业的风貌,也将改变生活与旧商业的面貌。

10.1.2　移动电子商务的发展历程

移动电子商务的兴起不是偶然,一方面来讲,网络购物等互联网服务深入人心,越来越多的人需要通过互联网来提高生活品质,商务交易节奏加快也需要互联网的辅助,大量的需求拉动移动电子商务的发展,成为驱动其发展繁荣的强大动力。另一方面,它是科技进步的发展趋势,移动通信技术和移动互联网技术取得的长足进步,为其奠定坚实的技术基础,移动终端设备的广泛普及为其奠定了用户基础。移动电子商务以移动通信技术为技术基础,所以,应从移动通信技术的演进来看待移动电子商务的发展过程。

1)第一代移动通信技术(1G 时代)

1973 年,第一部移动电话问世,美国于 1982 年推出 AMPS(即 Advanced Mobile-Phone System),当时被称为国际标准 IS-88,拉开了 1G 时代的序幕。当时的移动服务比较单一,加上手机在当时属于奢侈品,只有很少的富人才能拥有,客户群体规模较小。通信技术仍然是模拟技术,只能提供语音服务。

2)第二代移动通信技术(2G 时代)

20 世纪 90 年代初,诞生了 2G 蜂窝系统,尤其是 GSM 应用广泛,成为使用最好的 2G 标准。这个时期,模拟技术已经不能再满足需求,逐渐被数字技术取代,为用户带来更好的通信服务体验。除此之外,终端设备制造技术发展迅速,手机的价格大幅下降,用户规模快速壮大,服务资费也越来越平民化,除了语音服务外,移动运营商还开发出很多增值服务,如短信、数据防伪查询、加密应用等,丰富用户体验。

3)第三代移动通信技术(3G 时代)

2008 年,电信业重组,中国移动 3G 网络试运行,同时,手机接入互联网的用户首次超过台式机接入数量。2009 年 1 月 6 日,我国分别对移动、联通和电信发放了 TD-SCDMA,WCDMA,CDMA2000 的 3G 牌照,标志着我国的移动电子商务开始进入 3G 时代。3G 较之以前的移动通信技术,大大提高了无线网络的数据传输和处理速率,作为移动电子商务应用的基础,3G 的广泛应用、大力推广,才能让移动用户享受更多、更快捷的互联网服务。

4)第四代移动通信技术(4G 时代)

2013 年 12 月 4 日,国家工业和信息化部向中国移动、中国联通和中国电信发放 4G 牌照。2014 年,4G 网络技术大力发展,实现大面积覆盖。4G 网络上传速度可达 20 MB/s,下载速度可达 100 MB/s,比 3G 网络快将近 10 倍。第四代移动通信技术的核心是 OFDM(Orthogonal Frequency Division Multiplexing),即正交频分复用技术,该技术将信道分成若干子信道,将高速数据分流,使其在并行的子信道上进行传输,一方面提高了传输速率;另一方面又避免了信号干扰,从而实现数据的高速度和高效率传输。在 4G 网络覆盖下,用户可以流畅观看高清视频,无卡顿进行移动终端视频播放,为人们的日常生活和交易提供便利。

10.1.3　移动电子商务的实现技术

1)无线应用协议

无线应用协议(WAP)试图定义一个标准,一方面帮助用户接入互联网;另一方面还会对传输给用户的网络内容进行过滤。WAP 使用户可以通过便携式设备随时随地方便快捷接入互联网,享受移动式互联网的服务。

2)移动 IP

移动 IP(Mobile IP)可以使移动主机在保持通信的过程中,从一个地方漫游到另一个地方。移动 IP 有 Mobile IPv4(RFC 3344)和 Mobile IPv6(RFC 3775)两种。目前广泛使用的仍然是 Mobile IPv4。移动 IP 要求不修改与移动主机通信的对方主机以及中间路由器。也就是说,当移动主机从一个地方漫游到另一个地方的时候,仍然使用其原有的 IP 地址。

3)组网技术

移动通信网就是承接移动通信网络业务的网络。移动通信网络组网技术包括区域覆盖技术、多址技术。多址接入解决的是在无线通信环境的电波覆盖区内如何建立用户之间的无线信道连接问题。多址技术主要解决众多用户高效共享给定频谱资源的问题,包括 FDMA、TDMA、CDMA 和 SDMA。

4)无线局域网

无线局域网(Wireless Local Area Networks,WLAN),是采用无线介质传输的计算机局域网,是无线通信技术与计算机网络有机结合的产物。它具有高数据传输速率、开放频段、局部覆盖与移动、高逻辑端口密度的特点。目前,WLAN 主要有 IEEE802. 11x 与 Hiper LAN/x 两种系列标准。

5)WPKI(Wireless PKI)技术

在无线世界里,由于空中接口的开放,人们对于进行商务活动的安全性的关注远超过有线环境。只有用户相信通过无线方式所进行的交易不会发生欺诈或篡改,进行的交易受到法律的承认和隐私信息被适当地保护,移动电子商务才有可能持续推广下去。

在有线通信中,电子商务交易的一个重要安全保障是 PKI(公钥基础设施)。在保证信息安全、身份证明、信息完整和不可抵赖性等方面 PKI 得到了普遍的认同,起着不可替代的作用。PKI 的系统概念、安全操作流程、密钥、证书等同样也适用于解决移动电子商务交易的安全问题,但在应用 PKI 的同时要考虑到移动通信环境的特点,并据此对 PKI 技术进行改进。

WPKI(Wireless PKI)技术满足移动电子商务安全的要求,即具有保密性、完整性、真实性、不可抵赖性,解除了消费者在交易过程中的风险。

6)4G 通信技术

4G 是第四代移动通信技术的简称,相对于 3G 通信技术而言,是新一代的移动通信技术,国际电信联盟 3GPP 标准命名是 IMT-Advanced,分为 TD-LTE 和 FDD-LTE 两种,理论下行速率分别达到 100 MB/s 和 150 MB/s,是 3G 速率的 50 倍,是 2G 速率的1 000 倍,上行速率也分别达到 50 MB/s 和 40 MB/s。截至 2015 年 3 月 1 日,我国已经向三大国有运营商颁发了 TD-LTE 的牌照,并向中国联通和中国电信颁发了 FDD-LTE 的牌照。

4G 使用 OFDM 等核心技术,显著提高了系统峰值速率、频谱利用率、抗干扰能力,并降低了移动终端在网络通信中的电池消耗,更加符合低碳环保的要求;同时,降低了运营商在建网和维护方面的成本,使得通信资费有所降低。更快的上网速率、更高的网络质量、更低的资费水平,这些因素叠加在一起使用户能够获得"Always Online"的体验,时时在线在 4G 时代变为现实,也使商家与客户间双向的实时沟通与交流成为可能,加速了电子商务在移动端的普及。

7)蓝牙技术

蓝牙(Bluetooth)是一种无线数据与语音通信的开放性全球规范,其实质内容是为固定设备或移动设备之间的通信环境建立通用的无线电空中接口(Radio Air

Interface)，将通信技术与计算机技术进一步结合起来，使各种 3C 设备在没有电线或电缆相互连接的情况下，能在近距离范围内实现相互通信或操作。它最大的好处就是能够取代各种乱七八糟的传输线。

8)移动支付技术

移动支付就是允许用户使用移动终端(通常指手机)对所消费的商品或服务进行账务支付的一种新兴支付技术。移动支付技术脱离了现金和信用卡等传统的货币支付媒介，通过移动设备近距离传感或者远程支付直接或间接地向银行、金融机构发送支付指令产生货币支付行为与资金转移行为，从而实现移动支付，银行服务移动化。目前行业中存在着支付宝、翼支付、微信支付、PayPal、GoogleWallet、Apple Pay 等多种移动支付工具。

9)数字图像技术

数字图像指的是通过模拟图像数字化得到的，以像素为基本元素的，可以用数字计算机或数字电路存储和处理的图像。经过 15 年左右的发展，手机摄像头从当初的 11 万像素进化到了现在的主流 1 600 万像素，最高达到 4 100 万像素。

数字图像技术的发展满足了人们对于商品直观性、美观性的需求，可以远距离通过网络从各个方位观察所需购买的商品；同时也满足了用户社交的需要，可以通过手机拍摄图片分享到社交平台上，满足用户炫耀的心理需求，促进了智能手机的普及。

更为重要的是，手机摄像头分辨率的提高使得用户可以使用二维码这一简单有效的工具作为进入移动电子商务各项应用的入口。二维码是用特定的几何图形按一定规律在平面上从二维方向上分布的黑白相间的矩形方阵记录数据符号信息的新一代条码技术。用户不必再去记忆繁杂的网址或者商品信息，只需通过扫描二维码便可到达对应的网站、进行商品溯源、获取电子凭证等多种信息服务。商家也可以使用二维码的方式进行优惠促销、使用广告推送，会员管理等功能，配合微信公众号、百度直达号等第三方媒体平台，达到整合营销、即时互动、立体传播的效果。用户只需"扫一扫"，便可获得相应的优惠，增加了用户黏性和体验感受，达到良好的服务和企业与客户双赢的效果，二维码俨然成了人们最为便捷的移动世界入口。

【案例学习 10-1】

2016 年，蒙牛酸酸乳携手《超级女声》强势复出，开启互联网选秀元年，在冠名节目的同时，蒙牛酸酸乳与节目机制深度结合，搭载纷美包装全球首创的超级二维码技术，打通线上互动与线下销售，并通过节目多元植入、线下互动结合，进行了广告+节目强 IP 合作的互联网化新探索。蒙牛此次借势《超级女声》来提升品牌认知度和品牌曝光度，并通过手机参与扫描包装二维码赢超级币为超女投票涨人气，成功提升了品牌认知度和产品销量。蒙牛酸酸乳冠名的《超级女声》更是利用该技术与消费者产生多种互动，利用超级二维码平台使商品消费成为一种文化消费。

图 10-2　蒙牛冠名的《超级女声》节目之超级二维码项目宣传海报

超级二维码平台技术创新和营销手段相结合，紧抓“90 后”目标受众触媒习惯。截至 2016 年 8 月 31 日，超 5 000 万人次通过移动手机端扫描蒙牛酸酸乳超级二维码，助力蒙牛酸酸乳的品牌力提升了 10%。二维码创新互动形式，成功将线上互动转化至线下销售，带动了产品销量的提升，赢得了业界高度评价和良好的口碑。

10）生物识别技术

生物识别技术主要用于识别用户身份和确保交易的安全性，指的是通过光学、声学等多种生物传感器，运用生物学原理，利用人体固有的生理特征（如指纹、虹膜、人脸等）和行为特征（如声音、步态、笔迹等）来进行个人身份的鉴定。由于安全性的需要，移动电子商务的流程中经常会遇到需要身份鉴定和交易确认的情况，而传统的身份鉴定方法具有很大的局限性，或是容易丢失（如银行卡、身份证等），或是容易被盗或遗忘（如用户名与密码的登录方式），身份容易被他人冒充或取代。生物识别技术则直接对人类生物特征进行识别，由于人类的生物特征通常具有唯一性、遗传性、可测量性、终生不变等特点，因此，生物识别比传统的身份鉴定方法更具安全性、保密性，并且可以随身“携带”，随时随地可用，无须记忆，不会遗忘。在用户使用的感受方面，传统的输入账号、密码的方式耗时较长，而且需要记忆，在账号越来越多的情况下非常不便，而使用生物识别则令用户体验提升了一个层次，只需几秒钟的时间就可以完成身份识别或者交易确认，整个过程成本极低，使用起来非常方便。

技术的发展为移动电子商务的发展提供了可能，在多种技术的支撑下，多种新型的商业模式如雨后春笋般不断涌现，这些商业模式有共同之处也各具特点，不管哪一种移动电子商务商业模式，都不同程度地应用到了最新的技术成果。在提供信息服务之前，我们必须了解这些模式的共性与各自的特点以及发展情况，来开发和提供相应的信息服务，满足用户的需求。

10.1.4　移动电子商务商业模式

移动电子商务商业模式，一般是指在移动技术条件下相关的经济实体是如何通过移动网络开展商务活动创造、实现价值并获得利润。其经济实体包括运营商、产品、服务、内容提供商、软件开发商、终端设备提供商、平台提供商、供应链服务商、金融机构等。移动电子商务商业模式以处于移动状态的客户为中心，以移动通信网络为依托，开展各种商务活动，实现企业自身的商业价值。

移动电子商务随着移动通信技术、终端设备的升级换代不断扩充、完善和成熟，新的模式处在不断发展和变化过程之中。企业的商务活动只有与价值理念相结合，树立为顾客创造价值的概念，才能可持续发展。从生产到消费形成“价值创造—价值传递—价值体验”的价值网络。

随着移动电子商务的发展，运营商（无线网络提供商）主导地位将逐渐弱化或转型，产品、服务、内容提供商将逐步主导移动电子商务的开展。同时，移动互联网创新技术的不断涌现将引领商业模式的变革。另外，在移动电子商务活动开展所依赖的各种移动终端产品，从硬件到操作系统再到内生应用，争夺用户的“入口之争”会更激烈。下面就两个典型的移动电子商务商业模式进行介绍：

1）O2O 模式

O2O（Online To Offline）是顺应移动电子商务发展趋势而产生的一种立足于本地生活服务的电子商务模式。O2O 的本质就是把线上有潜在消费需求的消费者带到线下的实体店中去，消费者采用移动支付的方式购买线下的商品或服务，再到实体店中领取物品或享受服务。实体店通过 O2O 应用在线提供打折、团购、优惠券等信息服务，把线下的信息推送给线上的用户，吸引用户消费，从而将他们转化为线下实实在在的消费客户。

O2O 模式包含 3 个参与者：消费者、O2O 应用平台以及线下的商家，三方通过 O2O 模式，都可以获得自身的价值。对消费者而言，O2O 提供了全面展示商家信息及产品信息的平台，能够方便快捷地筛选自身需要的商品或服务，并以较低的价格获取。对 O2O 平台提供商来说，O2O 模式可以带来大量的忠实用户，进而能争取到更加丰厚的广告收入，增加平台与商家谈判的筹码。掌握庞大的消费者数据资源，且本地化程度较高的 O2O 平台提供商还能为商家提供运营推广、消费数据分析等增值服务来获取利润。对本地商家来说，O2O 模式要求消费者在线进行支付，方便商家对消费者购买数据的统计、分析，合理安排自身业务，调整自身的经营战略，通过线上资源增加的顾客并不会给商家增加太多的成本，反而会带来更多的利润。此外，O2O 模式在一定程度上降低了商家对店铺地理位置的依赖，减少了租金方面的支出，使“酒香”不再怕“巷子深”。

【案例学习 10-2】

图 10-3 “有壹手”汽车快修与京东合作项目宣传海报

“有壹手”汽车快修是在 2013 年 5 月上线的一家专门以汽车小剐小蹭的“钣喷”修复,还有清洗、美容、护理、修复、整形等汽车“面子工程”为服务内容的汽修 O2O 平台。整合创新的网络营销和服务平台、严格的门店运营管理体系和优质环保的维修技术,“有壹手”为数千万中国车主提供高性价比的汽车快修服务,服务项目包括局部车漆快修、车身整形快修、凹陷无痕复原、全车翻新或改色、汽车色彩定制、极美车漆护理、keeper 车漆镀膜、汽车车身及玻璃贴膜等。现在的“有壹手”汽车快修已经在北京地区被很多人接受,汽车有问题或者向进行汽车装修,很多人都会掏出手机上网进行服务预订。“有壹手”汽车快修可以说在汽修 O2O 中取得了别人无法匹敌的成绩,那么,它是如何做到这些的呢?

(1)完美的业务定位

“有壹手”在进行 O2O 业务定位的时候,选择了以钣喷、装潢为主,如此选择业务的原因是什么?每个行业都有着各种各样的业务,并不是所有的业务都适合 O2O 模式,因此,在进行 O2O 业务选择的时候,“有壹手”汽车快修选择了钣喷、装潢为主的业务。主要原因是市场足够大、利润足够高、不涉及原厂配件问题,避免保护主义。这样就可以在保证利润的基础上保证人气、口碑的良好发展。

(2)服务标准化

①价格透明

O2O 消费要对产品进行明码标价,因为 O2O 消费者在社交网络中的交流是非常频繁的,如果价格不透明,就会导致客户觉得被区别对待,造成心理不平衡。这样客户就会产生不信任感。

②质量标准化

只有能够标准化的质量保障,才能保证汽修品质,创造良好的行业口碑,有利于

"有壹手"汽修专业品牌形象的确立。此外,在整个汽修的过程中,进行现场直播,让车主对汽车整改维修过程进行监督。保证了质量也能够让车主对 O2O 线下消费产生信任。

③服务流程标准化

"有壹手"在这方面做得相当不错,特别是对于时间的管理,让顾客在订购服务后到店消费的等待时间变得更短,提升顾客的体验。

(3)搭建信息平台

在线下的业务标准化以后,一个强有力的信息平台也是 O2O 中的关键因素。"有壹手"快修花费了一年的时间推出了一整套线上信息平台,不单帮助门店进行管理,还集成了网站、微博、微信等多方平台信息,大大方便了车主进行在线预约、远程监控、上门取车等线上业务,将线上与线下沟通互动做到完美程度。

(4)在线上利用微信营销

"有壹手"选择微信平台开设服务号而不是采用自建 App 的形式进行宣传,避免了自建 App 开发周期长、使用频率低、营销成本高等弊端。另外,由于现在微信用户的数量已经达到了一个惊人的数字,采用微信服务号可以帮助"有壹手"进一步提升服务品质,增加用户黏性。

2)OTT 模式

OTT 的本义是 Over The Top(过顶传球),是篮球运动中的一种术语,指的是越过对方头顶将球传给队友。移动领域的 OTT 模式指的则是如苹果的 iMessage, Facetime, App Store 以及 Skype、微信等借助运营商的网络,提供与语音、短信、视频通话等类似的服务,并且一般只收取少量费用或免费,用户只需花费流量费用就可以使用的服务。

OTT 市场的爆发给移动数据的流量带来了巨大的增长,但使得运营商传统的话务和短信收入增长缓慢,运营商逐渐沦为"管道商",仅仅提供移动数据的传输通道或者代为扣费等;相比之下,苹果、谷歌、腾讯、阿里巴巴等应用或平台提供商则通过各种 APP 将用户划入自己的商务平台中,提供多种服务。

【案例学习 10-3】

OTT 业务的鼻祖是 Skype 公司,当年,Skype 发明了网络电话,可让人们免费与其他用户进行高清晰度的语音通话,也可以拨打国内国际电话。后来谷歌等互联网企业也都效仿,利用运营商的宽带网络发展自己的免费语音通话业务。在国内,Skype 公司早就被当年的信息产业部叫停,后来腾讯的微信崛起,并以社交业务的形式出现,但仍是典型的 OTT 业务,因为微信可以实现免费语音通话,所以,如今很多中国人出国只要能免费上网就立刻用微信通话,原因正是可免去国际漫游通话。有机构测算过,Skype 等 OTT 语音类应用对移动运营商语音收入的影响是每年几百亿美元,也就是说,Skype 公司每年收入几十亿美元,但造成电信运营商的损失却是十倍以上。所以,OTT 业务对电信运营商的未来是有巨大影响的。

OTT 模式是一种以开放互联网服务为核心的观点,其核心目标是寻求将家庭设备也互联起来,视频服务不再成为广电运营商的专利,电信运营商、互联网企业、硬件设备商以及内容生产商等都将自身定位于视频产业的参与者并获取相应价值。在这一进程中,除 PC 终端外,OTT 视频服务逐渐向 iPhone、iPad 及互联网电视等多终端覆盖。以中国互联网电视业务为例,从 2012 年至今,OTT 行业从开始到爆发仅仅经历了短短两年,各大互联网公司也采取不同的运营策略来对 OTT 部分进行布局。从小米盒子、百度影棒再到天猫魔盒,越来越多的互联网公司加入 OTT 模式的队伍,OTT 服务商直接面向用户提供丰富多彩、极具互动性和个性化的互联网视频服务,且向用户直接收费,使传统有线电视被打入冷宫,使电信等运营商沦为单纯的"传输管道",根本无法触及"管道传输"的巨大价值。

移动互联网时代的特征就是用户能够"随时随地高速地接入互联网",区别于 2G 时代的合作和收费模式,移动运营商应该在 3G、4G 的"移动信息高速公路"上考虑采取更精细的经营手段。打个比方,开车从北京到广州,可以选择走京港澳高速,也可以选择走国道。如果走国道,则无须付任何的费用但要接受可能的拥堵;如果走高速公路,则是用一定的高速通行费换取车行的畅通无阻。人们一般都会为了效率选择走高速公路,同时也习惯了为"行驶高速公路"而付费。如果"付高速费"模式是用户可接受的,那么同理,为"手机使用更高速率上网"而付费也应该能为用户所接受。同时,移动运营商还应更多地参与到 OTT 业务端到端的各服务环节中去,提供 OTT 业务级别的专项保障,改进用户在业务使用过程中的用户体验,从而增加自己在生态系统中的影响力,避免沦为只为 OTT 业务提供"管道"的定位。

与 O2O 模式相反的是,O2O 是将线上的消费者带到线下进行实体的消费;OTT 模式则是将线下消费书籍、光盘的客户带到线上,进行线上的消费。笔者认为,在今后基于内容的虚拟商品的消费中,OTT 模式将成为主流,而实体的餐饮、实物消费等则采用 O2O 模式,商家和消费者则通过移动电子商务的发展沟通彼此,实现共赢。

10.1.5 移动电子商务营销的类型

1)推式营销

移动电子商务的推式营销(Push),就是根据用户的消费习惯、爱好,推送用户所需要的各种服务,也可用于公共信息发布。应用领域包括时事新闻、天气预报、股票行情、彩票中奖公布、交通路况信息、招聘信息和广告等,例如腾讯新闻、墨迹天气等。

2)拉式营销

拉式营销(Pull)是一种被动的服务方式,用户自主地进行信息的查询和服务的选择,主要用于信息的个人定制接收。应用领域包括服务账单、电话号码、旅游信息、航班信息、影院电影安排、列车时刻表、行业产品信息等。这些是针对有需求进行订阅的用户的移动电子商务营销类型,例如,海底捞服务号、海诺旅游服务号等。

3)交互式营销

交互式营销(Interactive)是移动电子商务中最常用的服务方式,这里可以简单地理解为介于推式服务与拉式服务之间的一种服务,例如淘宝推出的支付宝钱包就属于交互式服务的 App,包括电子购物、游戏、证券交易、在线竞拍、咨询等。交互式的移动电子商务营销类型让移动电子商务用户能够与商家进行互动,并且在互动的过程中还能够完成在线的电子商务交易,例如百度糯米团购。

【案例学习 10-4】

今日头条是一款以推送新闻信息为主的 App,是移动新闻资讯行业的后起之秀,凭借着数据挖掘与引擎推荐迅速地“跑马圈地”。该 App 旨在为用户提供个性化的新闻资讯,实现内容与用户的精准链接。公共数据显示,截至 2016 年 5 月,累计激活用户数已达到 4.8 亿,日活跃人数超过 4 700 万。其个性化和精准的推送服务是它的核心竞争力。今日头条 App 以技术为壁垒,以海量数据为依托,通过机器学习感知、理解、判断用户的行为特征,例如用户在新闻客户端的滑动、搜索、查询、点击、收藏、评论、分享等动作,综合用户具体的环境特征与社交属性判断用户的兴趣爱好,为用户推荐个性化的新闻资讯,塑造千人千面的阅读场景,让用户在信息过剩的互联网时代迅速获取自己所关心的内容。其 SLOGAN“你所关心的,才是头条”实现了信息推送以用户自身为中心,增加了客户对 App 应用的黏性,突显了今日头条旨在为用户提供个性资讯的产品定位,迅速成为仅次于腾讯的第二大资讯平台。

10.1.6　我国移动电子商务营销的模式

当前,3G 时代的网络传输已经无法满足人类需求,于是 4G 时代应运而生。4G 网络是在 3G 网络的衍生品和替代品,它对于网络传输速度、数据传输速度以及图像传输速度及质量都有了新的突破。在大数据时代,数据即是信息,而信息则是商贸交易的切入口,4G 网络环境的改善以及高清图像传输质量的提高对于移动电子商务的发展具有极强的推动力。移动电子商务营销模式在 4G 环境中出现了诸如 App 商业模式、微信营销模式、手机移动终端支付模式和物联网技术与 O2O 模式相结合的创新。

1)App 营销模式

移动 App 具有双倍的新用户留存力,移动 App 的新用户在 30 天内回访的概率是移动网站用户的两倍。留存率高意味着培养终身消费者的机会也大。2016 年第一季度,成熟的应用零售商通过 App 完成的移动交易高达 54%。部分零售商的 App 还具备高级功能,例如主屏幕展示、即时加载、离线内容、推送通知、个性化设置,且可访问原有功能,因而打造了更丰富的消费体验。这些零售商的交易额同比增长了 7%。目前国内各大电商均拥有了自己的 App 客户端,京东移动端已经服务于安卓、苹果、塞班、微软等 10 多个移动平台。

显而易见,移动 App 占据了越来越多的市场份额,PC 端曾是高价格物品购买的王者,但这已成为历史。移动 App 上的平均订单价值如今已远超移动浏览器和 PC 端。

【案例学习 10-5】

随着移动智能终端的普及,移动互联网已经融入我们生活的方方面面,而品类繁多的 App 正在悄悄地改变着我们的生活方式(图 10-4)。大多数 App 给我们带来了便捷的服务支持,更有一些 App 在某一领域产生了颠覆性的变革,例如微信,其对联系方式的颠覆性作用不容小觑,已经成了移动端主流的社交类应用。

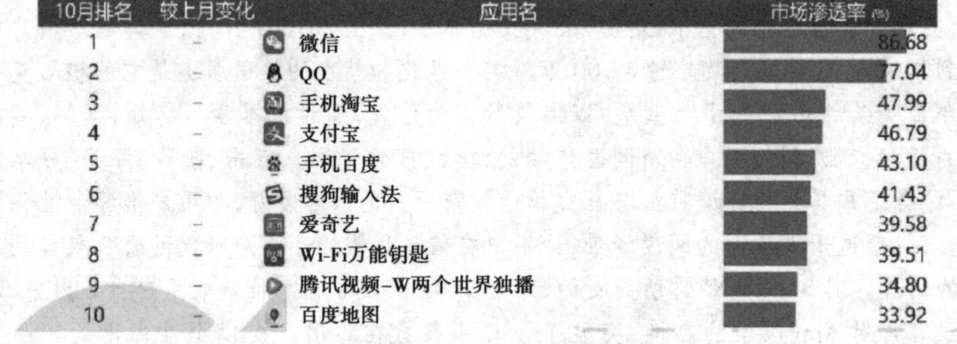

10月排名	较上月变化	应用名	市场渗透率(%)
1	–	微信	86.68
2	–	QQ	77.04
3	–	手机淘宝	47.99
4	–	支付宝	46.79
5	–	手机百度	43.10
6	–	搜狗输入法	41.43
7	–	爱奇艺	39.58
8	–	Wi-Fi万能钥匙	39.51
9	–	腾讯视频-W两个世界独播	34.80
10	–	百度地图	33.92

图 10-4 2016 年 10 月中国移动应用 App 风云榜截图

2)手机移动终端支付模式

央行发布的 2016 年第三季度支付体系运营总体情况显示,移动支付业务保持快速增长,移动支付业务 66.29 亿笔,金额 35.33 万亿元,同比分别增长 45.97%和 94.45%。手机移动终端支付模式已经逐渐成为人们进行网络购物、金钱往来的重要方式,手机用户可以通过手机随时随地进行消费、转账以及理财,由此而延伸出来的则是个人手机银行。CFCA 预计 2018 年个人手机银行用户比例或超网银。在 4G 网络的高频速下,用户可以在手机用户端获取金融市场的信息,并根据信息作出投资决策,最后再进行在线支付,一方面,节省了决策时间;另一方面,未来手机移动端的支付功能不会仅仅局限于在线支付,它还可以成为网络银行的管理平台,使得用户可以轻松便捷地管理自己的金库。

以支付宝为例,“双 12”三天,全国近 62 万人次用支付宝手机端去中石油的加油站加油。杭州地铁使用支付宝手机端购票的人次同比增长 23.91%。除了付款外,许多人在境外也用支付宝手机端寻找吃喝玩乐。数据显示,从 2016 年 12 月 9 到 12 日,共有 202 万多人在境外打开支付宝找商家领优惠券。2017 年,支付宝向境外市场开放了"发现"O2O 平台。用户到达境外,支付宝口碑入口会自动变成"发现",并通过定位和大数据分析,向用户推荐附近的商家和优惠活动。目前,支付宝"发现"平台,已进入 140 个国家和地区,覆盖超过 1 000 个城市。

3)微信营销模式

微信营销是垂直电商基于 App 营销模式的思路,将其营销活动细化于微信平台。移动电商在微信平台上的营销模式主要包括附近的人搜寻、品牌活动、O2O 折扣店、在线支付,查看附近的人是为了获取用户的位置信息以及通过签名了解用户的消费兴趣,通过微信用户的数量增长从而将其品牌进行推广,在 O2O 折扣店内,结合二维码扫描技术的运用加上客户的投机心理使其在优惠折扣的诱导下进行消费,电商进驻微信就必然会涉及支付的问题,因此微信也开通了在线支付的功能,许多商家也在微信上推出了自己的品牌微店,使得客户可以每天都能获取到商家的限时折扣、节日优惠、品牌特卖等信息,这相当于另一种形式的无线广告,在 4G 网络下商家更能为客户提供高质量的信息服务与交易服务。

【案例学习 10-6】

小米的"9∶100 万"的微信粉丝管理模式

小米手机的微信账号后台客服人员有 9 名,这 9 名员工最重要的工作是每天回复 100 万粉丝的留言。每天早上,当 9 名小米微信运营工作人员在电脑上打开小米手机的微信账号后台,看到后台用户的留言,他们一天的工作也就开始了。其实,小米自己开发的微信后台可以自动抓取关键词回复,但小米微信账号的客服人员还是会进行一对一地回复,小米正是通过这样的方式大大地提升了用户的品牌忠诚度。相较于在微信上开个微店,对于类似小米这样的品牌微信用户来说,做客服显然比卖掉一两部手机更让人期待。当然,除了提升用户的忠诚度,微信做客服也给小米带来了实实在在的益处。黎万强表示,微信同样使小米的营销策略方案、CRM 成本开始降低,过去小米做活动通常会群发短信,100 万条短信发出去,就是 4 万元钱的成本,由此,微信做客服的作用可见一斑。

4)物联网技术与 O2O 模式相结合

物联网技术可以给移动电子商务在物流方面带来实质性的变革,在移动通信网络中,将移动电子商务中的"物"作为商务活动的参与者并将其纳入统一管理体系中,同时支持物与人、物与物之间的直接通信，可以实现更大范围的信息共享，物联网技术与移动通信网络的联合将会是移动电子商务模式创新的一个重要方向。在O2O模式中，企业主要是通过线上与线下的配合来促成交易的实现，而物联网技术的应用能够把移动电子商务中的物流、资金流以及信息流纳入其中，从而为交易双方提供更全面、更实时的信息。

【案例学习10-7】

基于物联网技术平台的O2O商业模式的交易流程主要包含物联网平台和线上、线下三个过程，物联网平台是进行交易的综合管理平台，对交易的全过程进行实时监控、管理，如对实体店面存货量进行监控管理优化配送方案，并对配送过程进行实时监控等。

线上过程主要是支付环节，具体分为即时消费支付和延时消费支付两种。即时消费支付即网上支付后立即生成订单，如通常所见的网上支付等。消费者选中产品后通过网上支付工具实现线上支付进行下单，交易信息通过物联网平台进行汇总处理得出优化方案，产品将通过快递并按就近原则从产品基地或实体店而送到顾客手中。延时消费支付即网上支付后获得数字凭证，凭该凭证可随时进行消费，如常见的优惠券、团购等。

线下过程包括线下消费和反馈环节，顾客可通过移动客户端扫描二维码与物联网平台联网，对产品查询、跟踪或安全追溯，及时反馈或评价。一个完整的交易流程是由线上、线下和物联网平台3个过程共同完成的，基于物联网平台运作，线上和线下过程在交易中的关系可以分为两种，第一种是线上为线下引流，通过线上的流量、信息和产品聚集，给线下实体店面带来客户，提高实体店销售量；第二种是线下为线上导流，即充分利用线下门店的体验优势和线上购物的支付、快递等服务优势，实现“线下体验+线上销售”方式。

10.1.7 我国移动电子商务市场的现状

1)经济推动，市场繁荣

移动电子商务市场是移动电信市场和电子商务市场的有机融合。我国的电子商务市场从20世纪90年代中期发展至今，不论是市场规模、商业模式，还是参与方都已经很成熟。电信市场更是形成了中国移动、中国联通、中国电信三足鼎立的有效竞争局面。移动电子商务市场是需求驱动下的产物，在其发展期间，我国经济始终处于快速、稳定发展阶段，GDP以9%的增速率平稳增长，电信产业尤其是电子商务产业对于国民经济的贡献率越来越高。在国家信息化的大环境下，对于信息技术和移动通信技术的投入越来越大。更多的企业看到移动电子商务的巨大潜力，传统电子商务企业和移动运营商纷纷试水，不仅如此，还带动了一大批诸如服务和内容提供商、应用技术开发商、接入服务提供商、移动广告代理商等新兴企业的产生和发展。整个移动电子商务市场繁荣发展，呈现出一片兴隆的景象。

2）政策支持，步伐坚定

2016 年 3 月，商务部印发《2016 年电子商务和信息化工作要点》指出，政府应该加强规划引领，推进制度建设、积极推进电子商务立法工作、推进电子商务信用体系建设、完善电子商务统计监测体系、推进电子政务资源整合、优化公共商务信息服务等工作。《2016 年—2020 年电子商务“十三五”发展规划》指出：持续推进移动电子商务发展，鼓励各类主体加强合作，拓展基于新一代移动通信、物联网等新技术的移动电子商务应用。推动移动电子商务应用从生活服务和公共服务领域向工农业生产和生产性服务业领域延伸，积极推进移动电子商务在“三农”等重点领域的示范和推广。加强移动电子商务技术与装备的研发力度，完善移动电子商务技术体系。加快制订和完善移动电子商务相关技术标准和业务规范。这一工作要点和规划的出台明确说明了我国政府对移动电子商务应用发展的态度，从政策方面给予大力支持。

3）客户需求，方式革新

从社会环境来看，网上购物的理念深入人心，成为信息时代的时尚生活方式。生活节奏和商务交易节奏加快，在移动中动态享受互联网服务成为广大移动用户的需求，在这种需求下催生的移动电子商务市场，用户规模庞大，是社会发展、技术进步的必然趋势。经济快速发展，人们的消费水平也得到大幅度提高，基本的衣食住行已经不能满足日常需要，越来越多的人开始注重生活品质，愿意在业余娱乐上花费更多，在大街上人们用手机看视频、听音乐、玩游戏、看电子书，甚至是移动办公，手机文化、短信文化、移动互联网文化已经渗透人们生的活和工作中。

4）技术保障，推广稳健

移动通信技术和移动互联网技术的长足发展，为移动电子商务奠定了坚实的技术基础。近年来，3G、4G 移动通信技术的发展，使得无线上网速度越来越快。WAP 协议为移动通信应用开发提供可伸缩的、可扩展的环境，这种优越特性建立在协议分层设计的基础上，结构中的每层协议可以被上层协议访问，为无线网络接入提供技术解决方案 2.0 WPKI 采用了优化的 ECC 椭圆曲线加密和压缩的 X.509 数字证书，采用证书管理公钥，通过第三方的可信任机构——认证中心（CA）验证用户的身份，从而实现信息的安全传输，保证了移动互联网数据传输的安全，移动通信技术和移动互联网技术，以及嵌入式程序开发技术的共同发展，从技术层面保障了移动电子商务应用的实现和推广。

10.1.8 国外移动电子商务市场的现状

1）美国

美国移动电子商务市场爆发于2011年，目前仍处于快速增长阶段。移动电子商务平台主要来自PC端平台的移动化，形成了以亚马逊、eBay和沃尔玛三大企业为主流的美国移动电子商务市场电商平台。目前美国在这三大主流电商平台上，移动智能终端用户数量占整个移动市场用户总数的四分之一以上。

另外，美国市场上存在多家移动通信运营商，且移动终端企业和IT平台企业影响力巨大，苹果公司就是典型代表。美国重视移动通信运营商和移动终端企业与IT平台企业的合作，在业务方面向集团业务方向发展。基本业务模式主要分为三大类：钱包类业务、收银台类业务、社交位置类业务。

2）欧洲

移动电子商务的基础是移动通信网络，最早的无线电通信网络于20世纪80年代出现在北欧的斯堪的纳维亚半岛。欧洲的手机制造商引领着无线技术潮流，并且率先开拓了移动电子商务市场。因为欧洲多面环海，处于气候多变的地理位置，而大量的公司职员都在距离生活所在地很远的地方上班，所以对上下班的交通和一天的天气情况很关注，这就决定了对欧洲市场的移动电子商务产业链上的服务和内容提供商来讲，移动信息服务和基于位置的服务，必然是重中之重。

3）韩国

目前的数据显示，全世界无线互联网使用率最高的国家正是韩国。韩国总人口数为4 800万，其中，网民人数达到4 000万人。韩国的移动通信运营市场与日本相似，也是呈三足鼎立之势，SK电信、KTF电信和LG电信各占据一定的市场份额。电信运营商与信用卡等金融机构合作，开发同时具有信用卡和手机卡功能的多功能卡，将该多功能卡置于智能手机上，这样移动用户就可以用这样的多功能卡享受移动电信服务，同时还可以在特殊的ATM机实现金融服务，在商场、影院、机场、公交车、地铁、出租车上进行移动支付或者网上订单支付，真正实现广义的“一卡通”服务。当然，这一系列便民服务的实现，都是因为韩国本土的无线网络覆盖率高和无线通信技术的高速发展。运营商大力发展多种个性化推荐技术，针对终端用户的信息浏览记录和购物记录，开发更符合用户兴趣的新兴数据业务和增值业务，增加了用户对业务的使用黏性。

韩国作为时尚潮流之国，美容业、服装业以及化妆品这样的快速消费品行业对GDP的增长贡献率很高，而且，韩国电子产业尤其是电子游戏产业的发展，也使得移动电子商务在移动营销和移动娱乐方面大有可为。

4）日本

提供更快的数据传输速率，为移动电子商务的发展提供了高速的信息传输平台。

日本的移动通信市场呈现三足鼎立的局面，三家公司分别占有一定的市场份额，提供各具特色的移动通信服务，以此满足不同用户的不同需求。从业务种类来看，娱乐占的比例最大，动漫和电子游戏产业发展迅速，NTTDoCoMo 公司将市场定位在青少年群体，娱乐类业务占 55%左右。其次是信息服务、移动互联网交易和数据库服务，分别占到 20%、15%和 10%。

Criteo 发布的 2016 年上半年移动电子商务报告显示：日本、英国和韩国是移动渠道转化率最高的国家，凡是提供最佳移动网站和应用体验的营销商均成了移动渠道的最大赢家。

10.2　移动电子商务的特点

10.2.1　移动电子商务的总体特点

移动电子商务的主要特点是灵活、简单、方便。移动电子商务不仅仅能提供在因特网上的直接购物，还是一种全新的销售与促销渠道，它全面支持移动因特网业务，可实现电信、信息、媒体和娱乐服务的电子支付。移动电子商务能完全根据消费者的个性化需求和喜好定制，设备的选择以及提供服务与信息的方式完全由用户自己控制。通过移动电子商务，用户可随时随地获取所需的服务、应用、信息和娱乐。他们可以在自己方便的时候，使用智能电话或 PDA 查找、选择及购买商品和各种服务。采购可以即时完成，商业决策也可以马上实施。服务付费可以通过多种方式进行，可以直接转入银行、用户电话账单或者实时在专用预付账户上借记，以满足不同需求。通过个人移动设备来进行可靠的电子交易的能力被视为移动因特网业务的一个重要方面。移动电子商务是能够为人们的生活带来变革的业务，与传统电子商务相比，它具有明显优势，主要表现在下述几个方面：

1）广泛性

据 Newzoo 统计，2016 年在全球近 74 亿人口总数中，智能机渗透率达到 31%，这也就意味着全球有 23 亿人拥有智能手机。在全球智能手机市场，中国以 6 亿多智能手机用户数，排名世界第一。智能手机的巨大渗透作用，以及移动互联网的高速发展，截至 2017 年 12 月，中国手机网民规模达 7.53 亿，手机在上网设备中占据主导地位。预计到 2018 年，移动终端网民将赶超 PC 网民，成为互联网的最大用户群体。这些数据都说明，移动电子商务具有广泛的用户群体，市场发展潜力巨大。与使用电脑通过有线方式连接网络开展的传统电子商务相比，拥有更为广泛的用户基础，移动互联网的普及将会有一大批从未接触传统联网的人士直接跨越进入移动互联网。有数据显示，农村移动互联网使用频率超过有线连接。

2）时空无限性

手机等移动终端便于携带，不受时间和地点的限制，用户可以在任何时间、任何地点方便快捷地接入移动互联网，享受移动电商带来的全方位服务。随着社会发展和科技进步，一方面，人们日常生活节奏加快，无论把生活和工作安排得怎么井然有序，时间碎片都不可避免地、越来越多地出现在生活中，移动用户可以随时随地通过移动互联网体验丰富的网络服务，提高对时间碎片的利用效率，享受更美好的生活；另一方面，商务交易节奏的加快，要求对市场更加敏感，用户可以在旅途中利用移动便携设备，从移动互联网获取大量市场信息，从而快速反应，从事商务交互活动，提高商业决策效率。

3）精准个性化

移动用户的个人信息对于电信运营商来讲是极易获得的，不仅如此，用户通过移动设备下载应用程序终端，享受应用服务时，都会授权其获得用户的个人信息，这样，服务和内容提供商可以根据用户的历史访问信息，为用户提供更有针对性的、符合用户兴趣的个性化服务，从而让用户有更好的服务体验。对于商家来讲，为用户提供其感兴趣的服务，提高了商务交易的成功率，从而获取更多服务报酬。这种双赢的价值增值，也体现了移动电子商务的应用价值。

4）操作简便

联网的移动设备，天然具有接入网络的唯一标志。尤其是智能手机，有在通信网络注册的手机号码等账户信息等，自然省却了传统互联网对于用户鉴别方面的难题。另外，时下流行的智能手机，其输入输出方式较早年的功能手机有很大改善，触摸、点击、扫描、语音识别等技术的出现和普及为移动电子商务的开展创造更多操作上的便利。

5）位置敏感性

在PC电子商务环境下，用户只有在固定网络接入点才能享受到网络服务，对于位置的敏感度很低。相比而言，与位置相关的服务却可以充分体现移动电子商务的特有价值。用户出行在外，通过移动应用软件，可以方便地查到所在地附近的商场、影院、饭店、酒店。在家里时，还可以使用滴滴打车等软件，更加快捷方便地享受打车服务。利用移动智能终端的GPS定位功能，可随时查找到用户的具体位置，让用户根据自己所需进行个性化的选择，大大提高了用户体验。

在传统的PC互联网时代，用户搜索时商家才有可能接触到这个用户，但是在移动互联网时代，可以根据用户的地理位置，系统自动推送附近的门店信息，结合线下优惠券，更好地引导用户到店。

6）紧急性

紧急事件都是突发的，移动电子商务不受时间、地点限制的特性，决定了它在处理紧急事件中的独特优势。实践证明,移动通信和移动电子商务在我国紧急公共卫生事件、自然灾害以及紧急社会事件中都发挥了巨大作用,完善应急管理指挥、应急工程救援保障和综合物资调配方面作用巨大。

随着智能手机的普及,移动通信技术(包括 NFC,RFID 等)的应用,传感网络及物联网的建设及应用,云计算的大力发展,手机上网用户规模的增加,以及各大电商企业的积极推动,消费者的移动购物习惯正逐步养成,移动互联网、移动电子商务,这一移动通信设备和移动互联网技术有机融合的产物,正逐步成为网络购物生态系统中的重要环节,可以为移动用户提供随时随地、方便快捷、更有针对性的个性化服务。

10.2.2　我国移动电子商务的特点

1)移动设备代日新月异,智能手机铺天盖地

随着科技的发展和互联网的普及,作为主要载体的智能手机以"大跃进"式的发展迅速占领我们的生活空间。目前正是移动设备发展的高峰期,智能手机市场的巨大金矿吸引了越来越多的投资者争相抢夺智能端口。根据 Criteo 的 2016 年上半年移动电子商务报告显示,大中华地区零售移动交易的大部分依然来自智能手机,智能手机出货量则增至 3.35 亿部,增长了 0.2 个百分点。我国手机品牌商小米、华为、魅族等争相在手机的外观上和手机的功能满足消费者个性化需求,进而在不到半年的周期里推出了一款又一款的手机,使消费者尤其是年轻人的手机更换频率开始逐步加快。我国 2016 年以来,智能手机、平板及其他移动设备的年销售额达 22 万亿元人民币,占中国电子商务的半壁江山。正是由于智能手机的迅速扩张与智能化发展,使得移动电子商务有了强有力的硬件设备支持。

2)移动端用户规模庞大,手机上网的主导地位强化

新网民的稳健增长和原 PC 网民的转化加快共同带动了手机网民规模的持续扩大。一方面,移动设备上网的便捷性降低了互联网的使用门槛,带动了新网民的增长;另一方面,移动互联网应用服务不断丰富,与用户的工作、生活、消费、娱乐需求紧密贴合,推动了 PC 网民持续快速向移动端渗透。如图 10-5 所示,2017 年新增手机网民中有 5 734 万人是由原有 PC 网民转化而来。网民中使用手机上网的比例由 2016 年年底的 95.1%提升至 97.5%,手机在上网设备中占据主导地位。

从这组数据可以看到:有接近一半的用户,其购买行为已经从 PC 端向移动端转化,移动端购物对 PC 端购物乃至传统的购物行为都会造成大的影响,这种影响不仅表现在对 PC 端、传统购物市场的抢夺,还会带来新的客户和市场空间。截至 2017 年 12 月,我国网民规模达 7.72 亿,全年新增网民为 4 074 万人。我国互联网普及率达到

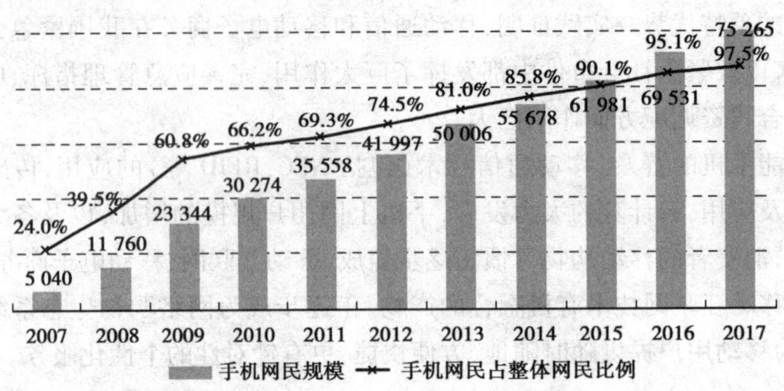

图 10-5 中国手机网民规模及其占整体网民的比例

（资料来源：中国互联网络信息中心.中国互联网络发展状况统计报告，2017.）

55.8%，与 2016 年年底相比提高了 2.6 个百分点，超过全球平均水平 4.1 个百分点，超过亚洲平均水平 9.1 个百分点。对中国这个人口大国来说，庞大的用户群体规模使得移动电子商务服务需求愈加迫切，同时也加速了移动电子商务在用户群体中的扩散。

3）移动端用户黏性强

随着移动电子商务技术的不断发展，移动电商企业为用户带来越来越丰富的移动互联网服务。尤其是嵌入式程序开发越来越成熟，移动生活、娱乐等服务发展迅速。2017 年，中国网民的人均周上网时长为 27 小时，对比 2016 年提高 0.6 小时。90%的移动用户平均每周通过手机上网 5~7 天，平均每次手机上网时间 10 分钟以上的用户比例高达 90%以上。一方面，手机游戏、移动音乐、移动视频等移动娱乐服务的不断完善为青年用户带来了良好的影视服务和休闲娱乐服务；另一方面，在这个“自媒体”时代，移动社区平台发展迅速，通过手机等移动终端来发布当前生活学习、感情状态已经是现代生活的必然需求，使用手机随时随地上传照片、发布所在地信息，是当下年轻人的生活再正常不过的状态。移动用户上网频率高、黏性大，这不仅缘于移动互联网不断丰富的内容满足了用户对休闲娱乐、信息搜索的需求，也与无线网络运营商在各地区及时推出的无线互联网资费优惠策略有一定相关性，同时，个性化推荐技术在移动终端的实现，使得移动用户能够享受到感兴趣的互联网服务，也增强了用户黏性。当顾客被手机黏住时，这些顾客不再像以前一样，来到店里只是一个客人，离开了店铺商户可能再也不知道他是谁了。移动的时代，当商家有办法通过各种方式黏住自己的这些潜在客户时，商家将有机会将线上很多的运营模式真正地搬到线下去。

4）移动电商产业个性化、多样化

随着智能手机性能的更新和发展，安装在手机里的移动 App 利用其无可匹敌的转

化率，促使更多消费者迅速达成交易，使得移动 App 的交易效率越来越高于所有其他渠道。于是，越来越多的商家根据客户个性化需求和特点不断延长电商产业链，设计出的移动 App 不断迎合各类消费者的多样化需求，在社交方面有微信、陌陌、钉钉等移动社交 App 的兴起，新的社交习惯将被推向高潮——从熟人社交转向陌生人社交；在娱乐方面，有统计表明，每个手机里平均安装的 App 是 36 个，其中游戏占了 41%，属于最多的类型，并且移动端触摸操控改变了人们的娱乐方式。在消费方面，以手机购物为例：第一，消费者可以在乘坐地铁、公共汽车时随时作出购物决策，不再需要去实体店或在电脑前点击鼠标专门购物；第二，消费者通过手机就可看到离自己最近的卖家，方便自己找到需要的商品。截至 2017 年 12 月，我国网络购物用户规模达到 5.33 亿，较 2016 年增长 14.3%，我国网络购物市场依然保持快速、稳健增长趋势。其中，我国手机网络购物用户规模达到 5.06 亿，增长率为 14.7%，手机网络购物的使用比例由 63.4%提升至 67.2%，手机购物已经成为现代人购物方式的首选。成千上万个性化、多样化的移动 App 串联成一条移动电子商务产业链，发展范围越来越广，涉及购物、学习、餐饮、休闲、娱乐、手机金融理财等多样化产业，让人们不得不依赖移动电子商务。

5）3G、4G 与 Wi-Fi 稳步覆盖

我国的 3G 时代起步于 2008 年，不到 10 年时间，网络速度的迅速提高和移动互联网的发展以及终端性能的增强，3G 业务及其增值业务做到了城镇全覆盖。自 2013 年起，4G 网开始试运营，区域网建设力度也逐渐加大。到 2016 年，城市已经全面覆盖 4G 网，区域网覆盖的范围也越来越大。截至 2016 年 6 月，我国手机网民中通过 3G、4G 上网的比例为 91.7%，较 2015 年年底增长了 2.9 个百分点。流量共享、流量当月不清零、降低漫游资费等“提速降费”举措的落实，为我国 3G/4G 用户的进一步增长提供保障。另外，92.7%的网民最近半年曾通过 Wi-Fi 无线网络接入互联网，较 2015 年年底增长了 0.9 个百分点。家庭、工作场所、城市公共无线网络部署进程加快，以及手机、平板电脑、智能电视等无线终端使用率的不断增长，推动 Wi-Fi 无线网络的发展。加之能智手机更加智能化，移动电子商务实现实时实地全方位的电商活动已是大势所趋。

10.3　移动电子商务提供的服务

移动电子商务服务是围绕移动电子商务活动开展的各项服务业务，是从移动用户需求出发，以移动电子商务运作各环节为内容，为移动电子商务业务的开展提供的一种社会化服务。

10.3.1 移动电子商务服务的分类

1)按照移动电子商务的业务架构模型划分

①应用服务是指通过移动门户和服务平台直接为移动用户提供具体移动电子商务应用的服务,包括商品交易类服务、社交应用类服务、情境应用类服务、证券金融类服务等。

②基础服务主要是指基于移动电子商务公共服务平台的各类服务业务,其基本功能是为移动电子商务业务运作提供通用的支持性服务,涉及移动电子商务流程中各个具体环节,包括移动支付服务、移动认证服务、移动信息服务、商品检索服务等。

③移动网络服务是指为移动电子商务应用提供网络接入与基础设施等方面的系统支持服务,包括业务网关服务、移动网络接入服务、基础设施建设与维护服务、网络安全服务等。

2)根据使用功能划分

①信息服务类(新闻、导航、股票信息、电子邮件、即时通信)。

②移动交易类(实物交易、二手交易、充值、手机钱包、电子优惠券、预订)。

③移动娱乐类(在线阅读、在线游戏、在线音乐、在线视频)。

④位置服务类(O2O、移动广告、移动交友、交通路况)。

此外,移动电子商务服务的开展还需要各类服务主体的共同参与、相互配合,这些主体包括电子商务企业、移动网络运营商、内容提供商、服务提供商、移动应用软件开发商、移动系统集成商、移动终端制造商等,他们既是服务提供者也是服务质量控制的实施者。

【案例学习 10-8】

生活类 App 大爆发:“懒人经济”从 2014 年年底就受到投资者的热捧,生活类 App 也迎来了大爆发的时代。从打车、洗衣、家政到外卖,生活中的各个细节都日益被裹挟在互联网的浪潮中,总有一款贴心 App 为你打造“小白”生活。最近,“e 袋洗”,将洗衣服务标准化,顾客可按袋支付清洗费用,通过移动终端预约,可享上门取送等私人洗衣服务,它成功地解决了顾客到干洗店洗衣停车难、送洗衣物交接烦琐、店面营业时间不能满足顾客取送时间等一系列洗衣痛点。

其实,e 袋洗就是通过引入互联网思维对现有传统行业进行颠覆,用更优质、更便捷的服务黏住精准客户,线上线下一键打通,成为客户生活中消费痛点的解决者。e 袋洗 CEO 陆文勇在一次分享中曾说道:“随着中产阶级的兴起,对服务需求呈现前所未有的增长,对创业者来讲是最好的时代。”

10.3.2　移动电子商务的具体服务项目

1)移动购物服务

移动电子商务不受时间和空间限制的特点,让用户可以在任何时间、任何地点进行购物,这必将为移动电商企业带来巨大的利润。从用户角度来讲,也可以方便地货比三家,选择更加物美价廉的商品和服务。移动互联网购物市场的发展潜力必将带动营销渠道多元化和高效化,成为降低产品服务营销成本和提高利润的新增长点。除此之外,移动电子商务的发展提供了新的营销手段。它以手机等移动终端为载体,移动用户的身份相对固定,而且用户的个人信息易获得,这样对于商家来讲,就可以根据移动用户上网的浏览记录等信息进行精准营销。由于其是根据用户的喜好兴趣来进行产品和服务营销的,交易达成的可能性就很大。不仅如此,移动电子商务的动态性特征,使得营销主体不受时间和空间限制,可以随时随地进行。

【案例学习 10-9】

F2O,即 Focus to Online,边看边买模式。2015 年 1 月,在东方卫视开年大戏《何以笙箫默》中,电视机旁的观众不仅能看到了明星的精彩演出,还可以掏出手机,在天猫上买到明星身上的华丽服饰,实现“边看边买”。而优酷也宣布和阿里巴巴合作推出了一款名为“边看边买”的产品,在视频内容中直观地呈现出购物通道,用户观看视频的时候把出现的商品放到购物车里,等到整个视频内容看完以后,网站会提醒已将××件商品放入购物车。优酷总裁魏明表示,全网 ID(用户数据)的融合将带动视频电商的新模式,他认为,如果一个平台上既有影像视频观众的数据,又有消费行为和消费数据,整合这两类数据的价值将是难以估量的。依托时下剧集热点,借助手机的方便快捷、视频的影响力,电商迅速推出剧中同款,能够有效地满足剧集大热而带来的瞬间激增消费需求,短时间的制造话题,成功打造爆款。以优酷土豆为例,优酷土豆每个月覆盖了 5 亿用户,5 亿用户当中每一天所有用户加起来看的视频时间超过一万年,如果能够把商品信息很好地结合在视频内容中,放入手机 App 平台,能产生的收入和购买流量将相当巨大。

2)移动社交服务

在“时间就是金钱”的信息时代,生活节奏和商业交易节奏的加快,让越来越多的人生活和工作没有明确界限,他们没有很多时间去“面对面”社交,只能是利用“时间碎片”实现社交需求。面对大量的需求,服务和内容提供商开发出种类丰富多样的移动社交应用。在我国,新浪微博、腾讯微博、QQ 空间社区、微信等移动社交平台发展势头迅猛,让整个移动社交市场百花齐放,繁荣兴盛。微信朋友圈是基于微信联系人形成的熟人社交平台,随着用户规模的拓展、产品功能的丰富,弱关系社交也逐渐渗入,在产品内部形成多个相互平行、自成体系的圈子。QQ空间在关系链上强弱关系兼而有之,在信息维度上则以个体信息为主,媒体属性较弱。微博主打陌生人社交,通过人与人之间的"关注""被关注"网络来传播信息。在内容维度上,微博正在从早期关注的时政话题、社会信息,更多地向基于兴趣的垂直细分领域转型。移动用户通过手机等移动终端的社交平台,知晓远在千万里之外的朋友的近况,足不出户就知道娱乐圈哪些明星传了绯闻、哪些明星生了孩子。在这个全民"织围脖"的时代,微博@次数以及微粉数量已经成为社会知名度的一个重要衡量标准。

【案例学习 10-10】

"野兽派花店"这个名字被很多文艺青年熟悉。没有淘宝店,仅凭微博上几张花卉礼盒的照片和140个字的文字介绍,从2011年12月底开通微博以来,野兽派花店已经吸引了数十万粉丝,甚至连许多演艺界的明星都是它的常客。

与其他花店不同的是,野兽派花店倾听客人的故事,然后将故事转化成花束,每束花因为被赋予了丰满的故事而耐人寻味。这其中,有幸福的人祝自己结婚周年快乐的、有求婚的、有祝父母健康的、有纠结于暗恋自己的男同事的……在日复一日的寻常生活中,阅读140字的离奇情节,也成为粉丝们的一种调节剂。

野兽派花店所选用的花束绝不是市场上常见的,这些进口花卉品种经过精心雕饰之后,针对不同的人群、送花与收花人的心境、起上颇有文艺范儿的名字,包装完成的花束,只在微博上出售,顾客也都是花店的粉丝,在微博上通过私信下订单,客服通过私信回答顾客的问题最终达成交易。

和传统的花店相比,野兽派花店绝对算得上花店中的奢侈品品牌。野兽派出品的花卉礼盒少则三四百元,多则近千元,然而即使是如此高的价格,仍然有众多顾客追捧。

野兽派的花艺在上海花艺圈绝对不算是最好的,但野兽派的成功源自微博故事营销。利用微博病毒式的故事传播免费获得大量的潜在客户,而动辄几百上千的礼盒又保证了毛利。这完全颠覆了传统电商拼的刺刀见红拼价格的悲催局面。

3)移动娱乐服务

移动娱乐平台又可以细分为移动游戏、移动视频和移动音乐。其实,从技术角度来讲,要实现移动娱乐服务并不复杂,很多服务可以只通过简单的信息或者图片、图表就可以实现。智能终端设备制造技术的突破,以及新型材料运用,给我们带来的益处越来越明显。智能手机和各种PAD设备,价格越来越低,性能越来越好,在社会中越来越普及。移动多媒体技术结合功能强大、性能优良的移动终端设备,为用户带来丰富的视听体验。在地铁、公交、商场甚至是大街上,随处可见人们在用手机玩游戏、看电影、听音乐。

4）移动支付与银行的服务

移动电子支付是移动电子商务应用的一个重要方面，也是移动电商企业盈利的重要手段。它是移动电商企业在数据加密技术、安全认证技术等相关技术的基础上，由银行等金融服务机构独自或者和第三方支付平台开发商共同合作推出的手机客户端或 PAD 客户端等移动终端支付服务，让用户可以随时随地享受金融服务和互联网购物服务。同现金支付相比，移动支付可以让钱包移动化、网络化、便携化，更加方便，在一定程度上也更加安全。手机银行，更是可以让用户可以不去银行就享受金融服务，不受地点限制、不用排队等候，大大节省了时间和资源，方便用户，对于“时间就是金钱”的信息时代来说，是真正顺应时代潮流的必然选择。光大银行电子银行部总经理杨兵兵在接受《每日经济新闻》记者采访时也分析指出，因为手机银行移动更便捷，可随时随地办理业务，在未来肯定是主要渠道。同时，手机本身的一些功能比 PC 端会更全面，所以手机银行使用会越来越频繁。我国有诸如支付宝钱包、掌中付、易支付以及手机财付通等第三方移动支付平台，也有中国银联推出的银联新一代智能卡手机支付。

【案例学习 10-11】

和很多美发师一样，施耐德（Duane Schneider）作为一位独立美发师，他需要自己打理那些让人头疼的行政工作，包括收款管理。2010 年 8 月，他开始在丹佛的明星美发沙龙工作，那里的每一个造型师都要自己负责自己的收款事宜。施耐德表示：“传统的信用卡收款体系让人头疼，里面包含各种各样的隐藏收费项目，以及不同银行发行的信用卡都有各自的手续费标准。我检查账户信息的时候，各种各样的扣费把我吓坏了。”

在接触到移动付款之后，施耐德和 Pay Anywhere 签订了合同。从那以后，他的收入有了 3 倍的增长。“我的顾客中有 97%的人都使用信用卡，因为比满世界找提款机或者随身带一本支票本并告诉我周二才能兑现要方便多了。”施耐德说道，有了 Pay Anywhere，他还能在沙龙外给顾客提供服务并且完成收款，例如在酒店里为客人提供理发服务。

Pay Anywhere 每笔交易收费为 19 美分外加这笔交易额的 2.69%，当需要手动输入信用卡信息的时候，收费为 19 美分外加这笔交易额的 3.49%。该服务还允许使用者在没有网络连接的时候储存信用卡交易信息，并在取得网络连接的时候再完成交易。Pay Anywhere 的使用者不必和他们签订合同，Schneider 很喜欢这一点，并且他还满意于 Pay Anywhere 的 7×24 小时式服务。

5）移动信息服务

信息时代、信息爆炸作为 21 世纪的代名词。然而，只有及时、实时的信息才是具有价值的。移动电子商务的实时性特点，必然引导移动信息服务成为其未来发展的主要趋势之一。目前，移动电子商务主要提供的信息服务包括：短信息服务、多媒体信息服务、基于位置的信息服务等。电信运营商可以方便地获取移动用户的个人信息，通过GPS等技术可以准确定位用户的位置信息，这样就可以提供一系列跟位置相关的移动互联网服务，例如，为用户提供当前位置附近的酒店、餐馆、商场、影院信息，还可以通过二维码扫描技术让用户下载相关服务的优惠券，提高服务质量；除此之外，旅游行业还可以根据用户的位置信息，为其提供所在城市、区域的旅游景点信息以及门票订购服务。欧洲气候变化显著，在很多欧洲国家，大量的企业职员居住的地方离工作地点很远，气象信息和交通信息需求量巨大。欧洲的移动电商企业看准这一市场，为移动客户提供实时更新的天气和交通信息，移动信息服务成为这些地区移动电子商务市场的重要盈利点。在我国，除了游戏、音乐和视频外，还有很大一部分客户群体喜欢在上班路上、等车坐车时，通过移动终端下载电子书，也是移动信息服务的一种。

6)移动办公服务

在机场、候车大厅、公交站牌、商场影院、酒店宾馆，甚至是大街上，随处可见人们使用手机和平板电脑收发邮件，查看商务合同，处理交易订单，就像在办公室一样处理日常工作事务。移动通信技术和移动互联网技术的成熟，加之移动办公带来的高效率，使得移动办公成为越来越受职场精英欢迎的办公方式。移动办公不受时间和地点的限制，而且充分利用了“时间碎片”，必将引领时代潮流，迅猛发展。移动电子商务能够提供诸如会议通、集团短信、随e行+虚拟拨号专用、综合邮件和统一消息服务等多种多样的移动办公服务，广泛应用于保险业、税务行业以及交通行业中。对于很多采用移动办公的企业来讲，提高工作效率是其最基本的诉求。移动端成为在线政务服务的主要发展方向。

另外，越来越多的公民对政务服务的移动化、服务化和一体化要求进一步加强。依托政务微博、微信公众号和政务客户端等政务新媒体，应该积极开展在线政务方面的探索和完善，实现预约、预审、办理、查询等业务的一体化服务。增强后的移动端服务将更加满足用户需求，更加丰富用户移动需求的场景化应用，更好地提升用户在移动办公的认同感和参与感，实现可持续的政务服务。

7)应急响应服务

移动电子商务不受时间、地点限制的特性，决定了它在处理紧急事件中的独特优势。实践证明，移动通信和移动电子商务在我国紧急公共卫生事件、自然灾害以及紧急社会事件中都发挥了巨大作用，对于完善应急管理指挥、应急工程救援保障和综合物资调配作用巨大。中国移动通信集团与中国卫星通信集团公司合作推出的“移动应急通信项目”就是移动电子商务在紧急事件应急管理指挥系统构建中发挥作用的试点项目。2013年4月20日，四川雅安发生大地震，LBS成为重要的救援方式，而且通过移动社交平台，全民都可以参与救援活动。一方面，可以微博互动寻亲；另一方面也可以发布物资短缺信息，这样，看到信息的广大移动用户就可以积极行动起来捐钱捐物，共同抗震救灾,充分显示出移动电子商务在应急服务中的应用价值体现。由此可见,利用移动互联网与定位技术,地图已经扮演了信息通道的角色,借此,震区外部的网友可以同步了解震区交通、位置状况,灾区的人们也可借此进行互救。在通信受阻的情况下,QQ、微信、微博等移动社交应用也成为灾民发布信息的重要平台,无数关注震灾情况的网友更是不断在这些平台上发布并获取相关信息。在上次的雅安大地震中,以手机等移动设备为载体的移动互联网更是凸显出了巨大的价值。

8)移动医疗服务

医疗产业的显著特点是任何一秒对病人都非常关键,这一行业非常适合移动电子商务的开展。在紧急情况下,救护车可以作为治疗的场所,而借助移动无线技术,救护车可以在移动的情况下同医疗中心和病人家属建立快速、动态、实时的数据交换,这对每一秒都很宝贵的紧急情况来说至关重要。在移动无线医疗的商业模式中,病人、医生、保险公司都可以获益,也会愿意为这项服务付费。这种服务是在时间紧迫的情况下,向专业医疗人员提供关键的医疗信息。由于医疗市场的空间非常巨大,并且提供这种服务的公司为社会创造了价值,同时,这项服务又非常容易扩展到全国乃至世界,我们相信在整个流程中,存在着巨大的商机。新的移动与无线技术将缓解医疗专业人士的行政管理重担,利用移动电子商务平台开发的应用,可以提高数据的准确性,减少管理患者信息所需的时间与精力,使他们可以有更多的时间照料病人。

利用移动无线网络设备,药房的工作人员可以在药品分拣时即登记入库,并通过WLAN及时反馈到门诊医生手边的移动终端设备,避免其在开药时因不能及时了解到药品信息而造成病人多次往返的麻烦。不同科室的医护人员可以通过WLAN共享病历信息,及时在网上会诊并提出医治建议,而不必再为只有一份病历而更改各自的日程表以集中到一起。挂号窗口前的长队将不复存在,因为医院可在门诊室内、病床边以及任何方便的地点和时间利用无线网络进行患者的门诊注册及住院登记。而当救护车也配备PDA之后,外出为患者服务的路上就可以随时连接医院网络,下载患者病历等历史数据,提前做好救治准备。

在移动终端代替有线网络成为众多医院的基础设施之后,等待我们的将是一个把众多大型急诊医疗机构、家庭医疗诊所、业务办公室及其他一些分支机构连接到一起的无线广域网。“医疗随身化”将真正进入现实生活之中。

9)移动旅游服务

世界旅游理事会在其报告《未来旅游业发展:营造客户中心体系》中指出:“未来的旅游应向增强与客户的双向交流、改善信息服务、通过个性化服务增加附加值的方向发展。移动电子商务将在旅游信息业务中发挥作用。”在旅游服务领域服务对象(旅游者)的移动性决定了旅游服务供应商选择移动电子商务比其他行业商家更为有利可图。通过应用移动电子商务,旅游服务供应商可以找到更多的方法来提高顾客忠诚度、降低运营成本、获取附加利润。

截至2017年12月,在网上预订过机票、酒店、火车票或旅游度假产品的网民规模达到3.76亿,较2016年年底增长7 657万人,增长率为25.6%。在网上预订火车票、机票、酒店和旅游度假产品的网民分别占比39.3%、23.0%、25.1%和11.5%。其中,手机预订机票、酒店、火车票或旅游度假产品的网民规模达到3.4亿,较2016年年底增长7 782万人,增长率为29.7%。我国网民使用手机在线旅行预订的比例由37.7%提升至45.1%。

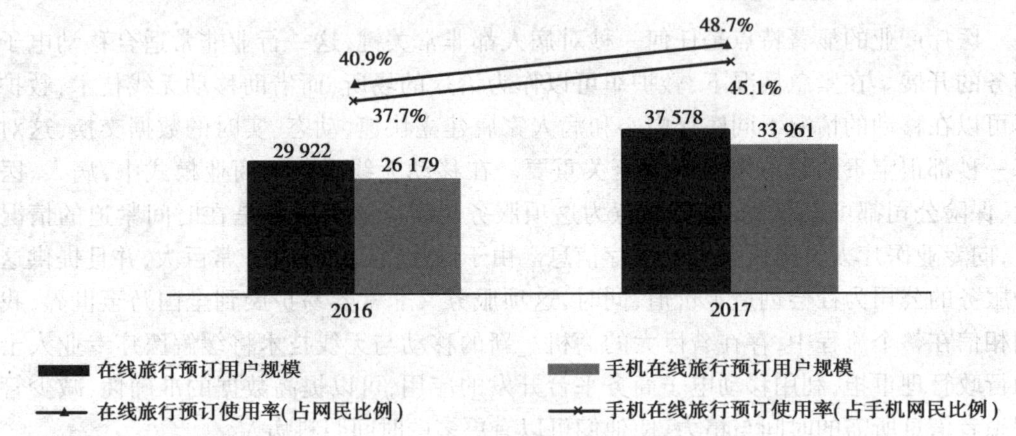

图10-6　2016—2017在线旅行预订/手机在线旅行预订用户规模及使用率

(资料来源:中国互联网络信息中心.中国互联网络发展状况统计报告,2017.)

移动电子商务的优势更多地体现在对散客旅游者的服务上,已超越了仅仅为旅游者提供行前帮助,扩展到旅游活动链的每一个环节。

在行前阶段,旅游者搜索、计划和预订旅程的每一部分。他们最需要的是详尽的信息和方便预订及购票的交易服务。尽管有着高速互联网接入的个人电脑比移动通信设备在为旅游者提供预订机票、设计行程或浏览报价产品方面表现更胜一筹,然而,移动旅行服务却能提供更好的机会。如果旅游者在行前计划阶段对他所感兴趣的目的地信息做了标注,那么在途中他们可以通过移动设备随时查询这些内容。在典型的旅游移动电子商务应用中,旅行社可以通过互联网接入设备捕捉和整合某一个性化线路所需的旅行内容,并将这些信息同步传递给已在旅游者手机和PDA预设的个人信息管理系统(PIM)中。这样可以扩大旅游代理商和旅游信息供应商对于整个旅程的影响。当然,为了使提供的信息更为有用,不管是桌面应用还是移动界面都必须高度个性化。

在途中,旅游者将会和一切固定互联网旅游服务资源隔离开,在这一阶段,旅游者将会大大受益于移动数据接入,特别是在实时航班预报、机场情况等方面。在旅行过程中,旅游者的旅途安排总会受到偶然因素的影响,比如航班因天气原因被取消或延误、火车晚点、汽车中途抛锚等。遇到这些意外情况,旅游者的原定日程将不得不改变,他们被迫换乘较晚的航班,需要重新安排对旅途中其他城市的游览。一般来说,商务游客受途中意外变故的影响更大,然而正是商务游客构成了旅游业最忠诚且最有价值的客户基础。调查表明商务游客在旅途中更愿意携带移动电话而不是电脑,他们也更乐于接受技术进步带来的服务手段创新。

如果一个商务游客在途中由于航班延误导致不能按时到达目的地,错过了一个重要的会议,这时旅游服务商最需要的是可替换的航班信息,以及是否可迅速地重新预订。所有这些都可以通过航空公司的移动电子商务应用来解决,游客不需要再排队换票,机场方面也减轻了柜台人员和其他服务人员应付这种偶发情况的负担。移动电子商务是真正实现以人为中心的旅游电子商务服务。

10)移动化的物流信息服务

第一,移动电子商务可以利用移动通信网络、移动设备及移动技术,帮助物流企业实现信息的准确、快速传递,加强物流企业与供应商及顾客的信息资源共享。例如,利用手持移动设备,快递人员将货物送到顾客手中时,可以即时采集收货信息,传送回物流信息管理系统即可完成交易,而不必等到送货完成后回到配送点再逐一录入,极大地提高了服务的效率和准确性。

第二,移动电子商务的应用能够使物流企业更好地实现信息共享,加强顾客与物流企业间的联系,可以大大提高物流服务质量,为产品提供最好的增值服务。

第三,移动电子商务技术的应用帮助物流管理者加强了对人员的监督管理,提高了业务人员的综合服务素质。例如,物流企业可以利用 GPS(全球定位系统)、GIS(地理信息系统)和 LBS 接收器等移动跟踪技术对在途货物与人员进行跟踪定位,这样不仅可以防止货物丢失,还可以对业务人员进行实时监管,提高物流服务水平。

第四,由于移动电子商务的个性化特点,物流企业可以通过向顾客提供产品和快速、灵活的定制服务来满足市场多样化需求与顾客的个性化需求,提高物流服务质量。

第五,移动电子商务可以为“移动的人”提供随时随地、及时的物流服务。例如,顾客可以利用 PDA、手机等移动通信终端随时随地通过移动信息平台获取物流信息,实现物流服务的快速、灵活定制与在线实时查询。

11)移动教育服务

移动教育正逐步成为在线教育的主流。与 PC 端相比,移动教育能提供个性化的学习场景,借助移动设备的触感、语音输出等方式,构建出更加个性化的人机交互场景,提升学习本身的趣味性,尤其对于题库类、数字阅读类、音频类在线教育产品,更适合从移动端切入。长远来看,基于移动终端,拥有优质教学内容、能寓教于乐的教育产品,在市场上更有优势。数据技术助力移动教育体验改善。移动教育平台通过大数据挖掘技术,掌握用户个人属性、教育水平、收入、消费等情况,帮助了解用户需求和学习动机,针对具体人群进行精准定位,推荐定制化的学习内容,同时增加平台的商业变现能力。此外，随着 VR、AR 技术的发展和相关硬件设备的开发，"沉浸式教学模式"尤其在建筑、物理、医学、生物等专业课程中，为移动教育提供真实场景的教学体验，增强互动性，提升学习效率成为可能。

本章小结

移动电子商务是移动信息服务和电子商务融合的产物。它具备广泛性、时空无限性、精准个性化、操作简便、位置敏感性、紧急性的特点。移动电子商务经历了 1G、2G、3G、4G 的时代发展，在无线应用协议、移动 IP、组网技术、无线局域网、WPKI(Wireless PKI)技术、4G 通信技术、蓝牙(Bluetooth)技术、移动支付技术、数字图像技术、生物识别技术的支撑下，多种新型的商业模式与营销模式如雨后春笋般不断涌现，如 O2O 模式、OTT 模式、App 营销模式、手机移动终端支付模式、微信营销模式、物联网技术与 O2O 模式相结合。中国移动电子商务市场在政策的支持下，技术的保障下，客户需求旺盛，方式方法不断革新，市场一片繁荣，步伐越发稳健。

目前，我国移动电子商务呈现出了以下特点：移动设备代更新快，智能手机铺天盖地；移动端用户规模庞大；移动端用户黏性强；移动电商产业个性化、多样化；3G、4G 稳步覆盖。移动电子商务开展的社会化服务则包括移动购物服务、移动社交服务、移动娱乐服务、移动支付与银行服务、移动信息服务、移动办公服务、应急响应服务、移动医疗服务、移动旅游服务、移动化的物流信息服务与移动教育服务。

随着 3G 的普及和 4G 网络的发展，人们的消费理念和商家的传统理念都在不断地转变，移动电子商务已经成为一种新型的商务模式，与人们的生活密切相关，其发展前景广阔，并对我国的经济产生深远的影响。

【本章学习与思考】

1.移动电子商务的特点是什么？与传统电子商务相比有什么优势？

2.移动电子商务的主要商业模式有哪些？请结合身边的案例进行讲解。

3.移动电子商务的主要营销模式有哪些？请结合身边的案例进行讲解。

4.移动电子商务的主要服务类型有哪些？请结合身边的案例进行讲解。

5.目前我国移动电子商务的发展现状如何？未来又会怎样？

【技能操作训练】

王美是一个美甲、美睫店的老板，现在移动电子商务已经渗透日常生活的方方面面，她常常看到用户在美甲、美睫的过程中，尤其是等待美甲、美睫的过程中，会拿起手机浏览各种 APP 或网页。有时候,因为前面排队顾客过多,导致需求顾客无奈走掉。她想,如果自己能够将美甲、美睫搬上网络,让顾客能够在线选择好自己需要的服务,并且进行电子排队,就可以免去顾客很多麻烦,同时也可以通过移动互联网络对自己的美甲、美睫店进行宣传。如果王美这时候向你请教,你应该如何帮她呢?(请从移动电子商务的营销模式、商业模式与服务类型进行思考。)

第 11 章
跨境电子商务

【教学目标】

1.掌握跨境电子商务的定义和常见跨境第三方平台的特点；

2.了解跨境电子商务与传统国际贸易的关系；

3.了解我国跨境电子商务的相关政策；

4.了解跨境电子商务的特点及其在我国的发展现状与困境；

5.熟悉速卖通和 Wish 平台店铺注册流程及实名认证操作；

6.能分组或独立完成跨境店铺注册并获得平台认可通过。

【教学重点、难点】

1.电子商务与跨境电子商务的区别；

2.跨境电子商务与传统国际贸易的区别；

3.速卖通和 Wish 平台店面注册流程操作。

【案例导入】

汽配外贸电商新路:建海外公司转型服务商

在外贸电商汽配行业,他是当之无愧的老大,2012 年的销售额是国内跨境电商网站的第一位。他在海外建立分公司,自己做仓储、快递、售后,立志做成全球电子商务汽配行业第一个专业服务品牌。他希望未来所有的国际大牌入驻他的店铺都要交进场费。他就是汽配外贸电商卖家——娄珂。

第一步,建立澳大利亚首家分公司。跨境物流速度慢、海外售后服务难一直是外贸电商难以解决的两大难题,不过娄珂已经巧妙地找到了化解之法。据透露,他通过建立海外分公司,自己做服务的方式已经很好地解决了这两个问题,目前其澳大利亚分公司的服务已能覆盖澳大利亚 1/3 的国土面积。据了解,2012 年 7 月,娄珂在澳大利亚建立了第一家分公司。另外,其美国分公司和俄罗斯分公司正在筹建中。目前海外分公司主要承担海外仓、“最后一公里”配送、售前咨询和售后服务等职责。“我们聘用本地人做快递员，购买了十几辆货车，自己做配送。现在澳大利亚的货物我们已经实现了一天内送达，还提供上门安装和操作指导。”娄珂表示。当然，海外分公司的建立也带来了公司整体运营成本的大幅提升，截至目前，其海外分公司已亏损了 50 万元人民币。但随着服务质量的提升，澳大利亚出货量开始迅速增长，情况已经好转，2013 年 3 月，其澳大利亚分公司实现了收支平衡。

第二步，扩展品类，实现客户群重叠式发展。娄珂计划在分公司发展稳定后，通过扩展品类，实现客户群的重叠式发展，以进一步降低运营成本。“现在我们主要卖的是初级汽车电子产品以及维修工具。等到我们服务能跟上之后，我们就会卖汽车解码器、汽车诊断仪。另外，因为是自己的快递，所以我们有一个优势：我们自己送完货以后，会推荐其他的一些产品，就是我们可以捆绑推荐。”娄珂说道。娄珂表示，目前在汽配行业，中国有很多质量很好的品牌，苦于没有营销能力和海外服务能力，无法拓展海外市场。另一方面，目前的外贸电商主要是价格的竞争，而缺乏深度服务的能力。而他未来则希望能够建立一个拥有高质量服务的渠道品牌。“比如电子产品，行业里已经拼到了去更换芯片，去替代方案，什么都用二手的，聘用的员工是最差的，这样下去肯定是不行的。我要做的就是给这些好品牌一个曝光的窗口。你给我产品，我帮你卖，售后上你也没有后顾之忧。”娄珂表示。娄珂希望，建立海外分公司，通过服务积累客户，然后吸引国际一线品牌，再通过一线品牌进一步吸引流量和客户，形成一个良性的循环。“我们积累了这么多年，我们庞大的客户群和流量基础，这是很值钱的。等到流量再上来之后，我一个店铺的人流量就相当于一个区域的沃尔玛，而且我们是专业类的。以后品牌商在我们的店铺上了一个新的产品，就相当于参加一个小型展会。这就是我以后要走的一个方向。”娄珂说道。

思考：

跨境电子商务对外贸企业在业务拓展上起到了哪些积极的作用？

11.1　跨境电子商务基础知识

11.1.1　跨境电子商务的定义

所谓跨境电子商务（Cross-border Electronic Commerce），是电子商务应用过程中一种较为高级的形式，是指不同国别或地区间的交易双方通过互联网及其相关信息平台实现交易。实际上就是把传统国际贸易加以网络化、电子化的新型贸易方式。跨境电商以电子技术和物流为手段，以商务为核心，把原来传统的销售、购物渠道移到互联网上，打破国家与地区有形无形的壁垒。厂家实现全球化、网络化、无形化、个性化、一体化服务。

根据国办发〔2013〕89 号文件的规定，在我国跨境电子商务指的是跨境电子商务零售出口，即我国出口企业通过互联网向境外零售商品，主要以邮寄、快递等形式送达的经营行为，也就是跨境电子商务的企业对消费者出口。（根据海关总署〔2014〕12 号文件的规定，跨境贸易电子商务的海关监管方式代码为“9610”）

而跨境电子商务零售进口，指的是我国境内个人或电子商务企业采用直购进口或保税进口的方式采购海外商品，并在电子商务平台销售给国内的消费者。这些海外商品通过海关特殊监管区域或保税监管场所进入国内，再由负责销售的个人或企业通过快递等方式邮寄到消费者手中。（根据海关总署〔2014〕57 号文件的规定，保税跨境贸易电子商务的海关监管方式代码为“1210”）

11.1.2 跨境电子商务与传统国际贸易的关系

相对于传统国际贸易而言，跨境电子商务的门槛并不高，跨境电子商务平台及跨境物流配送是跨境电商发展的关键：在国内选择合适的产品及进货渠道，然后通过国际性的电子商务信息平台（如全球速卖通、eBay）联系国外的买家并出售商品，支付方式则选择国际性的第三方支付平台（如 PayPal），物流则交给跨境快递公司来完成。从整个操作流程来看，与国内企业间的电子商务（B2B）及普通消费者的网购（B2C）没有太多区别，只是更具国际性而已。

1）在国际贸易中的优势

（1）显著降低国际贸易的成本

在国际贸易交易中，花费的成本主要指买卖过程中所需的信息搜寻、合同订立和执行、售后服务等方面的成本。电子商务使得企业可以从国际互联网庞大的信息资料中获得所需要的信息，从而大幅降低搜寻成本。据美国《福布斯》的统计表明，电子商务可以节省企业交易成本的 5%～10%。可见，电子商务可以显著降低国际贸易成本。

（2）显著提高交易的效率

利用电子商务开展国际贸易，买卖双方可采用标准化、电子化的格式合同、提单、保险凭证、发票和汇票、信用证等，使各种相关单证在网上即可实现瞬间传递，大大节省了单证的传输时间，而且还能减少因纸面单证中数据重复录入导致的各种错误，对提高交易效率的作用十分明显。

（3）全天候业务运作，提高客户满意度

由于世界各地存在时差，进行国际商务谈判就相当不便，对企业来讲，在传统的条件下提供每周 7 天、每天 24 小时的客户服务往往感到力不从心。而利用电子商务可以做到全天候服务，任何客户都可在全球任何地方、任何时间从网上得到相关企业的各种商务信息。电子商务全天候、不间断运作可使全球范围内的客户随时得到所需的信息，为出口企业带来了更多的订单，并且可大大提高交易的成功率。

2）对国际贸易的影响

（1）促进国际贸易的增长

电子商务通过降低交易成本和交易价格，提高效率，不断创造出额外的商业机会，这些额外的商业机会一方面能降低价格，增加国际需求；另一方面是它能创造新的贸易，让那些成本过高或执行困难的交易变得可行。同时，电子商务能作为传统交易手段的补充，与有形货物运输一起完成交易。总之，电子商务由于突破了时空限制，使得信息跨国传递和资源共享得以真正实现，满足了国际贸易快速增长的要求，从而促进了国际贸易的发展。

（2）扩大国际贸易主体

在传统的贸易方式下，贸易中介在国际市场上占有十分重要的地位。电子商务的广泛应用，使得市场上产生了大批"虚拟"企业。这种虚拟组织在功能和效果上已经远远超出了原有的中介公司，甚至可以迅速向全球范围扩展。由于虚拟企业、网络公司在专业领域拥有卓越的技术，可以更加有效地向市场提供商品和服务，因此它们逐渐淘汰那些以信息不完全赚取差价的进出口业务中介。同时，电子商务技术简化了国际贸易的流程，为中小企业进入国际市场提供了有力的武器，扩大了国际贸易的经营主体。

（3）交易方式变化

交易工具。新型国际贸易用电子数据交换（Electronic Data Interchange，EDI）取代了传统的有纸贸易，EDI 将日常往来的经济信息，按协议通过网络进行传送，使文件传送速度提高了 81%，而且文件处理成本和出现的差错都有大幅度的降低。网上广告代替了电视、杂志等日常新闻媒介；E-mail 和网络电话，比起以前的一些传统工具既降低了成本和交易费用，又节省了时间。

支付方式。传统的贸易支付是通过开信用证、托收等方式支付，还要使用汇票、本票、支票等单证。而新型的国际贸易使用电子支付系统，电子商务网上银行系统在网络上实行电子付款，即将资金存入电子银行或者信用证公司的电脑账户中，交易达成后，在网络终端输入信用证的号码，在网络上进行资金结算、转账、信贷等服务。网络上电子商务的交付方式分为两种：一是对有形产品的直接贸易方式，即买卖双方通过网络传输进行商务洽谈、订货、付款、开发票、收款等活动，然后在商定的地点进行实际产品的交割。二是对无形产品的直接贸易方式，就是进行网上支付和货物运送的电子商务。这种完全国际电子商务能使交易双方超越地理空间障碍进行电子交易，可以充分挖掘全球电子商务市场的潜力。

（4）深化国际分工

电子商务催生了弹性企业，使生产更具灵活性；电子商务的发展将促进跨国公司生产布局的全球化；电子商务推动电子协作，提高贸易产品的技术含量和服务贸易在全球贸易中的比重,推动世界产业结构向高级化发展;电子商务导致发达国家之间的水平分工进一步发展,这又加速了产品和半成品在国家和地区间迅速流动。

【案例学习 11-1】

深圳网易盛世科技(Egomall Tech)原本是安防行业里一家传统外贸公司,2008 年金融危机时也曾濒临绝境,步履维艰。但在毅然转型跨境电商后,公司获得新生,目前长期占据着敦煌网安防品类排名第一的位置,店铺复购率接近30%,电商月销售额达到50 万美元。

● 抉择:毅然转型做电商

网易盛世电商负责人李春辉向亿邦动力网简述了公司电商发展历程:2006 年开始涉足传统外贸,主营报警器、车载摄像头、倒车雷达、GPS 定位导航等安防和汽配产品。2008 年金融危机时,公司业务下滑严重,看到电商火热,遂涉足淘宝;2010 年下半年入驻敦煌网,开启跨境电商业务运营,1 个月后关闭淘宝店铺。

李春辉表示,促成公司转型的重要原因是他观察到国际采购形势转变:经济不景气的情况下,采购商不再像以往一样一次采购几百上千单,而更倾向于小批量、高频次地采购。而这种采购形式恰恰是跨境电商所擅长的。

"金融危机越来越严重的时候,采购商都不愿意把钱压在库存上,而希望资金周转速度更快,效率更高。为了求快,它们甚至不惜在乎空运的价格。"李春辉表示。

在转型过程中,网易盛世遇到最大的问题是上游供应商的不支持。"两年前,我们和供应商谈判时,他们觉得这样的形式很不现实,往往不屑一顾。"李春辉表示。

但随着近两年网易盛世采购量的不断加大,这种情况得到了很大程度上的好转。"现在他们经常会向我们打听市场上哪些产品卖得好。能够接触到终端消费者,是我们最大的优势。现在顾客的反馈经由我们传达给厂家,厂家再根据反馈对产品作出调整。"

从传统外贸转型到跨境电商,给网易盛世带来的最大好处是利润率的提升,目前其利润率已从5%上升到了近30%。

● 诀窍:注重服务细节

细节上的服务往往是留住客户的决定要素。比如除了个人买家,很多国外电商平台上的卖家也会在网易盛世的店铺中进货,并要求其直接将商品寄给终端消费者。对于这部分客户的订单,网易盛世会挑出来单独处理。首先,他们会以客户的名义给收件人写一封感谢信夹在包裹中,并附带一份小礼物。其次,网易盛世不会在这部分包裹的内外包装上标注自己公司的任何标志和信息,以避免消费者发现商品并非来自网易盛世的客户。

曾经有一位俄罗斯的工程师工作之余在网易盛世的敦煌店铺购买报警器,拿到俄罗斯当地去卖。双方持续合作了一年之后,这位工程师决定改行卖该公司的产品。基于此前良好的合作经历,俄罗斯工程师希望网易盛世能够帮助代其采购相关产品。对于网易盛世来说,这笔交易不仅费时费力,还几乎没有利润。但出于不愿意失去一个老客户的目的,网易盛世还是答应了客户的请求。

经过一个多月的时间,网易盛世从 1688.com、淘宝、eBay、实体店等多渠道终于凑齐了俄罗斯客户要的产品,统一打包快递过去,再次获得了俄罗斯客户的好感。2013 年,IPcamera(网络摄像机)在俄罗斯热卖,这位俄罗斯工程师终于又开始从网易盛世大量采购产品。目前双方已经合作了三年多的时间。因为对服务细节的追求,目前网易盛世电商平台上仅占整体 25%的老客户却提供了 70%的营业额。

● 未来:持续加大电商投入

据亿邦动力网了解,2012 年春节前,网易盛世的电子商务部只有 7 个人,但目前已经增长到 19 个人,而此时公司传统的外贸部门也只有十几个人。李春辉透露,未来,公司无论从人员还是资金上,都会持续加大对电商业务的投入。除了入驻第三方平台外,网易盛世还计划针对单一的国家建立垂直 B2C 网站。

此外,网易盛世目前来自巴西、俄罗斯、印度等新兴市场的订单越来越多。从销售数据上看,2014 年以来,来自巴西的订单的月增长幅度达到了 20%,巴西市场的销售已能占到电商整体销售额的 30%。未来,网易盛世将考虑在巴西、俄罗斯等地设置海外分支机构。

同时,网易盛世计划将电商业务分拆成独立的公司进行运作。"传统外贸与电商的差别太大,理念完全不同,比如说,做传统业务的时候,是先收到货款再发货,如果产品有问题,也都是老客户,好商量,下次补发好货就 OK 了。而电商渠道大部分都是新客户,零售用户对购物体验的要求也更高。所以分开来做,比较好些。"李春辉表示。

(资料来源:安防知识网。)

11.1.3　跨境电子商务的形成

随着国内外经济环境的变化,尤其是 2008 年全球金融危机对国内出口的影响,外贸企业的电子商务应用出现了新的契机。在国际市场需求萎缩,中国劳动力、土地、资源能源等要素成本的显著持续上升和人民币的持续升值,以及持续增加的针对中国的贸易摩擦对我国进出口贸易造成严重冲击的同时,国内外贸企业面临的跨境贸易形势也发生了显著变化:传统外贸"集装箱"式的大额交易正逐渐被小批量、多批次、快速发货的外贸订单需求所取代。同时,受到资金链紧张及市场需求乏力等因素的制约,传统贸易进口商,尤其是一些中小进口商往往将大额采购分割为中小额采购、将长期采购变为短期采购,以分散风险。这些变化极大地推动了以小额跨境交易为代表的跨境电子商务及物流服务业的发展。

信息技术的进步,特别是网络的普及和电子支付工具的完善,也极大地推动了跨境电商的发展。根据市场研究公司 eMarketer 发布的数据显示,2014 年 B2C 电子商务全球销售额达到 14 710 亿美元,增长近 20%。2015 年亚太地区成为全球电子商务销售额榜首,占总量的33.4%,而北美占31.7%,西欧占24.6%。这三个区域的销售额占全球电子商务市场的 90%左右。

与中国出口贸易的高速增长相比,进出口贸易下中国跨境电商的增速则更令人惊讶:我国的传统外贸年均增长不足 10%,跨境电商的增长速度却保持在了 30%以上,20 多万家小企业在各类网络平台上做买卖,年交易额超过 2 500 亿美元。可以说,在由互联网重塑的国际贸易格局当中,中国已经找到了新的贸易增长点,和美国一起成为全球跨境电子商务中心。

2013 年,被业内广泛认为是中国的"跨境电商元年"。这一年,中国的跨境电商迎来了前所未有的大好机遇,据不完全统计,2013 年我国的跨境电商平台企业已经超过 5 000家,境内通过各类平台开展跨境电子商务业务的外贸企业超过 20 万家,全国跨境电子商务交易额达到了 3.1 万亿元。2013 年 6 月 6 日,兰亭集势在美国纽交所挂牌上市,成为 2013 年第一家在美上市的中国公司,也使得外贸电商得到了足够的关注与重视。同年,国务院出台"国六条",鼓励扶植跨境电商。继 2013 年国内跨境电商获得蓬勃发展以后,2014 年,随着政府支持力度加大,"海淘"一族迅速兴起;全国多个城市启动跨境电商;广州、深圳等地先后获批"国家跨境电子商务试点城市";京东、阿里巴巴、亚马逊等电商巨头相继布局跨境电商战略,"政府+平台"模式成为地方跨境电商发展的主流模式。目前,跨境电商不仅成为我国对外贸易新的增长点,而且带动了物流、仓储等配套体系的改革,跨境电商将持续保持强劲的发展势头。

11.1.4 跨境电子商务的基本流程

跨境电子商务的基本流程如图 11-1 所示:

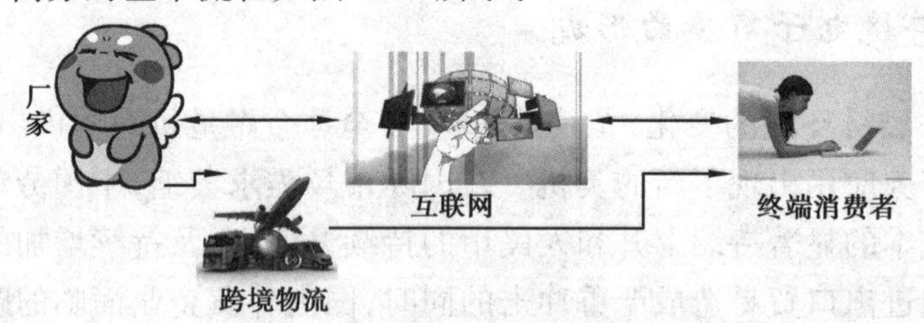

图 11-1 跨境电子商务的基本流程

跨境电商需要解决 3 个流程问题:

一是信息流:一方面,厂家在网上发布所提供的产品或服务信息;另一方面,消费者通过互联网搜寻需要的产品或服务信息。

二是产品流(物流):消费者在网上下单,厂家委托跨境物流服务公司将产品运送到海外消费者手里。

三是资金流:消费者通过第三方支付方式及时安全地付款,厂家收汇结汇。

11.1.5　跨境电子商务主要的第三方平台

目前常见的跨境电商第三方平台主要有全球速卖通(AliExpress)、Wish、敦煌网(DHgate)、eBay 和亚马逊(Amazon)等。

1)全球速卖通

全球速卖通(AliExpress)是阿里巴巴旗下唯一面向全球市场打造的在线交易平台,致力于跨境电商业务,被广大卖家称为国际版"淘宝"。全球速卖通于 2010 年 4 月上线,已覆盖 220 多个国家和地区,拥有近 20 个分站,提供 20 种语言服务,每天海外买家的流量超过 5 000 万,最高峰值达到 1 亿,已经成为全球最大的跨境交易平台。在 2017 年"双 11"当天,全球速卖通成交超 1 000 万笔订单,订单最多的国家包括俄罗斯、巴西、以色列、西班牙、白俄罗斯、美国、加拿大、乌克兰、法国、捷克和英国。

全球速卖通的业务覆盖 3C、服装、家居、饰品等共 30 个一级行业类目,其中优势行业主要有服装服饰、手机通信、鞋包、美容健康、珠宝手表、消费电子、电脑网络、家居、汽车摩托车配件、灯具等。

全球速卖通最大的特点是"价格为王",卖家一定要价格低才能有优势。同时,全球速卖通非常重视营销推广。平台免费为卖家提供四大营销工具,即"限时限量折扣""店铺优惠券""全店铺满立减"和"全店铺打折"。卖家也可付费参加平台的直通车活动,在短时间内获得大量曝光和流量。直通车按照买家的有效点击数来付费,费用高低与推广评价及出价相关。

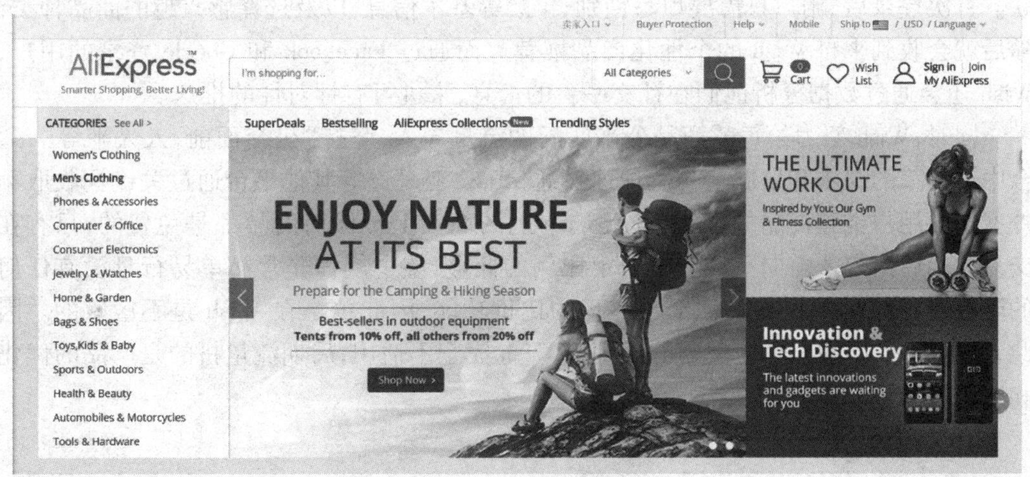

图 11-2　全球速卖通首页

2) Wish

Wish 公司于 2011 年 12 月创立于美国旧金山硅谷,起初只是一个类似于国内的蘑菇街和美丽说的导购平台。2013 年 3 月,Wish 在线交易平台正式上线,移动 App 于同年 6 月推出,当年年经营收益即超过 1 亿美元。Wish 拥有超过 4 700 万的注册用户,并且以平均每天 12 万的速度增长,同时 App 每日下载量保持在 10 万左右。日活跃用户 80 万~100 万,重复购买率为 50.3%。90%的用户来自欧洲和美国,80%的用户为女性,并且集中在 15~35 岁。平台上目前有超过 1 万名商家,其中 60%~70%来自中国,占总交易额的 80%~90%。

Wish 最大的特点就是专注于移动端购物。在 Wish 平台,98%的流量和 95%的订单都来自移动端。这个数据足以让亚马逊、eBay、全球速卖通等出口跨境电商大鳄"颤抖"。几乎人人都知道,我们正处于从 PC 端到移动端迁徙的时代。然而,能够摆脱传统 PC 互联网思维的束缚,完全专注于移动端发展的平台少之又少。亚马逊、eBay、全球速卖通都已经在推广移动端 App 了,但这些移动应用都基本沿用了 PC 时代的思维,最多就是在交互设计方面进行了屏幕适应性调整。而 Wish 采取基于搜索引擎的匹配技术,即通过用户行为判断用户偏好,并通过数学算法,将用户和商家、商品进行准确的匹配,每天给用户推送可能感兴趣的商品和商家。Wish 的这一特点与它的联合创始人 Peter Szulczewski 和张晟均来自具有硅谷背景的公司(分别来自谷歌和雅虎),是典型的技术派不无关系。Wish 秉持"让手机购物更加高效和愉悦"的原则,每屏只推送 4~6 款商品,并且以"瀑布流"的形式展示。

除了用电子邮箱进行注册,用户还可以通过已有的 Facebook 和 Google 账号进行关联。首次登录后,用户只需要填写性别、年龄等基本信息,以及选择感兴趣的商品种类,随后就会收到来自 Wish 的个性化商品推荐。而通过 Facebook 和 Google 登录的用户,Wish 还会通过数据分析他们在社交平台的信息,来进行有针对性的推送。

同时,Wish 努力给每款商品公平匹配的流量导入,坚持"机会面前,人人平等",适合中小卖家的起步和发展。与全球速卖通、eBay、亚马逊等其他平台通过关键词收取额外费用向用户推荐商品的方法不同,Wish 上的商户上传任何商品都是免费的,只有在交易成功后商户才需向平台支付一定比例的佣金,整个过程非常简单易行且没有任何的隐藏费用。Wish 没有其他平台盛行的比价功能,因此价格在 Wish 是不敏感的。因此,适用于 eBay 和全球速卖通的规则对 Wish 完全不适用,后期流量拼的是产品的优化和客服的质量。

3) 敦煌网

敦煌网(DHgate)B2B 在线交易平台于 2005 年正式上线,是全球领先的在线外贸交易平台,致力于帮助中国中小企业通过跨境电商平台走向全球市场。其目前拥有 120 万家中国供应商,550 万买家,遍布全球 224 个国家和地区。平台每 3 秒产生一张订

图 11-3　Wish 首页

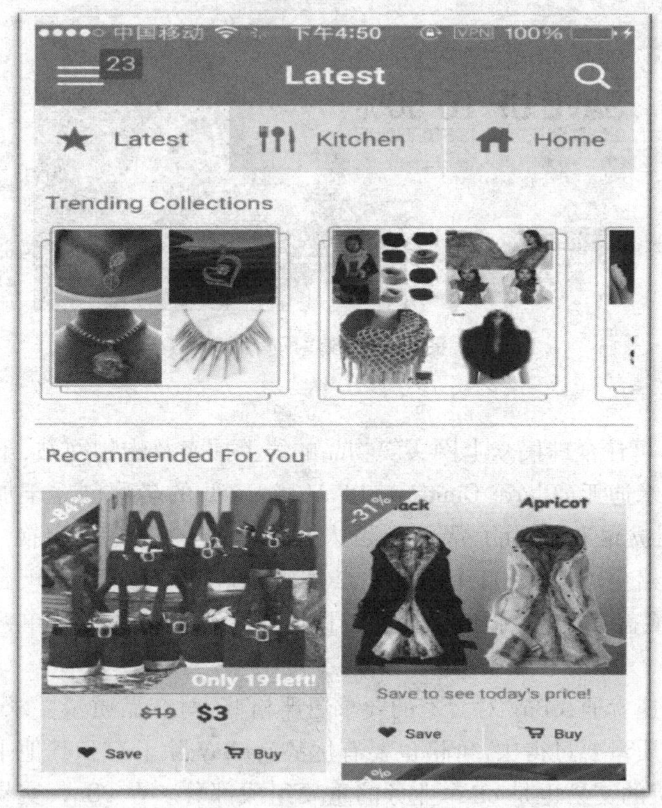

图 11-4　Wish 手机应用页面

单,2011 年交易额达到 110 亿元。敦煌网采取佣金制,免费注册,只在买卖双方交易成功后收取一定比例的费用(一般为 7%~15%)。敦煌网的优势项目为手机和电子产品。

作为第二代 B2B 电子商务的开拓者,敦煌网最大的特点是完善的在线交易环境和配套的供应链服务。敦煌网整合跨境交易涉及的各个环节,并将其纳入自身的服务体系。这种基于专业化分工的整合,将买卖双方从繁杂的交易过程中解放出来,使得复杂的跨境贸易变得相对简单。更为重要的是,敦煌网提供的各项服务,通过集合效应大大降低了交易双方的成本。

敦煌网还提供特有的拼单砍价服务,如同一时间会有许多货物发往同一个地方,敦煌网便会将相关信息搜集起来将这些货物一起发送,以帮助节省成本,或帮助互不相识的客户将货物拼到一个集装箱运输以降低成本。

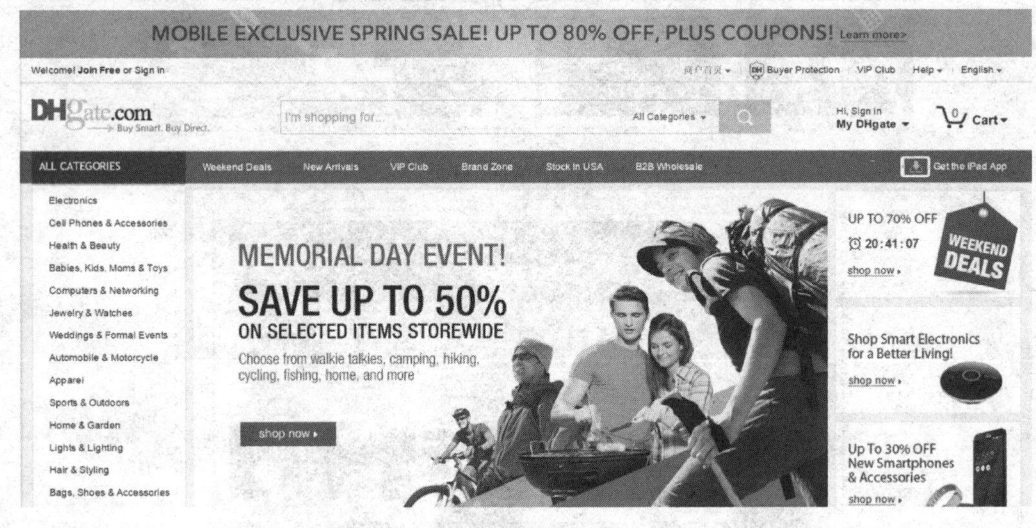

图 11-5 敦煌网首页

4) eBay

eBay 是一个可让全球民众上网买卖物品的线上拍卖及购物网站,于 1995 年 9 月 4 日由皮埃尔·欧米迪亚(Pierre Omidyar)以 Auctionweb 的名称创立于加利福尼亚州圣荷西。eBay 的创立最初是为了帮助创始人欧米迪亚的未婚妻交换一些倍滋糖果。1999 年,eBay 开始全球扩张,首个海外站点是德国站。2002 年,eBay 合并 PayPal。目前,eBay 的业务覆盖 190 多个国家和地区,日均成交量超过数百万单,全球网站 Alexa 排名第 21 位。

相较于全球速卖通,eBay 对卖家的要求更严格些,对产品质量要求较高,但同样也拼价格。即产品质量要过得去,价格也要有优势。eBay 除了有和其他平台类似的常规产品出售,二手货的交易也是 eBay 业务的重要组成部分。在 eBay,交易方式分为拍卖和一口价两种方式。eBay 对每笔拍卖向卖家收取 0.25~800 美元不等的刊登费,在交易成功后再收取一笔 7%~13%不等的成交费。在合并了 PayPal 后,eBay 的支付方式默认为 PayPal,商户在注册开店时必须绑定有效的 PayPal 账户。

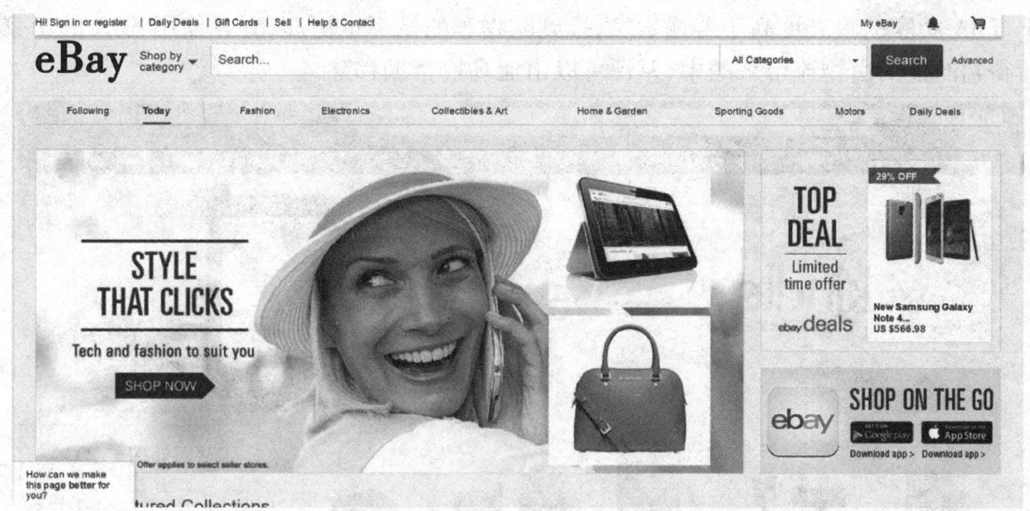

图 11-6　eBay 首页

5）亚马逊

亚马逊（Amazon）成立于 1995 年，最初是一个销售书籍和音像制品的“网上书店”。2000 年，Amazon 开始通过品类扩张和国际扩张，致力于成为全球最大的网络零售商。用户多为国外中高端消费群体。全球网站 Alexa 排名第 6 位，目前已成为全球第二大互联网公司。

在所有跨境电商第三方平台中，对卖家要求最高的是 Amazon，它以产品为驱动，产品质量必须要有优势，而且还必须要有品牌才行，如果没有品牌，最好不要去做 Amazon。Amazon 鼓励自助购物，将对售前客服的需求降到最低，这要求卖家提供非常详细、准确的产品详情和图片。

亚马逊支持货到付款，并且拥有自己的付费会员群体 Amazon Prime。每年支付 99 美元的会员费，Amazon Prime 会员就能享受免运费的 2 日送达服务（个别商品除外），还能够通过亚马逊观看约 4 万部电影和电视剧集以及享受 50 万本 Kindle 电子书的借阅服务。2018 年 4 月，亚马逊 CEO Jeff Bezos 在年度股东报告中首次公布了 Amazon Prime 会员用户数据超过 1 亿，其中高达 93% 的 Prime 用户表示对服务质量感到满意，并打算在来年继续使用该服务。这一庞大的会员人群主要为国外的高端消费群体，他们是亚马逊最具有价值的财产之一。

Amazon 的另一特色服务是 FBA（Fulfillment by Amazon）亚马逊仓储物流，为商户提供物流和仓储的配套服务，并收取一定的费用。要使用亚马逊的物流服务，卖家需要自行将商品进口到开店的各个海外国家，并储存在相应的亚马逊物流中心，由亚马逊来完成当地国的订单配送。虽然亚马逊仓储物流的收费标准高于一般的仓储公司，但由于 FBA 得到买家较高的认可，不少买家都愿意支付更多的钱来选择 FBA。在同等条件下，FBA 卖家的曝光度高于普通卖家，抢到购物车的概率也更高，并且使用 FBA 的卖家所得到的任何由物流带来的中、差评可以由亚马逊帮助移除。

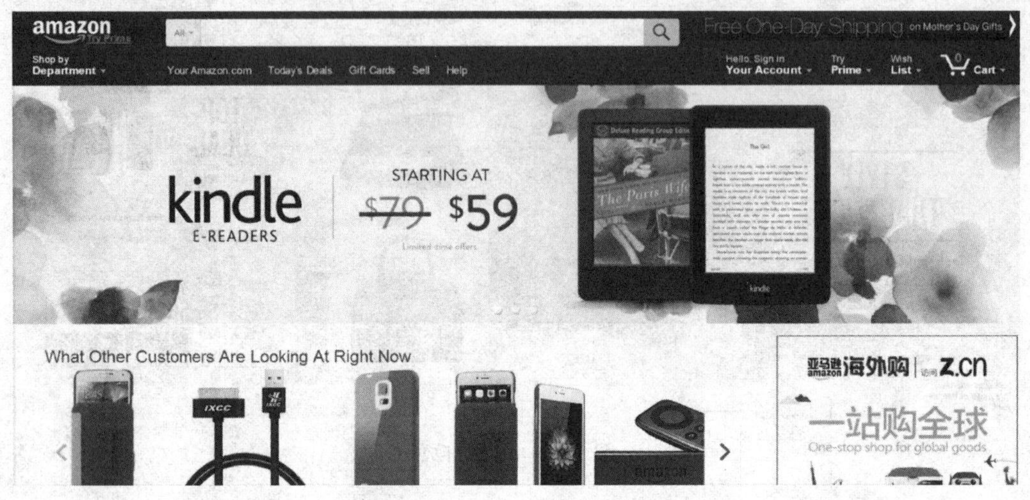

图 11-7　亚马逊首页

11.1.6　我国关于跨境电子商务的相关政策

2012 年，我国电子商务交易总额突破 8 万亿元，同比增长 31.7%，其中跨境电子商务交易额达 2 万亿元，同比增长超过 25%，远高于同期的外贸增速。我国跨境电商平台企业已超过 5 000 家，境内通过各类平台开展跨境电子商务的企业已超过 20 万家。在跨境电子商务快速发展的同时，对平台、物流、支付结算、海关商检等环节提出了新的要求。

在此背景下，2012 年 9 月 16 日国务院办公厅下发了《关于促进外贸稳定增长的若干意见》，其中"调减法定检验检疫目录""规范和减少进出口环节收费"等政策已经传递出了以"贸易便利化"提升进出口贸易的效率。

进入 2013 年，从商务部到国务院，政策建议的口径中跨境电商开始屡屡出现。国务院办公厅在 7 月 26 日印发的《关于促进进出口稳增长、调结构的若干意见》中提及了跨境电商遇到的问题和已经取得的经验，要求"积极研究以跨境电子商务方式出口货物所遇到的海关监管、退税、检验、外汇收支、统计等问题，完善相关政策，抓紧在有条件的地方先行试点，推动跨境电子商务的发展"。随后商务部部长高虎城在接受媒体采访时将跨境电子商务归类为一些新的具有潜力的贸易方式和新型服务，表示商务部将积极支持。

2013 年 8 月国务院办公厅转发了由商务部会同财政部、发改委、人民银行、海关总署等 9 个部门共同研究制定的《关于实施支持跨境电子商务零售出口有关政策意见》（以下简称《意见》），将跨境电子商务零售出口纳入海关的出口贸易统计，提出了对跨境电子商务零售出口的支持政策以及出口检疫、收结汇等六项具体措施,简称“外贸国六条”。自《意见》发布之日起,2012 年以来已开展跨境贸易电子商务通关服务试点的上海、重庆、杭州、宁波、郑州等 5 个城市开始试行新的政策。自 2013 年 10 月 1 日起,上述政策在全国有条件的地区实施。此次《意见》的制定实施是商务部首次正式对跨境电子商务进行明确的政策支持。

从商务部公开的《意见》解释中可以提炼出此次政策的亮点包括以下几个方面:流程监管创新——新型监管模式建立以后,海关对经营主体的出口商品进行集中监管,并采取清单核放、汇总申报的方式办理通关手续,降低报关费用;将对电子商务出口企业及其产品进行检验检疫备案或准入管理,利用第三方检验鉴定机构进行产品质量安全的合格评定。实行全申报制度,以检疫监管为主,一般工业制成品不再实行法检,而是实施集中申报、集中办理相关检验检疫手续的便利措施;金融放开——将允许经营主体申请设立外汇账户,凭海关报关信息办理货物出口收结汇业务;税收优惠——对符合条件的电子商务出口货物实行增值税和消费税免税或退税政策。

包括财付通、支付宝、汇付天下在内的 17 家第三方支付公司已于 2013 年获国家外汇管理局正式批复,成为首批获得跨境电子商务外汇支付业务试点资格的企业,这将使得第三方外汇支付更简易。所谓跨境电子商务外汇支付业务,是指支付机构通过银行为小额电子商务(货物贸易或服务贸易)交易双方提供跨境互联网支付所涉的外汇资金集中收付及相关结售汇服务。

图 11-8　跨境电商试点城市创新模式

表 11-1　我国关于跨境电商政策(部分)一览表

文件名称	颁布时间	主要内容	发文单位
《商务部关于促进电子商务规范发展的意见》	2007.12.13	推动网上交易健康发展,逐步规范网上交易行为,帮助和鼓励网上交易各参与方开展网上交易	商务部

续表

文件名称	颁布时间	主要内容	发文单位
《跨境贸易人民币结算试点管理办法实施细则》	2009.7.3	对跨境贸易人民币结算试点的业务范围、运作方式、试点企业的选择、清算渠道的选择等问题作了具体规定	中国人民银行
《关于组织开展国家电子商务试点专项的通知》	2012.5.8	健全电子商务支承体系、加强电子商务交易保障设施建设、积极培育电子商务服务、深化电子商务应用等	国家发改委
《关于促进外贸稳定增长的若干意见》	2012.9.16	做好出口退税和金融服务、提高贸易便利化水平、改善贸易环境、优化贸易结构、加强组织领导,以"贸易便利化"提升进出口贸易的效率	国务院办公厅
《关于促进进出口稳增长、调结构的若干意见》	2013.7.27	要求积极研究以跨境电子商务方式出口货物所遇到的海关监管、退税、检验、外汇收支、统计等问题,完善相关政策,抓紧在有条件的地方先行试点,推动跨境电子商务的发展	国务院办公厅
《关于实施支持跨境电子商务零售出口有关政策的意见》(外贸"国六条")	2013.7.24	在上海、重庆、杭州、宁波、郑州等5个城市试点跨境贸易电子商务服务,并从2013年10月1日起向全国有条件的地区实施	商务部会同财政部、发改委、人民银行、海关总署等9个部门
《关于促进电子商务应用的实施意见》	2013.10.31	提出未来两年我国电子商务总体目标和发展方向	商务部
《关于跨境电子商务零售出口税收政策的通知》	2013.12.30	明确跨境电子商务零售出口有关的税收优惠政策	财政部、国税总局
海关总署公告2014年第12号(关于增列海关监管方式代码的公告)	2014.1.24	增列海关监管方式代码"9610",全称"跨境贸易电子商务",适用于境内个人或电子商务企业通过电子商务平台实现交易,并采用"清单核放、汇总申报"模式办理通关手续的电子商务零售进出口商品	海关总署
《关于支持外贸稳定增长的若干意见》	2014.5.4	提出进一步加强进口,出台跨境电子商务贸易便利好措施等	国务院办公厅

续表

文件名称	颁布时间	主要内容	发文单位
《关于加快电子商务发展的若干意见》	2005.1.8	建议出台对电子商务贸易链条以及有利于市场参与者发展的法规	国务院办公厅
《国务院关于大力发展电子商务加快培育经济新动力的意见》	2015.5.4	提出"积极推动、逐步规范、加强引导"的三条原则,和营造宽松发展环境、促进就业创业、推动转型升级、完善物流基础设施、提升对外开放水平、构筑安全保障防线、健全支撑体系七项举措,推动电子商务发展	国务院办公厅
《关于进一步发挥检验检疫职能作用促进跨境电子商务发展的意见》	2015.5.14	提出建立跨境电子商务风险监控和质量追溯体系,实施跨境电子商务备案管理等	国家质检总局
《"互联网+流通"行动计划》	2015.5.15	针对跨境电商发展提出将推动建设 100 个电子商务海外仓,加快电商海外营销渠道建设	商务部

11.2　跨境电子商务的特点

11.2.1　跨境电子商务的特点

1) 多边化、呈网状结构

传统的国际贸易主要表现为两国之间的双边贸易,即使有多边贸易,也是通过多个双边贸易实现的,呈线状结构。跨境电子商务可以通过一国的交易平台,实现其他国家间的直接贸易,贸易过程相关的信息流、商流、物流、资金流由传统的双边逐步向多边的方向演进,呈现出网状结构,正在重构世界经济新秩序。

2) 直接化、效率高

传统的国际贸易主要由一国的进出口商通过另一国的出进口商集中进出口大批量货物,然后通过境内流通企业经过多级分销,最后到达有进出口需求的企业或者消费者,通常进出口环节多、时间长、成本高。而跨境电商通过外贸 B2B 或 B2C 平台,实现了企业之间、企业与终端消费者之间的直接对话,买卖双方可直接产生交易,跨境电子商务可以通过电子商务交易与服务平台,实现多国企业之间、企业与最终消费者之间的直接交易,进出口环节少、时间短、成本低、效率高。

3)小批量、高频度

跨境电子商务通过电子商务交易与服务平台,实现多国企业之间、企业与最终消费者之间的直接交易,由于是单个企业之间或单个企业与单个消费者之间的交易,相对于传统贸易而言,大多是小批量,甚至是单件,而且一般是即时按需采购、销售和消费,相对于传统贸易而言,交易的次数和频率高。

4)利润高

在过去的5年中,传统外贸出口增长不足10%,而跨境电商年增长将近30%。与此同时,境内企业通过跨境电商平台,其利润率由原先的5%~10%提高到30%~40%。

5)数字化、监管难

随着信息网络技术的深化应用,数字化产品(如游戏、软件、影视作品等)的品类和贸易量快速增长,且通过跨境电子商务进行销售或消费的趋势日趋明显,而传统应用于实物产品或服务的国际贸易监管模式已经不适用于新型的跨境电子商务交易,尤其是数字化产品的跨境贸易更是没有纳入海关等政府有关部门的有效监管、统计和关税收缴范围。

11.2.2 跨境电子商务3.0时代的发展特点

随着跨境电商行业的迅猛发展,其竞争也日益加剧,商业模式开始出现变化,近年来,跨境电商进入整合、转型期,向跨境电商3.0时代的转型,跨境电商的发展还逐渐呈现出大型化(Big)、去中间化(Break)、品牌化(Brand)的发展诉求和显著特征。

1)跨境电子商务发展的大型化

跨境电商大型化(Big)的主要标志之一就是大型工厂进驻跨境电商平台,能提供全产业链服务的大型服务商的出现。

(1)大型工厂进驻跨境电商平台

①大型工厂面临的国内外形势

全球制造业格局面临重大调整。新一代信息技术与制造业深度融合,正在引发影响深远的产业变革,形成新的生产方式、产业形态、商业模式和经济增长点。我国制造业转型升级、创新发展迎来重大机遇。同时,全球产业竞争格局正在发生重大调整,在新一轮发展中,我国制造业面临发达国家和其他发展中国家"双向挤压"的严峻挑战,必须放眼全球,抢占制造业新一轮竞争的制高点。

我国经济发展环境发生重大变化。随着新型工业化、信息化、城镇化、农业现代化同步推进,超大规模内需潜力不断释放,为我国制造业发展提供了广阔空间。同时,我国经济发展进入新常态,制造业发展面临新挑战——资源和环境约束不断强化,劳动力等生产要素成本不断上升,投资和出口增速明显放缓等等。

《中国制造 2025》指出,形成经济增长新动力,塑造国际竞争新优势,重点在制造业,难点在制造业,出路也在制造业。目前,中国制造业处在关键的发展转型期。

②大型工厂进驻跨境电商平台是中国制造业发展大势所趋

大型工厂进驻跨境电商平台,直接做跨境电商,放眼全球,构建体系化的成熟国际市场,抢占制造业新一轮竞争的制高点,是我国制造业面临发达国家和其他发展中国家“双向挤压”的严峻挑战,实现转型发展的必然选择。

首先,大型工厂进驻跨境电商平台,直接面对整个海外市场,有助于工厂对全球市场的全面掌握、了解和拓展,收集并不断丰富属于大型工厂自己的“大数据”,通过对数据的“加工”,找到并培育或深化产品的用户群体,有效把握市场的整体以及个性化需求,实现行业产品前瞻性研发的预判等,实现大数据的“增值”。

其次,让大型工厂切实回归制造的本质,加强产品的研发设计,深化或打造产品国际品牌,加速制造业的转型升级。传统制造企业大多是 OEM 模式,长期处于价值链的最底层,赚取微薄的利润。工厂进驻跨境电商平台,有助于厂家掌握生产的主动权,不再靠接供应商或批发商的订单而被动生产,在整个产业链中,把产品销售订单、个性化需求前置,以需求或趋势引领生产,坚持工厂自身产品的个性,强化产品的差异性、品牌化,打破郎咸平关于中国制造 6+1 的模式,变为“销售订单—原料采购、产品设计—生产制造”的 121 模式。

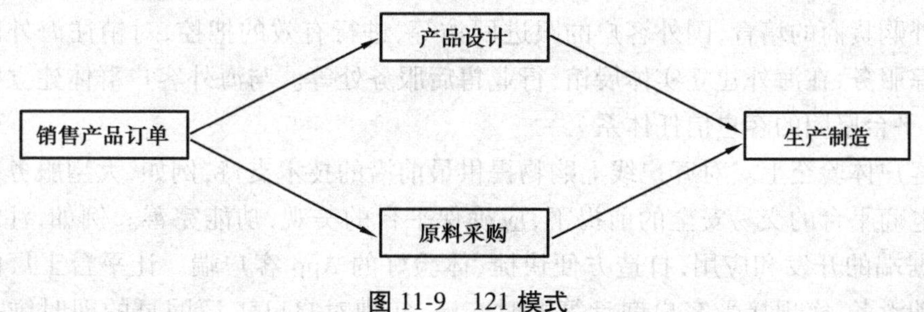

图 11-9　121 模式

再次,部分大型工厂设有自己的外贸团队或品牌代理商,但大多为“单打独斗”,在海外市场的拓展、成本和投入上势单力薄,大都走到了跨境电商的“瓶颈”处,打破瓶颈,唯一的出路就是由“单打独斗”走向“抱团发展”,集中资源一起走出去,一起开拓国际市场,当几万家大型工厂集中在一个跨境电商平台,其规模优势、品牌优势、海外拓展优势等就立刻呈现出来,例如,打造行业出口基地;成立跨境电子商务协会,建立行业产品国际标准;设立海外展览馆、举办海外展会,扩大产品的宣传力度;设立海外代表处,共建立海外商家维护机制、产品的海外跟进、产品的售后服务;共享仓储物流全产业链外贸服务等,最大限度地实现在现有成本上的增值性共赢。

(2)能提供全产业链服务的大型服务商

跨境电商进入 3.0 时代,就是实现跨境电商的规模化、集约化、全产业链化、平台服务的优质纵深化,简言之,打造跨境电商平台的良性生态圈,实现平台的生态化。在跨境电商进入 3.0 时代,大型服务商能让任何一个企业或个人,都能从事对外出口贸易,只要有一台电脑,能从国外客户手里拿到订单,剩下的交给服务商就可以了。

大型服务商的出现,基于原有的外贸企业。在近年来跨境电商的白热化竞争中,随着国家对跨境电商的管理越来越规范化,随着跨境电商在国际市场的驰骋搏杀,跨境电商已经发展到瓶颈期,打破才会有更高、更快的发展。大型的跨境电商服务商的出现,就是破局之举。

①能提供更为优质、纵深的服务。对于国内大型企业,在确保全球客户信息的大数据掌握在大型工厂手里的前提下,大型服务商能提供全产业链式的外贸综合服务,为企业或个人提供收汇、物流、通关、快速退税、信用证融资等外贸出口的全流程服务;能为外贸企业、会员企业或个人提供外贸知识、外贸技巧培训;能为外贸企业提供人才支持。

②打造更为优质、效率更高的跨境电商平台。大型服务商集合网络整合营销、海外推广、出口基地、品牌计划、金融服务等多方面的优势,能够对现有的跨境电商行业进行统一的整合,缩短商品的流通环节,通过海外市场规模化运营,减少产品海外宣传推广的成本,从而大幅提高工厂的利润。

③具有对海外市场进行统一整合的能力。大型服务商在跨境电商平台的运营上,主要的精力是线上工厂及其产品的海外宣传推广,海外市场的开拓、维护运营上,例如,大型国外购货商的培育,国外客户的跟进回访等,进行有效的把控,对销往海外的商品能够跟踪服务,在海外建立实体展馆,行业售后服务处等。与海外客户群体建立密切联系,打造平台坚固的客户信任体系。

④客户体验至上。对客户线上购物提供最前沿的技术支持,例如,大型服务商在确保跨境电商平台的交易安全的前提下,应确保平台的美观,功能完善。例如,注重 App 移动数据端的开发和应用,打造方便快捷、体验好的 App 客户端。让平台工厂能在手机等移动设备,实现接受客户询盘等即时交流,实现对自己工厂网页的即时维护和更新;让国外客户能随时使用自己的语言,在平台查询商品,能随时与工厂业务人员进行聊天交流。

2)跨境电子商务发展的去中间化

谈到跨境电商的去中间化,那么首先要观察的是现在跨境电商的主流。自国际贸易电子化以来,B2B 一直是跨境电商的主要形式,在扩大中国对外贸易出口,推动中国经济发展方面作出了巨大的贡献。但是,我们也应看到,近年来,随着跨境电商的急剧膨胀,跨境电商竞争加剧和不规范,再加上商人逐利的本质,导致中国产品价格越做越低,品质越做越差,在国际市场形成中国制造的“三低”现象:低价格、低品质、低利润。

尤其是随着“中国 3 000 多家独立站遭美国企业侵权控告”等一系列事件的出现，中国跨境电商的现有模式暴露出越来越多的问题。

在目前跨境电商的模式下，工厂的外贸产品先是批发给国内的批发商或产品代理商，再进入国际市场。批发商或产品代理商掌握着海外市场的第一手信息，出于商人逐利的本质，短期内什么产品热销，就让工厂大量生产什么，结果导致以下恶果：一是竞相压价，价格低的仅能保本，靠量获取利润；二是短时间内产品的过量生产，不能保证质量，导致产品品质差的恶果；三是市场产品的同质化严重，库存积压；四是工厂不能坚守自己主打产品研发，不能坚持做自己的品牌。随着国内劳动力成本的提高，环境、资源等的制约，以及国际代加工工厂的转移，中国制造业立即陷入被动，则是必然的结果。

其次，在目前跨境电商的模式下，多数工厂不能直接面对海外市场，导致市场信息和工厂生产的不对称，使得工厂在产品价格、产品的研发设计、品牌的打造等诸多方面都陷于被动。随着国际国内形势的变化，中国制造业面临困境，处在关键转型期的当下，取消产品在国内的流通环节，把工厂直接推向海外市场，变得越加重要。

最后，跨境电商进入 3.0 时代，要让跨境电商回归商业的本质。什么是商业？商业是一种有组织地提供顾客所需的商品与服务行为。那么，我们跨境电商就要回归商业的服务本质，能切实为中国制造业提供优质、高效、利润最大化的服务，我们要尽可能缩短产品变为商品后的流通环节，也就是我们所说的去中间化（Break）。

3）跨境电子商务发展的品牌化

跨境电商正在推动中国制造向品牌化（Brand）、电商化的快速转型。互联网推动了中国整个产业链实现深层次的转化，它极大地触动了国内产业的升级，即驱动贸易从简单的加工贸易，从高污染、高环境投入的消耗生产形态，逐步转向掌握营销、掌握品牌、掌握渠道、掌握消费者的全产业链贸易形态。过去做代工的订单少了，开始着手做附加值较高的品牌产品。跨境电商进入 3.0 时代，最为显著的标志即为品牌化。

（1）集中国内现有品牌，重塑中国制造在国际市场的新形象

中国制造在国际市场走品牌化的道路，在目前的情况下，就要重建中国制造在海外市场的新形象。而企业品牌的创建不是一朝一夕就能完成的，所以，当前可把国内现有的拥有品牌的大型企业整合在一个跨境电商平台上，形成合力，打造代表中国制造品质的新平台，用国内品牌去重建中国制造的新形象。

（2）潜心产品的研发设计，确保产品质量

中国制造在国际市场走品牌化的道路，就要潜心产品的研发设计，在确保产品质量的前提下，加强产品的研发设计，提高产品科技含量。同时，要充分整合、满足不同买家的个性需求，注重客户对产品使用的体验。跨境电商进入 3.0 时代，各大型工厂入驻同一跨境电商平台，可以全面整合买家的需求信息，实现产品的差异化设计，满足不同层

次的客户需求。而平台服务商可以在世界各国建立海外代表处,对不同国家的不同需求,做适时的汇总反馈,实现线上和线下的互动,对品牌产品的需求进行有效的把控。在产品质量的把控上,各大型工厂入驻同一跨境电商平台,实现“抱团发展”。可以分行业建立不同的产业基地,制定相应产品的国际标准,使同类别的产品形成各自工厂的个性和差异性,同时又有相关产品的标准依据。

(3)全面拓展、不断提升跨境电商平台的国际影响力

做品牌,就跨境电商来讲,最终还是取决于海外市场的占有率和成熟度,取决于跨境电商平台在海外的影响力和引入流量。在海外市场的开拓以及培育上,单靠某一家工厂是难以完成的,而现有的跨境电商模式又存在诸多弊端。跨境电商进入 3.0 时代,各大型工厂入驻同一跨境电商平台,实现“抱团发展”,跨境平台服务商统一协调,使其形成规模化、集约化,共同走出去,走向国际市场。例如,在海外举办展会,单靠一家工厂的力量,非常困难,若集合平台大部分工厂,每个工厂只需少量的费用,就能非常轻松地实现;在开拓国际市场,加大产品宣传力度方面等。海外展会、展览馆以及海外宣传等,交给平台服务商即可,而工厂则是全面掌握海外市场的信息,确保产品质量。

(4)注重海外大型买家的培育,以及产品的售后服务

在跨境电商行业,目前国内还是以传统的 B2B 为主,虽然 B2C 也具有了一定的发展规模,但是在物流环节还存在诸多的问题。因此,跨境电商进入 3.0 时代,尤其要注重海外大型买家的培育,并在每个国家都能形成相对稳定的大型买家群,国内平台运营商(大型服务商)要密切与其的联系,参与跟进产品在国外市场的最后销售环节。同时,整合、打造行业售后服务体系,因为产品的售后服务质量将极大地提升品牌价值。例如,对于重型机械类行业产品,如果单个工厂在海外专门设立售后服务处,其运行成本太高,而同行业大型工厂入驻同一跨境电商平台后,平台服务商可在海外整合打造同行业的产品售后服务处,可以对售出产品做有效的跟踪和服务。

(5)加强知识产权保护

当前世界各国更加重视法制建设,涉及知识产权的国际和国家经贸法律制度不断调整。如何融入国际市场的知识产权法律环境,已经是中国企业在走出国门时必须面对的现实课题。平台运营商要注重知识产权,切实把知识产权纳入跨境电商平台运营、打造中国制造业世界品牌的战略规划中来,通过与知识产权代理咨询公司、律师事务所等进行合作,切实为平台企业提供商标注册、保护以及法律维权方面的服务。在运营的过程中,科学地综合运用专利、商标、工业品外观设计、版权等多种知识产权工具,全力帮助平台企业加快打造世界品牌的进程。

【案例学习 11-2】

今天跨境电商行业的发展日新月异,海淘族群体也在日益壮大。“80 后”小伙阳萌

便是海淘族中的佼佼者。2011年7月，阳萌放弃了年薪200万元的谷歌工程师职业，回国创业。他创立了电子品牌Anker，通过亚马逊、eBay把产品销往全球，不到两年，他的产品便在美、英、法、德、意等国赢得众多粉丝，2012年借助跨境电商平台达到过亿元销售额，不可谓令人惊叹。

Anker的品类是从笔记本电池开始。2008、2009年买的戴尔、联想或者惠普笔记本用了两三年电池就需要更换，这时候消费者通常面临一个选择——买原装笔记本电池，大概129美元，也有另外一个选择，就是购买eBay上廉价的笔记本电池，大概20美元一块。左边是129美元，右边是20美元，你觉得你会选哪一个。阳萌此时就决心将他们的产品起步定位在30美元、40美元的价位点上能做到最好的产品给消费者。他们从美国线上市场开始起步，现在已经覆盖欧美主要国家的线上市场，通过分销商，再覆盖超过30多个其他国家，几年下来，其消费额增长约15倍，保持每年翻一倍的速度。阳萌希望在3C配件上，即智能设备配件里面做成全球性的领导品牌。他们不看相对短期的指标，看得最多的是重复购买率。一个好的品牌要想不断把客户赢回来，靠的是过去给他们留下的好印象和好产品。所以根据内部统计，在过去的几年里面，阳萌团队基本上保持每个月0.5%甚至更高一些的重复购买率的上升，在一些主要的市场里面和一些主要的品类里面，目前保持超40%的市场份额。

Anker把全部的资源或者更多的资源都集中在能够打造好的产品上面。在深圳的团队已经有超过100位的研发工程师，在各个领域里面能够覆盖最新的技术，他们追求的是产品在设计和技术，还有功能上一定是要全球市场里面最好的。团队每个星期会有2~3款新品发布，大家知道手机配件是细分领域，很多领域有很多产品，所以他们花了很多时间从华为借鉴研发流程来管控，同时10款产品在研发的过程，保证按时交付，保证很多产品经理不去按他们的想法定制出一些市场不能卖的东西。

其次，以客户为准绳，这是在做产品设计、做品牌的过程中间最大的一个感受，总是要回到客户那里去询问设计的东西他们是不是满意的，所以其实在团队整个研发过程里面，非常注意加入对欧美客户的研究。

再次，线上销售服务方面，Anker在每个平台只有一个销售账号。这是什么概念？这要求Anker的产品不允许出现任何可能的仿冒侵权问题，否则账号就会被封，Anker便直接“毙命”。这种挑战性举措，可以显示出阳萌专注产品的决心。

最后，对欧美客户来讲最关注的是品质，那么从长期来看，品牌的产品品质是企业营利能力最重要的一个影响因子。阳萌发现，有很多客户购买3次、5次、8次，一次DOA，也就是他收到产品就坏的情况，会让客户有一半概率走掉，就再也不买你的东西，所以这样的话团队就损失了数百美元的中心价值。因此，一定要把产品做好，只有这样才能积累长期的品牌价值。

Anker做了这么多年，还依旧在3C配件领域，正是因为阳萌知道，Anker还是一个年轻的品牌，需要时间沉淀。而他的一些同行，或许已经在做服装等品类了，结果必然是团队精力分散、品牌力稀释瓦解。Anker其实并非一家纯粹的跨境电商公司，其只是利用跨境电商作为一个销售渠道罢了。相比之下，很多外贸工厂将跨境电商“神化”，认为其具有强大的颠覆作用。实际上，对于做产品的人来说，要想缔造一个品牌，产品就永远是“王”。

11.3 跨境电子商务的现状与发展

虽然我国跨境电子商务发展相对较晚，但发展速度却非常快，其发展规模和所取得的成就令世界瞩目，下面就发展情况进行简要的分析和介绍。

11.3.1 我国跨境电子商务的交易形式

按进出境货物流向划分，分为跨境电子商务出口和跨境电子商务进口。其中，跨境电子商务出口模式还可细化为外贸企业与企业之间的电子商务交易，即 B2B。外贸企业对个人零售电子商务，即 B2C；以及外贸个人对个人网络零售业务，即 C2C。B2B 和 B2C 在跨境电子商务出口总额中占主要地位；进口模式主要有外贸 B2C 和海外代购模式这两种。按运营模式划分，可分为跨境 B2B 贸易服务和跨境网络零售两种类型。

11.3.2 我国跨境电子商务的发展现状

受国内外贸易环境的影响，我国传统外贸发展速度明显放缓，而跨境电子商务却保持高水平增长速度。中小企业及个体商户占新增电子商务经营主体的大部分，超过 90%，跨境电子商务展现出它巨大的发展潜力，未来有望成为推动我国外贸发展的主要力量。分析其动因主要有以下三个方面：第一，互联网、电子支付、智能移动等技术的发展，为跨境电子商务提供了技术支撑；第二，国际经济持续低迷、欧美债务危机以及需求的多样化等影响，外贸订单逐渐“短、小、快”的趋势，“外贸碎片化”带动了一大批国内中小微外贸企业的发展，跨境电子商务成为其开拓海外市场的便捷渠道；第三，随着国内经济的快速发展，国人对生活品质越来越注重，庞大的中产阶级消费群体对海外奢侈品、高品质的食品、农产品等有着强大的进口需求，跨境网购是其满足需求最便捷的一种方式。

据研究机构的监测数据显示，2017 年中国电子商务市场整体交易规模为 28.66 万亿元，同比增长 24.77%。其中，跨境电子商务交易规模为 8.06 万亿元，但相较于中国整体进出口贸易市场规模，跨境电商占比还是处于较低水平，占比不足 20%。业内普遍认为中国跨境电商交易规模将持续高速发展，电子商务在中国进出口贸易中的比重将会越来越大。

1) B2B 占比依旧最大

从市场格局看，外贸 B2B 在我国跨境电子商务中占主导地位。从 2017 年上半年

图 11-10　2012—2017 年中国跨境电商交易规模

中国跨境电商的交易模式看,跨境电商 B2B 交易占比达到 87.4%,跨境电商 B2B 交易占据绝对优势。外贸 B2B 企业主要依托阿里巴巴、环球资源、中国制造网、敦煌网等电商平台进行信息展示,电商平台帮助企业进行在线匹配和撮合。据不完全统计,2016 年底我国电商平台企业已超过 5 000 家,境内通过各类平台开展跨境电子商务的外贸企业已超过 20 万家,这些企业占据了我国跨境电子商务较大的市场份额。其中,阿里巴巴跨境电子商务平台在国内外市场的知名度最高。(覆盖全球 230 个国家和地区,支持世界 18 种语言站点。截至 2017 年年底,阿里巴巴跨境电子商务平台已经积累了超过 1 亿的海外成交买家的交易数据。)

2)跨境网络零售增势迅猛

跨境网络零售模式可细分为两类,一类是电商企业建立独立的外贸 B2C 网站,如兰亭集势、易宝(DX)、唯品会等;另一类是电商企业入驻第三方外贸交易服务平台,在全球速卖通、敦煌网、易贝、亚马逊(Amazon)等平台上销售商品。外贸 C2C 则主要是个人在 eBay 等平台上开设网店。中国企业出口商品主要是服装、饰品、小家电、数码产品等日用消费品,规模较大且增速较快。跨境网络零售以个人为服务对象,呈现出小金额、多批次、高频率的交易特征。

值得注意的是,亚马逊和新蛋网,作为两个总部同样位于美国,而且在中国拥有广泛消费者根基的电子商务网站,都适时推出了针对中国市场的跨境电商服务。由于"中国制造"物美价廉,具有广阔的市场,所以,亚马逊的"全球开店"服务和新蛋网的开放平台,都吸引了中国数百万的中小企业商家进行注册,这也拓宽了跨境网络零售的范围。

3)跨境电商物流服务不断推陈出新

一方面,在跨境电子商务的带动下,近年来我国跨境包裹数量持续快速增长。据海关统计,2012 年,我国海关监管的邮快件总量 3.5 亿件,同比增长 23.4%。跨境快件中 70%~80%通过电子商务的方式实现。联邦快递(FedEx)、联合包裹(UPS)、敦豪速递(DHL)、天地快运(TNT)等国际物流快递公司是跨境包裹的主要承运商。除快递公司外,还有马士基等国际海运公司及国内海运公司可供选择。中国邮政积极开展跨境物流快递业务,为中国的跨境卖家量身定制了全新国际邮递产品——国际e邮宝。

另一方面,国内跨境电商平台正在不断创新物流服务,通过建立全球化的仓储管理、独立化的运输配送以及配套的供应管理,尽可能地解决以往物流周期长、投妥率低等问题。以敦煌网为例,2013年上半年,该公司推出了“在线发货”这一全新的物流服务,通过线上申请,线下发货的方式,简化了发货流程,降低了物流成本、缩短了周期,全程可跟踪货物信息,为外贸商家提供了更为便捷的快递服务。顺丰速运已经上线的“海购丰运”,则借助类似模式提供物流服务,顺利抢占了海淘转运市场。

鉴于跨境电商的快速发展势头,邮政速递、顺丰、申通、中通、韵达等均在许多城市设立了分拨中心,利用各自在国际快递、航运、海运等方面的优势,为跨境电商企业提供便利的配送服务,主销俄罗斯和北美、南美、欧盟等国家和地区,成为我国“一带一路”倡议的跨境电商新起点。

【案例学习 11-3】

2014年5月19日,一批来自杭州跨境贸易电子商务产业园的手机配件,在杭州萧山国际机场装机启程,直接飞往美国俄亥俄州。从此,杭州跨境电子商务出口商品开始了“家门口”通关的新时代。

“由于航线制约等原因,以往我们出口的跨境电子商务邮包都要从上海机场出发,既费时,又增加成本。”杭州泛远国际物流有限公司E物流市场部经理陈莉介绍说:“这下好了,我们出口又有了一条‘近道’,包裹从‘家门口’就能直接交到美国客户手中。”

据杭州萧山机场海关监控查验科科长吴宇璋介绍,自2013年7月8日杭州跨境贸易电子商务产业园开园以来,跨境电商零售出口邮包数量迅速增加,截至2014年4月30日,共有25万余件邮包出口到175个国家和地区。

“如此多的邮包,以前只能走上海。”吴宇璋介绍,“为了构建一条浙江自己的跨境电子商务出口国际通道,杭州海关对跨境电商出口物流的数据特点进行了深入分析,并主动联系口岸办、机场公司和航空公司,促成这次的合作。”

据吴宇璋介绍,杭州萧山国际机场已计划开通俄罗斯、新加坡和美国等多条新航线,新航线开通后跨境电商通过萧山机场出口货物可以覆盖更多的目的国市场。此举给跨境电商带来了极大的便利,也必将促进杭州市乃至整个浙江省的电商发展。

事实上,物流业一直都是阻碍电商发展的瓶颈。“家门口通关”为简化物流流程首开先河。

4)跨境电商移动化

移动互联网时代的到来,使得跨境电商移动化成为必然的发展趋势。相关调查显示:接近70%的B2B公司认为应及早实施B2B移动电商战略,31%的B2B公司正在开发移动端应用。从2010年开始,敦煌网上线第一个移动APP和WAP平台。2013年上半年,敦煌网移动平台的流量达到了全网 1/3,交易量是去年上半年的 2.3 倍,WAP 平台的交易量是去年上半年的 6 倍。上半年移动平台注册用户在全平台的再次购买率与去年相比提升了 23%,交易量提升了 3 倍。如今,几乎所有的电商平台都倾力打造着属于自己的移动 APP,跨境电子商务移动端交易将成为主流。

5)跨境支付工具不断完善

2013 年年初,外汇管理局下发《支付机构跨境电子商务外汇支付业务试点指导意见》后,支付宝、银联电子支付、通联、汇付天下、快钱、钱宝科技、东方电子支付等 17 家第三方支付机构相继收到了进行跨境电子商务外汇支付业务试点的通知,我国支付机构的跨境电商外汇支付业务正式开始了破冰之旅,这一改变将会对跨境电子商务、货物进出口贸易和个人涉外消费产生深远的影响。

目前,在我国跨境电子商务领域,银行转账、信用卡、第三方支付等多种支付方式并存。跨境电子商务 B2B 目前主要以传统线下模式完成交易,支付方式主要是信用卡、银行转账等。跨境电子商务 B2C 主要使用线上支付方式完成交易,第三方支付工具得到了广泛应用。其中使用最广泛的跨境交易在线支付工具是美国的第三方支付系统贝宝(PayPal),它被认为是国内外贸从业者的必备支付工具。同时,我国本土一批优秀的第三方支付企业近年来逐步发展壮大,第三方支付前三强支付宝、财付通和银联电子支付占据了国内市场份额的 78.5%。这些第三方支付企业已陆续进军跨境支付领域。

【案例学习 11-4】

杨仲创,一个有着浙商特有的灵活头脑和行动力的温州“80 后”,2006 年偶然在电视上看到巧克力喷泉觉得很有意思,便在义乌寻找厂家供货,利用自己的计算机专业背景开了一家名为 CHOCOLAZI(TM)的外贸网店。“当初,我的兜里只有 500 元钱,根本没有资本开拓传统外销渠道。我自己建网站,用外国客户信赖的 PayPal 在线支付平台收款,一下子就把我的销售范围覆盖到全球。”

说到从零起步到现在每月营收数十万元人民币的经验,杨仲创觉得,最重要的就是让顾客放心:“每位顾客的第一笔订单是最重要的。你永远不知道,隔着电脑屏幕远在千里之外的海外买家,日后会不会成为自己的头号大客户。而在顾客购买之前,能够让他(她)信任我的就是付款方式。”杭州蚂蚁科技有限公司的几个网店一直使用的是对买卖双方都有完善保护政策的 PayPal。由于既安全又便捷,PayPal 在海外 190 多个市场广受消费者和商户青睐,其全球活跃用户现已超过 1 亿。

网店开张后,杨仲创欣喜地发现,PayPal 成了他收获新订单的“敲门砖”。他说:“顾客一开始对我的网店可能并不是完全信任,但是看到我们是 PayPal 认证支持的商户，就通过 PayPal 账户付款先试买了一两台巧克力喷泉，在收到货确信了我的产品质量和信誉后，很多就成了我们的回头客。”杨仲创觉得，相比传统银行跨境汇款，PayPal不仅让顾客更放心，也更方便。比如一位来自英国的买家 Jason，几乎每个星期都会到他的网店里自己用 PayPal 支付下单，购置 500~1 000 美元的机器。杨仲创看到订单就发货，省去了前前后后的沟通确认，大大提高了交易效率。今年，杭州蚂蚁科技有限公司还新开了一家经营包括烘焙配件、食品包装袋、树脂玻璃等聚会及节日庆祝周边用品的新外贸平台 Pipapa。为了更好地同时经营多家网店，杨仲创把他的 PayPal 个人账户升级成了企业账户。因为他通过 PayPal 客户经理了解到，企业账户可以享受更丰富、更深入的专人服务，而且能够成为 PayPal 市场营销合作商户，充分利用 PayPal 广阔的海外用户基础和营销渠道进行产品推广。他相信借力打力的道理，和一个已经被市场广泛信赖的品牌合作，能够帮助他的品牌更快成长。

6）跨境电商出口比例远超进口

从跨境电商进、出口结构分布情况来看，2016 年超过 82%的交易规模由出口电商贸易贡献，进口电商比重较低。但随着中国跨境网购市场的开放、跨境网购基础环境的完善以及消费者跨境网购习惯的养成，未来进口电商比重将逐步扩大。

艾瑞咨询认为，制约中国进口电商发展的因素除了政策法律环境和消费者习惯外，主要涉及跨境物流、关税、支付安全、诚信体系以及售后保障等基础环节。而随着中国跨境贸易电子商务服务试点城市规划的落地实施，将逐步积累起相应的基础数据与经验，有助于推动中国跨境贸易市场的进一步放量。

另据全球领先的在线支付平台 PayPal 发布的首份全球跨境电子商务报告显示，美国市场的跨境消费者是“中国制造”的主力购买群体。2013 年有 3 410 万美国消费者跨境网购中国商品，价值达到 497 亿元人民币；预计到 2018 年，美国消费者跨境网购中国商品的年需求总额将增至 981 亿元人民币，仍占全球第一位。英国和澳大利亚则以消费 74 亿元人民币和 52 亿元人民币分列二、三位。届时，全球五大跨境电子商务目标市场——美国、英国、德国、澳大利亚和巴西对中国商品的网购需求将突破 1 440 亿元人民币。此外，对中国在线出口商品需求增长最为迅速的是巴西。预计 2013—2018 年，巴西消费者从中国跨境网购商品的价值总额将从目前的 18 亿元人民币升至 114 亿元人民币，增幅近 7 倍。而据最新的数据显示，来自巴西的流量已经超过俄罗斯，成为速卖通国家流量首位，占到总流量的 16.1%。

11.3.3 我国跨境电子商务出口目标市场

我国跨境电子商务和世界上的很多国家都有贸易往来。2017 年 4 月，阿里巴巴跨境电子商务平台——全球速卖通的海外买家数量突破 1 个亿。

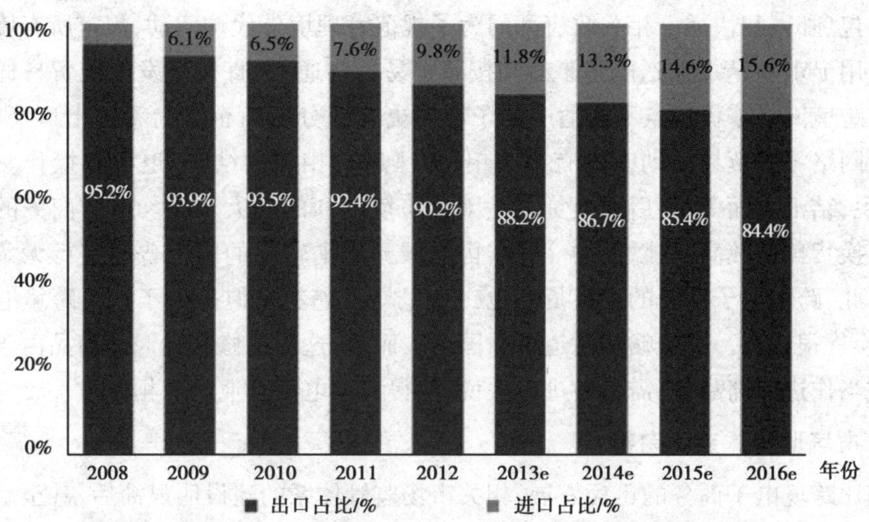

图 11-11　2008—2016 年中国跨境电商交易规模进出口结构

我国跨境电子商务出口主要的目标市场是欧美和日本，这些区域对外贸易和信息网络都比较成熟，进行跨境电子商务时各方面的条件也比较成熟。近年来，目标市场有了较大变化，俄罗斯、巴西及东南亚这些发展中国家市场比重增长很快。出口跨境电商已成为带动中国外贸发展的中坚力量。研究报告显示，2017 年中国跨境电子商务出口规模占比，美国占 15%、俄罗斯占 12.5%、法国占 11.4%、英国占 8.7%、巴西占 6.5%、加拿大占 4.7%、德国占 3.4%、日本占 3.1%、韩国占 2.8%、印度占 1.6%、其他占 30.2%。

此外，新兴市场有待发展。如东南亚、南美、非洲等市场处于初级阶段，拉美、中东欧、中亚、中东、非洲为快速增长新兴市场，跨境电商发展市场仍较广阔。海外跨境电商市场活跃背后，离不开国际政策差异化带来的机遇。2017 年，中国大力支持跨境电商综合试验区建设，将跨境电商监管过渡期政策延长一年，采取先试点、逐步推广策略，逐渐完善税收、监管方面制度，极大地推动了该行业快速发展。

2018 年 2 月，阿里巴巴集团董事局主席马云曾表示，跨境电商将成为世界贸易主要形式，不要让贸易保护主义干扰跨境电商。

11.3.4　当前我国跨境电子商务面临的困境

虽然当前我国跨境电子商务发展迅速，但不足之处也严重制约着跨境电子商务的健康发展，主要集中在以下几个方面。

1）通关服务差

跨境 B2B 贸易通常采用传统方式报关，其烦琐的通关手续使跨境电子商务的时效性优势大打折扣。同时跨境网络零售所具有交易品种多、频次高的特点，也严重依赖于航空小包、邮寄和快递。相关政府部门为了规范管理境外代购活动,规定所有境外快递企业使用 EMS。清关派送的包裹必须按照贸易货物通关,直接引发传统贸易通关方式与现代跨境网络零售特点不相适应的矛盾。更有部分电商企业尚无进出口经营权,开展跨境网络零售贸易活动时没有报关单,无法进行相关的结汇、退税等操作。除了通关、退税、结汇方面等,售后退换货也是困扰跨境电商的一大难题。电子商务的特点决定了退换货比例较高,在欧美的一些零售业服务水平较高的国家普遍实行无条件退换货。因此,跨境电子商务的退换货率也一直呈增长趋势。但是由于涉及跨境通关和物流,退换货很难有一个顺畅的通道返回国内。而且,这些返修和退回的商品由于在当前通常被当作进口商品,还需另缴进口关税,使得我国电商企业的负担过重。

2)市场监管体系不完善

相比跨境电子商务的迅猛发展,相关市场监管体系的建设明显滞后,甚至呈现空白状态。我国只有《互联网信息服务管理办法》等少数法律法规在条文中有所涉及,对跨境电子商务核心的交易、税收和消费者权益保障等内容都缺乏必要且合理的标准规范。市场监管体系的过于薄弱,给了虚假宣传和假冒伪劣商品可乘之机,非法交易甚至欺诈行为时有发生。在缺乏相应知识产权法律法规来约束的环境下,侵犯知识产权的行为更是得不到遏制,海外消费者投诉率也越来越高。电子商务平台 eBay 所作的相关统计显示,中国卖家在 eBay 完成的跨国交易中,平均每 100 笔有 5.8 个投诉,是全球平均水平(2.5 个)的两倍之多。部分国外电子商务平台为维护交易秩序,不得不针对中国卖家制订一些更严格的规定:更高的佣金或者更严厉的处罚措施。这严重影响我国外贸电商的集体形象,不利于营造一个有利于开展跨境电子商务贸易活动的国际环境。

3)结汇方式不合理

电商企业开展跨境电子商务时通常采用以下几种结汇方式:①开设多个个人账户。部分外贸电商的月营业额有数十万美元,为避开外汇兑换额度的限制,通过开设多个账户来变相提高外汇结算总额度。②是通过地下外汇中介处理外汇问题。③利用我国少数地区对结汇额度不设限的特殊外汇政策来结汇。针对当前外贸电商在结汇方面越来越多的不规范和不便利之处,相关管理部门有必要及时采取措施进行完善和改进。

11.3.5 我国跨境电子商务的发展趋势

跨境电子商务暴露出来的问题已经严重影响跨境电子商务经营活动的正常开展,同时制约着它发展的步伐。针对当前存在的这些问题,相关部门和广大电商企业采取了有针对性的措施,从中我们可以预测出我国跨境电子商务未来的一些发展趋势。

1)相关服务支撑体系将会得到优化

首先,由海关总署牵头构建起跨境电商企业的认定机制,以便更及时有效地确定交易主体的真实性。其次,将电商进出口的所有货物纳入货物类的监管网络中,通过参考和借鉴对个人物品的监管方式,来构建和不断完善直购进口、网购保税和新型通关监管模式。再次,关于电商货物清单核放和通关,由电商企业汇总申报,不再分开由各个电商独立进行申报。网上相关的交易、物流和支付记录都可以用来当作跨境贸易电子商务出口货物的认证依据。

采取措施不断优化保税区、通关等与跨境物流配送密切相关的环节,完善管理规范,推动贸易便利化,鼓励国内物流快递企业开展国际业务,吸引大型国际快递企业与国内电子商务企业、物流配送企业进行深入合作,提高国内的物流水平。根据实际情况制定出科学、完善的跨境物流配送企业服务质量标准,保障跨境物流配送企业的服务质量。

通过上述各项措施,跨境电子商务活动的服务支撑体系将得到完善,对开展跨境电子商务的保障作用将会越来越明显。

2)跨境电子商务国际合作不断得到加强

由于我国跨境电子商务有庞大的海外客户群,但电商企业在跨境交易过程中也经常遇到货物丢失和清关时间过长等一系列问题,过去我国与相关国家缺乏这方面的业务交流与合作,使得这类问题一直得不到有效解决。针对这一短板,商务部高度重视,开始与相关国家展开积极磋商,大力推进跨境电子商务规则、条约的研究和制订,逐渐构建起双边和多边的跨境电子商务国际合作机制,从制度上为国内电商企业进行跨境电子商务活动创造条件。在进行相关的双边和多边自贸区谈判时,我国政府积极考虑国内的跨境电子商务发展问题,合理利用各相关国际组织的规则,有效地协助国内企业应对和处理跨境电子商务贸易活动中产生的纠纷。跨境电子商务作为一种跨越国境的商业活动,离不开各国政府,这将随着我国与相关国家越发深入的合作而得到发展和完善。

3)跨境电商平台将获得更大的发展

我国跨境电商平台所起的作用和发达国家相比,仍然发展得不够,有很大的发展空间。相关政府部门对此也有清醒的认识,并逐步出台了具体的扶持政策,从政策上支持和保障我国各电子商务平台规范地开展跨境电子商务,以更好地发挥它们在整合国内企业资源、对接国际市场等方面的优势。同时积极支持跨境电商平台向国外先进的电商平台学习和借鉴,尽快达到国际一流水准,进而开展规范化经营,有效提升服务品质,总结出适合国内电商的交易模式。通过这一系列政策的鼓励和促进,跨境电商平台将来的发展步伐将会更大,同时整体水平也会有一个比较大幅度的提升。

11.4 典型跨境电商平台的进驻流程

11.4.1 全球速卖通平台店铺注册流程

在注册之前,首先准备好注册全球速卖通所需的材料:一个支付宝账号,一个国际通用邮箱,以及身份证的扫描件。

[Step 1]打开全球速卖通网站 www.aliexpress.com,将鼠标移到“卖家入口”,在下拉菜单中单击“免费开店”按钮,进行注册,如图 11-12 和图 11-13 所示。

图 11-12 全球速卖通注册入口

图 11-13 全球速卖通注册入口

或者，直接打开 seller.aliexpress.com，单击“免费开店”按钮，进行注册，如图 11-14 所示。

图 11-14　全球速卖通注册入口

[Step 2]在跳转页面中，输入电子邮箱地址和验证码，单击下一步，如图 11-15 所示。

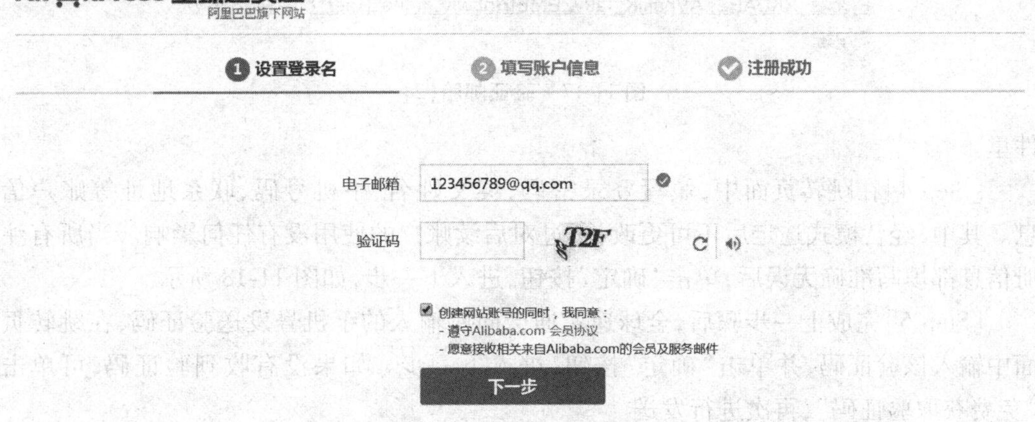

图 11-15　输入电子邮箱

[Step 3]验证邮箱，在跳转页面中单击“立即查收邮件”或登录邮箱，单击全球速卖通发送的确认邮件中的激活链接，完成注册，如图 11-16 和图 11-17 所示。

注：如果在收件箱内没有找到确认邮件，请查看垃圾邮件，验证邮件可能在垃圾邮

AliExpress 全球速卖通
阿里巴巴旗下网站

1 设置登录名　2 填写账户信息　注册成功

验证邮件已发送到邮箱 ████@qq.com

请在24小时内点击邮箱中的链接继续注册

立即查收邮件　没有收到邮件?

AliExpress 全球速卖通
阿里巴巴旗下网站

图 11-16　验证邮箱(1)

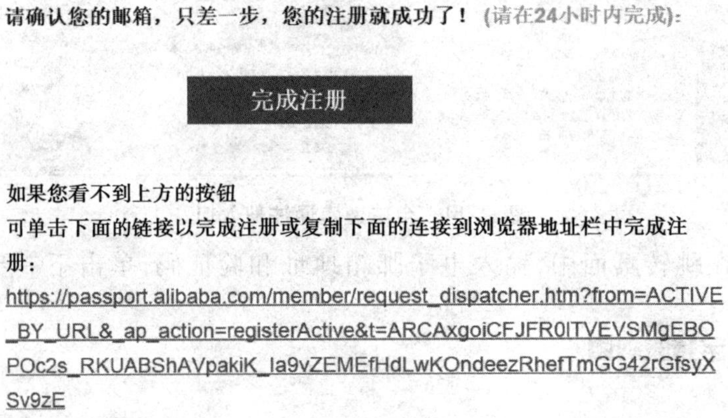

请确认您的邮箱，只差一步，您的注册就成功了！(请在24小时内完成):

完成注册

如果您看不到上方的按钮
可单击下面的链接以完成注册或复制下面的连接到浏览器地址栏中完成注册：
https://passport.alibaba.com/member/request_dispatcher.htm?from=ACTIVE_BY_URL&_ap_action=registerActive&t=ARCAxgoiCFJFR0lTVEVSMgEBOPOc2s_RKUABShAVpakiK_la9vZEMEfHdLwKOndeezRhefTmGG42rGfsyXSv9zE

图 11-17　验证邮箱(2)

件里。

[Step 4]在跳转页面中,填写登录密码、英文姓名、手机号码、联系地址等账户信息。其中,经营模式选定后不可更改,不过对后续账户的使用没有任何影响。当所有注册信息都填写准确无误后,单击“确定”按钮,进入下一步,如图 11-18 所示。

[Step 5]完成上一步骤后,全球速卖通会向所输入的手机号发送验证码,在跳转页面中输入该验证码,并单击“确定”按钮,进入下一步。如果没有收到验证码,可单击“免费获取验证码”,再次进行发送。

[Step 6]进行实名认证。实名认证有两种方式,个人实名认证和企业认证(图 11-19)。其中,个人实名认证需要一个已经完成实名认证的个人支付宝账号;而企业认证需要一个已经完成认证的企业支付宝账号。选择“个人实名认证”或“企业认证”,确定全球速卖通店铺的性质为个人或企业,店铺性质一经确定,无法修改。

1 设置登录名　2 填写账户信息　注册成功

登录名　@qq.com

设置登录密码

登录密码　•••••••••••••　安全程度：中

再次确认　•••••••••••••

英文姓名　Anna　Chen

手机号码　13912345678

联系地址　-- 请选择省 --　-- 请选择市 --　-- 请选择县城 --

经营模式　请选择...

图 11-18　填写账户信息

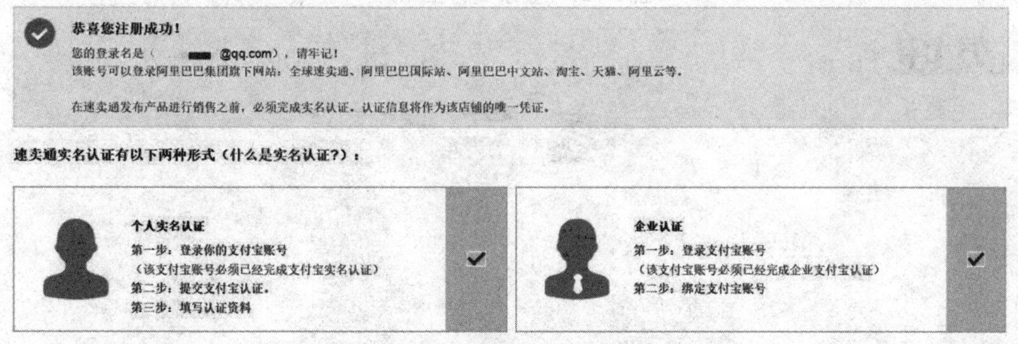

图 11-19　实名认证

如果你的支付宝账号已经通过实名认证，可以直接提交认证，即可通过实名认证；如果你的支付宝账号还没有通过实名认证，则需要跳转到支付宝页面进行实名认证。

[Step 7]身份实名认证成功后，在跳转页面按照要求填写个人真实信息，并提交审核。需填写的信息有：姓名、身份证号码、手持身份证头部照、半身照、手势照片、联系地

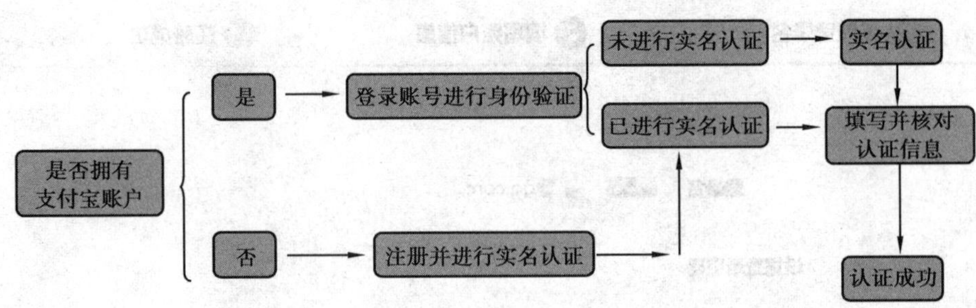

图 11-20　实名认证流程

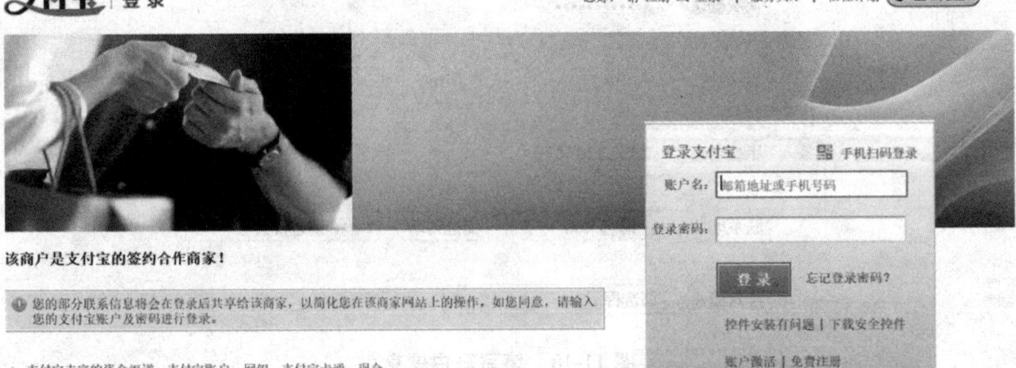

图 11-21　登录支付宝账户

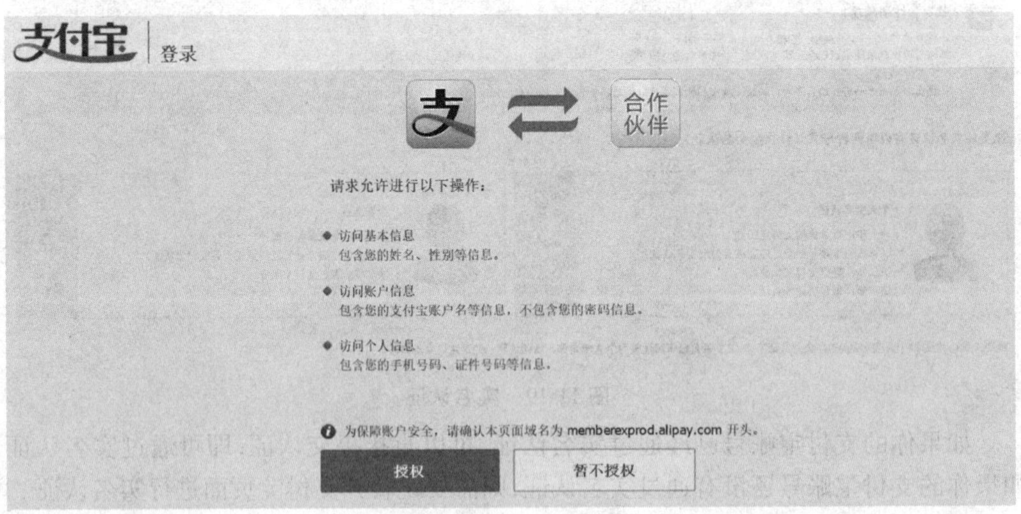

图 11-22　选择授权

址、联系手机和验证码。填写完成后，单击“提交审核”。

图 11-23　填写个人真实信息

[Step 8]个人资料提交成功后，全球速卖通一般需要 1~2 个工作日对材料进行审核。等待审核通过后，进入下一步；如审核不通过，系统会告知原因，请根据原因检查所提交的个人资料是否有误，特别要注意照片是否按照网站要求拍摄，然后再次提交。

[Step 9]审核通过后，会收到通知邮件和短信，卖家即可登录全球速卖通账号，但此时还不能进入操作后台进行实际操作。

[Step 10]为了让新卖家尽快了解与熟悉全球速卖通，在正式开店之前，新卖家需要通过一个开店考试。登录全球速卖通后，会出现如下画面，单击“马上去考试”按钮进入考试页面。

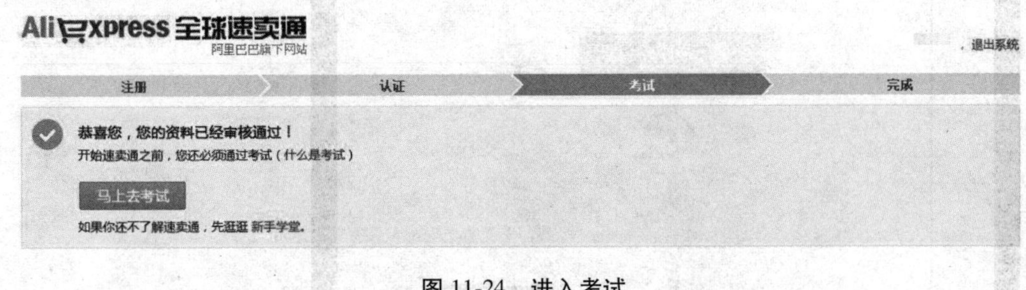

图 11-24　进入考试

考试的主要内容包括对全球速卖通及操作平台的基本了解、如何发布一款完整的产品、国际物流了解与操作、全球速卖通平台如何做营销、如何通过数据了解与提升店铺、全球速卖通平台规则 6 个模块。考试针对这六个知识点随机抽取 50 道不定项选择题,90分及以上为合格。成绩合格的卖家方可进入全球速卖通操作后台进行实际操作,而成绩不合格的卖家可以选择重新抽取试题再次进行考试。考试为开卷考试,卖家可在考试过程中查阅资料或进行网上搜索。

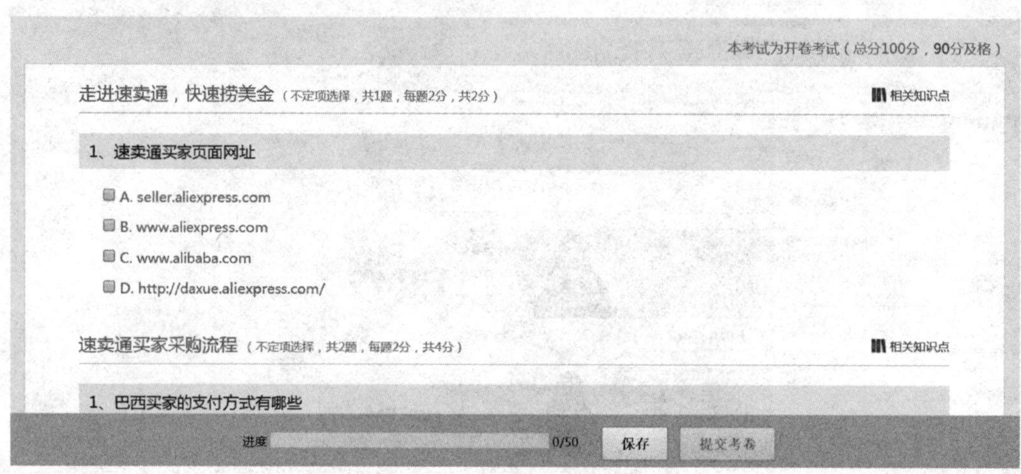

图11-25 考试页面

考试过程中,单击题目右侧的"相关知识点"链接,可以跳转观看学习相关方面的课程视频。卖家可以分多次完成考试,只需在退出前单击页面下方的"保存"按钮,下次再次登录以后即可继续完成考试。

图11-26 学习视频

［Step 11］考试通过后，在跳转页面单击“进入我的速卖通”，即可开始发布产品，正式开启赚美金之旅了！

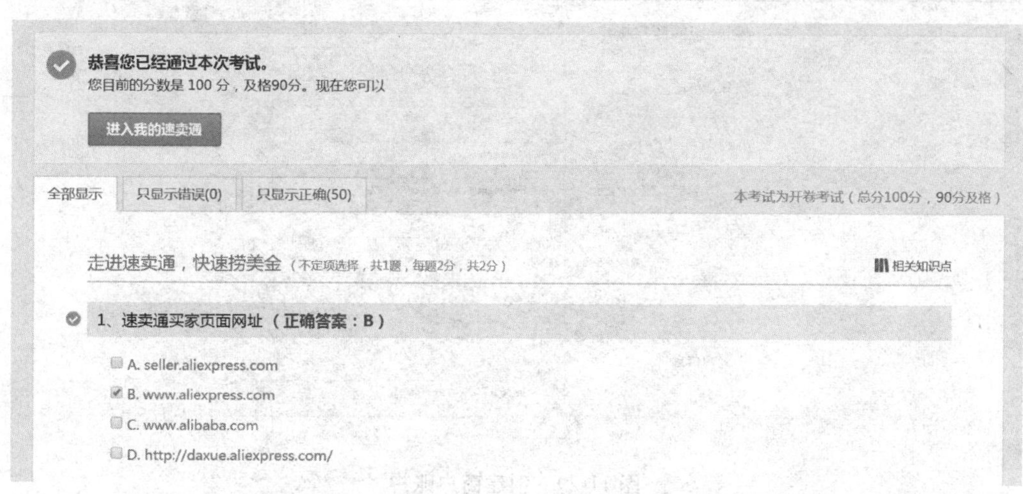

图 11-27　考试通过页面

11.4.2　Wish 平台店铺注册流程

在注册之前，首先准备好注册 Wish 所需的材料：一张银行储蓄卡、一个国际通用邮箱，以及身份证的扫描件。

［Step 1］打开 merchant.wish.com 并单击“免费使用”按钮，或直接打开 merchant.wish.com/signup 进行注册。

图 11-28　Wish 注册入口

[Step 2]在跳转页面中,根据提示,创建商户信息。需要填写的信息包括:账户信息、商户信息、办公地址。

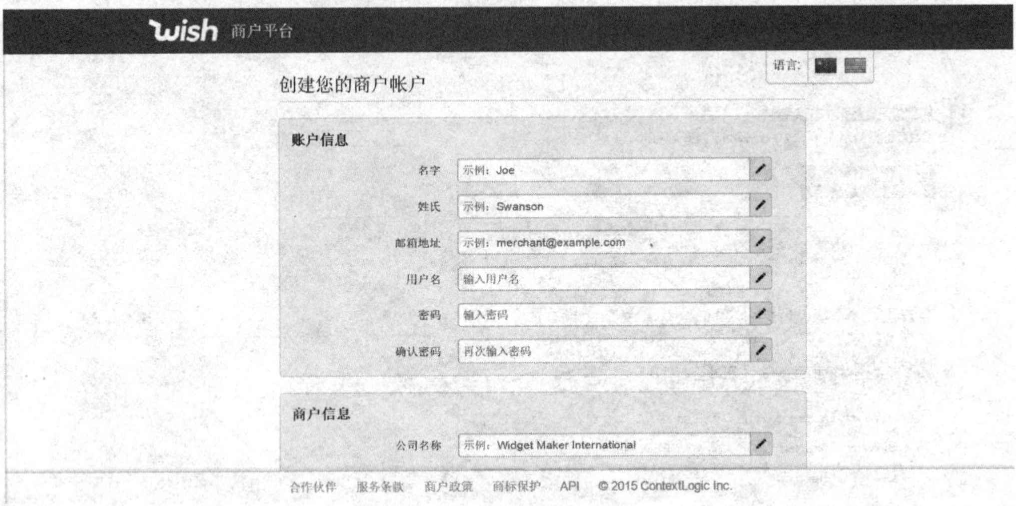

图 11-29 创建商户账户

①账户信息:邮箱地址最好选择国际通行的邮箱(如 Gmail);邮箱地址和用户名作为日后的登录凭证,注册成功以后不得修改。

图 11-30 账户信息

②商户信息:店铺平台和店铺 URL 需提供一个现有店铺的地址(国内外主流平台,如天猫、淘宝、京东、亚马逊、eBay 等)。库存地点根据实际情况选择即可,请一定如实填写,这涉及店铺的合理发货时间。比如,如果选择的是海外仓,Wish 对发货的时效性相应会有更高的要求。产品类别可尽量多选(对于这一点,Wish 目前没有限制),便于日后店铺出售多样性的产品。收入分成默认为 15%(即交易成功后,Wish 收取交易金额的 15%作为佣金,直接从打款金额中扣除),不得更改。

③办公地址:根据要求填写公司(公司卖家)或家庭(个人卖家)地址,勾选同意商

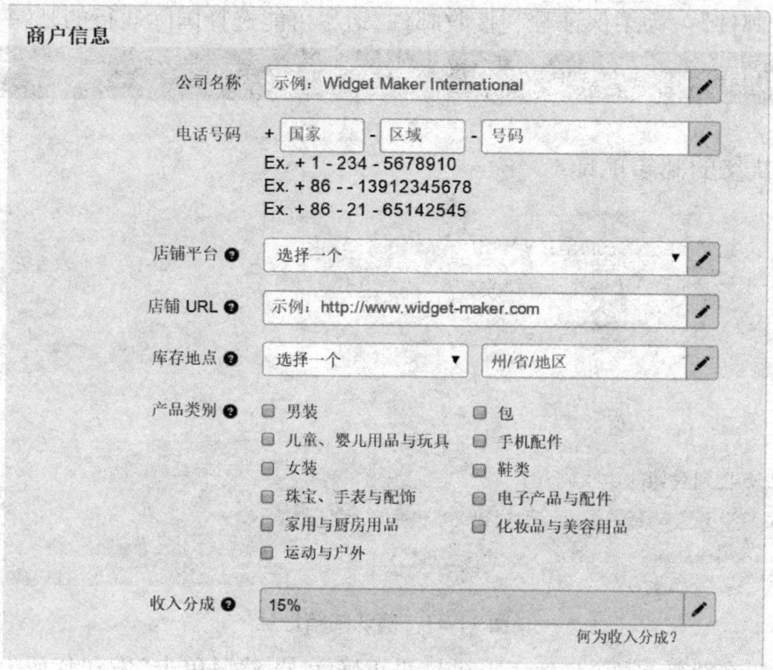

商户信息

公司名称　示例：Widget Maker International

电话号码　+ 国家 - 区域 - 号码
Ex. + 1 - 234 - 5678910
Ex. + 86 - - 13912345678
Ex. + 86 - 21 - 65142545

店铺平台　选择一个

店铺 URL　示例：http://www.widget-maker.com

库存地点　选择一个　州/省/地区

产品类别　男装　包　儿童、婴儿用品与玩具　手机配件　女装　鞋类　珠宝、手表与配饰　电子产品与配件　家用与厨房用品　化妆品与美容用品　运动与户外

收入分成　15%
何为收入分成？

图 11-31　商户信息

户服务条款和 Wish 的商户政策，单击提交即可。

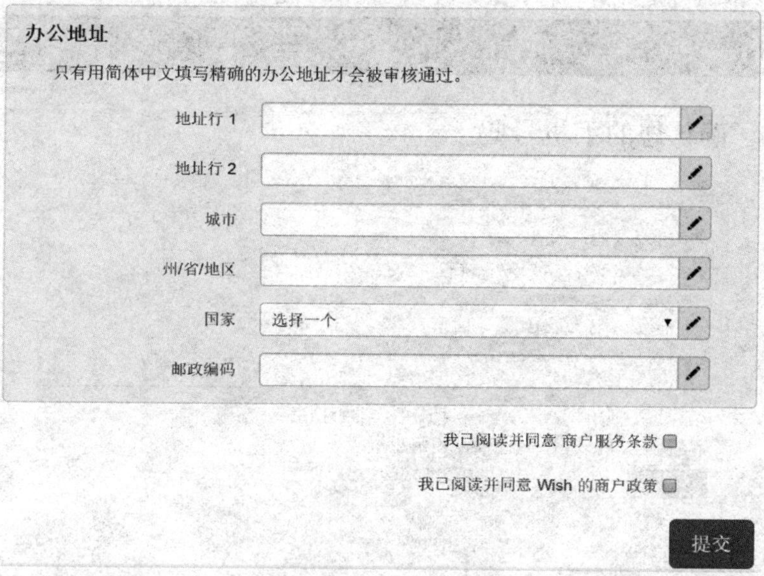

办公地址

只有用简体中文填写精确的办公地址才会被审核通过。

地址行 1

地址行 2

城市

州/省/地区

国家　选择一个

邮政编码

我已阅读并同意 商户服务条款

我已阅读并同意 Wish 的商户政策

提交

图 11-32　办公地址

[Step 3]登录邮箱，单击激活邮件中的链接，确认邮箱地址。如果在收件箱内没有看到确认邮件，请到垃圾邮件中查找；如果还是没有，可以回到 Wish 注册页面，选择“重

新发送电子邮件”。为了保证顺利接收邮件，请尽可能选择国际通行的邮箱，如 Gmail。

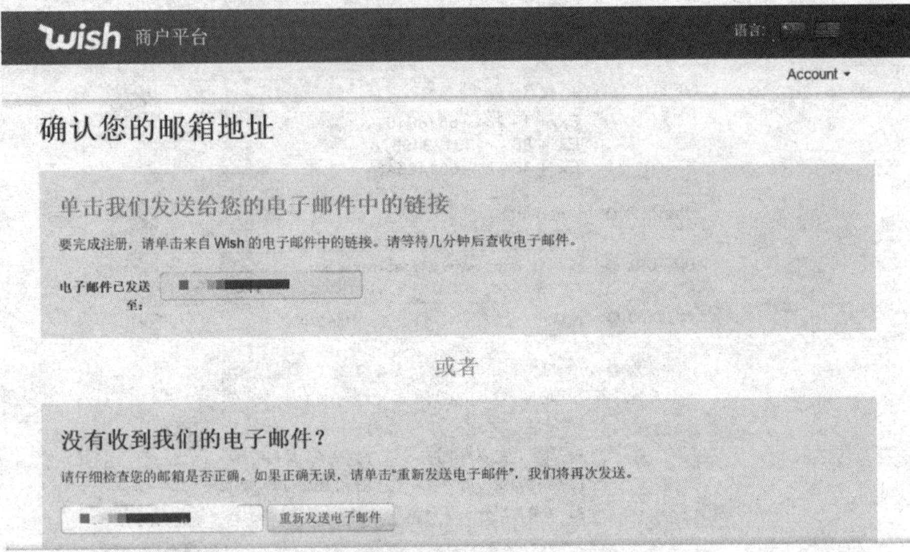

图 11-33 确认邮箱地址

[Step 4] 在跳转页面中，确认手机号码正确无误，然后单击“发送代码”。将手机上接收到的 5 位代码输入对话框中，然后单击“提交”进入下一步。如果没有收到代码，可选择再次发送。

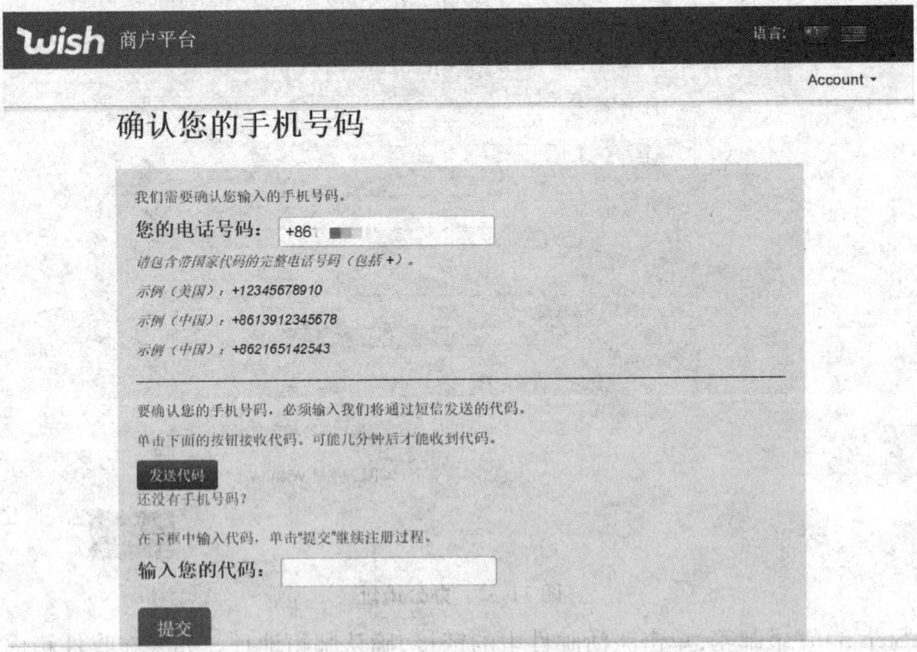

wish 商户平台
语言:
Account
确认您的手机号码
我们需要确认您输入的手机号码。
您的电话号码: +86
请包含带国家代码的完整电话号码（包括 +）。
示例（美国）：+12345678910
示例（中国）：+8613912345678
示例（中国）：+862165142543
要确认您的手机号码，必须输入我们将通过短信发送的代码。
单击下面的按钮接收代码。可能几分钟后才能收到代码。
发送代码
还没有手机号码?
在下框中输入代码，单击“提交”继续注册过程。
输入您的代码:
提交

图 11-34 确认手机号码

[Step 5]在跳转页面中,单击“Next”(下一步),开始完成开店所需的步骤,如图 11-35所示。

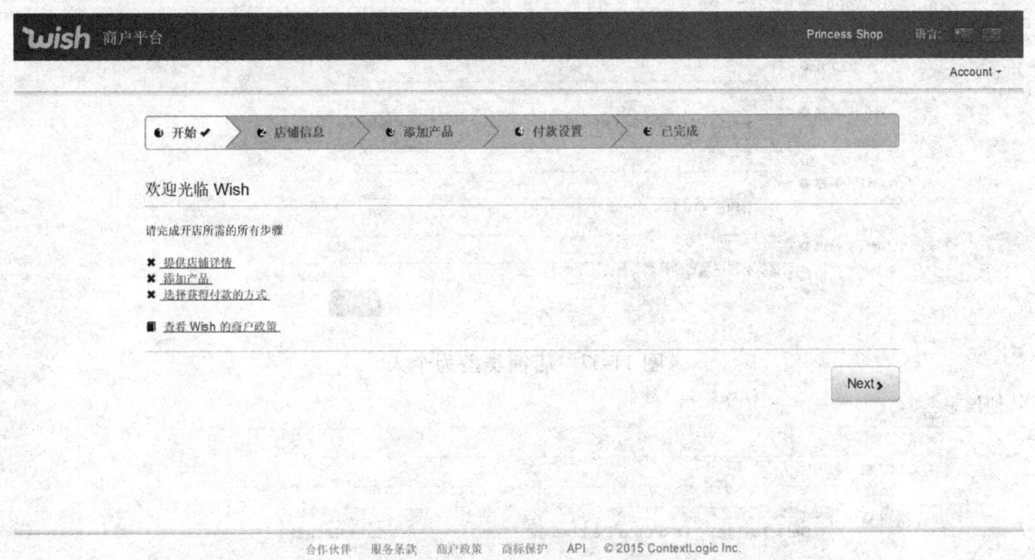

图 11-35　开始完成开店步骤

[Step 6]填写店铺信息,包括店铺名称、店铺图片、店铺类型(个人或公司)以及 QQ 号。在店铺类型中,如选择个人,需上传身份证或护照扫描件,并填写姓名(必须与证件上的姓名相一致)和身份证号码;如选择公司,则需填写公司去年的交易总额、公司名称、营业执照注册号、法人代表姓名和法人代表身份证号码,并上传公司营业执照、税务登记证和法人代表身份证或护照的扫描件。 389

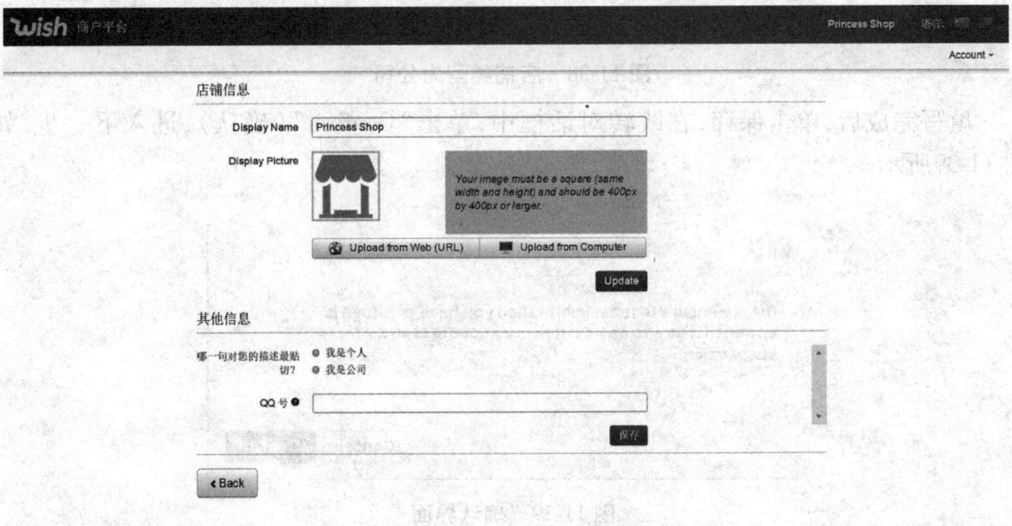

图 11-36　填写店铺信息

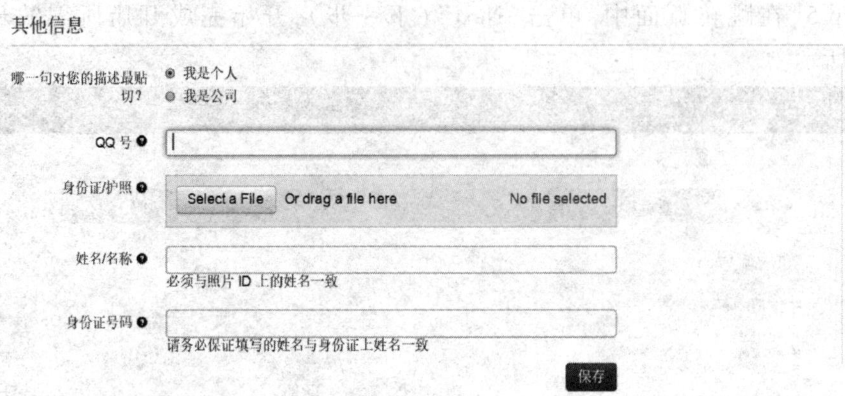

其他信息
哪一句对您的描述最贴切?
我是个人
我是公司
QQ 号
身份证/护照
Select a File
Or drag a file here
No file selected
姓名/名称
必须与照片 ID 上的姓名一致
身份证号码
请务必保证填写的姓名与身份证上姓名一致
保存

图 11-37　店铺类型为个人

其他信息
去年的 GMV
营业执照
Select a File
Or drag a file here
No file selected
公司名称
必须与营业执照上的姓名一致
营业执照注册号
请务必保证营业执照法人代表姓名与上传身份证上姓名一致
税务登记证
Select a File
Or drag a file here
No file selected
法人代表身份证/护照
Select a File
Or drag a file here
No file selected
保存

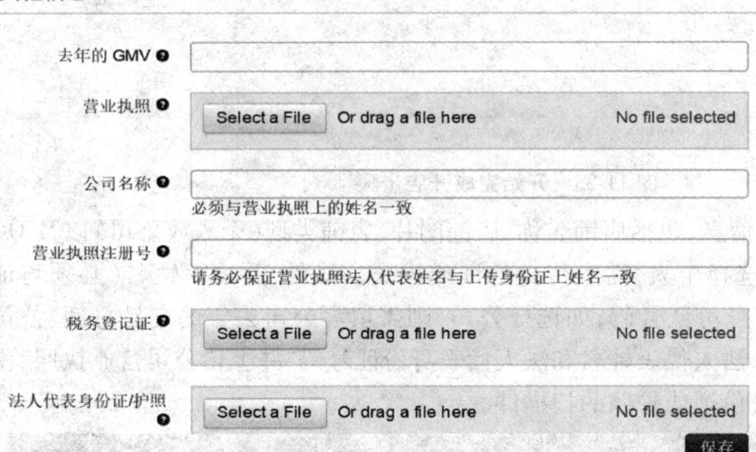

图 11-38　店铺类型为公司

填写完成后,单击保存,在跳转对话框中,单击"Confirm"(确认),进入下一步,如图 11-39所示。

确认
Please ensure that the information you have provided is correct. Failure to do so puts your account at risk of suspension.
Cancel
Confirm

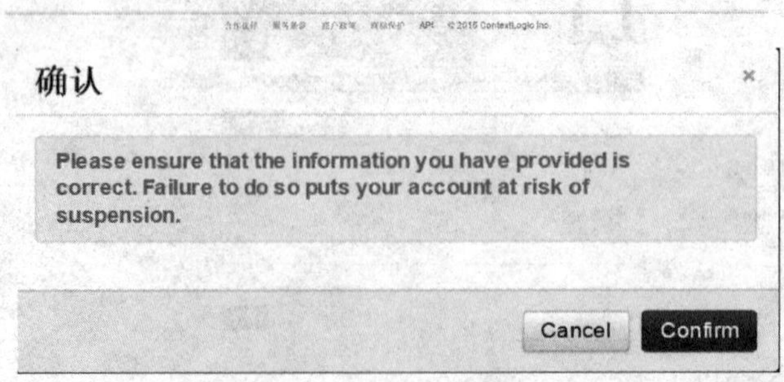

图 11-39　确认界面

[Step 7]添加一款产品。

首先填写产品的基本信息,包括产品名称(Product Name)、产品描述(Description)、标签(Tags)和产品 SKU(Unique ID)。其中,标签是指用户搜索时的关键词。比如,设置了"fashion"的标签,那么用户在产品搜索页输入关键词"fashion"进行搜索时,你的产品就有可能得到推送。一个产品最多可以设置 10 个标签。如何有效设置标签,是产品能否得到大量推送和流量的关键。

1 开始 ✔　2 店铺信息 ✔　3 添加产品　4 付款设置　5 已完成

添加产品

基本信息

Product Name　可接受：Nikon D5100 DSLR Camera (Body Only) USA MODEL

Description　可接受：This Hello Kitty ruffled dress is 100% cotton and fits true to size.

Tags　可接受：Gaming, Toys & Games, Hello Kitty, Hello Kitty, Backpack

Unique Id　可接受：HSC0424PP

图 11-40　产品基本信息

标签名称	使用热度	相关营业额	相关销量
Fashion	174917	$11596683.00	537255
Women's Fashion	136402	$11451903.00	455986
Jewelry	87160	$4459558.00	304101
Men's Fashion	52370	$3506943.00	149830
Women	48918	$4643220.00	210709
Dress	46621	$5723546.00	191658
T Shirts	41611	$11563020.00	759114
sexy	38083	$3476382.00	184398
Necklace	38050	$6773955.00	523563
Men	36897	$1970189.00	94841

图 11-41　Wish 热门标签 Top 10

(来源:亿恩网)

填写完产品基本信息后,需上传产品图片。其中,产品主图片一张,另外还可上传最多 10 张的额外图片。上传图片有两种方式:本地上传或通过网络地址添加。考虑海外顾客打开网页时图片的载入速度,建议先把产品图片上传到海外图片网站,创建外链,再通过网络地址添加。在此,笔者推荐 photobucket,对中国用户使用没有限制,且加载速度快。

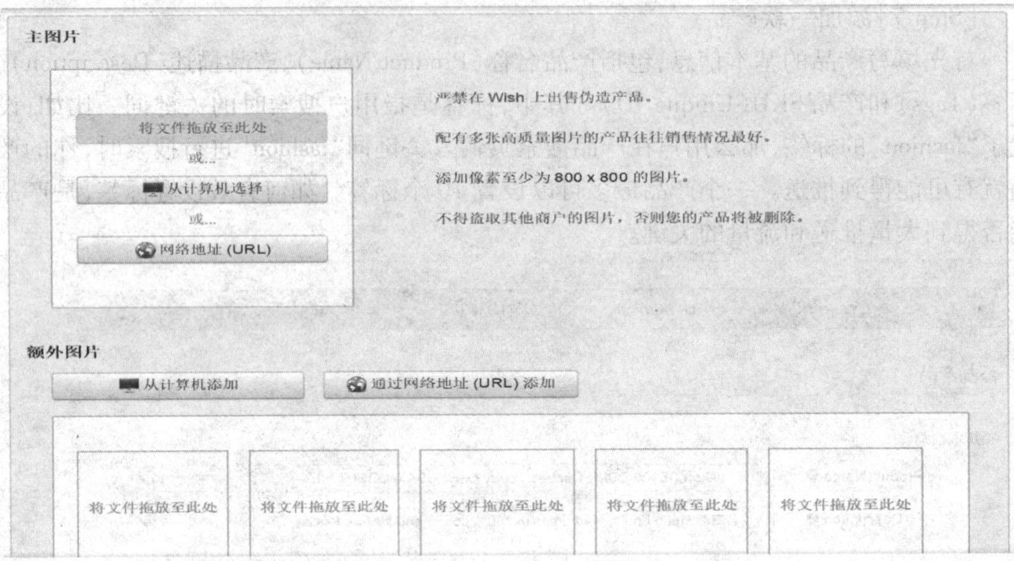

主图片
将文件拖放至此处
或...
从计算机选择
或...
网络地址（URL）
严禁在 Wish 上出售伪造产品。
配有多张高质量图片的产品往往销售情况最好。
添加像素至少为 800 x 800 的图片。
不得盗取其他商户的图片，否则您的产品将被删除。
额外图片
从计算机添加
通过网络地址（URL）添加
将文件拖放至此处
将文件拖放至此处
将文件拖放至此处
将文件拖放至此处
将文件拖放至此处

图 11-42　上传产品图片

接下来，为产品设置价格（Price）和运费（Shipping），填写库存数量（Quantity），并设置配送时间（Shipping Time）。设置价格时要注意，平台对成交金额收取 15%的佣金，在计算成本时要把这部分包括在内，否则容易出现亏本的情况。注意配送时间一定要按照实际情况填写，并预估国际配送中可能出现的种种问题，如未能在配送时间内将产品送到顾客手中，则会受到平台相应的处罚。

库存和运送
Price
可接受：$100.99
Quantity
可接受：1200
Shipping
可接受：$4.00
利润
Shipping Time
5 - 10
7 - 14
10 - 15
14 - 21
21 - 28
其他：
最小预估数
最大预估数

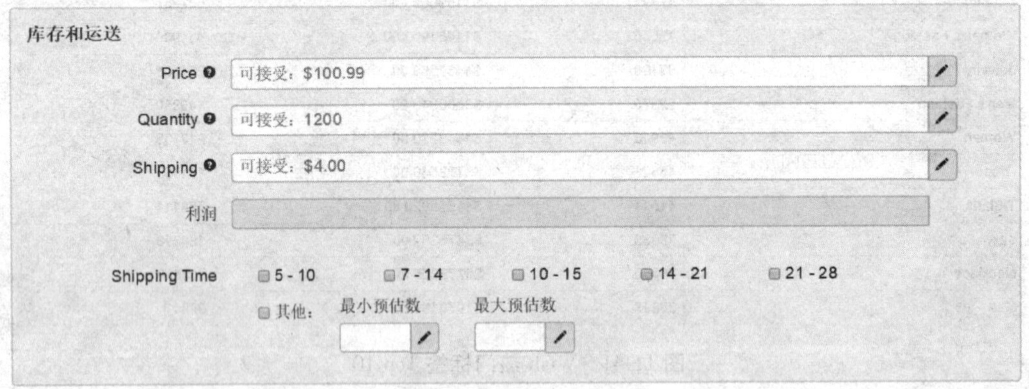

图 11-43　库存和配送

选择产品颜色，如列表中没有相应选项，可在“其他”中自定义输入并添加；如果产品由多种颜色组成，可选择“Multicolor”。

选择产品尺码，默认尺码列表包括男女童装、女士内衣、鞋子、苹果电脑、手机和平板电脑、游戏机、耳机、床上用品、内存容量、面积、长度、体积等。根据实际情况选择以后，在下拉菜单填写产品变量。为每个变量设置一个子 SKU，比如，可用字母区分不同

颜色
White
Black
Red
Blue
Green
Grey
Brown
Tan
Beige
Pink
Orange
Yellow
Ivory
Navy Blue
Purple
Gold
Multicolor
Coffee
其他：
添加

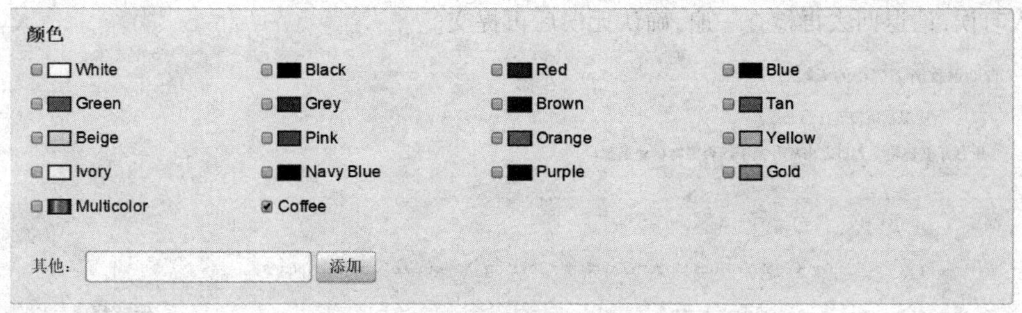

图 11-44　产品颜色

颜色或尺寸，并为每个变量设置相应的价格和库存。

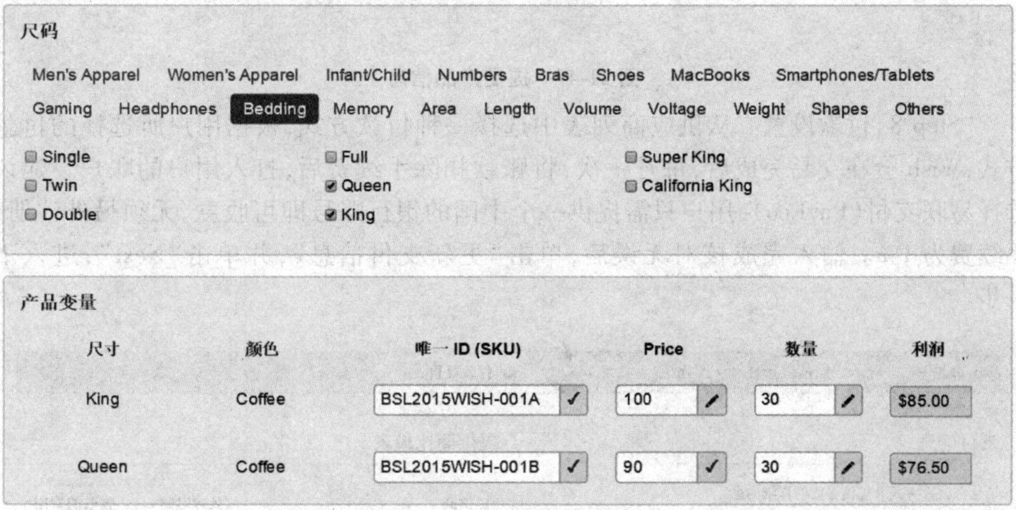

尺码
Men's Apparel
Women's Apparel
Infant/Child
Numbers
Bras
Shoes
MacBooks
Smartphones/Tablets
Gaming
Headphones
Bedding
Memory
Area
Length
Volume
Voltage
Weight
Shapes
Others
Single
Full
Super King
Twin
Queen
California King
Double
King
产品变量
尺寸
颜色
唯一 ID (SKU)
Price
数量
利润
King
Coffee
BSL2015WISH-001A
100
30
$85.00
Queen
Coffee
BSL2015WISH-001B
90
30
$76.50

图 11-45　产品尺码和变量

选择性填写可选信息，如建议零售价（MSRP）、品牌（Brand）等。特别注意产品知识产权问题。

可选信息
MSRP
可接受：$19.00
Brand
可接受：Nike
UPC
可接受：716393133224
Landing Page URL
可接受：http://www.amazon.com/gp/product/B008PE00DA/ref=s9_simh_gw_p193_d0_i3?n

图 11-46　可选信息

Wish 平台默认所有订单必须于 7 日之内履行完毕，否则将自动退款。确认产品信息输入无误后，单击“提交”，进入下一步。摘要部分如显示为红色，则表示产品信息输入有误,请退回去再检查一遍,确认无误后再提交。

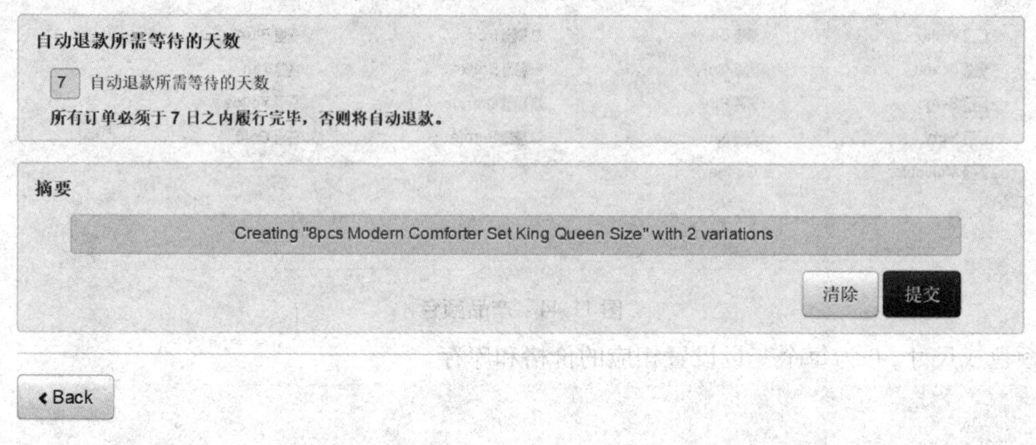

图 11-47　提交产品信息

[Step 8]付款设置。从供应商列表中选择一种付款方式,根据用户所选择的付款方式,Wish 会在交易完成后,每月一次,将账款扣除手续费后,打入用户的账户。建议选择易联支付(PayEco),用户只需提供一个中国的银行账号即可收款,无须另外注册,手续费为 1%。输入完成核对无误后,单击"更新支付信息",并单击"Next",进入下一步。

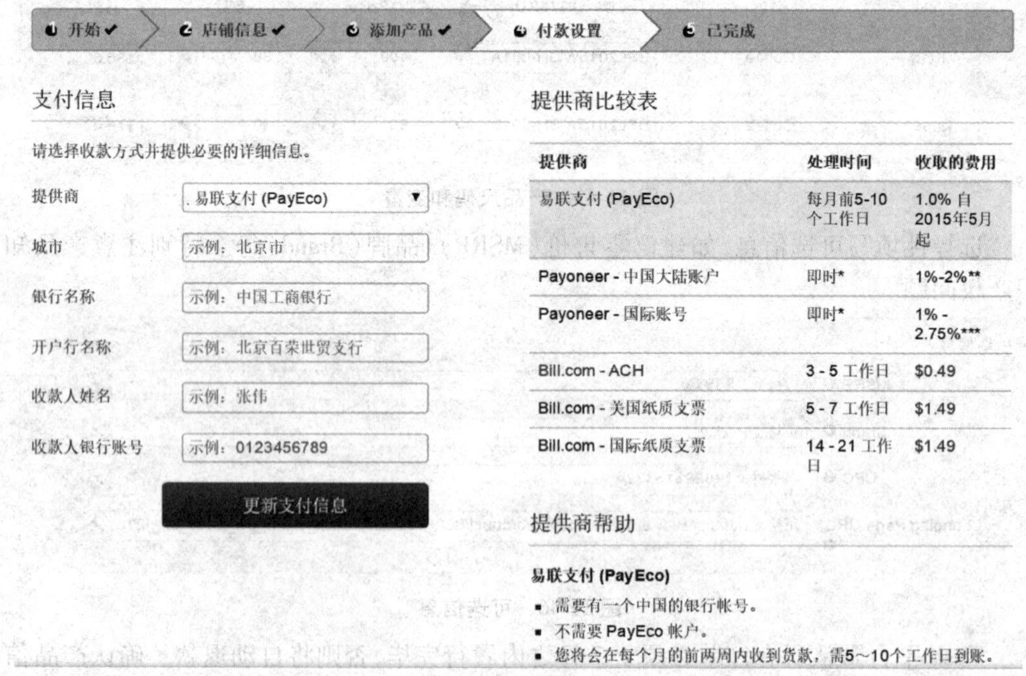

图 11-48　设置支付信息

[Step 9]至此,所有的开店步骤已完成,你已经可以进入 Wish 后台,但还不能上传产品图片。Wish 需要 5 个工作日左右对店铺进行审核,审核通过后,就可以正式开启 Wish 赚美金之旅了!

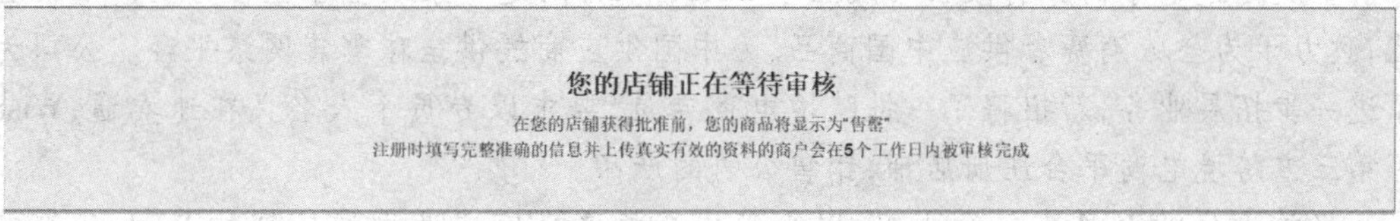

您的店铺正在等待审核

在您的店铺获得批准前,您的商品将显示为"售罄"

注册时填写完整准确的信息并上传真实有效的资料的商户会在5个工作日内被审核完成

图 11-49　等待审核

本章小结

电子商务作为信息时代里信息技术和商业贸易相结合的产物,已经开始逐渐取代传统的国际贸易方式。随着我国改革开放和与世界接轨的不断深入,跨境电子商务逐渐兴起,成为电子商务的一个重要分支。它在促进国内的进出口,满足人们的日常生活需求方面发挥着不可替代的作用。跨境电子商务从一产生便呈现出多边化、网状结构,直接化、效率高,小批量、高频度,利润高,数字化、监管难的特点,进入跨境电商 3.0 时代后,其发展还逐渐呈现出大型化(Big)、去中间化(Break)、品牌化(Brand)的显著特征。目前常见的跨境电商第三方平台主要有全球速卖通(AliExpress)、Wish、敦煌网(DHgate)、eBay 和亚马逊(Amazon)。当前,我国跨境电子商务的发展表现出以下几个特征:B2B 占比依旧最高,跨境网络零售增势迅猛,跨境电商物流服务不断推陈出新,跨境电商移动化,跨境支付工具不断完善,跨境电商出口比例远超进口。

虽然我国跨境电子商务发展速度很快,规模也在不断增长,但我们也不能忽视发展中存在的通关服务差,市场监管体系不完善,结汇方式不合理等制约因素,为了更好地促进我国跨境电子商务的发展,相关部门和电商企业必须同心协力,在相关的法律法规建设、行业规范及标准化等多个环节做好工作,优化相关服务体系、加强国际合作、扎实建设跨境电商平台,切实保障跨境电子商务长足发展。

【本章学习与思考】

1.跨境电子商务的"三流"指的是什么?

2.跨境电子商务蓬勃发展的原因有哪些?

3.跨境电子商务具有哪些特征?

4.简述跨境电子商务发展的整体状况。

【技能操作训练】

重庆远达电子商务有限公司成立于2015年3月,是一家以全球零售为主的电商企业,致力于为全球消费者供应中国商品、为中国供应商提供全球零售网络平台。公司为了进一步拓展业务,新招聘了一批跨境电商专员,要求以专员个人名义在速卖通、Wish等第三方跨境电商平台注册店铺,销售公司的产品。

将学生分成3~4人一个小组,以小组成员的名义完成速卖通店铺和Wish店铺的注册。

参考文献

[1] 王忠诚.电子商务安全[M].北京:机械工业出版社,2009.
[2] 张宽海.电子商务概论[M].2 版.北京:电子工业出版社,2010.
[3] 章炳林.电子商务概论[M].北京:中国水利水电出版社,2011.
[4] 戴建中.电子商务概论[M].2 版.北京:清华大学出版社,2012.
[5] 严晓红.电子商务法律法规[M].2 版.北京:清华大学出版社,2012.
[6] 李再跃.电子商务概论[M].北京:教育科学出版社,2013.
[7] 周贺来.网络营销实用教程[M].北京:机械工业出版社,2013.
[8] 宋沛军.电子商务概论[M].南京:南京大学出版社,2013.
[9] 纪锋,薛红燕,王迪,等.电子商务[M].哈尔滨:哈尔滨工业大学出版社,2014.
[10] 宋文官,杨国良.电子商务网站建设与维护实训[M].北京:高等教育出版社,2014.
[11] 段淑敏,郭军明.网站设计与网页制作[M].上海:上海财经大学出版社,2015.
[12] 于斐.电子商务网站建设与管理[M].北京:电子工业出版社,2015.
[13] 白东蕊.电子商务基础[M].北京:人民邮电出版社,2015.
[14] 程书红.计算机网络基础[M].北京:电子工业出版社,2015.
[15] 王岩.微商开店运营与推广一本通[M].北京:机械工业出版社,2015.
[16] 陈峥嵘.网络营销项目化教程[M].北京:机械工业出版社,2015.
[17] 李俊平.电子商务纠纷案例与实务[M].北京:清华大学出版社,2015.
[18] 翁晋阳,Mark,管鹏,等.再战跨境电商[M].北京:人民邮电出版社,2015.
[19] 马兰,王常华.电子商务实用教程[M].北京:中国传媒大学出版社,2015.
[20] 肖旭.跨境电商实务[M].北京:中国人民大学出版社,2015.
[21] 钟慧莹.电子商务法律法规[M].北京:电子工业出版社,2016.